Antonio Gramsci

LITERATUR UND KULTUR

Gramsci-Reader

Herausgegeben im Auftrag des
Instituts für kritische Theorie
von Ingo Lauggas

Argument

Die Deutsche Nationalbibliothek verzeichnet diese Publikation in der Deutschen Nationalbibliografie; detaillierte bibliografische Daten sind im Internet über http://dnb.d-nb.de abrufbar.

Glashüttenstraße 28 · 20357 Hamburg
Telefon 040/4018000 · Fax 040/40180020
verlag@argument.de · www.argument.de
Druck: docupoint, Magdeburg
Gedruckt auf säure- und chlorfreiem Papier
ISBN 978-3-88619-427-8
Dritte Auflage 2026

Inhalt

3. Studien (59)

3.1 Der zehnte Gesang der Hölle: Heft 4, §78. Frage von »Struktur und Poesie« in der Göttlichen Komödie (59); Heft 4, §79. Kritik des »Unausgesprochenen«? (60); Heft 4, §80. Der Kunstgriff der Verhüllung (61); Heft 4, §81. Zum Todesdatum Guido Cavalcantis (62); Heft 4, §82. Die Geringschätzung Guidos (62); Heft 4, §83. Dante, Farinata, Cavalcante (63); Heft 4, §84. Die »Beschreibungsverzichte« in der Göttlichen Komödie (67); Heft 4, §85. Interpretation der Gestalt Cavalcantes (67); Heft 4, §86. Aus einem Brief von Prof. U. Cosmo (68); Heft 4, §87. Die schwere Aufgabe, die Dantekritik voranzubringen (69); Heft 4, §88. Shaw und Gordon Craig (70).

3.2 Pirandellos Theater: Heft 6, §26. Die mehr kulturelle als künstlerische Bedeutung Pirandellos (70); Heft 14, §15. Der »Pirandellismus« als Weltauffassung (71); Heft 14, §21. Das »Theatralische«: Nikolai Jewrejnow (75); Heft 5, §40. Zur Weltauffassung in den Dramen Pirandellos (76); Heft 9, §134. Die Künstlerpersönlichkeit Pirandellos (76).

3.3 Alessandro Manzoni: Heft 21, §3. Die »Demütigen« (77); Heft 14, §39. Manzoni und die »Einfachen« (77); Heft 7, §50. Haltung zum Volk in den *Verlobten* (78); Heft 14, §45. »Vox populi vox Dei« (80); Heft 15, §37. Manzonis Ironie (81).

4. Popularliteratur (83)

Heft 21, §5. Begriff »popular-national« (83); Heft 6, §134. Feuilletonroman (88); Heft 21, §6. Verschiedene Typen des Popularromans (88); Heft 21, §7. Popularroman und -theater (91); Heft 21 §10. Verne und der wissenschaftlich-geographische Roman (92); Heft 21, §12. Zum Kriminalroman (93); Heft 21, §13. Kriminalromane (94); Heft 21, §14. Kulturelle Ableitungen des Feuilletonromans (98); Heft 17, §29. Die besondere Illusion des Feuilletonromans (99); Heft 2, §112. Victor Hugo (100); Heft 16, §13. Populärer Ursprung des »Übermenschen« (100); Heft 14, §41. Balzac (103); Heft 21, §8. Statistische Bemerkungen (105); Heft 8, §122. Die Helden der Popularliteratur (107); Heft 6, §168. »Populistische« Tendenzen der Literatur (107); Heft 14, §17. Romanbiographien (108); Heft 6, §207. *Guerino der Elende* (108); Heft 6, §208. Giovagnolis Spartakus (109); Heft 17, §34. *Der singende Gefangene* von Johan Bojer (110).

Gramsci heute lesen

Gramsci heute lesen: diesen Satz muss man wohl in einen anderen übersetzen, nämlich: Gramsci endlich lesen. Viele Wissenschaftlerinnen und Wissenschaftler aus den verschiedensten kulturwissenschaftlichen Disziplinen, viele Leserinnen und Leser interessieren sich für Themen und methodologische Fragestellungen, die ein Herzstück von Gramscis Überlegungen bilden: für eine Literaturwissenschaft, die den gesellschaftlichen Ort und die politische Funktion von Literatur in den Mittelpunkt stellt; für popularkulturelle Phänomene von der Massenliteratur über Blockbuster-Filme bis zu Fernsehserien; für Kulturanthropologie usf. Viele dieser Leser und Leserinnen werden selbst zu Schreibenden und greifen gern auf Gramsci-Theoreme zurück, doch diese kennen sie meist nur aus zweiter Hand, und sei es aus Schriften großer Theoretiker wie Raymond Williams oder Stuart Hall. Was dabei meist nicht bedacht wird, ist die Tatsache, dass diese und auch andere Theoretiker Gramsci selbst nur in den dürftig kommentierten und längst überholten Auswahl-Ausgaben des englischsprachigen Buchmarkts zur Kenntnis genommen haben, mit anderen Worten: an einigen entscheidenden Vorteilen der Gramsci-Lektüre vorbeigegangen sind.

Worin liegen diese entscheidenden Vorteile? Der erste und vielleicht wichtigste ist ein nahezu zeitloser: mit Antonio Gramsci lesen wir einen Theoretiker, dem wir gleichsam beim Denken zuschauen können, der seine Gedanken als Prozess und nicht als Resultat begreift, der formuliert, variiert, verwirft und wieder aufgreift, kurz: der dem Irrtum Raum gibt, indem er mit größter intellektueller Redlichkeit seine Prämissen und Schlussfolgerungen immer wieder in Frage stellt, sie prüft und mit Hilfe mittlerweile gewonnener Einsichten modifiziert. Das als Leserin nachvollziehen zu können, ist ein Prozess, der das eigene Denken und Schreiben verändern kann, sehr zum Vorteil des eigenen Denkens und Schreibens. In dieser Hinsicht ist die Entscheidung verdienstvoll, ein Gefängnisheft (Heft 23: Literaturkritik) ungekürzt abzudrucken und damit die Möglichkeit zu bieten, das mäandernde und aus Umwegen Energie beziehende Denken Gramscis nachvollziehen zu können.

Gramsci hat über sehr vieles nachgedacht, was üblicherweise in akademischen Kreisen in getrennten Disziplinen verhandelt wird; darum gilt er, nicht zu Unrecht, als einer der Gründerväter der Cultural Studies. So werden auch die kulturellen Themen, die in diesem Reader verhandelt werden, immer wieder und äußerst produktiv von politischen, soziologischen und philosophischen Interessen durchkreuzt und bereichert: es geht nie ausschließlich um Kunst oder Literatur oder Popularkultur; das gilt auch umgekehrt: wo es um

Politisches geht, wird das Kulturelle mitbedacht. Ich habe diese seine Vorgangsweise »Denken in Netzwerken« genannt (2001): Wer immer auch an transdisziplinären Projekten der Kulturwissenschaften und/oder der Cultural Studies interessiert ist, hat mit den Schriften des sardischen Philosophen eine Lektüre gefunden, die das eigene Denken und Schreiben reicher und differenzierter machen wird.

Es soll nicht verschwiegen werden, dass die Gramsci-Lektüre für Leser, die sich ihr das erste Mal stellen, etwas mühsam sein kann und eine Herausforderung bedeutet. Nur eine Minderheit der Leserinnen wird im Detail über die italienische Innenpolitik und die italienische Kulturszene der 1920er und 1930er Jahre Bescheid wissen, mit der sich Gramsci in diesem Band auseinandersetzt und an der sich sein Denken entzündet. Der Herausgeber hat dafür in seiner Einführung eine Einstiegshilfe geboten, die in Verbindung mit dem umfangreichen Anmerkungsapparat die Lektüre ganz entscheidend erleichtert.

Warum aber sollen wir uns heute dieses Hinabsteigen in einen »Brunnen der Vergangenheit« (Thomas Mann) überhaupt zumuten? Weil wir Gramsci nur so bei dem beobachten können, was er »lebendige Philologie« genannt hat, das heißt, ein Denken, das sich am Konkreten entzündet, an einer konkreten politischen Situation, einem ganz bestimmten Text, einer tagesaktuellen Polemik. Daraus gewinnt der im Gefängnis Schreibende Gedanken, die das Konkrete keineswegs zum Anlass reduzieren, aber über es hinausgehen und zu Theorien werden, in denen das Material aufgeht und erhellende Einsichten sehr viel allgemeinerer Art produziert. Ich vermeide hier bewusst die Formulierung »universelle Einsichten«, denn solche sind bei einem Denker, der der »lebendigen Philologie« des Konkreten verpflichtet ist, aus gutem Grund nicht zu erwarten.

»Literatur und Kultur«, das bedeutet für Gramsci ein weites Feld von Phänomenen, die als vernetzte zu denken er nie aus den Augen verliert. Dieser Reader handelt vorrangig, aber nicht ausschließlich, von Literaturkritik: exemplifiziert an Pirandellos Theaterschaffen, Alessandro Manzonis großem historischem Roman und einem Gesang aus Dantes *Inferno*, theoretisch erörtert in der Auseinandersetzung mit Benedetto Croce. Was mag Gramsci an der *Göttlichen Komödie* interessiert haben? Liegt dieser mittelalterliche Text für einen marxistischen Denker nicht denkbar fern? Es ist, wenn man der detailgenauen (d. h. auch philologisch exakten) Analyse zu folgen bereit ist, ungemein spannend zu sehen, wie Gramscis Lektüre eines nie aus den Augen verliert: dass literarische Texte nicht nur über ihren Inhalt, sondern gerade auch durch ihre Form Bedeutung produzieren und dass Kritiker, die sich mit der Analyse des sogenannten ›Inhalts‹ zufrieden geben, gar nicht zum Kern der Bedeutungsbildung literarischer Texte durchdringen, zu jenem Kern, der einerseits die ästhetische Dimension ausmacht und andererseits die Lesersteuerung vornimmt und damit eine ideologische Funktion erfüllt.

Gramsci interessiert sich bekanntlich nicht nur für die kanonischen Texte der großen Nationalliteraturen, vor allem der italienischen, russischen und französischen, sondern ebenso für die Formen von Popularliteratur. Zu seiner Zeit waren das die serielle Publikationsform des Feuilletonromans und das Genre des Kriminalromans. Heutige Leser können seine Gedanken für andere Formen seriellen Erzählens (Serien-Filme und Fernsehserien) fruchtbar machen; Umberto Eco hat das am Beispiel der Literatur schon vor geraumer Zeit in seinem Band *Apokalyptiker und Integrierte. Zur kritischen Kritik der Massenkultur* (dt. 1984) vorgeführt. Man wird sagen müssen, dass mittlerweile die Wichtigkeit des seriellen Erzählens in der audiovisuellen Kultur exponentiell zugenommen hat und einen der zentralen Aspekte der gegenwärtigen Massenkultur darstellt. Für deren Analyse stellt Gramsci sehr originelle Überlegungen bereit, die zum Weiterdenken einladen.

Die »Bemerkungen zur Folklore« muss man sich in aktueller Terminologie als eine zum Zeitpunkt ihrer Entstehung völlig neue Konzeption dessen vorstellen, was heute Kulturanthropologie heißt. Gramsci, der auf der Insel Sardinien mit ihrer traditionell tief verwurzelten »Volkskultur« aufgewachsen ist, beobachtet »Folklore« nicht als ein Kuriosenkabinett für Sammler, sondern als gewachsene Weltanschauung, die per se nicht schlechter, aber auch nicht besser ist als hochkulturell motivierte Formen von Weltanschauungen; sie ist anders, daher ein eminent wichtiger politischer Faktor, den es zu bedenken gilt und aus dem vorsichtig neue, kritische Formen von Alltagsverstand zu entwickeln sind. Gramsci legt mit seiner Aufmerksamkeit für die kulturellen Praxen und Repräsentationen des ungelehrten Volks nicht nur den Grundstein für die äußerst erfolgreiche italienische Kulturanthropologie, die im deutschen Sprachraum eben erst zu interessieren beginnt (ich nenne nur Ernesto De Martino, Clara Gallini und Alberto Mario Cirese), sondern bietet auch für heutige Leser, die sich mit kulturanthropologischen Fragen beschäftigen, wichtige Anregungen.

Vieles, was wir bei Gramsci lesen, können wir nicht vorschnell für die Analyse unserer eigenen kulturellen und politischen Wirklichkeit übernehmen. Wir sind dazu aufgefordert, seine Gedankengebäude weiter- und mit neueren und aktuellen Theorieansätzen zusammen zu denken: das lohnt!

Birgit Wagner

Kunst und Kampf für eine neue Kultur

Antonio Gramscis Schriften zur Literatur

Von der Diskrepanz zwischen Gramscis Bekanntheit und der Kenntnis seiner Schriften sind nicht zuletzt die Wissenschaften geschlagen, die das Zauberwort »Kultur« im Namen führen. Sobald damit mehr gemeint ist als ein modisches Etikett für altbekannte Geisteswissenschaft, müssen kulturelle Prozesse in ihrer Verflochtenheit mit gesellschaftlichen Verhältnissen und Machtstrukturen, das Kulturelle somit als »Bereich gesellschaftlicher Kämpfe und Differenzen« ernstgenommen werden (Johnson 1999, 142). Während sich in den britischen Cultural Studies diese Einsicht nicht zuletzt der Auseinandersetzung mit Gramscis Werk verdankt, meinen große Teile der deutschsprachigen Kulturwissenschaften, wenn schon nicht politisches, so doch marxistisches Terrain meiden zu können. Angehende Literaturwissenschaftler/innen werden etwa daran erinnert, dass es neben dem literarischen Text »die mentale Dimension einer Kultur und die literarische Verarbeitung gesellschaftlich dominanter Sinnkonstruktionen, Vorstellungen, Ideen und Werte« zu berücksichtigen gilt (Nünning/Sommer 2004, 19). So lässt sich »von Hegemonie reden und doch von Gramsci schweigen« (Lauggas 2007, 86). Nicht zuletzt deshalb sollen seine Gedanken, ohne die »der ›Cultural turn‹ eine taube Nuss geblieben wäre« (Haug 2011, 22), mit diesem Reader zu Studienzwecken zugänglich gemacht werden.

Zum Format des Auswahlbandes

Dieser Reader ist, anders als die beiden ihm vorausgegangenen[1], einer der thematischen Auswahlausgaben verwandt, die in Italien in der Nachkriegszeit erschienen und an der »Entdeckung Gramscis« (D'Anna 1998) nicht geringen Anteil hatten. 1949 erschien unter dem Titel *Letteratura e vita nazionale* (LVN) der fünfte von sechs Bänden dieser Reihe, deren Herausgabe der Generalsekretär der Kommunistischen Partei Italiens, Palmiro Togliatti, in Auftrag gab und inhaltlich überwachte. Die 1947 veröffentlichten *Gefängnisbriefe* hatten den Namen Gramscis in der Öffentlichkeit schlagartig bekannt gemacht und waren auf überwältigende Resonanz gestoßen. Für Togliatti war die Herausgabe der Schriften des 1937 verstorbenen Gramsci daher eine Möglichkeit,

1 *Erziehung und Bildung*, hg. v. Andreas Merkens (2004); *Amerika und Europa*, hg. v. Thomas Barfuss (2007).

die antifaschistischen Kräfte an die KP zu binden und ihrer führenden kulturellen Rolle in der Gesellschaft eine theoretische Grundlage zu geben. Sein »Wille zur Instrumentalisierung für politische Zwecke, dem sich das Material unterzuordnen hat« (Borek 1991, 31), war dabei unverkennbar.

Erst 1975 erschien die von Valentino Gerratana herausgegebene kritische Gesamtausgabe; zwar hätte ohne die Auswahlbände schon in Italien das Werk nie zu dieser Verbreitung gefunden, doch bleibt für eine weiterführende Auseinandersetzung die Beschäftigung mit dieser Ausgabe grundlegend. Jeder Reader, der das »fragmentarische Monument« (Wagner 2001, 230) der *Gefängnishefte* entlang eines Themas zugänglich machen will, verwickelt sich demnach in den Widerspruch, das in unzusammenhängenden Paragraphen nebeneinander Gestellte in eine anscheinend zwingende Abfolge zu bringen. Der Inhalt unvollendet gebliebener oder überhaupt postumer Werke ist daher »mit großer Zurückhaltung und Vorsicht aufzunehmen [...], weil er nicht als definitiv angesehen werden kann, sondern nur als noch in Bearbeitung befindliches, vorläufiges Material« (*Gef*, H. 16, §2). Das Heft 23 zur *Literaturkritik* aus dem Jahr 1934 wird daher ungekürzt wiedergegeben[2], um auch den »Rhythmus des in Entwicklung befindlichen Denkens« Gramscis zu vermitteln (ebd.).

Für ewig

In einem Brief vom Frühjahr 1927 umreißt Gramsci, seit wenigen Monaten in Haft, seine Forschungsvorhaben: »Ich bin besessen (das ist ein für Häftlinge typisches Phänomen, glaube ich) von dem Gedanken: man müsse etwas tun *für ewig*[3], nach einem vielschichtigen Begriff Goethes [...]. Kurzum, ich möchte mich nach einem vorgefassten Plan intensiv und systematisch mit einem Thema befassen, das mich ganz erfüllt und mein inneres Leben auf einen Punkt ausrichtet. Ich habe bisher an vier Themen gedacht, und schon das ist ein Zeichen, dass es mir nicht gelingt, mich zu sammeln« (*Briefe II*, 92). Es handelt sich um eine Geschichte der Intellektuellen, eine Studie zur komparativen Linguistik, eine zum Theater Pirandellos sowie einen Essay über den Groschenroman und den popularen Literaturkonsum: »Im Grunde besteht für den genauen Beobachter eine Gleichartigkeit zwischen diesen vier Themen; ihr gemeinsamer Grund ist der schöpferische Volksgeist in seinen verschiedenen Phasen und Entwicklungsstufen.« (94) Mit »für ewig« artikuliert Gramsci, dass das Schreiben in der Haft einen Perspektivenwechsel erzwingt weg vom

2 Auch das schmale thematische Heft 27 (1935) zur »Folklore« findet sich ungekürzt in diesem Reader; es besteht allerdings nur aus zwei Paragraphen.

3 Im Original deutsch (vgl. LC, 35).

aktivistisch-journalistischen Alltagsgeschäft. In den Turiner Jahren hatte er sich dagegen verwahrt, dass seine Zeitungsartikel der bestimmten Situation entzogen und in Buchform gebracht werden. Jetzt aber können seine Texte keine unmittelbare politische Wirkung mehr entfalten, weil ihn das Gefängnis dem Leben entzogen hat. So soll wenigstens das Denken auf Haltbarkeit angelegt sein: »Dem um Haltung Ringenden« würde die Schriftform »diese minimale Haltbarkeit bieten, festzuhalten und dann auch ordnen zu können, was ihm ungeordnet durch den Kopf ging. ›Die Sätze‹, heißt es bei Brecht, ›müssen aus den Köpfen an die Tafel.‹ Sie mussten gegenständlich werden, um nach einer schlaflos verquälten Nacht wieder vorgenommen werden zu können. Gramsci musste schreiben, um zu überleben.« (Haug 2006, 159)

Kultur und Kunst

Gramscis Schriften zur Literatur stehen in enger Verbindung zur Hegemonietheorie und zur Frage der Intellektuellen: »Zwei Schriftsteller stellen dasselbe gesellschaftliche Moment dar, aber der eine ist Künstler, der andere nicht. Die Frage in der Beschreibung dessen zu erschöpfen, was sie darstellen, also mehr oder weniger treffend die Eigenheiten eines bestimmten sozialen Milieus zusammenzufassen, heißt, die künstlerische Frage nicht einmal zu streifen. Dies kann auch nutzbringend sein, ist es sogar mit Sicherheit, aber auf einem anderen Gebiet: es gehört zur Kritik der Gewohnheit, zum Kampf für die Zerstörung gewisser Auffassungsweisen und Überzeugungen und Standpunkte, um andere hervorzubringen und zu erwecken: aber es ist keine künstlerische Kritik und kann nicht als solche auftreten. Es ist Kampf für eine neue Kultur.« (*Gef*, H. 4, §5; vgl. H. 23, §3, S. 112 in diesem Band) Betrachtungen zur (künstlerischen) Literatur werden von Gramsci also konsequent unterschieden von denen zur ›Kultur‹. Schlägt man das erste Heft auf, so sieht man schon an dem 16 Einträge umfassenden Arbeitsprogramm, dass Fragen der Intellektuellen und der Literatur in getrennten Kapiteln behandelt werden sollen. Diese Unterscheidung kehrt wieder in der von Kultur und Kunst: Kultur ist der Ort des Gesellschaftlichen, des Politischen, des Ideologischen, Kunst ist der (methodologisch) abgegrenzte Ort des Ästhetischen.

Diese Prämisse, der auch die Struktur des vorliegenden Readers Rechnung trägt, resultiert aus Gramscis Verständnis dessen, was er »die kulturelle Organisation« nennt, »welche die ideologische Welt in Bewegung hält« (*Gef*, H. 11, §12). Die beiden Hefte, die »Kultur« im Titel führen[4], decken ein Themen-

4 Heft 16 (1933/34) und Heft 26 (1935). Detaillierte Analysen der »Kulturthemen«, so der Titel dieser Hefte, finden sich in Wagner 1999 und Baratta 2009.

spektrum ab, das von Mentalitätsgeschichte über epistemologische, philosophische und ökonomische Fragestellungen bis zur Staatstheorie reicht. Gramscis Kulturbegriff ist also gleich weit gefasst wie verzweigt, wird stets neu definiert und zugespitzt, taucht an den verschiedensten Stellen auf und macht so die *Gefängnishefte* zu einem »Schlüsselwerk moderner Kulturtheorie« (Wagner 1999, 93). Wenn man in gewissem Sinn sagen kann, »alles« in den *Gefängnisheften* sei »Kultur« (Baratta 2007, 74), steht in diesem Reader dennoch die Kunst-Kultur im Zentrum, wobei der Bereich der Intellektuellen, des Alltagsverstandes und der Hegemonie im Sinne einer »Politik des Kulturellen« (Haug 1988) ständig präsent ist.

Kulturelle Verortung der Literatur

Wer im Gefängnis lesen will, ist auf die Bibliothek angewiesen. »Sicher sind die Gefängnisbibliotheken im allgemeinen lückenhaft: Die Bücher kamen zufällig zusammen, durch Schenkungen von Fördervereinen, die Restbestände von Verlagen enthalten, oder dadurch, dass entlassene Häftlinge ihre Bücher hinterlassen. Zumeist sind es fromme Schriften und drittrangige Romane. Trotzdem, meine ich, sollte ein politischer Gefangener selbst aus einer Rübe Blut gewinnen. Die ganze Kunst besteht darin, der jeweiligen Lektüre ein Ziel zu geben und sich Notizen zu machen (wenn man Schreiberlaubnis hat).« (*Briefe* II, 234)

Anders als Benedetto Croce, dessen Bedeutung Gramsci »mit der des katholischen Papstes« vergleicht und dessen kulturelle Funktion er vor allem hinsichtlich seiner Tätigkeit als »Theoretiker der Ästhetik [...], als Kritiker der Philosophie der Praxis und als Theoretiker der Geschichtsschreibung« analysiert (*Gef.*, H. 10.II, §41 IV), interessiert sich Gramsci für Popularliteratur und setzt sich mit den *Enkelchen des Pater Bresciani* auseinander. Antonio Brescianis (1798–1862) Erbauungsliteratur, die »jesuitische Propagandatechniken mit einem paternalistischen Populismus« verbindet (Wagner 1991, 47), fand einst große Verbreitung und eine zahlreiche Nachkommenschaft. Gramsci interessiert das Wirken auch solcher Kunst in der Gesellschaft, denn anders als Croce stellt er nicht die metaphysische Frage nach dem ›Wesen der Kunst‹, sondern er fragt, wie ästhetisches Empfinden, Genuss oder Phantasie gesellschaftlich wirksam werden: »Die Untersuchung zur Schönheit eines Werkes ist der Untersuchung darüber untergeordnet, warum es ›gelesen‹ wird, ›populär‹ ist, ›verlangt‹ wird oder warum es im Gegenteil das Volk nicht berührt und nicht interessiert« (S. 161 in diesem Band).

Letzteres bringt Gramsci mit dem »Fehlen einer Einheit im nationalen Kulturleben« (ebd.) in Verbindung, das bestimmt ist durch lähmenden Provinzialismus auf der einen, Kosmopolitismus der italienischen Intellektuellen auf der anderen Seite, die sich dem Volk nicht verbunden fühlen. Die italienische Geschichte des 19. Jahrhunderts hat keine bürgerliche Klasse mit einer intellektuellen Schicht hervorgebracht, die mit den »Einfachen«, wie Gramsci gerne sagt, Kontakt hält. Wenn nun mehrere italienische Tageszeitungen französische Romane des 19. Jahrhunderts in Fortsetzung druckten, war das für Gramsci ein Indiz für den »nichtpopular-nationalen Charakter der italienischen Literatur« (S. 40 in diesem Reader). Man musste sich im Ausland versorgen, weil es in Italien an einer popular-nationalen Kultur fehlte. Dem Volk ist Heinrich IV. vertrauter als Garibaldi, es fühlt sich der Revolution von 1789 verbundener als dem Risorgimento.

In seiner Auseinandersetzung mit Popularliteratur fragt Gramsci nach den Gründen für ihre Verbreitung: »Welche Bedürfnisse befriedigt sie? Auf welche Erwartungen geht sie ein?« (*Briefe* II, 235) Eine der Antworten lautet, der Feuilletonroman sei ein »richtiggehendes Träumen mit offenen Augen« (S. 88 in diesem Reader), ein »Opium des Volkes« (S. 98 in diesem Reader), wie er in Anlehnung an Marx' Bestimmung der Religion schreibt. Der »vielleicht [...] ›opiumhaltigste‹« Roman ist *Der Graf von Montechristo*: »welcher Mann aus dem Volke glaubt nicht, ein Unrecht von Seiten der Mächtigen erlitten zu haben und malt sich nicht die ›Bestrafung‹ aus, die er ihnen antun will?« (S. 55 in diesem Reader) Nietzsches Philosophie des ›Übermenschen‹ hat hier ihren Sitz im Leben. Umberto Eco hat diese These auf die Massenkultur der 1970er Jahre übertragen und in deren Helden »Übermenschen« popularen Ursprungs ausgemacht (1978).

Gramsci führt in seinen Analysen also soziologische mit ästhetischen Problemstellungen zusammen, und in dieser Verbindung liegt auch der politische Kern dessen, was er zum Feld der Literatur erarbeitet hat: »Mit kaum einer anderen Themengruppe hat Gramsci sich in den *Gefängnisheften* so ausgiebig befasst wie mit dem, was man das Politische der Literatur nennen kann.« (Haug 2006, 158)

Dante, Pirandello und Manzoni

Gramscis Beschäftigung mit dem zehnten Gesang der Hölle in Dantes *Göttlicher Komödie* ist im Lichte der Auseinandersetzung mit Croce zu sehen. Kaum ein anderes Thema in den *Gefängnisheften* wird derart kompakt verhandelt: Mit *Der zehnte Gesang der Hölle* ist ein eigener, elf Paragraphen umfassender Abschnitt im ansonsten gemischten 4. Heft überschrieben, der sich ungekürzt in diesem Reader findet.

In dem Gesang überkreuzen sich zwei Episoden – der Dialog mit dem Ghibellinenführer Farinata degli Uberti und der mit Cavalcante dei Cavalcanti,

Vater von Dantes berühmtem Dichterfreund Guido. Wir befinden uns im sechsten Höllenkreis, und Dante erfährt, dass dies der Ort der Epikuräer ist, die die Unsterblichkeit der Seele leugnen; deshalb sind sie die Toten unter den Toten und in flammende, unverschlossene Särge verbannt. An seiner Sprache als Florentiner erkannt, wird der Guelfe Dante von dem mehrfach aus der Stadt verbannten Farinata in einen feindseligen Disput verwickelt, der an seinem Höhepunkt unterbrochen wird, als sich Cavalcante aus seinem Flammengrab erhebt. Er erkundigt sich nach seinem Sohn Guido, fürchtend, dass der nicht mehr am Leben ist. Dante verweist auf Vergil und gibt zur Antwort, er werde nur von dem geleitet, »Den Euer Guido wohl gering geschätzt hat«. Die Vergangenheitsform des Satzes scheint Cavalcantes Befürchtungen zu bestätigen, und als Dante auf seine Nachfrage mit der Antwort zögert, deutet Cavalcante dies als Bestätigung des Todes seines Sohnes, und verzweifelt fiel »rückwärts er und kam nicht mehr zum Vorschein«. Farinata hingegen nimmt von all dem ungerührt den unterbrochenen Dialog wieder auf und klärt Dante über die Bestrafung der hierher Verbannten auf: sie sind wie die Weitsichtigen, die zwar die Zukunft, nicht aber die nahe Gegenwart kennen. Da wird dem Wanderer die ganze »Schuld« bewusst, die er mit seinem missverständlichen Innehalten auf sich geladen hat, und er ersucht Farinata, Cavalcante davon zu unterrichten, dass Guido noch unter den Lebenden weilt.

Gramsci fragt, ob es einen inneren Zusammenhang zwischen Cavalcantes und Farinatas Drama gibt. Weshalb schiebt der Autor der *Göttlichen Komödie* diesen augenscheinlich autonomen Dialog in einen anderen ein? Croce ist der Auffassung, die Farinata-Episode sei eine ›rein‹ politische, Cavalcantes Drama ein ausschließlich persönliches. Gramsci hingegen insistiert auf dem Zusammenhang: Cavalcantes Bestrafung steht im Zentrum des Gesanges, deren Bedeutung aber allein durch Farinatas Intervention geklärt werden kann. Erst die strukturelle Erläuterung durch Farinata macht die »unsagbare Intensität« des Dramas (LC, 172) plausibel und wird daher zu einem poetischen Element: »Ohne Struktur gäbe es keine Poesie, und deshalb hat auch die Struktur poetischen Wert.« (173)

Croces im Allerheiligsten der italienischen Hochkultur kanonische Auffassung, der strukturellen Rahmung der *Göttlichen Komödie* komme kein ästhetischer Wert zu, sieht Gramsci durch seine »kleine Entdeckung« (*Briefe* II, 251) widerlegt. Damit ist auch bewiesen, dass das Proletariat seine eigenen Intellektuellen hervorbringen kann, die in der Lage sind, es mit jenen der Bourgeoisie aufzunehmen – auch und gerade auf deren Terrain: Die Bedeutung des »soziologisch-kritischen Interesses für das Kunstwerk« steht nicht in Widerspruch zu dem Ansinnen, auch auf der formalen Ebene aus dem »ästhetischen Gesichtskreis von Croce« herauszutreten (Musolino 1977, 35).

Selbstbewusst zeigt sich Gramsci auch in seiner Auseinandersetzung mit dem Werk Luigi Pirandellos: »Weißt Du«, fragt er seine Schwägerin Tatjana, »dass ich [...] das Theater Pirandellos entdeckt und zu seiner Popularisierung beigetragen habe?« (*Briefe* II, 93) Er bezieht sich dabei auf seine bis 1920 verfassten Theaterkritiken. Auch wenn sie fast durchgehend negativ waren, schätzte er doch den Autor: »Seine Komödien explodieren wie Handgranaten in den Hirnen der Zuschauer und bringen [...] Gefühls- und Gedankenruinen zum Einsturz« (1917, LVN, 307). Lange vor den *Gefängnisheften* geht es hier schon um das Motiv des Provinzialismus in der italienischen Kultur: Pirandello ist Gramsci in erster Linie ein kultureller Erneuerer, der den Italienern einen »Hauch von Dialektik in die von Kirche und Tradition vernagelten Köpfe geblasen« hat (Wagner 1988, 140). Sein Einfluss ist damit Element einer intellektuellen und moralischen Erneuerung, Element der Kultur mehr als der Kunst.

Auch Gramscis Beschäftigung mit Alessandro Manzoni hat eine ›kulturelle‹ wie künstlerische Facette. Schon als Student hatte sich Gramsci mit Manzonis Rolle in der italienischen Sprachenfrage (*Questione della lingua*) beschäftigt, der umstrittenen Kodifizierung einer italienischen Einheitssprache. Die vom Mailänder Manzoni im Florentinischen verfasste zweite Version seines Romans *I promessi sposi* (in neuer Übersetzung *Die Brautleute*) bescherte dem sich im Einigungsprozess befindlichen Italien sein literarisches Gründungswerk in der Sprache, die zum Norm-Italienischen erhoben wurde, und steht in dieser Funktion auf einer Stufe mit Dantes *Göttlicher Komödie*, die das Lateinische hinter sich gelassen hatte. Gramsci war nicht nur als Linguist an Manzonis auch theoretischem Wirken »interessiert« (*Briefe* II, 331), sondern auch als Kulturtheoretiker, der in der Sprachenfrage einen Aspekt des fehlenden popular-nationalen Charakters der italienischen Literatur sieht: der Abstand der Intellektuellen zum Volk findet auch im jahrhundertelangen Fehlen einer überregionalen Einheitssprache seinen Ausdruck.

Gramsci hat darüber hinaus den Mythos eines ›demokratischen‹ Manzoni dekonstruiert und eine marxistische Manzoni-Kritik begründet, indem er dessen Hinwendung zum einfachen Volk als (katholischen) Paternalismus entzifferte. So erweist sich die Triftigkeit der These vom mangelnden popular-nationalen Charakter der italienischen Literatur ausgerechnet an diesem National-Literaten. Als organischer Intellektueller der Bourgeoisie strebt er den partiellen Bruch mit der Vergangenheit an, um jedoch eine echte, weil auf Aktivierung des Volkes setzende Revolution zu verhindern.

Literaturkritik

In seiner Auseinandersetzung mit Popularliteratur erstellt Gramsci einen »›Katalog‹ der wichtigsten zu untersuchenden und zu analysierenden Fragen« (S. 38 in diesem Reader), der von der Nicht-Popularität der italienischen Literatur über die Sprachenfrage, den politischen Charakter von Humanismus und Renaissance bis hin zur Nicht-Existenz einer italienischen Kinderliteratur reicht. Das Hegemonie-Konzept bringt diese Fragen auf den Nenner des Kampfes für eine ›neue Kultur‹. »Eine Leitfrage ist für Gramsci – und das bezeichnet seine Methode –, *welcher Typus von Kritik* (im Hinblick auf Literaturkritik) sich für den Marxismus eignet« (Haug 2011, 133). Literaturkritik ist in diesem Zusammenhang politische und nicht künstlerische Kritik – was mit Bezug auf De Sanctis ›kämpferische Kritik‹ (*critica militante*) genannt wird.

Was als »Rückkehr zu De Sanctis« (S. 111 in diesem Reader) überschrieben ist, bezieht sich auf den bedeutenden Literaturhistoriker und -kritiker, der 1870/71 eine zweibändige *Geschichte der italienischen Literatur* veröffentlichte, in der er die wesentlichen Werke der italienischen Literatur im Zusammenhang der Gesellschafts- und Kulturgeschichte betrachtet. Das Werk greift ein in den Prozess des Risorgimento, so dass gesagt werden konnte, dass erst mit De Sanctis das neue Italien kein »potenzielles« mehr ist, sondern »in seinen historischen, wirtschaftlichen, literarischen und kulturellen Merkmalen« hervortritt (Boaglio 2008, 104). Wenn Gramsci im »Kampf für eine neue Kultur« einen »Typus von Literaturkritik« für nötig hält, der von De Sanctis geboten werde, so bezieht er sich auf eine Kritik, die »kämpferisch« ist als »Kritik einer Periode kultureller Kämpfe, von Gegensätzen zwischen antagonistischen Lebensauffassungen« (S. 113 in diesem Reader).

Der Typus ›kämpferischer Kritik‹ sei den kulturwissenschaftlich sich nennenden Literaturwissenschaften unserer Zeit ins Stammbuch geschrieben: Kunst ist nichts dem Sozialen Äußerliches. Gramsci, einer der besten Kenner des Buchmarktes und der Zeitschriftenlandschaft der 1920er und ersten 1930er Jahre, setzt sich mit Popularliteratur, Zeitungen und Fortsetzungsromanen, volkstümlicher, Kriminal- und Abenteuerliteratur auseinander und bietet damit eine hervorragende Schulung für das denkende Durchdringen und Verstehen von Literatur und Gesellschaft.

Editorische Notiz

Die vorliegende Auswahl geht von der deutschsprachigen Ausgabe der *Gefängnishefte* aus (Gramsci 1991ff), der die von Valentino Gerratana herausgegebene kritische Gesamtausgabe des Gramsci-Instituts (1975) zugrunde liegt.

Gramsci hat in den ersten Jahren seiner Haft Texte verfasst, sogenannte A-Texte, die er später wieder aufgegriffen, überarbeitet, ergänzt und umformuliert sowie zum Teil in thematischen Heften neu angeordnet hat (C-Texte). Während die kritische Gesamtausgabe der *Gefängnishefte* die Arbeiten beider Schreibphasen sowie auch jene Texte umfasst, die nur in einer Fassung vorliegen (B-Texte), enthält dieser Band, wie schon die Reader vor ihm, ausschließlich Paragraphen der Kategorien B und C.

Zur besseren Auffindbarkeit bestimmter Themen wurden im Inhaltsverzeichnis, wie schon in der Gesamtausgabe, bei manchen Paragraphen die von Gramsci oft nach schematischen Kritierien gewählten Überschriften durch Hinweise auf ihren Gegenstand ersetzt. Im Text- sowie im Anmerkungsteil selbst finden sich die von Gramsci gewählten Paragraphenbezeichnungen.

Ingo Lauggas

Literatur

*Texte mit * werden in der Übersetzung d. Verf. zitiert.*

Baratta, Giorgio, *Antonio Gramsci in contrappunto. Dialoghi col presente*, Rom 2007*

Baratta, Giorgio, »Cultura«, in: *Dizionario Gramsciano 1926-1937. A cura di Guido Liguori e Pasquale Voza*, Rom 2009, 190–194

Boaglio, Gualtiero, *Italianità. Eine Begriffsgeschichte*, Wien 2008

Borek, Johanna, »Gramsci: Ein Philologe liest den fragmentarischen Text der Wirklichkeit«, in: Zibaldone. Zeitschrift für italienische Kultur der Gegenwart, 11/1991, 30–39

D'Anna, Giovanni, »La ›scoperta‹ di Antonio Gramsci. Le *Lettere* e i *Quaderni del carcere* nel dibattito italiano 1944–1952«, in: Italia contemporanea, 211/1998, 285–306*

Eco, Umberto, *Il superuomo di massa*, Mailand 1978

Gramsci, Antonio, *Letteratura e vita nazionale*, Turin 1949 [LVN]*

Gramsci, Antonio, *Lettere dal carcere*, Turin 1971 [zit. als LC]*

Gramsci, Antonio, *Quaderni del carcere. Edizione critica dell'istituto Gramsci, a cura di Valentino Gerratana*, Turin 1975

Gramsci, Antonio, *Gefängnishefte. Kritische Gesamtausgabe,* hg. v. Klaus Bochmann, Wolfgang Fritz Haug und Peter Jehle, Berlin-Hamburg 1991ff. [zit. als *Gef*]

Gramsci, Antonio, *Gefängnisbriefe II. Briefwechsel mit Tatjana Schucht 1926–1930*, hg. v. Ursula Apitzsch, Peter Kammerer und Aldo Natoli, Hamburg-Frankfurt/M-Berlin 2008 [zit. als *Briefe*]

Haug, Wolfgang Fritz, »Gramsci und die Politik des Kulturellen«, in: *Das Argument*, 167/1988, 32–48

Haug, Wolfgang Fritz, *Philosophieren mit Brecht und Gramsci. Erweiterte Ausgabe*, Hamburg 2006

Haug, Wolfgang Fritz, *Die kulturelle Unterscheidung. Elemente einer Philosophie des Kulturellen*, Hamburg 2011

Johnson, Richard, »Was sind eigentlich Cultural Studies?«, in: R. Bromley u. a. (Hg.), *Cultural Studies. Grundlagentexte zur Einführung*, Lüneburg 1999, 139–191

Lauggas, Ingo, »Empfindungsstrukturen und Alltagsverstand. Implikationen der materialistischen Kulturbegriffe von Gramsci und Raymond Williams«, in: A. Merkens u. V. Rego-Diaz (Hg.), *Mit Gramsci arbeiten. Texte zur politisch-praktischen Aneignung Antonio Gramscis*, Hamburg 2007, 85–97

Musolino, Rocco, *Marxismus und Ästhetik in Italien*, Dresden 1977

Nünning, Ansgar, Roy Sommer, »Kulturwissenschaftliche Literaturwissenschaft. Disziplinäre Ansätze – Theoretische Positionen – Transdisziplinäre Perspektiven«, in: dies. (Hg.): *Kulturwissenschaftliche Literaturwissenschaft*, Tübingen 2004, 9–33

Wagner, Birgit, »Ist das Leben selbst theatralisch? Bemerkungen zu Antonio Gramsci als Kritiker Pirandellos«, in: M. Rössner u. F.-R. Hausmann (Hg.), *Theatralisierung der Wirklichkeit und Wirklichkeit des Theaters. Akten des 3. Pirandello-Kolloquiums in Wien vom Mai 1986*, Bonn 1988, 139–148

Wagner, Birgit, »Gramsci als Literaturkritiker der faschistischen Jahrzehnte«, in: *Zibaldone. Zeitschrift für italienische Kultur der Gegenwart*, 11/1991, 40–49

Wagner, Birgit, »Argomenti di cultura. I ›Quaderni‹ alla luce delle scienze culturali«, in: R. Medici (Hg.), *Gramsci. Il linguaggio della politica*, Bologna 1999, 89–99*

Wagner, Birgit, »Denken (und Schreiben) in Netzwerken: Antonio Gramsci, Walter Benjamin und Antonio Machado«, in: U. Göttlich (Hg.), *Die Werkzeugkiste der cultural studies. Perspektiven, Anschlüsse und Interventionen*, Bielefeld 2001, 223–243

Antonio Gramsci

GEFÄNGNIS HEFTE

Kritische Gesamtausgabe

Ausgewählte Paragraphen

Kultur und Literatur

1. Kunst, Kultur, Architektur

Heft 6, §{133}. *Für eine neue Literatur (Kunst) vermittels einer neuen Kultur.* Vgl. in Croces Band *Neue Aufsätze zur italienischen Literatur des 17. Jahrhunderts* (1931) das Kapitel, in dem er von den jesuitischen Dichterakademien spricht und sie mit den in Rußland entstandenen »Dichterschulen« vergleicht[1] (Croce wird die Anregung dazu wie üblich von Fülöp-Miller haben)[2]. Aber warum vergleicht er sie nicht mit den Maler- und Bildhauerwerkstätten des 15.–16. Jahrhunderts? Waren diese auch »jesuitische Akademien«? Und warum könnte man das, was man für die Malerei und Bildhauerei tat, nicht auch für die Dichtung tun? Croce läßt das soziale Element unberücksichtigt, das eine eigene Dichtung »haben will«, ein Element »ohne Schule«, daß sich also der »Technik« und selbst der Sprache noch nicht bemächtigt hat: in Wahrheit handelt es sich um eine Schule für Erwachsene, die den Geschmack erzieht und das »kritische« Gefühl im weiten Sinn schafft. Ein Maler, der ein Bild von Raffael »kopiert«, macht der in »jesuitischer Akademie«? Er »versenkt sich« im besten Falle in die Kunst Raffaels, versucht, sie sich neu zu erschaffen, usw. Und warum könnte man nicht mit Arbeitern Übungen zur Verskunst machen? Würde das nicht dazu dienen, das Ohr zur Musikalität des Verses zu erziehen, usw.?

Heft 6, §{64}. *Die Enkelchen des Pater Bresciani.* »Die Kunst ist erzieherisch als Kunst, aber nicht als ›erzieherische Kunst‹, weil sie in solchem Falle nichtig ist, und das Nichtige kann nicht erziehen. Freilich scheint es, daß wir uns alle einmütig eine Kunst wünschen, die derjenigen des Risorgimento ähnelt und nicht beispielsweise der Epoche D'Annunzios; aber in Wahrheit, wenn man es wohl bedenkt, steckt in diesem Wunsch nicht der Wunsch nach einer Kunst, die einer anderen vorzuziehen ist, sondern eher nach einer moralischen Wirklichkeit, die einer anderen vorzuziehen ist. Genauso wie derjenige, der sich wünscht, daß ein Spiegel eine schöne statt einer häßlichen Person widerspiegelt, sich nicht einen Spiegel wünscht, der anders ist als der vor ihm, sondern eine andere Person«. (Croce, *Kultur und moralisches Leben*, S. 169–70; Kap. *Glaube und Programme* von 1911).

»Wenn sich ein Werk der Dichtung oder ein Zyklus poetischer Werke herausgebildet hat, ist es unmöglich, diesen Zyklus durch das Studium, durch die Nachahmung und durch die Variationen zu jenen Werken weiterzuführen; auf diesem Wege erhält man lediglich die sogenannte poetische Schule, das *servum pecus** der Epigonen. Dichtung erzeugt keine Dichtung; die Jungfernzeugung

* Lat.: »dienendes Vieh«.

findet nicht statt; gebraucht wird der Eingriff des männlichen Elements, dessen, was wirklich, leidenschaftlich, praktisch, moralisch ist. Die größten Kritiker der Dichtung mahnen, in diesem Fall nicht auf literarische Rezepte zurückzugreifen, sondern, wie sie sagen, ›den Menschen neu zu machen‹. Ist der Mensch neu gemacht, der Geist aufgefrischt, ein neues Gefühlsleben entstanden, wird daraus, wenn überhaupt, eine neue Dichtung hervorgehen«. (B. Croce, *Kultur und moralisches Leben*, S. 241–42; Kapitel *Zuviel Philosophie* von 1922).

Diese Beobachtung kann dem historischen Materialismus* wohl anstehen. Die Literatur erzeugt keine Literatur usw., das heißt, die Ideologien schaffen keine Ideologien, die Superstrukturen erzeugen keine Superstrukturen, außer als Erbe von Trägheit und Passivität: sie werden erzeugt, nicht durch »Jungfernzeugung«, sondern durch den Eingriff des »männlichen« Elements – die Geschichte – die revolutionäre Aktivität, die den »neuen Menschen« schafft, das heißt neue gesellschaftliche Verhältnisse.

Daraus leitet sich auch folgendes ab: daß der alte »Mensch« durch den Wandel ebenfalls »neu« wird, weil er neue Beziehungen eingeht, da die ursprünglichen umgestürzt worden sind. Daher die Tatsache, daß man, bevor der positiv geschaffene »neue Mensch« Dichtung von sich gegeben hat, dem »Schwanengesang« des negativ erneuerten, alten Menschen beiwohnen kann: und häufig ist dieser Schwanengesang von bewundernswertem Glanz; das Neue vereinigt sich darin mit dem Alten, die Leidenschaften erglühen darin auf unvergleichliche Weise usw. (Ist die *Göttliche Komödie* nicht vielleicht in gewisser Weise der Schwanengesang des Mittelalters, der aber auch die neuen Zeiten und die neue Geschichte vorwegnimmt?)

Heft 1, §{124}. *Die Futuristen.* Eine Schar von Schulbuben, die aus einem Jesuitenkolleg ausgerissen ist, im nächsten Wald ein wenig Radau gemacht hat und unter dem Stock des Feldhüters zurückgebracht wurde[1].

Heft 15, §{38}. *Kriterien der Literaturkritik.* Ist die Auffassung, die Kunst sei Kunst und nicht »gewollte« und vorsätzliche politische Propaganda, an sich schon ein Hindernis für die Formierung bestimmter Kulturströmungen, die der Reflex ihrer Zeit sein und dazu beitragen sollen, bestimmte politische Strömungen zu stärken? Anscheinend nicht, vielmehr scheint es, daß eine solche Auffassung das Problem in radikaleren und eine wirksamere und schlüssigere Kritik fordernden Termini stellt. Das Prinzip vorausgesetzt, daß im Kunstwerk nur der künstlerische Charakter zu suchen sei, ist doch keineswegs die Suche danach ausgeschlossen, welche Masse an Gefühlen, welche

* Im Ms.: »historischen Mat.«

Haltung zum Leben im Kunstwerk selbst zirkuliert. Daß dies sogar von den modernen ästhetischen Strömungen zugegeben wird, sieht man bei De Sanctis und selbst bei Croce. Ausgeschlossen wird, daß ein Werk wegen seines moralischen und politischen Inhalts und nicht seiner Form wegen, mit welcher der abstrakte Inhalt verschmolzen und eins geworden ist, schön sein soll. Ferner wird untersucht, ob ein Kunstwerk nicht deshalb mißlungen ist, weil sich der Urheber von äußerlich-praktischen, das heißt falschen und unehrlichen Interessen vom Weg abbringen ließ. Das scheint der springende Punkt der Auseinandersetzung zu sein: Herr Sowieso »will« künstlich einen bestimmten Inhalt ausdrücken und macht kein Kunstwerk. Das künstlerische Mißlingen des gegebenen Kunstwerks (da Herr Sowieso gezeigt hat, daß er in anderen Werken, die er wirklich gefühlt und gelebt hat, ein Künstler ist) zeigt, daß solch ein Inhalt bei Herrn Sowieso stumme und widerspenstige Materie ist, daß Herrn Sowiesos Enthusiasmus fiktiv und äußerlich gewollt ist, daß Herr Sowieso in diesem bestimmten Fall in Wirklichkeit kein Künstler, sondern ein Diener ist, der den Herren gefallen will. Es gibt folglich zwei Reihen von Tatsachen: eine ästhetischer Art oder der reinen Kunst, die andere der Kulturpolitik (das heißt der Politik schlechthin). Die Tatsache, daß man dazu kommt, den künstlerischen Charakter eines Werkes zu leugnen, kann dem politischen Kritiker als solchem zum Beweis dienen, daß Herr Sowieso als Künstler nicht zu der bestimmten politischen Welt gehört und, da er eine überwiegend künstlerische Persönlichkeit ist, daß in seinem inneren und ureigensten Leben jene bestimmte Welt nicht wirkt, nicht existiert: Herr Sowieso ist daher ein Komödiant der Politik, er will glauben machen, er sei das, was er nicht ist usw. usf. Der politische Kritiker klagt Herrn Sowieso folglich an, nicht als Künstler, sondern als »politischen Opportunisten«. Daß der Politiker Druck ausübt, damit die Kunst seiner Zeit eine bestimmte kulturelle Welt ausdrückt, ist politische, nicht kunstkritische Tätigkeit: wenn die kulturelle Welt, für die man kämpft, eine lebendige und notwendige Tatsache ist, wird ihre Ausdehnungskraft unwiderstehlich sein, wird sie ihre Künstler finden. Wenn diese Unwiderstehlichkeit aber trotz des Druckes nicht zu sehen ist und nicht wirkt, dann bedeutet das, daß es sich um eine fiktive und falsche Welt handelte, um eine papierene Kopfgeburt von Mittelmäßigen, die sich darüber beklagen, daß die Menschen größeren Formats nicht mit ihnen übereinstimmen. Die Art und Weise der Fragestellung selbst kann ein Hinweis auf die Solidität einer solchen moralischen und kulturellen Welt sein: und in der Tat ist der sogenannte »Kalligraphismus« nur die Verteidigung kleiner Künstler, die aus Opportunismus gewisse Prinzipien behaupten, sich aber nicht in der Lage fühlen, sie künstlerisch, das heißt in ihrer ureigensten Tätigkeit auszudrücken, und dann faseln sie von reiner Form, die ihr Inhalt selbst sei usw. usf. Das formale Prinzip der

Unterscheidung der geistigen Kategorien und ihrer Einheit in der Zirkulation erlaubt selbst in seiner Abstraktheit, die tatsächliche Wirklichkeit zu erfassen und die Willkür und das Scheinleben desjenigen zu kritisieren, der nicht mit offenen Karten spielen will oder einfach ein Mittelmäßiger ist, der vom Zufall auf einen Kommandoposten gestellt worden ist.

Heft 15, §{58}. *Literaturkritik.* Im Märzheft der »Educazione Fascista« von 1933 Argos polemischer Artikel gegen Paul Nizan (»Ideen von jenseits der Grenze«)[1] zur Konzeption einer neuen Literatur, die aus einer vollständigen intellektuellen und moralischen Erneuerung hervorgehen soll. Nizan scheint das Problem richtig zu stellen, wenn er zu Beginn definiert, was eine vollständige Erneuerung der kulturellen Voraussetzungen ist, und das Untersuchungsfeld selbst eingrenzt. Argos einziger begründeter Einwand ist folgender: die Unmöglichkeit, ein nationales, autochthones Stadium der neuen Literatur zu überspringen, und die »kosmopolitischen« Gefahren von Nizans Auffassung. Unter diesem Gesichtspunkt sind viele Kritiken Nizans an französischen Intellektuellengruppen zu überprüfen: »Nouvelle Revue Française«*, der »Populismus« usw., bis zur Gruppe des »Monde«[2], nicht weil die Kritiken [politisch] nicht ins Schwarze träfen, sondern weil es eben unmöglich ist, daß die neue Literatur sich nicht »national« äußert, in unterschiedlichen, mehr oder weniger hybriden Verbindungen und Legierungen. Die gesamte Strömung muß objektiv untersucht und studiert werden. Im übrigen muß man bezüglich des Verhältnisses von Literatur und Politik folgendes Kriterium vor Augen haben: daß der Literat notwendig weniger genaue und umschriebene Perspektiven haben muß als der politische Mensch, weniger »sektiererisch« sein muß, wenn man so sagen kann, aber auf »widersprüchliche« Weise. Für den politischen Menschen ist jedes vorweg »fixierte« Bild reaktionär: der Politiker betrachtet die gesamte Bewegung in ihrem Werden. Der Künstler dagegen muß in ihrer definitiven Form »fixierte« und gefilterte Bilder haben. Der Politiker stellt sich den Menschen vor, wie er ist, und zugleich wie er sein müßte, um ein bestimmtes Ziel zu erreichen; seine Arbeit besteht genau darin, die Menschen dazu zu bringen, daß sie sich in Bewegung setzen, daß sie aus ihrem gegenwärtigen Wesen heraustreten, um gemeinsam fähig zu werden, das gebotene Ziel zu erreichen, also sich dem Ziel entsprechend »konform« zu verhalten. Der Künstler stellt notwendig »das, was ist« in einem bestimmten Moment [an Persönlichem, an Nonkonformistischem usw.] realistisch dar. Vom politischen Standpunkt wird der Politiker deshalb nie mit dem Künstler zufrieden sein und es auch nie sein können: er wird ihn stets hinter der Zeit zurückgeblieben, stets

* Im Ms. wird der Titel der Zeitschrift mit der Abkürzung »N.R.F.« angegeben.

anachronistisch, stets von der wirklichen Bewegung überholt finden. Wenn die Geschichte ein kontinuierlicher Prozeß der Befreiung und Bewußtwerdung ist, dann ist es offenkundig, daß jedes Stadium, als Geschichte, in diesem Fall als Kultur, überwunden werden und nicht mehr interessieren wird. Das scheint mir zu berücksichtigen zu sein, um Nizans Urteile über die verschiedenen Gruppen einzuschätzen.

Aber von einem objektiven Standpunkt können, so wie noch heute für bestimmte Schichten der Bevölkerung Voltaire »aktuell« ist, diese literarischen Gruppen und die Verbindungen, die sie darstellen, aktuell sein und sind es sogar: objektiv bedeutet in diesem Fall, daß die Entwicklung der intellektuellen und moralischen Erneuerung nicht in allen gesellschaftlichen Schichten gleichzeitig verläuft, im Gegenteil: noch heute – es ist angebracht, das zu wiederholen – sind viele Ptolemäer und nicht Kopernikaner. (Es gibt viele »Konformismen«, viele Kämpfe um neue Konformismen und unterschiedliche Verbindungen zwischen dem, was ist, auf unterschiedliche Weise ausgedrückt, und dem, woran man arbeitet, damit es wird, und es sind viele, die in diesem Sinne arbeiten). Sich auf den Standpunkt einer »einzigen« Linie fortschrittlicher Bewegung zu stellen, für die jede neue Errungenschaft akkumuliert und zur Voraussetzung neuer Errungenschaften wird, ist ein schwerer Irrtum: die Linien sind nicht nur vielfältig, sondern es kommt auch auf der »mehr« fortschrittlichen Linie zu Rückschritten. Darüber hinaus vermag Nizan die Frage der sogenannten »Popularliteratur« nicht zu stellen, das heißt des Erfolgs, den die (Abenteuer-, Detektiv-, Kriminal- usw.) Feuilletonliteratur unter den Massen der Nation hat, eines Erfolgs, der vom Kino und der Zeitung unterstützt wird. Und doch ist es diese Frage, die den Großteil des Problems einer neuen Literatur als Ausdruck einer intellektuellen und moralischen Erneuerung darstellt: weil sich allein unter den Lesern der Feuilletonliteratur das hinreichende und notwendige Publikum auswählen läßt, um die kulturelle Basis der neuen Literatur zu schaffen. Meines Erachtens ist das Problem folgendes: wie ein Korps von Literaten schaffen, das künstlerisch zur Feuilletonliteratur steht, wie Dostojewski zu Sue und Soulié stand, oder wie Chesterton im Detektivroman zu Conan Doyle und Wallace steht usw. Zu diesem Zweck müssen viele Vorurteile aufgegeben werden, vor allem aber ist daran zu denken, daß man kein Monopol haben wird, sondern daß man eine gewaltige Organisation von Verlegerinteressen gegen sich hat. Das gewöhnlichste Vorurteil ist folgendes: daß die neue Literatur sich mit einer Künstlerschule intellektuellen Ursprungs identifizieren muß, wie es beim Futurismus war. Die Voraussetzung der neuen Literatur kann nicht anders sein als politisch-geschichtlich, popular: sie muß bestrebt sein, schon Vorhandenes auszuarbeiten, polemisch oder auf andere Weise, darauf kommt es nicht an; worauf es ankommt, ist, daß sie ihre Wurzeln schlägt im Humus der Volkskultur, so wie sie ist, mit ihren Vorlieben, ihren Bestrebungen usw., mit ihrer moralischen und intellektuellen Welt, auch wenn diese rückständig und konventionell ist.

Heft 6, §{124}. *Croce und die Literaturkritik.* Ist Croces Ästhetik im Begriff, normativ zu werden, eine »Rhetorik« zu werden? Man müßte seine *Kerngedanken der Ästhetik* gelesen haben (die der Artikel über Ästhetik in der letzten Ausgabe der *Encyclopaedia Britannica* sind). Eine Äußerung darin bestimmt die hauptsächliche *Aufgabe* der modernen Ästhetik als »die Wiederherstellung und Verteidigung der Klassik gegen die Romantik, des synthetischen, formalen und theoretischen Moments, in der das Eigentliche der Kunst liegt, gegen das des Gefühls, das in sich aufzulösen die Funktion der Kunst ist«[1]. Diese Textstelle zeigt, welches die »moralischen« Anliegen Croces über seine ästhetischen Anliegen hinaus sind, das heißt seine »kulturellen« und daher »politischen« Anliegen. Man könnte die Frage stellen, ob die Ästhetik als Wissenschaft eine weitere Aufgabe haben kann neben der, eine Theorie der Kunst und der Schönheit, des Ausdrucks auszuarbeiten. Hier bedeutet Ästhetik »Kritik in Aktion« in »concreto«, aber dürfte die Kritik in Aktion nicht nur kritisieren, das heißt, die Geschichte der Kunst in concreto, der »individuellen künstlerischen Ausdrucksformen« betreiben?

Heft 6, §{62}. *Die Enkelchen des Pater Bresciani.* De Sanctis schreibt an irgendeiner Stelle, daß er, bevor er einen Aufsatz schrieb oder eine Vorlesung hielt, zum Beispiel über einen Gesang Dantes, mehrmals laut den Gesang las, ihn auswendig lernte usw. usf. Daran wird erinnert, um die Beobachtung zu stützen, daß das künstlerische Element eines Werkes, bis auf seltene Gelegenheiten (und man wird sehen, welche), nicht bei der ersten Lektüre genossen werden kann, häufig nicht einmal von den großen Fachleuten, wie De Sanctis einer war. Die erste Lektüre gibt nur die Möglichkeit, in die Kultur- und Gefühlswelt des Schriftstellers eingeführt zu werden, und nicht einmal dies stimmt immer, besonders für die nicht zeitgenössischen Schriftsteller, deren Kultur- und Gefühlswelt anders ist als die gegenwärtige: ein Gedicht eines Kannibalen über die Freude eines üppigen Banketts mit Menschenfleisch kann als schön begriffen werden und, um künstlerisch, ohne »außerästhetische« Vorurteile, genossen zu werden, einen gewissen psychologischen Abstand von der heutigen Kultur verlangen. Aber das Kunstwerk enthält noch andere »historistische« Elemente über die jeweilige Kultur- und Gefühlswelt hinaus, und das ist die Sprache, nicht nur als rein verbaler Ausdruck verstanden, wie er in einer bestimmten Zeit und an einem bestimmten Ort von der Grammatik fotografiert werden kann, sondern als ein Ensemble von Bildern und Ausdrucksweisen, die nicht zur Grammatik gehören. Diese Elemente erscheinen klarer in den anderen Künsten. Die japanische Sprache erscheint sofort als von der italienischen Sprache verschieden, nicht so die Sprache der Malerei, der Musik und der darstellenden Künste im allgemeinen: und dennoch gibt es auch diese Sprachunterschiede, und sie sind um so auffälliger, je mehr man von den künstlerischen Äußerungen der Künstler zu den künstlerischen Äußerungen der Folklore hinabsteigt, in der die Sprache dieser Künste auf das bodenständigste und ursprünglichste Element reduziert ist (die Anekdote des Zeichners erwähnen, der die Profilzeichnung eines Schwarzen macht, und die anderen Schwarzen spotten über den Porträtierten, weil der Maler »nur das halbe Gesicht« wiedergegeben hat). Es gibt jedoch unter kulturellem und historischem Gesichtspunkt einen großen Unterschied zwischen dem sprachlichen Ausdruck des geschriebenen und gesprochenen Wortes und den sprachlichen Ausdrucksformen der anderen Künste. Die »literarische« Sprache ist eng an das Leben der nationalen Mengen gebunden und entwickelt sich langsam und nur molekular; wenn man sagen kann, daß jede gesellschaftliche Gruppe ihre »Sprache« hat, so muß dennoch bemerkt werden (bis auf seltene Ausnahmen), daß zwischen der Popularsprache und derjenigen der gebildeten Klassen eine ständige Verbindung und ein ständiger Austausch besteht. Das geschieht nicht bei den Sprachen der anderen Künste, hinsichtlich derer sich festhalten läßt, daß gegenwärtig zwei Ordnungen von Erscheinungen auftreten: 1. in ihnen sind immer, wenigstens in ungeheuer größerem Ausmaß als hinsichtlich der literarischen Sprache, die Ausdruckselemente der Vergangenheit lebendig, der ganzen Vergangenheit, kann man sagen; 2. in ihnen bildet sich schnell eine kosmopolitische Sprache heraus, welche die technisch-expressiven Elemente aller Nationen absorbiert, die jeweils große Maler, Schriftsteller, Musiker usw. hervorbringen. Wagner hat der Musik sprachliche Elemente gegeben, welche* die ganze deutsche Literatur in ihrer ganzen Geschichte nicht gegeben hat, usw. Das geschieht, weil das Volk wenig an der Erzeugung dieser Sprachen teilhat, die einer internationalen Elite eigen sind usw., während es ziemlich schnell (und als Gesamtheit, nicht als Einzelne) zu ihrem Verständnis gelangen kann. All das, um darauf hinzuweisen, daß in Wirklichkeit der rein ästhetische »Geschmack«, wenn er als Form und Aktivität des Geistes primär genannt werden kann, dies praktisch, also im chronologischen Sinne, nicht ist.

Es ist von einigen gesagt worden (zum Beispiel von Prezzolini, in dem Bändchen *Mir scheint ...*), daß das Theater nicht als eine Kunst bezeichnet werden kann, sondern als eine Unterhaltung mechanistischen Charakters. Dies, weil die Zuschauer das aufgeführte Schauspiel nicht ästhetisch genießen können,

* Im Ms. Variante zwischen den Zeilen: »soviele wie«.

sondern sich nur für die Intrige interessieren usw. (oder etwas Ähnliches)[1]. Die Beobachtung ist falsch in dem Sinne, daß bei der Theateraufführung das künstlerische Element nicht nur durch das Schauspiel im literarischen Sinne gegeben ist, der Schöpfer ist nicht nur der Schriftsteller: der Autor greift in die Theateraufführung mit den Worten und mit den Regieanweisungen ein, die die Willkür des Schauspielers und des Regisseurs begrenzen, aber in Wirklichkeit wird bei der Aufführung das literarische Element zum Anlaß für neue künstlerische Schöpfungen, die von komplementären und kritisch-darstellerischen zu immer wichtigeren werden: zur Interpretation des einzelnen Autors und dem vom Regisseur geschaffenen szenischen Komplex. Es ist aber richtig, daß nur die wiederholte Lektüre das Schauspiel so zu genießen erlaubt, wie es der Autor hervorgebracht hat. Die Schlußfolgerung ist diese: ein Kunstwerk ist »künstlerisch« um so popularer, je näher sein moralischer, kultureller und gefühlsmäßiger Gehalt der nationalen Moralauffassung, Kultur und Gefühlswelt steht, wobei es nicht als etwas Statisches, sondern als eine in stetiger Entwicklung begriffene Aktivität verstanden wird. Zur unmittelbaren Kontaktnahme zwischen Leser und Schriftsteller kommt es, wenn im Leser die Einheit von Inhalt und Form die Einheit von poetischer und Gefühlswelt zur Voraussetzung hat: andernfalls muß der Leser beginnen, die »Sprache« des Inhalts in seine eigene Sprache zu übersetzen: es entsteht sozusagen eine Situation wie bei einem, der in einem Berlitz-Schnellkurs Englisch gelernt hat und dann Shakespeare liest; die Mühsal des wörtlichen Verständnisses, das mit der ständigen Zuhilfenahme eines mittelmäßigen Wörterbuchs erreicht wird, reduziert die Lektüre auf eine pedantische Schulübung und nichts weiter.

Heft 14, §{61}. *Literaturkritik. Aufrichtigkeit (oder Spontaneität) und Disziplin.* Ist Aufrichtigkeit (oder Spontaneität) immer ein Vorzug und ein Wert? Sie ist ein Vorzug und ein Wert, wenn diszipliniert. Aufrichtigkeit (und Spontaneität) bedeutet Maximum an Individualismus, aber auch im Sinne von Idiosynkrasie (Originalität ist in diesem Fall gleich Idiotismus). Das Individuum ist geschichtlich originell, wenn es das Maximum an Profil und Leben der »Gesellschaftlichkeit« gibt, ohne die es ein »Idiot« wäre (im etymologischen Sinn, der sich allerdings nicht vom gewöhnlichen und alltäglichen Sinn entfernt)[0]. Es gibt eine romantische Bedeutung von Originalität, Persönlichkeit, Aufrichtigkeit, und diese Bedeutung ist insofern historisch gerechtfertigt, als sie im Gegensatz zu einem gewissen wesentlich »jesuitischen« Konformismus entstand: einem gekünstelten, fiktiven Konformismus nämlich, der für die Interessen einer kleinen Gruppe oder Clique, nicht einer Avantgarde, oberflächlich geschaffen worden ist. Es gibt einen »rationalen« Konformismus, welcher der Notwendigkeit, dem geringsten Aufwand für die Erreichung eines nützlichen Ziels entspricht, und die Disziplin eines solchen Konformismus ist zu begrüßen und zu fördern, muß zu »Spontaneität« oder »Aufrichtigkeit« gemacht werden. Konformismus bedeutet dann nichts anderes als »Gesellschaftlichkeit«, doch gefällt es, das Wort Konformismus zu gebrauchen, gerade um die Dummköpfe zu schockieren. Das nimmt einem nicht die Möglichkeit, eine Persönlichkeit auszubilden und originell zu sein, macht es aber schwieriger. Es ist allzu leicht, originell zu sein, indem man das Gegenteil von dem tut, was alle tun; das ist etwas Mechanisches. Es ist allzu leicht, anders zu sprechen als die anderen, ein Neologist zu sein, die Schwierigkeit ist, sich von den anderen zu unterscheiden, ohne deshalb Verrenkungen zu machen. Gerade heute kommt es vor, daß Originalität und Persönlichkeit zu Billigpreisen gesucht werden. Die Gefängnisse und Irrenhäuser sind voll von Originalen mit starker Persönlichkeit. Den Akzent auf die Disziplin, auf die Gesellschaftlichkeit legen und trotzdem Aufrichtigkeit, Spontaneität, Originalität, Persönlichkeit verlangen: das ist wirklich schwierig und mühevoll. Man kann auch nicht sagen, der Konformismus sei zu leicht und mache die Welt zum Kloster. Indessen: was ist der »wahre Konformismus«, das heißt, was ist das »rationale« Verhalten, das nützlichere, freiere, weil es der »Notwendigkeit« gehorcht? Das heißt, was ist die »Notwendigkeit«? Jedermann neigt dazu, sich zum Archetypus der »Mode«, der »Gesellschaftlichkeit« zu machen und sich als »beispielhaft« hinzustellen. Jedoch ist die Gesellschaftlichkeit, der Konformismus, das Ergebnis eines kulturellen (und nicht nur kulturellen) Kampfes, ist ein »objektiv« oder universell Gegebenes, so wie die »Notwendigkeit«, auf der sich das Gebäude der Freiheit erhebt, nur objektiv und universell sein kann. Freiheit und Willkür, usw.

In der gegen die Aufrichtigkeit und Spontaneität gerichteten Literatur (Kunst) findet man den Mechanismus oder das Kalkül, das ein falscher Konformismus sein kann, eine falsche Gesellschaftlichkeit, das heißt, das Sich-Einrichten in den fertigen und gewohnheitsmäßigen Ideen. An das klassische Beispiel Nino Berrinis erinnern, der die Vergangenheit »karteimäßig erfaßt« und die Originalität in dem sucht, was nicht im Karteikasten erscheint. Berrinis Prinzipien für das Theater: 1. Länge der Arbeit: die durchschnittliche Länge feststellen, die anhand der Arbeiten ermittelt wird, die Erfolg gehabt haben; 2. Studium der Schlußszenen. Welche Schlußszenen haben Erfolg gehabt und Beifall hervorgerufen? 3. Studium der Kombinationen: zum Beispiel im bürgerlichen Sexualdrama Ehemann, Ehefrau, Liebhaber: prüfen, welche Kombinationen am meisten genutzt werden, und durch Ausschließung neue, mechanisch erschlossene Kombinationen »erfinden«. So hatte Berrini gefunden, daß ein Drama nicht mehr als 50 000 Worte haben, also nicht über eine bestimmte Zeit hinaus dauern darf. Jeder Akt und jede wichtige Szene müssen auf eine bestimmte Weise einen Höhepunkt erreichen, und diese Weise wird experimentell untersucht, nach einem Durchschnitt derjenigen Gefühle und Stimuli, die traditionell Erfolg gehabt haben, usw.[1] Mit diesen Kriterien kann es mit Sicherheit nicht zu kommerziellen Katastrophen kommen. Ist das aber »Konformismus« oder »Gesellschaftlichkeit« im genannten Sinn? Gewiß nicht. Es ist ein Sich-Einrichten im bereits Bestehenden.

Die Disziplin ist auch ein Studium der Vergangenheit, insofern die Vergangenheit Element der Gegenwart und der Zukunft ist, aber nicht »müßiges« Element, sondern notwendiges, insofern es Sprache ist, das heißt Element notwendiger »Uniformität«, nicht einer »müßigen«, träge gewordenen Uniformität.

Heft 14, §{65}. *Popularliteratur.* Was entspricht in der Literatur dem architektonischen »Rationalismus«?[1] Sicher die Literatur »nach einem Plan«[1a], das heißt die »funktionale« Literatur entsprechend einer vorher festgelegten gesellschaftlichen Richtung. Merkwürdig ist, daß der Rationalismus in der Architektur Beifall und Rechtfertigung erfährt und in den anderen Künsten nicht. Hier muß ein Mißverständnis vorliegen. Vielleicht, daß nur die Architektur praktische Zwecke hat? So scheint es freilich, weil die Architektur die Wohnhäuser baut, aber darum geht es nicht: es geht um »Notwendigkeiten«. Man wird sagen, die Häuser sind notwendiger als die anderen Künste, und will damit nur sagen, daß die Häuser für alle notwendig sind, während die anderen Künste nur für die Intellektuellen, für die Leute mit Bildung notwendig sind. Man müßte folgern, daß gerade die »Praktiker« vorhaben, alle Künste für alle Menschen notwendig zu machen, alle zu »Künstlern« zu machen. Weiter. Der gesellschaftliche Zwang! Wieviel wird gegen diesen Zwang geschwätzt. Man denke nicht, daß das nur ein Wort ist! Der Zwang, die Richtung, der Plan sind einfach ein Terrain für die Auswahl der Künstler, mehr nicht: und auszuwählen für praktische Zwecke, das heißt auf einem Gebiet, auf dem der Wille und der Zwang ihre volle Berechtigung haben. Es wäre zu sehen, ob es den Zwang nicht immer gegeben hat! Sollte er deshalb, weil er unbewußt von der Umgebung oder von einzelnen und nicht von einer zentralen Macht oder einer zentralisierten Kraft ausgeübt wird, vielleicht kein Zwang sein? Es handelt sich im Grunde immer um »Rationalismus« gegen die individuelle Willkür. Also dreht sich die Frage nicht um den Zwang, sondern darum, ob es sich um authentischen Rationalismus, wirkliche Funktionalität oder um einen Willkürakt handelt, das ist alles. Der Zwang ist ein solcher nur für den, der ihn nicht akzeptiert, nicht für den, der ihn akzeptiert: wenn der Zwang sich gemäß der Entwicklung der gesellschaftlichen Kräfte entwickelt, ist er kein Zwang, sondern mit einer beschleunigten Methode erreichte »Offenbarung« kultureller Wahrheit. Man kann vom Zwang dasselbe sagen, was die Gläubigen von der göttlichen Bestimmung sagen: für die »Wollenden« ist es keine Bestimmung, sondern freier Wille. In Wirklichkeit wird der in Rede stehende Zwang bekämpft, weil es sich um einen Kampf gegen die Intellektuellen und gegen gewisse Intellektuelle handelt, die traditionellen und traditionalistischen, die höchstens zulassen, daß sich die Neuheiten allmählich, graduell Bahn brechen. Es ist merkwürdig, daß in der Architektur der Rationalismus dem »Dekorativen« gegenübergestellt wird, und dieses wird »industrielle Kunst« genannt. Es ist merkwürdig, aber richtig. Tatsächlich müßte jede künstlerische Äußerung, die darauf gerichtet ist, die geschmacklichen Wünsche einzelner reicher Käufer zu befriedigen, ihr Leben zu »verschönern«, wie es heißt, stets industriell genannt werden. Wenn die Kunst, besonders in ihren kollektiven Formen, darauf gerichtet ist, einen Geschmack der Masse zu schaffen, diesen Geschmack anzuheben, ist sie nicht »industriell«, sondern selbstlos, das heißt Kunst. Mir scheint das Rationalismuskonzept in der Architektur, das des »Funktionalismus« also, sehr folgenreich für die Prinzipien einer Politik des Kulturellen[1b] zu sein: nicht zufällig entstand es gerade in diesen Zeiten der »Sozialisierungen« (im weiten Sinn) und des Eingriffs zentraler Kräfte, um die großen Massen gegen die Reste von Individualismen und von Ästhetiken des Individualismus in der Politik des Kulturellen zu organisieren.

Heft 14, §{2}. *Popularliteratur.* Bezeichnungsfragen. Es ist offenkundig, daß in der Architektur »Rationalismus« einfach »modern« bedeutet: ebenso offenkundig ist, daß »rational« nichts anderes ist als eine Weise, das Schöne dem Geschmack einer bestimmten Zeit gemäß auszudrücken. Daß dies in der Architektur früher als in anderen Künsten eingetreten ist, versteht sich, weil die Architektur »kollektiv« nicht nur als »Gebrauch«, sondern auch als »Urteil« ist. Man könnte sagen, daß es den »Rationalismus« immer gegeben hat, das heißt, daß man immer versucht hat, einen bestimmten Zweck gemäß einem bestimmten Geschmack und gemäß den technischen Kenntnissen über die Resistenz und Anpassungsfähigkeit des »Materials« zu erreichen.

Wieweit und wie der »Rationalismus« der Architektur in den anderen Künsten Verbreitung finden kann, ist eine schwierige Frage, die durch die »Kritik der Tatsachen« gelöst werden wird (was nicht heißen soll, daß die intellektuelle und ästhetische Kritik, welche die der Tatsachen vorbereitet, unnütz sei). Sicher ist, daß die Architektur von sich aus und wegen ihrer [unmittelbaren] Verbindungen mit dem übrigen Leben die reformierbarste und »diskutierbarste« der Künste zu sein scheint. Ein Bild, ein Buch oder eine Statuette können an einem »persönlichen« Ort für den persönlichen Geschmack aufbewahrt werden; nicht so ein architektonisches Bauwerk. Es ist auch indirekt (bezogen auf diesen Fall) an Tilghers Beobachtung zu erinnern, daß das architektonische

Werk nicht nach dem Maß der anderen Kunstwerke gemessen werden kann, wegen der »Kosten«, der Ausmaße, usw.[1] Ein Bauwerk zerstören, also bauen und umbauen, indem man versucht und wiederprobiert[1a], ist in der Architektur nicht gerade angebracht.

Heft 14, §{1}. *Popularliteratur* (vgl. den folgenden Paragraphen)[1]. Es ist richtig, daß das Studium der Funktion, obwohl es notwendig ist, nicht genügt zur Hervorbringung der Schönheit: aber schon die »Funktion« selbst ist umstritten, das heißt, auch die Idee und die Tatsache der Funktion sind individuell oder lassen Raum für individuelle Auslegungen. Es ist auch nicht gesagt, daß die »Ausschmückung« nicht »funktional« wäre, und »Ausschmückung« versteht man im weiten Sinn, in bezug auf alles, was nicht strikt »funktional« wie die Mathematik ist. Dabei führt die »Rationalität« zur »Vereinfachung«, was schon viel ist. (Kampf gegen den ästhetischen Secentismo[1a], für den das Überwiegen des äußerlich schmückenden Elements über das »funktionale« charakteristisch ist, wenn auch im weiten Sinn, das heißt als Funktion, in welcher die »ästhetische Funktion« inbegriffen ist). Es bedeutet viel, daß inzwischen anerkannt wird, daß die »Architektur die Interpretation des Praktischen ist«[2]. Vielleicht ließe sich das von allen Künsten sagen, die eine »bestimmte Interpretation des Praktischen« sind, sofern man dem Ausdruck »praktisch« jede »schmutzig-jüdische«[2a] Bedeutung nimmt (oder platterdings bürgerliche: es ist zu bemerken, daß »bürgerlich« in vielen Sprechweisen nur »flach, mittelmäßig, interessengeleitet« bedeutet, das heißt, die Bedeutung erlangt hat, die der Ausdruck »jüdisch« einmal hatte: immerhin sind diese Sprachprobleme von Bedeutung, weil Sprache = Denken, Sprechweise nicht nur Denk- und Fühlweise anzeigt, sondern auch Ausdrucksweise, das heißt die Weise, verstehen und fühlen zu lassen). Gewiß stellen sich für die anderen Künste die »Rationalismus«-Fragen nicht in derselben Weise wie für die Architektur, dennoch ist das »Vorbild« der Architektur nützlich, da man a priori annehmen muß, daß das Schöne immer ein solches ist und dieselben Probleme aufweist, welches auch sein besonderer formaler Ausdruck sei. Man könnte sagen, es handelt sich um »Technik«, aber Technik ist nur Ausdruck, und das Problem landet wieder in seinem anfänglichen Zirkel, nur mit anderen Worten.

Heft 3, §{155}. *Die neue Architektur*. Spezieller objektiver Charakter der Architektur. In Wirklichkeit ist das »Kunstwerk« der »Entwurf« (das Ensemble der Zeichnungen und der Pläne und der Berechnungen, mittels welcher Personen, die nicht identisch sind mit dem Architekten, dem »Künstler-Projektanten«, das Gebäude verwirklichen können usw.): ein Architekt kann als großer Künstler nach seinen Plänen beurteilt werden, auch ohne materiell irgend etwas erbaut zu haben. Der Entwurf verhält sich zum materiellen Bauwerk wie das »Manuskript« sich zum gedruckten Buch verhält: das Bauwerk ist die gesellschaftliche Entäußerung der Kunst, ihre »Verbreitung«, die dem Publikum eingeräumte Möglichkeit, an der Schönheit (so vorhanden) teilzuhaben, so wie das gedruckte Buch.

Es fällt Tilghers Einwand gegen Croce[1] zur Frage des »Gedächtnisses« als Ursache der künstlerischen Entäußerung: der Architekt bedarf nicht des Bauwerks, um zu »erinnern«, sondern des Entwurfs. Dies sei gesagt, auch wenn man nur das Crocesche »Gedächtnis« als relative Annäherung an das Problem, warum der Maler malt, der Schriftsteller schreibt usw. betrachtet und sich nicht damit zufrieden gibt, Phantasmen nur für seinen eigenen Gebrauch und Verbrauch zu konstruieren: und wenn man berücksichtigt, daß jeder architektonische Entwurf einen größeren »Annäherungs«-Charakter besitzt als das Manuskript, das Gemälde usw. Auch der Schriftsteller führt Neuerungen in jede Auflage des Buches ein (oder korrigiert die Druckfahnen, wobei er ändert, vgl. Manzoni): in der Architektur ist die Frage komplexer, weil das Bauwerk nie in sich [vollständig] fertig ist, sondern [Anpassungen haben muß] auch in Beziehung zum »Panorama«, in welches es eingefügt wird usw. (und man kann von ihm nicht so leicht zweite Auflagen machen wie von einem Buch usw.). Aber der heute wichtigste anzumerkende Punkt ist folgender: daß in einer sich schnell entwickelnden Zivilisation, in welcher das städtische »Panorama« sehr »elastisch« sein muß, keine große architektonische Kunst entstehen kann, weil es schwieriger ist, für die »Ewigkeit« gemachte Bauwerke zu denken. In Amerika rechnet man, daß ein Wolkenkratzer nicht länger als 25 Jahre halten muß, denn man nimmt an, daß in 25 Jahren die gesamte Stadt ihre Physiognomie verändern »könne« usw. usf. Meines Erachtens kann eine große architektonische Kunst erst nach einer Übergangsphase »praktischen« Charakters entstehen, in der man nämlich nur versucht, die größtmögliche Befriedigung der elementaren Bedürfnisse des Volkes mit einem Höchstmaß an Angemessenheit zu erreichen: dies in weitem Sinn verstanden, das heißt, nicht nur, soweit es das einzelne Bauwerk betrifft, die einzelne Wohnung oder den einzelnen Versammlungsort für große Massen, sondern insofern es einen architektonischen Komplex betrifft, mit Straßen, Plätzen, Gärten, Parks usw.

Heft 14, §{5}. *Methodologische Kriterien.* Bei der kritischen Untersuchung einer »Abhandlung« kann es darum gehen: 1. zu beurteilen, ob der betreffende Autor es verstanden hat, stringent und kohärent *alle* Konsequenzen aus den Prämissen abzuleiten, die er als Ausgangs- (oder Gesichts-)punkt angenommen hat: es kann sein, daß es an Stringenz fehlt, daß es an Kohärenz fehlt, daß es tendenziöse Auslassungen gibt, daß es an wissenschaftlicher »Phantasie«

fehlt (daß man also nicht die ganze Ergiebigkeit des angenommenen Prinzips zu sehen vermag usw.); 2. die Ausgangs- (oder Gesichts-)punkte, die Prämissen zu beurteilen, die schlechthin abgelehnt, oder eingeschränkt, oder als historisch nicht mehr gültig ausgewiesen werden können; 3. zu untersuchen, ob die Prämissen untereinander homogen sind, oder ob aufgrund von Unfähigkeit oder Unzulänglichkeit des Autors (oder Unkenntnis des historischen Problemstandes) eine Kontamination zwischen widersprüchlichen, oder heterogenen, oder historisch nicht miteinander in Zusammenhang zu bringenden Prämissen oder Prinzipien stattgefunden hat. Ebenso kann die kritische Beurteilung verschiedene kulturelle (oder auch politisch-polemische) Zwecke haben: sie kann zu beweisen suchen, daß Herr Sowieso individuell ein Versager und eine Null ist; daß die kulturelle Gruppe, der Herr Sowieso angehört, wissenschaftlich unbedeutend ist; daß Herr Sowieso, der »glaubt« oder behauptet, einer kulturellen Gruppe anzugehören, sich täuscht oder täuschen will, daß Herr Sowieso sich der theoretischen Prämissen einer anerkannten Gruppe bedient, um tendenziöse oder parteiische Schlußfolgerungen zu ziehen usw.

2. Die Kunst in der Gesellschaft

Heft 21, §{1}. *Problemzusammenhang.* Auseinandersetzungen aus der Zeit der Herausbildung der italienischen Nation und des Kampfes um die politische und territoriale Einheit, die zumindest einen Teil der italienischen Intellektuellen fortwährend bedrängt haben und weiterhin bedrängen. Einige solcher Probleme (wie das der Sprache) sehr alt. Sie gehen auf die ersten Zeiten der Herausbildung einer kulturellen Einheit Italiens zurück. Entstanden durch den Vergleich zwischen den allgemeinen Bedingungen Italiens und denen anderer Länder, speziell Frankreichs, oder durch die Widerspiegelung besonderer Bedingungen Italiens, wie der Tatsache, dass die Halbinsel der Sitz des Römischen Reiches war und zum Sitz des größten Zentrums der christlichen Religion wurde. Das Ensemble dieser Probleme widerspiegelt den mühsamen Bildungsprozess einer italienischen Nation modernen Typs, dem Bedingungen des inneren und internationalen Gleichgewichts der Kräfte entgegenstanden.

Unter den intellektuellen und führenden Klassen hat es nie ein Bewusstsein davon gegeben, dass ein Zusammenhang zwischen diesen Problemen, ein Zusammenhang der Beiordnung und der Unterordnung besteht. Keiner hat diese Probleme jemals als ein zusammenhängendes und kohärentes Ganzes dargestellt, aber jedes derselben ist periodisch wiederaufgetreten, je nach gerade anstehenden polemischen, nicht immer klar ausgedrückten Interessen, ohne Willen zur Vertiefung; man hat sie deshalb in abstrakt kultureller, intellektualistischer Form behandelt, ohne genaue historische Perspektive, und folglich ohne dass eine konkrete und kohärente gesellschaftlich-politische Lösung ins Auge gefasst worden wäre. Wenn gesagt wird, dass es niemals ein Bewusstsein der organischen Einheit solcher Probleme gegeben hat, muss man richtig verstehen: vielleicht stimmt es, dass niemals der Mut vorhanden gewesen ist, die Frage erschöpfend zu stellen, weil man befürchtete, dass sich aus einer solchen streng kritischen und mit Konsequenzen verbundenen Problemstellung unmittelbar tödliche Gefahren für das einheitliche nationale Leben ergeben hätten; diese Furchtsamkeit vieler italienischer Intellektueller muss ihrerseits erklärt werden und ist charakteristisch für das Leben unserer Nation. Andererseits scheint es unbestreitbar, dass keines dieser Probleme isoliert gelöst werden kann (insofern sie noch aktuell und lebendig sind). Deshalb kann eine kritische und leidenschaftslose Behandlung aller dieser Fragen, welche die Intellektuellen noch bedrängen und heute sogar als auf dem Wege ihrer organischen Lösung befindlich dargestellt werden (Einheit der Sprache, Verhältnis von Kunst und Leben, Frage des Romans und des Popularromans, Frage einer intellektuellen und moralischen Reform, das heißt einer Volksrevolution, welche dieselbe Funktion wie die protestantische Reformation in den germanischen Ländern und die Französische Revolution hätte, Frage der »Popularität«[0] des Risorgimento, die mit dem Krieg von 1915–18 und den anschließenden Umwälzungen erreicht worden sein soll, daher der inflationäre Gebrauch der Termini Revolution und revolutionär), die nützlichste Fährte liefern, um die Grundzüge des kulturellen Lebens der Italiener und der Erfordernisse zu rekonstruieren, auf die sie hinweisen und deren Lösung sie sichtbar machen.

Hier nun der »Katalog« der wichtigsten zu untersuchenden und zu analysierenden Fragen: 1. »Warum ist die italienische Literatur in Italien nicht populär?« (um den Ausdruck Ruggero Bonghis zu gebrauchen)[1]; 2. gibt es ein italienisches Theater? von Ferdinando Martini aufgebrachte Auseinandersetzung[2], die mit der anderen über die größere oder geringere Lebenskraft des Dialekttheaters und des hochsprachlichen in Zusammenhang gebracht wird; 3. Frage der Nationalsprache, so wie sie von Alessandro Manzoni gestellt worden ist[3]; 4. ob es eine italienische Romantik gegeben hat; 5. ist es notwendig, in Italien eine religiöse Reform wie die protestantische hervorzurufen? war also das Fehlen breiter und tiefer religiöser Kämpfe, bedingt dadurch, dass sich in Italien der Sitz des Papsttums befand, als die politischen Neuerungen gärten, die die Grundlage der modernen Staaten bilden, Ursache von Fortschritt oder von Rückschritt?; 6. sind der Humanismus und die Renaissance fortschrittlich oder rückschrittlich gewesen? 7. Nicht-Popularität des Risorgimento bzw. Gleichgültigkeit des Volkes in der Zeit der Kämpfe um die Unabhängigkeit und die nationale Einheit; 8. die unpolitische Haltung des italienischen Volkes, das mit den Phrasen des primitiven und elementaren »Rebellentums«, des »Umstürzlertums«, der »Staatsabgewandtheit«[3a] ausgedrückt wird; 9. Nichtvorhandensein einer Popularliteratur im engen Sinne (Feuilleton-, Abenteuer-, Science-Fiction-, Kriminalromane usw.) und andauernde »Popularität« dieses Romantyps in der Übersetzung aus Fremdsprachen, insbesondere aus dem Französischen; Nichtvorhandensein einer Kinderliteratur. In Italien ist der Popularroman nationaler Produktion der antiklerikale oder die Brigantenbiographie. Es gibt jedoch ein italienisches Primat im Melodrama, das in gewissem Sinne der vertonte Popularroman ist.

Eine der Ursachen dafür, dass solche Probleme nicht explizit und kritisch behandelt worden sind, ist in dem rhetorischen Vorurteil (literarischen Ursprungs) zu finden, die italienische Nation habe es seit dem alten Rom bis heute immer gegeben, sowie in einigen Idolen und Anmaßungen von Intellektuellen, die in der Zeit des nationalen Kampfes zwar politisch »nützlich« waren, um zu begeistern und die Kräfte zu konzentrieren, jedoch kritisch untauglich sind und in letzter Instanz zu einem Element der Schwäche werden, weil sie die Bemühung der Generationen nicht richtig einzuschätzen erlauben, die wirklich für die Konstituierung des modernen Italien kämpften, und weil sie zur einer Art Fatalismus und passiver Erwartung einer Zukunft verleiten, die vollkommen von der Vergangenheit vorbestimmt ist. Bisweilen werden diese Probleme aufgrund des Einflusses ästhetischer Begriffe croceanischer Herkunft schlecht gestellt, besonders diejenigen, welche den sogenannten »Moralismus« in der Kunst betreffen, den der Kunst äußerlichen »Inhalt«, die nicht mit der Kunstgeschichte zu verwechselnde Kulturgeschichte usw. Man begreift einfach nicht konkret, dass die Kunst immer an eine bestimmte Kultur oder Zivilisation gebunden ist und dass man im Kampf um die Reform der Kultur dahin gelangt, den »Inhalt« der Kunst zu verändern, daran arbeitet, eine neue Kunst zu schaffen, nicht von außen (indem eine belehrende, thesenhafte, moralistische Kunst verlangt wird), sondern von innen, weil sich der ganze Mensch ändert, insofern sich seine Gefühle, seine Auffassungen und die Verhältnisse ändern, deren notwendiger Ausdruck der Mensch ist.

Zusammenhang zwischen dem »Futurismus« und der Tatsache, dass einige solcher Fragen schlecht gestellt und nicht gelöst worden sind, besonders dem Futurismus in der intelligentesten Form, die ihm die Florentiner Gruppen der »Lacerba« und der »Voce« mit ihrer »Romantik« oder populärem Sturm und Drang* gegeben haben. Letzte Erscheinungsform »Strapaese«[3b]. Aber sowohl Marinettis Futurismus als auch derjenige Papinis sowie »Strapaese« sind, abgesehen von allem anderen, auf folgendes Hindernis gestoßen: den Mangel an Charakterfestigkeit derjenigen, die sie in Szene setzten, und die karnevaleske und kasperhafte Tendenz der trockenen und skeptischen kleinbürgerlichen Intellektuellen.

Auch die Regionalliteratur ist wesentlich folkloristisch und pittoresk gewesen; das »regionale« Volk wurde »paternalistisch« gesehen, von außen, mit nüchternem, kosmopolitischem Geist, in der Art von Touristen auf der Suche nach kraft ihrer Grobschlächtigkeit starken und originellen Eindrücken. Bei den italienischen Schriftstellern hat das ureigene, mit wortreicher nationaler Rhetorik geschminkte »Unpolitische« tatsächlich Schaden angerichtet. Sympathischer waren unter diesem Gesichtspunkt Enrico Corradini und Pascoli mit ihrem eingestandenen und militanten Nationalismus, insofern sie den traditionellen literarischen Dualismus zwischen Volk und Nation zu lösen suchten, obwohl sie in andere Formen von Rhetorik und Schönrednerei verfallen sind.

* Deutsch im Original.

Heft 15, §{42}. *Nichtpopular-nationaler Charakter der italienischen Literatur.* Für diese Rubrik ist Croces Band *Volksdichtung und Kunstdichtung. Studien zur italienischen Dichtung vom 14. bis zum 16. Jahrhundert*[0], Laterza, Bari 1933 zu studieren. Der Begriff des Popularen in Croces Buch ist nicht derjenige dieser Anmerkungen: für Croce handelt es sich um eine psychologische Haltung, weshalb das Verhältnis zwischen Volksdichtung und Kunstdichtung wie das zwischen gesundem Menschenverstand und kritischem Denken, zwischen der natürlichen Klugheit und der sachkundigen Klugheit, zwischen der naiven Unschuld und der umsichtigen und sorgsamen Güte ist. Dennoch kann man aus der Lektüre einiger in der »Critica« veröffentlichter Aufsätze[1] dieses Buches anscheinend schließen, daß – während vom vierzehnten bis zum sechzehnten Jahrhundert die Volksdichtung auch in diesem Sinn eine beachtliche Bedeutung hat, weil sie noch mit einer gewissen Lebhaftigkeit des Widerstands der gesellschaftlichen Kräfte verbunden ist, die mit der nach dem Jahre Tausend einsetzenden und in den Kommunen gipfelnden Aufbruchsbewegung entstanden sind – nach dem sechzehnten Jahrhundert diese Kräfte vollkommen verrohen und die Volksdichtung bis hin zu den derzeitigen Formen verfällt, in denen das Interesse des Volkes durch den *Guerin Meschino*[1a] und ähnliche Literatur befriedigt wird. Mithin wird nach dem sechzehnten Jahrhundert die Kluft zwischen Intellektuellen und Volk radikal, von der diese Anmerkungen ausgehen und die eine so große Bedeutung für die moderne politische und kulturelle Geschichte Italiens gehabt hat.

Heft 14, §{72}. *Popularliteratur. Inhalt und Form.* Das Aneinanderrücken dieser beiden Termini kann in der Kunstkritik viele Bedeutungen annehmen. Wenn man zugesteht, daß Inhalt und Form dasselbe sind usw. usf., bedeutet das noch nicht, daß man Inhalt und Form nicht voneinander unterscheiden kann. Man kann sagen, wer auf dem »Inhalt« besteht, kämpft in Wirklichkeit für eine bestimmte Kultur, für eine bestimmte Weltauffassung und gegen andere Kulturen und andere Weltauffassungen; man kann auch sagen, daß historisch gesehen bis jetzt die sogenannten Inhaltisten »demokratischer« als zum Beispiel ihre parnassianischen Gegner gewesen sind, das heißt, eine Literatur wollten, die nicht für die »Intellektuellen« da wäre, usw. Kann man von einem Vorrang des Inhalts gegenüber der Form sprechen? Man kann in dem Sinne davon sprechen, daß das Kunstwerk ein Prozeß ist und die inhaltlichen Veränderungen auch Formveränderungen sind, es ist aber »leichter«, vom Inhalt als von der Form zu sprechen, weil sich der Inhalt logisch »zusammenfassen« läßt. Wenn man sagt, der Inhalt gehe der Form voraus, will man einfach sagen, daß bei der Ausarbeitung die sukzessiven Versuche unter dem Namen Inhalt vorgestellt werden, nichts weiter. Der erste Inhalt, der nicht befriedigte, war auch Form, und wenn die befriedigende »Form« erreicht worden ist, hat sich in Wirklichkeit auch der Inhalt verändert. Es stimmt schon, daß diejenigen, die über Form usw. gegen den Inhalt schwätzen, oft vollkommen hohl sind und Wörter zusammenwürfeln, die nicht einmal immer grammatisch zusammenpassen (Beispiel Ungaretti); unter Technik, Form usw. verstehen sie eitlen Jargon eines Klüngels von Hohlköpfen.

Auch das ist unter die Fragen der in einer anderen Notiz[1] erfaßten italienischen Nationalgeschichte einzureihen und nimmt verschiedene Formen an: 1. Es besteht ein Stilunterschied zwischen den für die Öffentlichkeit vorgesehenen Schriften und den anderen, zum Beispiel zwischen den Briefen und den literarischen Werken. Oft hat man es scheinbar mit zwei verschiedenen Schriftstellern zu tun, so groß ist der Unterschied. In den Briefen (bis auf Ausnahmen wie D'Annunzio, der auch vor dem Spiegel Komödie spielt, für sich selber), den Memoiren und allgemein in allen Schriften, die für eine kleine Öffentlichkeit oder für einen selbst gedacht sind, dominieren die Schlichtheit, die Einfachheit, die Unmittelbarkeit, während in den anderen Schriften die Aufgeblasenheit, der rhetorische Stil, die stilistische Scheinheiligkeit vorherrschen. Diese »Krankheit« ist so verbreitet, daß sie das Volk angesteckt hat, für welches »schreiben« in der Tat bedeutet, »auf Stelzen gehen«, sich festlich herausputzen, einen redundanten Stil »ausdenken« usw., sich jedenfalls anders ausdrücken als gewöhnlich; und da das Volk nicht literarisch gebildet ist und an Literatur nur das Opernlibretto des 19. Jahrhunderts kennt, passiert es, daß die Leute aus dem Volk »melodramatisieren«. So zeigt sich, daß »Inhalt und Form« über eine ästhetische Bedeutung hinaus auch eine »historische« Bedeutung haben. »Historische« Form bedeutet eine bestimmte Sprache, wie »Inhalt« eine bestimmte Denkweise andeutet, nicht nur eine historische, sondern eine »nüchterne«, die expressiv ist, ohne einen ins Gesicht zu schlagen, leidenschaftlich, ohne daß die Leidenschaften à la Othello und Melodram überhitzt werden, kurz ohne die Theatermaske. Diese Erscheinung gibt es, glaube ich, nur in unserem Land, als Massenphänomen, versteht sich, denn einzelne Päpste gibt es überall. Aber man muß aufpassen: weil unser Land dasjenige ist, in dem auf das barocke Konventionelle das arkadische Konventionelle gefolgt ist: doch immer Theater und Konvention. Man muß sagen, daß sich in den letzten Jahren die Dinge sehr verbessert haben: D'Annunzio ist der letzte Krankheitsanfall des italienischen Volkes gewesen, und die Zeitung hat aus innerer Notwendigkeit das große Verdienst gehabt, die Prosa zu »rationalisieren«. Aber sie hat sie arm gemacht und eingeschnürt, und auch das ist von Schaden. Aber leider gibt es im Volk neben den »antiakademischen Futuristen« noch die konvertierten »Secentisten«[1a]. Im übrigen wird hier eine historische Frage gestellt, um die Vergangenheit zu erklären, und nicht ein bloß aktueller Kampf geführt, um heutige Übel zu bekämpfen, obgleich auch diese nicht völlig verschwunden sind und sich speziell in einigen Äußerungen wiederfinden (feierliche Reden, speziell patriotische und Grabreden, Inschriften ebenfalls usw.). (Man könnte meinen, es handle sich um »Geschmack«, und das wäre ein Irrtum. Der Geschmack ist »individuell« oder auf kleine Gruppen bezogen; hier handelt es sich um große Massen, und es kann sich nur um Kultur handeln, um ein historisches Phänomen, um die Existenz zweier Kulturen; individuell ist der »nüchterne« Geschmack, nicht der andere, das Melodram ist der nationale Geschmack, das heißt die Nationalkultur). Man sage auch nicht, mit so einer Frage solle man sich nicht befassen: im Gegenteil, die Herausbildung einer lebendigen, ausdrucksvollen und gleichzeitig nüchternen und maßvollen Prosa muß eines der kulturellen Ziele sein, die aufzustellen sind. Auch in diesem Fall werden Form und Ausdruck identisch, und auf der »Form« bestehen ist nur ein praktisches Mittel, um am Inhalt zu arbeiten, um eine Deflation der traditionellen Rhetorik zu erreichen, die jede Form von Kultur verdirbt, auch die »antirhetorische«, leider!

Auf die Frage, ob es eine italienische Romantik gegeben hat, lassen sich verschiedene Antworten finden, je nachdem, was man unter Romantik versteht. Und gewiß sind viele Definitionen des Terminus Romantik gegeben worden. Uns ist aber eine dieser Definitionen wichtig, wobei uns der »literarische« Aspekt des Problems nicht so wichtig ist. Romantik hat unter anderem die Bedeutung einer besonderen Beziehung oder Verbindung zwischen den Intellektuellen und dem Volk, der Nation angenommen, das heißt, sie ist ein besonderer Reflex der »Demokratie« (im weiten Sinn) in der Literatur (im weiten Sinn, weshalb auch der Katholizismus »demokratisch« gewesen sein kann, während es sein kann, daß der »Liberalismus« es nicht gewesen ist). In diesem Sinne interessiert uns das Problem in bezug auf Italien, und es hängt mit den Problemen zusammen, die wir als Reihe zusammengefaßt haben: ob es ein italienisches Theater gegeben hat, die Sprachfrage, warum die Literatur nicht popular gewesen ist, usw. Es kommt also darauf an, in der uferlosen Literatur über die Romantik diesen Aspekt zu isolieren und sich für ihn zu interessieren, theoretisch und praktisch, als historische Tatsache also und als allgemeine Tendenz, die zu einer aktuellen Bewegung, einem aktuell zu lösenden Problem führen kann. In diesem Sinne geht die Romantik der gesamten europäischen Bewegung voraus, die sich von der Französischen Revolution herleitete[1b], begleitet, sanktioniert und entwickelt sie; sie ist deren literarisch-gefühlsmäßiger Aspekt (mehr gefühlsmäßig als literarisch, in dem Sinne, daß der literarische Aspekt nur ein Teil des Ausdrucks der Gefühlsströmung gewesen ist, die das ganze Leben und zwar einen sehr wichtigen Teil des Lebens durchdrungen hat, und von diesem Leben hat nur ein winziger Teil in der Literatur Ausdruck finden können). Die Untersuchung ist folglich eine der Kulturgeschichte und nicht der Literaturgeschichte, besser der Literaturgeschichte als Teil und Aspekt einer umfassenderen Kulturgeschichte. In diesem präzisen Sinn hat es allerdings keine Romantik in Italien gegeben, bestenfalls sind ihre Äußerungen minimal gewesen, sehr spärlich und auf jeden Fall von rein literarischer Erscheinung. (Bei diesem Punkt ist an die Theorien Thierrys und ihren Manzonischen Widerschein[2] zu erinnern, an Thierrys Theorien, die gerade eine der wichtigsten Erscheinungen dieser Seite der Romantik sind, über die gesprochen werden soll). Zu sehen ist, wie in Italien auch diese Diskussionen eine intellektuelle und abstrakte Erscheinung angenommen haben: Giobertis Pelasger, die »vorromanischen« Völker usw., wirklich nichts, was mit dem lebendigen gegenwärtigen Volk zu tun gehabt hätte, das dagegen Thierry und die ihm nahestehende politische Geschichtsschreibung interessierte. Es ist gesagt worden, daß das Wort »Demokratie« nicht in diesem Sinn aufgefaßt werden dürfe, nur im »weltlichen« oder, wenn man so sagen will, »laizistischen« Sinn; aber auch in »katholischer«, auch reaktionärer Bedeutung, wenn man so will; entscheidend ist die Tatsache, daß eine Verbindung mit dem Volk, mit der Nation gesucht wird, daß man nicht eine servile, einem passiven Gehorsam verpflichtete Einheit für notwendig hält, sondern eine aktive, lebendige Einheit, was immer der Inhalt dieses Lebens sei. Diese lebendige Einheit, ganz abgesehen vom Inhalt, hat eben in Italien gefehlt, sie hat zumindest in dem Maße gefehlt, das ausreichend gewesen wäre, sie zu einer geschichtlichen Tatsache werden zu lassen, und deshalb versteht man die Bedeutung der Frage: »hat es eine italienische Romantik gegeben«?

Heft 14, §{37}. *Popularliteratur. Italien und Frankreich*. Man kann vielleicht sagen, daß das gesamte intellektuelle Leben Italiens bis 1900 (und genau genommen bis zur Herausbildung der idealistischen Kulturströmung Croce-Gentile), sofern es demokratische Tendenzen hat, das heißt, sofern es Kontakt mit den Volksmassen aufnehmen will (auch wenn ihm das nicht immer gelingt), einfach ein Reflex auf Frankreich, auf die demokratische Welle in Frankreich ist, die ihren Ursprung in der Revolution von 1789 hatte: das Künstliche dieses Lebens liegt darin, daß es in Italien nicht die historischen Voraussetzungen gehabt hatte, die hingegen in Frankreich gegeben waren. Nichts in Italien, was der Revolution von 1789 und den Kämpfen, die daraus folgten, ähnlich gewesen wäre; dennoch »sprach« man in Italien so, als ob solche Voraussetzungen vorhanden gewesen wären. Begreiflich, daß dies nur so dahin gesprochen sein konnte. Von diesem Standpunkt versteht man die »nationale«, wenn auch wenig tiefe Bedeutung der konservativen und reaktionären Strömungen im Vergleich zu den demokratischen; diese waren große »Strohfeuer«, die sich großflächig ausbreiteten, jene waren von geringer Ausdehnung, aber fest verwurzelt und intensiv. Wenn die italienische Kultur bis 1900 nicht als Phänomen französischen Provinzialismus studiert wird, versteht man recht wenig von ihr. Trotzdem muß man unterscheiden: es ist ein antifranzösisches Nationalgefühl in die Bewunderung der Dinge aus Frankreich gemischt: man lebt vom Reflex und haßt gleichzeitig. Zumindest unter den Intellektuellen. Im Volk sind die »französischen« Gefühle nicht so, sie erscheinen als »Alltagsverstand«, als Eigenes des Volkes selbst, und das Volk ist franzosenfreundlich oder franzosenfeindlich, je nachdem, wie es von den herrschenden Kräften aufgehetzt wird. Es war bequem, glauben zu machen, die Revolution von 1789, da sie in Frankreich stattgefunden hat, sei so, als hätte sie in Italien stattgefunden, aufgrund des Wenigen an französischen Ideen, dessen man sich bequemermaßen bediente, um die Massen zu führen; und es war bequem, sich des scharfmacherischen Antijakobinismus zu bedienen, um gegen Frankreich zu ziehen, als das nützlich war.

Heft 14, §{28}. *Popularliteratur.* Luigi Volpicelli bemerkt in der »Italia Letteraria« vom 1. Januar 1933 (Artikel *Kunst und Religion*): »Dieses (das Volk), so ließe sich nebenbei feststellen, hat die Kunst immer mehr um dessentwillen geliebt, was nicht Kunst ist, als um dessentwillen, was wesentlich an der Kunst ist; und vielleicht ist es gerade deshalb so mißtrauisch gegenüber den heutigen Künstlern, die, da sie in der Kunst die reine Kunst und nur diese wollen, schließlich rätselhaft, unverständlich werden, Propheten für wenige Eingeweihte«[1].

Eine Feststellung ohne Sinn und Verstand: sicher will das Volk eine »geschichtliche« Kunst (wenn man das Wort »gesellschaftlich« nicht gebrauchen will), das heißt, es will eine in »verständlichen«, das heißt universellen, oder »objektiven«, oder »geschichtlichen« oder »gesellschaftlichen«, was dasselbe ist, Kulturbegriffen ausgedrückte Kunst. Es will keine künstlerischen »Neologismen«, besonders, wenn der »Neologist« noch dazu ein Dummkopf ist.

Mir scheint, das Problem ist immer ausgehend von der Frage zu stellen: »Warum schreiben die Dichter? Warum malen die Maler? usw.« (An Adriano Tilghers Artikel in »L'Italia che scrive« erinnern)[2]. Croce antwortet in etwa: um sich an die eigenen Werke zu erinnern, da nach der Croceschen Ästhetik das Kunstwerk bereits im Gehirn des Künstlers »vollkommen« ist und da allein. Was man annähernd und in einem gewissen Sinn akzeptieren könnte. Aber nur annähernd und in einem gewissen Sinn. In Wirklichkeit fällt man in die Frage nach dem »Wesen des Menschen«[2a] und in die Frage »was ist das Individuum«? zurück. Wenn das Individuum nicht außerhalb der Gesellschaft gedacht werden kann und man folglich kein Individuum denken kann, das nicht historisch bestimmt ist, dann ist offenkundig, daß kein Individuum und auch kein Künstler, und keine ihrer Tätigkeiten, außerhalb der Gesellschaft, einer bestimmten Gesellschaft gedacht werden kann. Der Künstler indessen schreibt, malt usw. nicht, das heißt »zeichnet« nicht äußerlich seine Phantasiegebilde nur für »seine Erinnerung«, um den Augenblick der Schöpfung nacherleben zu können, sondern ist Künstler nur insofern, als er seine Phantasiegebilde äußerlich »zeichnet«, objektiviert, historisiert. Aber jedes Künstler-Individuum ist ein solches mehr oder weniger weit und umfassend, mehr oder weniger »historisch« oder »gesellschaftlich«. Es gibt die »Neologisten« oder die »Jargonredner«, das heißt diejenigen, welche die Erinnerung an den schöpferischen Augenblick allein nacherleben können (und das ist für gewöhnlich eine Illusion, die Erinnerung an einen Traum oder eine Laune), andere, die mehr oder weniger breiten Klüngeln angehören (die einen korporativen Jargon haben), und schließlich diejenigen, die universell, das heißt »popular-national« sind. Croces Ästhetik hat viele künstlerische Degenerationsformen bewirkt, und es stimmt übrigens nicht, daß das immer gegen die Absichten und den Geist der Croceschen Ästhetik selbst geschehen sei; bei vielen Degenerationsformen ja, aber nicht bei allen, und besonders nicht bei jener fundamentalen des antigeschichtlichen (oder antigesellschaftlichen, oder anti-popularnationalen) »Individualismus« des künstlerischen Ausdrucks.

Heft 6, §{29}. *Die Enkelchen des Pater Bresciani.* Es fällt auf, daß der Kulturbegriff in Italien rein ans Buch gebunden ist: die Literaturzeitungen beschäftigen sich mit Büchern oder mit denen, die Bücher schreiben. Artikel mit Eindrücken über das Gemeinschaftsleben, über die Denkweisen, über die »Zeichen der Zeit«, über die Veränderungen, die sich in den Gewohnheiten vollziehen, usw., liest man nie. Unterschied zwischen der italienischen Literatur und den anderen Literaturen. In Italien fehlen die Memoirenschreiber und sind die Biographen und die Autobiographen selten. Es fehlt das Interesse für den lebendigen Menschen, für das gelebte Leben. (Sind denn Ugo Ojettis *Cose viste* das große Meisterwerk, über das man zu sprechen begonnen hat, seitdem Ojetti Herausgeber des »Corriere della Sera« gewesen ist, das heißt desjenigen literarischen Organs, das die Schriftsteller am besten bezahlt und den meisten Ruhm verschafft? Auch in den *Cose viste* ist besonders von Schriftstellern die Rede, zumindest in denen, die ich vor Jahren gelesen habe. Könnte man nochmals ansehen[1]). Es ist ein weiteres Anzeichen für die Distanz der italienischen Intellektuellen von der popularnationalen Wirklichkeit.

Über die Intellektuellen folgende 1920 niedergeschriebene Beobachtung Prezzolinis (*Mir scheint* …, S. 16): »Der Intellektuelle hat bei uns den Anspruch, den Parasiten zu spielen. Er sieht sich als das Vögelchen an, das für den Goldkäfig da ist und mit Vogelfutter und Hirsekörnchen unterhalten werden muß. Die immer noch vorhandene Verachtung für alles, was nach Arbeit aussieht, die Schmeicheleien, die man immer noch der romantischen Vorstellung von einer Eingebung entgegenbringt, die vom Himmel erwartet werden muß, wie die Pythia auf ihre Entrückungen wartete, sind eher stinkende Symptome innerer Fäulnis. Die Intellektuellen müssen begreifen, daß die schönen Zeiten für diese interessanten Maskeraden vorüber sind. In ein paar Jahren wird es nicht mehr erlaubt sein, an Literatur erkrankt zu sein oder müßig zu bleiben«[2]. Die Intellektuellen fassen die Literatur als einen »Beruf« an sich auf, der »etwas abwerfen« müßte, auch wenn unmittelbar nichts produziert wird, und Anrecht auf eine Pension geben müßte. Aber wer stellt fest, daß Irgendwer wirklich ein »Literat« ist und ihn die Gesellschaft in Erwartung des »Meisterwerkes« aushalten kann? Der Literat beansprucht das Recht, sich der »Muße« {ozio} zu überlassen (»otium et non negotium«[*]), zu reisen, zu phantasieren, ohne Sorgen wirtschaftlicher Art. Diese Denkweise hängt mit dem Mäzenatentum der Höfe zusammen, das im übrigen falsch gedeutet wird, da die großen Literaten der Renaissance neben dem Schreiben in irgendeiner Weise arbeiteten (auch Ariost, Literat par excellence, hatte administrative und politische Obliegenheiten): ein falsches und irriges Bild des Renaissanceliteraten. Heute {ist} der Literat Lehrer und Journalist oder einfacher Literat (in dem Sinne, daß er es zu werden bestrebt ist, wenn er Beamter usw. ist).

Man kann sagen, daß die »Literatur« eine gesellschaftliche Funktion ist, daß aber die Literaten, jeder für sich genommen, für die Funktion nicht notwendig sind, wenngleich das paradox scheint. Aber es ist richtig in dem Sinne, daß, während die anderen Berufe kollektiv sind und die gesellschaftliche Funktion sich in die einzelnen aufgliedert, dies bei der Literatur nicht zutrifft. Die Frage ist die der »Lehrzeit«: aber kann man von literarisch-künstlerischer »Lehrzeit« sprechen? Die intellektuelle Funktion kann nicht von der allgemeinen produktiven Arbeit getrennt werden, nicht einmal für die Künstler: es sei denn, sie haben gezeigt, wirklich »künstlerisch« produktiv zu sein. Das wird der »Kunst« auch nicht schaden, vielleicht wird es ihr sogar nützen: es schadet höchstens der künstlerischen »Bohème«, und das wird kein Übel sein, ganz im Gegenteil.

* Lat.: »Muße und nicht Geschäft«.

Heft 8, §{145}. *Nicht popular-nationaler Charakter der italienischen Literatur.* Konsens der Nation oder der »auserwählten Geister«. Was muß einen Künstler mehr interessieren, der Konsens der ganzen Nation oder der »auserwählten Geister« mit seinem Werk? Aber kann es eine Trennung zwischen »auserwählten Geistern« und »Nation« geben? Die Tatsache, daß die Frage in diesen Termini gestellt worden ist und weiter gestellt wird, verweist an sich schon auf eine historisch bestimmte Situation der Trennung zwischen Intellektuellen und Nation. Wer sind denn die »Geister«, die als »auserwählt« gelten? Jeder Schriftsteller oder Künstler hat seine »auserwählten Geister«, das heißt, man hat es mit einem Auseinanderfallen der Intellektuellen in Cliquen und Sekten von »auserwählten Geistern« zu tun, einem Auseinanderfallen, das eben von der Nichtzugehörigkeit zu Nation-Volk abhängt, von der Tatsache, daß der gefühlsmäßige »Inhalt« der Kunst, die kulturelle Welt abgehoben ist von den Tiefenströmungen des popular-nationalen Lebens, daß dieses selbst auseinandergefallen und ohne Ausdruck bleibt. Jede intellektuelle Bewegung wird national oder wird es wieder, wenn ein »Zum-Volk-Gehen« stattgefunden hat, wenn es eine »Reformations«-Phase und nicht nur eine »Renaissance«-Phase gegeben hat und wenn die »Reformation-Renaissance«-Phasen organisch aufeinander folgen und nicht mit historisch unterschiedlichen Phasen zusammenfallen (wie in Italien, wo zwischen der kommunalen Bewegung [– Reformation –] und derjenigen der Renaissance eine historische Kluft vom Standpunkt der Volksbeteiligung am öffentlichen Leben bestand). Auch wenn man damit beginnen müßte, »Feuilletonromane« und Verse nach Melodrama-Art zu schreiben, ohne eine Periode des Zum-Volk-Gehens gibt es keine »Renaissance« und gibt es keine nationale Literatur.

Heft 6, §{147}. *Popularität der italienischen Literatur.* »Nuova Antologia«, 1. Oktober 1930: Ercole Reggio, *Warum die italienische Literatur in Europa nicht populär ist.* »Der geringe Erfolg, den auch berühmte italienische Bücher bei uns im Vergleich mit dem so vieler ausländischer Bücher haben, müßte uns davon überzeugen, daß die Ursachen für die spärliche Popularität unserer Literatur in Europa wahrscheinlich dieselben sind, die sie bei uns wenig populär machen; und daß deshalb alles in allem auch nicht von anderen zu fordern ist, was wir nicht zuerst bei uns zu Hause erwarten. Nach Aussage auch von Italienischsprechenden, von ausländischen Sympathisanten fehlt es unserer Literatur grundsätzlich an bescheidenen und notwendigen Qualitäten, an dem, was sich an den *Durchschnittsmenschen, an den Menschen der Ökonomen* (?!) wendet; und es ist aufgrund ihrer Sonderrechte, dessen, was ihre Originalität wie ihr Verdienst ausmacht, daß sie an die Popularität der anderen großen europäischen Literaturen nicht heranreicht und nie heranreichen wird«[1]. Reggio erwähnt auch, daß hingegen die bildenden Künste der Italiener (er vergißt die Musik) in Europa populär sind, und fragt sich: entweder gibt es eine Kluft zwischen der Literatur und den anderen Künsten der Italiener und diese Kluft ließe sich unmöglich erklären, oder die Tatsache müßte mit sekundären, außerkünstlerischen Ursachen erklärt werden, das heißt, während die bildenden Künste (und die Musik) eine europäische und universale Sprache sprechen, hat die Literatur ihre Grenzen in der Nationalsprache. Mir scheint nicht, daß der Einwand trägt: 1. weil es eine historische Periode gab, in der auch die italienische Literatur in Europa über die bildenden Künste hinaus und sogar mit ihnen zusammen populär war (Renaissance): das heißt, die ganze italienische Kultur war populär. 2. Weil in Italien außer der Literatur auch die bildenden Künste nicht populär sind (populär sind dagegen Verdi, Puccini, Mascagni usw.); 3. Weil die Popularität der bildenden Künste Italiens in Europa relativ ist: sie beschränkt sich auf die Intellektuellen in einigen Zonen der europäischen Bevölkerung, sie ist populär, weil an klassische oder romantische Erinnerungen gebunden; nicht als Kunst. 4. Dagegen ist die italienische Musik sowohl in Europa als auch in Italien populär. Reggios Artikel fährt in den Gleisen der üblichen Rhetorik fort, wenn er auch hier und da scharfsinnige Beobachtungen enthält.

Heft 14, §{19}. *Popularliteratur. Der melodramatische Geschmack.* Wie den melodramatischen Geschmack des kleinen Mannes in Italien bekämpfen, wenn dieser sich der Literatur, besonders aber der Dichtung nähert? Er glaubt, die Dichtung sei durch gewisse äußerliche Merkmale gekennzeichnet, unter denen der Reim und die lautstarken Betonungen des Versmaßes vorherrschen, besonders aber durch geschraubte, rhetorische Feierlichkeit und durch melodramatische Sentimentalität, das heißt durch den mit einem barocken Vokabular verbundenen theatralischen Ausdruck. Eine der Ursachen für diesen Geschmack ist [in der Tatsache] zu suchen, daß er sich nicht an der Lektüre und dem intimen und individuellen Nachdenken über die Dichtung und die Kunst geformt hat, sondern in den Gemeinschaftsveranstaltungen, die rhetorisch und theatralisch sind. Und mit »rhetorisch« sollte man sich nicht nur auf die Volksversammlungen berüchtigten Angedenkens beziehen, sondern auf eine ganze Reihe von Veranstaltungen städtischen und ländlichen Typs. In der Provinz zum Beispiel hat die Rhetorik bei Begräbnissen, in Amtsgerichten und bei Gerichtsverhandlungen (auch bei Schlichtungsverfahren) großen Zuspruch: diese Veranstaltungen haben allesamt ein »Fan«-Publikum popularer Art, und ein Publikum (bei den Gerichtsverhandlungen), das sich aus denen bildet, die darauf warten, an die Reihe zu kommen, Zeugen, usw. Am Sitz mancher Kreisgerichte ist der Saal immer voll von solchen Elementen, die sich die gewundenen Sätze und die feierlichen Worte ins Gedächtnis einprägen, ihre Freude an ihnen haben und sie sich in Erinnerung rufen. So auch bei den Begräbnissen von Prominenten, zu denen die Menge strömt, oft nur, um die Reden anzuhören.

Die Vorträge in den Städten haben dieselbe Funktion, und so auch die Gerichtsverhandlungen usw. Die Volkstheater mit ihren sogenannten Freilichtaufführungen (und heute vielleicht der Tonfilm, aber auch die Untertitel des alten Stummfilms, die alle im melodramatischen Stil abgefaßt waren), sind von größter Bedeutung für die Schaffung dieses Geschmacks und der entsprechenden Sprache.

Man bekämpft diesen Geschmack hauptsächlich auf zweierlei Art: mit unerbittlicher Kritik daran sowie dadurch, daß Gedichtbände verbreitet werden, die nicht in »erhabener« Sprache geschrieben oder in solche übersetzt sind und in denen die ausgedrückten Gefühle nicht rhetorisch oder melodramatisch sind.

Vgl. die von Schiavi zusammengestellte *Anthologie*[1]; Gedichte von Gori[2]. Mögliche Übersetzung von M. Martinet und anderen Schriftstellern, die heute zahlreicher {sind} als früher: schlichte Übersetzungen, in der Art derer, die Togliatti von Whitman und Martinet gemacht hat[3].

Heft 9, §{66}. *Popularliteratur*. In einer anderen Notiz[1] habe ich angedeutet, daß in der Volkskultur Italiens die Musik in gewissem Maße den künstlerischen Ausdruck ersetzt hat, der in anderen Ländern durch den Popularroman gegeben ist, und daß die musikalischen Talente die Popularität gehabt haben, die den Literaten dagegen gefehlt hat. Es ist zu untersuchen: 1. ob die Blüte der Oper in allen ihren Entwicklungsphasen (das heißt nicht als individueller Ausdruck einzelner genialer Künstler, sondern als Fakt historisch-kultureller Äußerung) mit der Blüte der volkstümlichen Epik zusammenfällt, die durch den Roman verkörpert wird. Mir scheint das zuzutreffen: der Roman und das Melodrama haben ihren Ursprung im 18. Jahrhundert und blühen in der ersten Hälfte des 19. Jahrhunderts auf, sie fallen also zusammen mit dem Auftreten und der Ausdehnung der demokratischen popular-nationalen Kräfte in ganz Europa. 2. Ob die europäische Ausbreitung des englisch-französischen Popularromans und die des italienischen Melodramas zusammenfallen.

Warum hat die künstlerische »Demokratie« in Italien einen musikalischen Ausdruck und keinen »literarischen« gehabt? Läßt sich die Tatsache, daß die Sprache nicht national, sondern kosmopolitisch gewesen ist, wie es die Musik ist, mit dem mangelnden popular-nationalen Charakter der italienischen Intellektuellen in Verbindung bringen? Im selben Augenblick, da in jedem Land eine kräftige Nationalisierung der einheimischen Intellektuellen stattfindet – und diese Erscheinung stellt sich auch in Italien ein, wenngleich in weniger großem Umfang (auch das italienische 18. Jahrhundert ist, besonders in der zweiten Hälfte, mehr »national« als kosmopolitisch) –, setzen die italienischen Intellektuellen ihre europäische Funktion durch die Musik fort. Es läßt sich vielleicht feststellen, daß die Handlung der Libretti nie »national«, sondern europäisch in zweierlei Hinsicht ist: entweder, weil sich die »Intrige« des Dramas in allen Ländern Europas und seltener in Italien abspielt, ausgehend von Volkslegenden oder von Popularromanen; oder weil die Gefühle und Leidenschaften des Dramas die besondere europäische Sensibilität des 18. Jahrhunderts und der Romantik widerspiegeln, eine europäische Sensibilität also, die nichtsdestoweniger mit beträchtlichen Elementen der Empfindsamkeit des Volkes in allen Ländern übereinstimmt, aus der im übrigen die romantische Strömung geschöpft hatte. (Diese Tatsache ist mit der Popularität Shakespeares und ebenso der griechischen Tragödiendichter in Verbindung zu bringen, deren von elementaren Leidenschaften – Eifersucht, Vaterliebe, Rache usw. – mitgerissene Personen in jedem Land wesentlich populär sind). Man kann deshalb sagen, daß das Verhältnis italienisches Melodrama – englisch-französische Popularliteratur kritisch für das Melodrama nicht ungünstig ist, weil das Verhältnis historisch-popular und nicht kunstkritisch ist. Verdi kann sozusagen nicht mit Eugène Sue als Künstler verglichen werden, wenn auch gesagt werden muß, daß der populäre Erfolg Verdis nur mit dem Sues verglichen werden kann, wenngleich für die ästhetisierenden (wagnerianischen) Aristokraten der Musik Verdi denselben Platz in der Musikgeschichte einnimmt wie Sue in der Literaturgeschichte. Die Popularliteratur im schlechteren Sinne (Typus Sue und die ganze Sippe) ist eine politisch-kommerzielle Entartung der national-popularen Literatur, deren Vorbilder gerade die griechischen Tragödiendichter und Shakespeare sind.

Diese Ansicht über das Melodrama kann auch ein Kriterium dafür sein, die Popularität Metastasios zu verstehen, die er besonders als Librettist genoß.

Heft 15, §{20}. *Nichtpopular-nationale Charakterzüge der italienischen Literatur.* Auseinandersetzung in der »Italia Letteraria«, im »Tevere«, dem »Lavoro Fascista«, der »Critica Fascista« zwischen »Inhaltisten«[0] und »Kalligraphen«[0a]. Aus einigen Anzeichen schien hervorzugehen, daß Gherardo Casini (Herausgeber des »Lavoro fascista« und Chefredakteur der »Critica fascista«) das Problem wenigstens kritisch in exakter Weise gestellt haben müßte, aber sein Artikel in der »Critica« vom 1. Mai ist eine Enttäuschung[1]. Weder gelingt es ihm, die Beziehungen zwischen »Politik« und »Literatur« auf dem Gebiet der Politischen Wissenschaft und politischen Kunst zu definieren, noch gelingt es ihm, sie auf dem Gebiet der Literaturkritik zu definieren: weder versteht er, praktisch zu zeigen, wie ein Kampf angepackt und geführt oder einer Bewegung für den Triumph einer neuen Kultur oder Zivilisation geholfen werden kann, noch stellt er sich das Problem, wie es geschehen kann, daß eine neue Zivilisation, die sich bereits als existent erwiesen hat, ihren eigenen literarischen und künstlerischen Ausdruck nicht haben kann, sich in der Literatur nicht ausbreiten kann, während in der Geschichte immer das Gegenteil geschehen ist, daß jede neue Zivilisation, sofern sie eine solche war, auch als unterdrückte, bekämpfte, in jeder Weise behinderte, sich eben eher literarisch als im staatlichen Leben ausgedrückt hat, ihr literarischer Ausdruck sogar die Weise gewesen ist, die intellektuellen und moralischen Bedingungen für den legislativen und staatlichen Ausdruck zu schaffen. Da ein Kunstwerk zwangsläufig einen Inhalt hat, das heißt, an eine poetische Welt und diese an eine intellektuelle und moralische Welt gebunden ist, ist es offenkundig, daß die »Inhaltisten« schlicht und einfach die Träger einer neuen Kultur, eines neuen Inhalts, und die »Kalligraphen« die Träger eines alten oder anderen Inhalts, einer alten oder anderen Kultur sind (vorläufig einmal abgesehen von jeder Frage des Wertes dieser Inhalte oder »Kulturen«, obgleich es in Wirklichkeit gerade der Wert der gegensätzlichen Kulturen und die Überlegenheit der einen über die andere ist, die über den Gegensatz entscheidet). Das Problem ist folglich das der »Historizität« der Kunst, der »Historizität und Beständigkeit« zugleich, ist das der Untersuchung, ob der rohe politisch-ökonomische Fakt, des Zwanges, die weitere Ausarbeitung, die sich in der Kunst ausdrückt, erfahren hat (und erfahren kann), oder ob es sich im Gegenteil um reine, künstlerisch in origineller Weise nicht weiter auszuarbeitende Ökonomizität handelt, insofern die vorausgehende Ausarbeitung den neuen Inhalt bereits enthält, der nur chronologisch neu ist. Angesichts der Tatsache, daß jedes nationale Ensemble eine oft heterogene Kombination von Elementen ist, kann es tatsächlich vorkommen, daß seine Intellektuellen ihres kosmopolitischen Charakters wegen nicht mit dem nationalen Inhalt übereinstimmen, sondern mit einem von anderen nationalen Ensembles ausgeborgtem oder mit einem von geradezu kosmopolitisch abstraktem Inhalt. So kann man Leopardi den Dichter der vom Sensualismus des 18. Jahrhunderts in gewisse Geister hineingetragenen Verzweiflung nennen, der in Italien die Entwicklung materieller und politischer Kräfte und Kämpfe, die charakteristisch war für die Länder, in denen der Sensualismus eine organische kulturelle Form darstellte, nicht entsprach. Wenn sich im rückständigen Land die der kulturellen Form entsprechenden zivilen Kräfte behaupten und ausbreiten, ist es nicht nur gewiß, daß sie keine originelle neue Literatur schaffen können, sondern {ist es} sogar {natürlich}, daß es einen »Kalligraphismus« gibt, das heißt in Wirklichkeit eine verbreitete und allgemeine Skepsis gegenüber jedem ernsten und tiefen leidenschaftlichem »Inhalt«. Deshalb wird der »Kalligraphismus« die organische Literatur solcher nationalen Ensembles sein, die, wie Lao-Tse, schon achtzig Jahre alt sind, wenn sie auf die Welt kommen[2], ohne Frische und Spontaneität der Gefühle, ohne »Romantiken«, aber auch ohne »Klassiken«, oder mit einer manierierten Romantik, in der die ursprüngliche Roheit der Leidenschaften die der »Altweibersommer«, eines Greises im Stile Woronows ist, nicht die einer ungestümen Virilität oder Männlichkeit, wie auch die Klassik manieriert sein wird, »Kalligraphismus« eben, reine Form, wie die Livree eines Haushofmeisters. Wir werden »Strapaese« und »Stracittà« haben, und das »stra«[2a] wird größere Bedeutung haben, als es scheint.

Es ist außerdem festzuhalten, wie sehr es in dieser Diskussion an seriöser Vorbereitung mangelt: Croces Theorien kann man akzeptieren oder zurückweisen, man sollte sie aber genau kennen und sorgfältig zitieren. Dagegen ist festzustellen, wie sie in der Diskussion nach dem Hörensagen, »journalistisch«, wiedergegeben werden. Es ist offenkundig, daß das »künstlerische« Moment als Kategorie bei Croce, auch wenn es als Moment der reinen Form dargestellt wird, weder die Voraussetzung irgendeines Kalligraphismus noch die Negation eines Inhaltismus, das heißt des ungestümen Auftretens eines neuen kulturellen Motivs ist. Ebensowenig zählt auch Croces konkrete Haltung als Politiker gegenüber dieser oder jener Strömung von Leidenschaften oder Gefühlen; als Ästhetiker fordert Croce den lyrischen Charakter der Kunst ein, wenn er auch als Politiker den Triumph eines bestimmten Programms und keines anderen einfordert und dafür kämpft. Es scheint sogar, daß man mit seiner Theorie von der Zirkularität der geistigen Kategorien nicht in Abrede stellen kann, daß Croce beim Künstler eine starke »Moral« voraussetzt, wenngleich er das Kunstwerk nicht als moralische Tatsache ansieht, sondern als ästhetische Tatsache, das heißt dieses bestimmte Moment und kein anderes des Zirkels als dasjenige ansieht, um das es geht. So betrachtet er zum Beispiel beim ökonomischen Moment sowohl das »Banditentum« wie das Börsengeschäft, aber es hat nicht den Anschein, daß er als Mensch an der Entwicklung des Banditentums mehr arbeiten würde als an den Börsengeschäften (und man kann wohl sagen, daß seiner politischen Bedeutung gemäß seine Haltung nicht ohne Auswirkungen auf die Börsengeschäfte bleibt). Die geringe Ernsthaftigkeit der Diskussion und die nicht gerade überwältigende Sorgfalt der Disputanten bei der Meisterung der Termini des Problems und was gewissenhafte Genauigkeit angeht, all das ist gewiß kein Beleg dafür, daß das Problem lebenswichtig und von außerordentlicher Bedeutung wäre: es ist mehr eine Auseinandersetzung kleiner und mittelmäßiger Journalisten als die »Geburtswehen« einer neuen literarischen Zivilisation.

Heft 21, §{4}. *Das Publikum und die italienische Literatur.* In einem im »Lavoro« erschienenen und von der »Fiera Letteraria« vom 28. Oktober 1928 in Auszügen wiedergegebenen Artikel schreibt Leo Ferrero: »Aus dem einen oder dem anderen Grund lässt sich sagen, dass die italienischen Schriftsteller kein Publikum mehr haben. {...} Ein Publikum bedeutet ja ein Ensemble von Personen, die nicht nur Bücher kaufen, sondern vor allem Bewunderung für Menschen hegen. Eine Literatur kann nur in einem Klima der Bewunderung gedeihen, und die Bewunderung ist nicht, wie man glauben könnte, der Lohn, sondern der Ansporn für die Arbeit. {...} Das Publikum, das bewundert, das wirklich, von Herzen, mit Freude bewundert, das Publikum, das das Glück der Bewunderung kennt (nichts ist verderblicher als die konventionelle Bewunderung), ist der größte Förderer einer Literatur. Aus vielen Anzeichen erkennt man leider, dass das Publikum dabei ist, die italienischen Schriftsteller zu verlassen«[1].

Ferreros »Bewunderung« ist nichts anderes als eine Metapher und ein »Kollektivwort«, um das komplexe Beziehungssystem, die Form des Kontakts zwischen einer Nation und ihren Schriftstellern zu bezeichnen. Heute fehlt dieser Kontakt, das heißt, die Literatur ist nicht national, weil sie nicht popular ist. Paradox der gegenwärtigen Zeit. Außerdem gibt es keine Rangordnung in der literarischen Welt, das heißt, es fehlt eine herausragende Persönlichkeit, die eine kulturelle Hegemonie ausüben würde. Frage, warum und wie eine Literatur popular ist. Die »Schönheit« reicht nicht aus: es bedarf eines bestimmten intellektuellen und moralischen Gehalts, welcher der ausgearbeitete und vervollkommnete Ausdruck der tiefsten Bestrebungen eines bestimmten Publikums ist, das heißt, von Volk-Nation in einer bestimmten Phase seiner geschichtlichen Entwicklung. Die Literatur muss gleichzeitig gegenwärtiges Element der Zivilisation und Kunstwerk sein, sonst wird der Kunstliteratur die Trivialliteratur vorgezogen, die auf ihre Weise ein gegenwärtiges[1a] Element von Kultur ist, einer zwar heruntergekommenen, aber lebhaft erfahrenen Kultur.

Heft 5, {§54}. *Die Enkelchen des Pater Bresciani.* Popular-nationale Literatur. Es wird nötig sein, genau festzustellen, was unter »interessant« in der Kunst im allgemeinen und speziell in der erzählenden Literatur und im Theater zu verstehen ist. Das Element »interessant« verändert sich je nach den Individuen oder den sozialen Gruppen oder der Menge im allgemeinen: es ist folglich ein Element der Kultur, nicht der Kunst. Aber ist es deshalb völlig fremd und losgelöst von der Kunst? Indessen interessiert die Kunst selbst, ist interessant [also] um ihrer selbst willen, da sie einer Forderung des Lebens nachkommt. Weiter: über diesen ureigensten Charakter der Kunst, um ihrer selbst willen interessant zu sein, welche anderen Elemente des »Interesses«

kann ein Kunstwerk bieten, zum Beispiel ein Roman oder ein Gedicht oder ein Drama? Theoretisch unendlich. Aber diejenigen, die »interessieren«, sind nicht unendlich: es sind genau nur die Elemente, von denen man denkt, daß sie direkter zum unmittelbaren oder mittelbaren »Erfolg« (ersten Grades) des Romans, des Gedichtes, des Dramas beitragen. Ein Grammatiker kann sich für ein Drama Pirandellos interessieren, weil er wissen will, wie viele lexikalische, morphologische und syntaktische Elemente sizilianischer Prägung Pirandello in die italienische Literatursprache einführt oder einführen kann: das ist ein »interessantes« Element, das nicht viel zur Verbreitung des besagten Dramas beitragen wird. Die »barbarischen Metren« Carduccis waren ein »interessantes« Element für einen breiteren Kreis, für die Zunft der professionellen Literaten, und für diejenigen, die es zu werden beabsichtigten: sie waren folglich ein Element bereits beachtlichen unmittelbaren »Erfolgs«, sie trugen dazu bei, einige tausend Exemplare der in barbarischen Metren geschriebenen Verse zu verbreiten. Diese »interessanten« Elemente variieren nach den Zeiten, den kulturellen Klimata und nach den persönlichen Idiosynkrasien.

Das stabilste Element von »Interesse« ist gewiß das positive oder negative »moralische« Interesse, das heißt aus Zustimmung oder aus Widerspruch: »stabil« in einem gewissen Sinne, das heißt im Sinne der »moralischen Kategorie«, nicht des konkreten moralischen Gehalts. Eng verbunden mit diesem ist das »technische« Element in einem bestimmten besonderen Sinne, das heißt »technisch« als Modus, auf unmittelbarste und dramatischste Weise den moralischen Gehalt, den moralischen Kontrast des Romans, des Gedichtes, des Dramas zu verstehen zu geben: so haben wir im Drama die »Theatercoups«, im Roman die vorherrschende »Intrige« usw. Alle diese Elemente sind nicht notwendigerweise »künstlerisch«, sind aber nicht auch notwendigerweise nichtkünstlerisch. Vom Gesichtspunkt der Kunst aus sind sie in gewissem Sinne »indifferent«, das heißt außerkünstlerisch: es sind Daten der Kulturgeschichte, und von diesem Gesichtspunkt aus müssen sie bewertet werden.

Daß dies zutrifft, daß dies so ist, wird bewiesen durch die sogenannte merkantile Literatur, die eine Abteilung der popular-nationalen Literatur ist: der »merkantile« Charakter ist durch die Tatsache gegeben, daß das »interessante« Element nicht »naiv«, »spontan« ist, innig verschmolzen mit der künstlerischen Konzeption*, sondern von außen her mechanisch gesucht, industriell dosiert als des unmittelbaren »Erfolgs« gewisses Element. Das bedeutet auf jeden Fall aber, daß auch die kommerzielle Literatur in der Geschichte der Kultur nicht vernachlässigt werden darf: sie hat sogar einen sehr großen Wert gerade von diesem Gesichtspunkt aus, weil der Erfolg eines Buches kom-

* Im Ms. zwischen den Zeilen die Variante: »Intuition«.

merzieller Literatur anzeigt (und oft ist es der einzig existierende Indikator), was die »Philosophie der Epoche« ist, das heißt, welche Masse an Gefühlen [und an Weltauffassungen] in der »schweigenden« Menge vorherrscht. Diese Literatur ist eine populare »Droge«, sie ist ein »Opium«. (Von diesem Gesichtspunkt aus könnte man eine Analyse des *Grafen von Monte Cristo* von A. Dumas vornehmen, der vielleicht der »opiumhaltigste« der popularen Romane ist: welcher Mann aus dem Volke glaubt nicht, ein Unrecht von Seiten der Mächtigen erlitten zu haben und malt sich nicht die »Bestrafung« aus, die er ihnen antun will? Edmond Dantès bietet ihm das Vorbild, »berauscht« ihn vor Begeisterung, vertritt den Glauben an eine transzendente Gerechtigkeit, an die er »systematisch« nicht mehr glaubt)[1].

Heft 8, §{9}. *Fehlen eines national-popularen Charakters in der italienischen Literatur.* Aus einem Artikel von Paolo Milano in der »Italia letteraria« vom 27. Dezember 1931: »Die Bedeutung, die dem Inhalt eines Kunstwerks beigemessen wird, kann gar nicht groß genug sein – hat Goethe geschrieben. Ein ähnlicher Aphorismus mag einem in den Sinn kommen, wenn man über die *von so vielen Generationen* (?) angebahnte (sic) *Anstrengung* nachdenkt, die noch dabei ist, Wirklichkeit zu werden, nämlich *eine Tradition* des modernen italienischen Romans zu *schaffen*. Welche Gesellschaft oder vielmehr welche Schicht schildern? Bestehen die jüngsten Versuche vielleicht nicht in dem Wunsch, die Personen aus dem Volk hinter sich zu lassen, die den Schauplatz in Manzonis und Vergas Werk besetzt halten? Und lassen sich die halben Erfolge vielleicht nicht zurückführen auf die Schwierigkeiten und die Unsicherheit, ein Milieu zu bestimmen (zwischen müßiggängerischem Großbürgertum, kleinen Leuten und randständiger Bohème)?«[1].

Die Stelle ist überraschend wegen der mechanischen und äußerlichen Weise, die Fragen zu stellen. Kommt es tatsächlich vor, daß »Generationen« von Schriftstellern kaltblütig *versuchen*, das zu beschreibende Milieu zu bestimmen, ohne gerade damit ihren »ahistorischen« Charakter und ihre moralische und gefühlsmäßige Armut zu demonstrieren? Im übrigen genügt es nicht, unter »Inhalt« die Wahl eines gegebenen Milieus zu verstehen: wesentlich für den Inhalt ist die *Haltung* des Schriftstellers und einer Generation gegenüber diesem Milieu. Die Haltung allein bestimmt die kulturelle Welt einer Generation und einer Epoche und folglich ihren Stil. Auch bei Manzoni und bei Verga sind nicht die »Personen aus dem Volk« entscheidend, sondern die Haltung der beiden Schriftsteller diesen gegenüber, und diese Haltung ist bei beiden gegensätzlich: bei Manzoni ist es ein katholischer Paternalismus, eine unausgesprochene *Ironie*, Indiz für das Fehlen einer tiefen, instinktiven Liebe gegenüber diesen Personen, es ist eine Haltung, diktiert von einem durch die katholische Moral diktierten äußerlichen Gefühl abstrakter Pflicht, gemildert und belebt eben durch die diffuse Ironie. Bei Verga ist es eine Haltung von kalter wissenschaftlicher und photographischer Unerschütterlichkeit, diktiert von den Regeln des Verismus, die rationaler als von Zola angewandt werden. Manzonis Haltung ist am weitesten verbreitet in der Literatur, die »Personen aus dem Volk« darstellt, man muß nur an Renato Fucini erinnern; sie ist noch von höherem Niveau, aber man bewegt sich auf des Messers Schneide, und tatsächlich entgleist sie bei den subalternen Schriftstellern in die dumm und jesuitisch sarkastische, »Brescianische« Haltung.

Heft 17, §{44}. *Popularliteratur*. Dass ein Teil der gegenwärtigen Dichtung »reiner Secentismo[0a]« ist, kommt durch das spontane Bekenntnis einiger orthodoxer Kritiker derselben zum Vorschein. Zum Beispiel schreibt Aldo Capasso in einem Aufsatz über Ungaretti (im »Leonardo« vom März 1934 zitierte Passage): »Die Aura des *Staunens* könnte nicht entstehen, wenn der Dichter weniger lakonisch wäre«[1]. Die »Aura des Staunens« erinnert an die bekannte Definition, dass »des Dichters Ziel das Wunder ist«. Man kann dennoch anmerken, dass der klassische Secentismo leider populär gewesen und es noch immer ist (es ist bekannt, wie dem Mann aus dem Volk die Akrobatik der Bilder in der Dichtung gefallen), während der aktuelle Secentismo unter den reinen Intellektuellen populär ist.

Ungaretti schrieb, dass seine Gedichte seinen Schützengraben-Kameraden »aus dem Volk« gefielen[2], und das mag zutreffen: ein Gefallen besonderer Art, gebunden an das Gefühl, dass die »schwierige« (unverständliche) Dichtung schön sein muss und der Verfasser ein großer Mann, eben weil er vom Volk losgelöst und unverständlich ist: das war auch hinsichtlich des Futurismus der Fall und ist ein Aspekt des popularen Kults für die Intellektuellen (die in Wahrheit bewundert und gleichzeitig verachtet werden).

Heft 3, §{7}. Das Volk (pfui!), das Publikum (pfui!). Die Abenteuer-Politiker fragen mit dem Stirnrunzeln dessen, der es faustdick hinter den Ohren hat: »Das Volk! Was ist denn dieses Volk? Wer kennt es denn? Wer hat es denn je definiert?«, und unterdessen machen sie nichts anderes, als Tricks um Tricks auszudenken, um die Mehrheiten bei den Wahlen zu erlangen (wieviele Bekanntmachungen hat es von 24 bis 29 in Italien gegeben, um neue Abänderungen des Wahlgesetzes zu verkünden? Wieviele vorgelegte und zurückgezogene Entwürfe neuer Wahlgesetze? Die Liste wäre schon an und für sich interessant). Das gleiche sagen die reinen Literaten: »Ein von den romantischen Ideen getragenes Laster ist es, das Publikum zum Richter zu berufen. Wer ist das Publikum? Wer ist das? Dieser allwissende Riesenkopf, dieser exquisite Geschmack, diese absolute Rechtschaffenheit, diese Perle, wo ist sie?« (G. Ungaretti, »Resto del Carlino«, 23. Oktober 1929)[1]. Aber unterdessen verlangen sie, daß ein Schutz gegen die Übersetzungen aus Fremdsprachen eingeführt wird, und wenn sie tausend Exemplare eines Buches verkaufen, lassen sie die Glocken ihres Dorfes läuten. [Das »Volk« hat jedoch vielen wichtigen Zeitungen den Titel gegeben, gerade denen derer, die heute fragen »was ist dieses Volk?«, gerade in den Zeitungen, die nach dem Volk heißen].

3. Studien

3.1 Der zehnte Gesang der Hölle

Heft 4, {§78}. *Frage von »Struktur und Poesie« in der Göttlichen Komödie* nach B. Croce und Luigi Russo[1]. Lesart Vincenzo Morellis als »corpus vile«[2]. Lesart Fedele Romanis in bezug auf Farinata[3]. De Sanctis[4]. Frage der »indirekten Darstellung« und der Regieanweisungen im Schauspiel: haben die Regieanweisungen einen künstlerischen Wert? tragen sie zur Darstellung der Charaktere bei? Soweit sie die Willkür des Schauspielers einschränken und die betreffende Person konkreter charakterisieren, gewiß. Der Fall des *Don Juan* von Shaw mit dem Handbuch von John Tanner als Anhang: dieser Anhang ist eine Regieanweisung, aus der ein intelligenter Schauspieler Anregungen für seine Interpretation entnehmen kann und muß[5]. Das pompejanische Gemälde mit Medea, die ihre Kinder tötet, die sie von Jason hat: Medea wird mit verbundenem Gesicht dargestellt: der Maler kann oder will dieses Gesicht nicht darstellen[6]. (Da ist jedoch der Fall Niobes, aber in einem Bildwerk: das Gesicht bedecken hätte bedeutet, dem Werk den ihm eigenen Gehalt zu nehmen). Farinata und Cavalcante: der Vater und der Schwiegervater Guidos. Cavalcante ist der Gestrafte des Höllenkreises. Keiner hat bemerkt, daß, wenn man Cavalcantes Drama nicht berücksichtigt, die Qual des Verdammten in diesem Höllenkreis nicht *in Aktion* zu sehen ist: die *Struktur* hätte zu einer genaueren ästhetischen Bewertung des Gesangs führen müssen, da jede Bestrafung in Aktion dargestellt wird. De Sanctis bemerkte die Unebenheit, die der Gesang aufgrund der Tatsache aufweist, daß Farinata mit einem Male sein Wesen ändert: nachdem er *Poesie* gewesen ist, wird er *Struktur*, er erklärt, macht den Cicerone für Dante. Die poetische Darstellung Farinatas ist in bewunderswerter Weise von Romani nachvollzogen worden: Farinata ist *eine Abfolge von Statuen*. Außerdem spielt Farinata eine *Regieanweisung* vor. Isidoro del Lungos Buch über die *Chronik* Dino Compagnis: in ihm wird Guidos Todesdatum bestimmt[7]. Merkwürdig ist, daß die Gelehrten nicht früher daran gedacht haben, sich des 10. Gesangs zu bedienen, um dieses Datum annähernd zu bestimmen (hat es einer getan?). Aber auch die Ermittlung durch Del Lungo diente nicht dazu, die Gestalt Farinatas zu interpretieren und eine Erklärung für den Dienst zu geben, den Dante Farinata ausüben läßt.

Wie ist die Stellung Cavalcantes, was ist seine Qual? Cavalcante sieht in die Vergangenheit und sieht in die Zukunft, doch er sieht nicht in die Gegenwart, in eine bestimmte Zone der Vergangenheit und der Zukunft, in der die Gegenwart enthalten ist. In der Vergangenheit lebt Guido, in der Zukunft ist Guido tot, aber in der Gegenwart? Ist er tot oder lebendig? Das ist die Qual Cavalcantes, sein Stachel, sein einziger beherrschender Gedanke. Als er spricht, fragt er nach seinem Sohn; als er *»hielt«*[7a], das Verb, in der Vergangenheit hört, insistiert er, und da die Antwort auf sich warten läßt, zweifelt er nicht mehr: sein Sohn ist tot; er verschwindet im Flammenbogen.

Wie stellt Dante dieses Drama dar? Er suggeriert es dem Leser, stellt es nicht dar; er gibt dem Leser die Elemente, damit er das Drama rekonstruieren kann, und diese Elemente sind durch die Struktur gegeben. Dennoch gibt es einen dramatischen Teil, und er geht der Regieanweisung voran. Drei Momente: Cavalcante erscheint, nicht aufrecht und männlich wie Farinata, sondern demütig, bedrückt, vielleicht kniefällig, und fragt ahnungsvoll nach dem Sohn. Dante antwortet, gleichgültig oder doch beinahe, und gebraucht das Verb, das sich auf Guido bezieht, in der Vergangenheit. Cavalcante bemerkt diesen Umstand sofort und heult verzweifelt auf. In ihm ist Zweifel, keine Gewißheit; er bittet um weitere Erläuterungen mit drei Fragen, die eine Abstufung seelischer Zustände enthalten. »Wie sagtest Du: er ›hielt‹?« – »Lebt er nicht noch?« – »Verschloß sein Auge sich dem süßen Licht?« In der dritten Frage liegt die ganze väterliche Zärtlichkeit Cavalcantes; das allgemeine menschliche »Leben« wird unter einer konkreten Bedingung gesehen, im Genuß des Lichtes, den die Verdammten und die Toten verloren haben. Dante zögert zu antworten, und da hört der Zweifel bei Cavalcante auf. Farinata dagegen gerät nicht aus der Fassung. Guido ist der Mann seiner Tochter, aber dieses Gefühl ist in diesem Augenblick in ihm nicht mächtig. Dante unterstreicht diese seine Seelenkraft. Cavalcante bricht zusammen, *aber* Farinata verzieht keine Miene, wendet den Kopf nicht, beugt sich nicht. Cavalcante fällt rücklings zu Boden, Farinata zeigt keinerlei Anzeichen von Niedergeschlagenheit; Dante analysiert Farinata negativ, um die (drei) Bewegungen Cavalcantes, die Verstörung des Antlitzes, den Kopf, der herabfällt, den Rücken, der sich beugt, erahnen zu lassen. Dennoch hat auch Farinata etwas Verändertes an sich. Sein weiteres Auftreten ist nicht mehr so hochmütig wie sein erstes Erscheinen.

Dante befragt Farinata nicht nur, um sich zu »instruieren«, er befragt ihn, weil er vom Verschwinden Cavalcantes betroffen ist. Er will, daß der Knoten gelöst wird, der ihn daran gehindert hat, Cavalcante zu antworten; er fühlt sich schuldig Cavalcante gegenüber. Die strukturelle Passage ist folglich nicht nur Struktur, sie ist auch Poesie, ist ein notwendiges Element des Dramas, das sich abgespielt hat.

Heft 4, §{79}. *Kritik des »Unausgesprochenen«?* Die von mir gemachten Beobachtungen könnten Anlaß zu dem Einwand geben: daß es sich um eine Kritik des Unausgesprochenen handle, um eine Geschichte des Nichtexistenten, um eine abstrakte Untersuchung plausibler Absichten, die nie konkrete Poesie geworden sind, von denen aber äußere Spuren im Mechanismus der Struktur verbleiben. Etwas wie die Position, die Manzoni in den *Verlobten* oft einnimmt, wie als Renzo, nachdem er auf der Suche nach der Adda und der Grenze umhergeirrt ist, an den schwarzen Zopf Lucias denkt: »... und Lucias Bild betrachtend! *wir würden nicht wagen*, zu sagen, was er fühlte: *der Leser kennt die Umstände: er stelle es sich vor*«. Es könnte sich auch hier darum handeln, zu versuchen, sich ein Drama »vorzustellen«, da man die Umstände kennt.

Der Einwand hat einen Anschein von Wahrheit: wenn Dante sich nicht wie Manzoni vorstellen kann, seinem Ausdruck aus praktischen Gründen Grenzen zu setzen (Manzoni nahm sich vor, nicht von der geschlechtlichen Liebe zu sprechen und ihre Leidenschaften nicht in ihrer Fülle darzustellen, aus Gründen »katholischer Moral«), wäre die Sache aus »poetischer Sprachtradition« geschehen, die Dante übrigens nicht immer beachtet hätte (Ugolino, Mirra usw.), »bestärkt« durch seine besonderen Gefühle für Guido. Aber kann man eine Dichtung anders als in der Welt des konkreten Ausdrucks, der geschichtlich verwirklichten Sprache rekonstruieren und kritisieren?[1] Nicht ein »freiwilliges« Element also, »praktischen oder verstandesmäßigen Charakters« *stutzte* Dante die Flügel: er »flog mit den Flügeln, die er hatte«, sozusagen, und verzichtete freiwillig auf nichts. Zu diesem Thema des künstlerischen Neomalthusianismus Manzonis vgl. Croces Broschüre[2] und Giuseppe Citannas Artikel in der »Nuova Italia« vom Juni 1930[3].

Heft 4, §{80}. Plinius erinnert, daß Timanthes von Sikyon die Szene der Opferung Iphigenies gemalt hatte, wobei er Agamemnon verhüllt abbildete. Lessing erkannte im *Laokoon* als erster (?) in diesem Kunstgriff nicht die Unfähigkeit des Malers, den Schmerz des Vaters darzustellen, sondern das tiefe Gefühl des Künstlers, daß er durch die qualvollsten Ausdrucksweisen des Antlitzes nicht einen so schmerzlichen Eindruck unendlicher Trauer hätte wiedergeben können als mit dieser verhüllten Gestalt, deren Gesicht mit der Hand bedeckt ist. Auch in dem pompejanischen Gemälde mit der Opferung Iphigenies, das sich durch die allgemeine Komposition von dem Gemälde Timanthes' unterscheidet, ist die Gestalt Agamemnons verhüllt.

Über diese unterschiedlichen Darstellungen der Opferung Iphigenies spricht Paolo Enrico Arias im »Bollettino dell'Istituto Nazionale del dramma antico di Siracusa«, ein Artikel, der vom »Marzocco« vom 13. Juli 1930[1] resümiert worden ist.

Auf den pompejanischen Gemälden gibt es weitere Beispiele verhüllter Gestalten: Beisp. *Medea*, die ihre Söhne tötet[2]. Ist die Frage nach Lessing, dessen Interpretation nicht vollkommen befriedigend ist, behandelt worden?

Heft 4, §{81}. Das Todesdatum Guido Cavalcantis wurde erstmals kritisch von Isidoro del Lungo in seinem Werk *Dino Compagni e la sua Cronica* bestimmt, von dem 1887 der »dritte Band, enthaltend den historischen und den philologischen Index zum Gesamtwerk und den Text der ›Chronik‹ nach dem Codex Laurentianus Ashburnhamianus«, veröffentlicht wurde; die Bände 1 und 2 wurden 1880 fertiggestellt und wenig später gedruckt. Man sollte sehen, ob Del Lungo bei der Bestimmung des Todesdatums von Guido dieses Datum mit dem 10. Gesang in Bezug setzt: mir scheint, wie ich mich erinnere, nicht. Zum selben Thema müßte man von Del Lungo sehen: *Dante zu Zeiten Dantes*, Bologna 1888; *Aus Dantes Jahrhundert und Dichtung*, Bologna 1898, und besonders *Von Bonifaz VIII. bis Heinrich VII., Seiten aus der florentinischen Geschichte für die Vita Dantes*, was eine durchgesehene und verbesserte, und stellenweise erweiterte Wiedergabe eines Teils des Werkes über *Dino Compagni und seine Chronik*[1] ist.

Heft 4, §{82}. *Die Geringschätzung Guidos*. In der von G. S. Gargàno verfaßten Rezension (*Die Sprache zur Zeit Dantes und die Interpretation der Dichtung*, »Marzocco«, 14. April 1929) zu Enrico Sicardis postum erschienenem Buch *Die italienische Sprache bei Dante* (Verl. »Optima«, Rom) wird Sicardis Interpretation der »Geringschätzung« Guidos wiedergegeben[1]. Die Passage, schreibt Sicardi, müßte so interpretiert werden: »Ich tue die Reise nicht aus freier Entscheidung; ich bin nicht frei, zu kommen oder nicht zu kommen; hingegen bin ich hier, geleitet von jenem, der mich unbeweglich dort erwartet und *mit welchem* hierher zu kommen, oder hier von ihm begleitet zu werden, Euer Guido für zu gering hielt«. Sicardis Interpretation ist formal, nicht substantiell: er hält nicht inne, um zu erklären, worin die »Geringschätzung« bestehe (entweder für die lateinische Sprache, oder für den Imperialismus Virgils, oder die anderen von den Interpreten gelieferten Erklärungen). Dante hatte die »Gnade« vom Himmel her gespendet: wie konnte dieselbe Gnade einem Gottlosen gewährt werden? (das ist nicht korrekt: weil die »Gnade« ihrer Natur nach durch keinerlei Vernunftgrund beschränkt werden darf). Für Sicardi bezieht sich in dem Vers: »den zu gering vielleicht Eu'r Guido hielt« das *den* gewiß auf Virgil, es ist aber kein direktes Objekt, sondern eines der üblichen Pronomina, dem das Kasuszeichen *mit*[1a] fehlt. Und das Objekt von *für gering hielt*? Es leitet sich aus dem vorausgehenden »*von selber komm ich nicht*« her und ist, gesetzt den Fall, entweder das Substantiv *Kommen* oder, wenn man will, ein Objektsatz: *zu kommen*.

In seiner Rezension schreibt Gargàno an einer bestimmten Stelle: »Guidos Freund sagt dem armen, *enttäuschten*[2] Vater, daß er seinen lieben Sohn nicht auch lebend in der Hölle sieht usw.«. *Enttäuscht*? Das ist zuwenig: handelt es sich um ein Wort Gargànos oder ist es von Sicardi übernommen? Das Problem stellt sich nicht: aber warum soll Cavalcante ausgerechnet erwarten, daß Guido mit Dante in die Hölle kommt? »Aus dem hochmütigen Sinne«? Cavalcante ist nicht von der »Verstandesmäßigkeit« bewegt, sondern von der »Leidenschaft«: es gibt keinen Grund, weshalb Guido Dante begleiten sollte; es ist nur, daß Cavalcante wissen möchte, ob Guido in jenem Augenblick lebt oder tot ist, um so seiner Qual zu entrinnen.

Das wichtigste Wort des Verses: »Den zu gering vielleicht Eu'r Guido hielt« ist nicht »den« oder »zu gering«, sondern allein *hielt.* Auf »hielt« liegt der »ästhetische« und »dramatische« Akzent des Verses, und [es] ist der Ursprung des Dramas von Cavalcante, das in den Regieanweisungen Farinatas interpretiert wird: und die »Katharsis« findet statt; Dante korrigiert sich, enthebt Cavalcante seiner Strafe, das heißt, er unterbricht die Bestrafung in *Aktion*[3].

Heft 4, §{83}. Vincenzo Morello. *Dante, Farinata, Cavalcante,* in 8°, 80 S., Verl. Mondadori, 1927. Enthält zwei Schriften: 1. *Dante und Farinata. Der 10. Gesang der Hölle, gelesen in der »Casa di Dante« zu Rom am 25. April 1925* und 2. *Cavalcante und seine Geringschätzung*[1]. Auf dem Waschzettel des Herausgebers wird gesagt: »Morellos Interpretationen werden zu Diskussionen unter den Wissenschaftlern Anlaß geben, weil sie sich von den traditionellen völlig loslösen und zu andersartigen und neuen Schlußfolgerungen gelangen«. Aber hatte Morello irgendeine Vorbildung für diese Arbeit und diese Forschung? Er leitet die erste Schrift so ein: »Die Kritik der letzten dreißig Jahre hat die Quellen (!) des Danteschen Werkes so tief erforscht, daß nunmehr die dunkelsten Bedeutungen, die schwierigsten Bezüge, die verworrensten Anspielungen und selbst die intimsten Details der Personen der Drei Teile, man kann sagen, durchdrungen und geklärt sind«. Der Zufriedene hat immer genug! Und es ist sehr bequem, von einer solchen Prämisse auszugehen: es entbindet davon, eine eigene Arbeit, und eine recht mühsame, der Auswahl und Vertiefung der von der historischen und ästhetischen Kritik erzielten Ergebnisse zu machen. Und er fährt fort: »So daß wir, *nach der gebotenen Vorbereitung*, heute die *Göttliche Komödie* lesen und verstehen können, ohne uns noch in den Irrgärten der alten Konjekturen zu verirren, die zu errichten und unentwirrbar zu machen die unvollständige historische Information und die *mangelhafte intellektuelle Disziplin* miteinander wetteiferten«. Morello hätte also die *gebotene Vorbereitung* getroffen und wäre im Besitz einer vollkommenen intellektuellen Disziplin: es wird nicht schwer sein zu zeigen, daß er selbst den 10. Gesang oberflächlich gelesen und dessen augenfälligsten Wortsinn nicht verstanden hat. Der 10. Gesang ist Morello zufolge »schlechthin politisch«, und »die Politik ist für Dante etwas so Heiliges wie die Religion«, daher bedarf es einer »strengeren Disziplin denn je« bei der Interpretation des 10. Gesangs, um die eigenen Tendenzen und die eigenen Leidenschaften nicht denen anderer zu unterschieben und sich nicht den merkwürdigsten Verirrungen zu überlassen. Morello behauptet, der 10. Gesang sei schlechthin politisch, beweist es aber nicht und kann es nicht beweisen, weil es nicht wahr ist: der 10. Gesang ist politisch, wie politisch die ganze *Göttliche Komödie* ist, aber er ist nicht schlechthin politisch. Doch Morello kommt diese Behauptung gelegen, um seine Hirnwindungen nicht zu überfordern; da er sich für einen großen Politiker und einen großen Theoretiker der Politik hält, wird es ihm ein Leichtes sein, eine politische Interpretation des 10. Gesangs zu geben, nachdem er den Gesang in der erstbesten Ausgabe, die ihm unter die Finger gekommen ist, überflogen hat, wobei er sich der allgemeinen Ideen bedient, die über Dantes Politik im Umlauf sind und von der jeder gute und renommierte Journalist, wie Morello, eine gewisse Ahnung sowie ein paar Karteikarten Gelehrsamkeit haben muß.

Daß Morello den 10. Gesang nur oberflächlich gelesen hat, sieht man an den Seiten, auf denen er die Beziehungen zwischen Farinata und Guido Cavalcanti behandelt (S. 35). Morello will den Gleichmut Farinatas im Verlaufe »der *Episode*« Cavalcantes erklären. Er erinnert an Foscolos Auffassung, für den diese Gleichgültigkeit die starke Verfassung des Mannes zeigt, der »den Familiengefühlen nicht gestattet, ihn davon abzuhalten, an die neuen Heimsuchungen des Vaterlands zu denken«, und De Sanctis', für den Farinata gleichgültig bleibt, weil »die Worte Cavalcantes wohl an sein Ohr, doch nicht in seine Seele dringen, die ganz in einem einzigen Gedanken verharrt: die schlecht erlernte Kunst«. Für Morello kann es »vielleicht eine überzeugendere Erklärung« geben. Nämlich: »Wenn Farinata keine Miene verzieht, den Kopf nicht wendet und sich nicht beugt, so wie der Dichter es will, ist es vielleicht nicht, weil gefühllos oder gleichgültig für den Schmerz eines anderen, sondern *weil er die Person Guidos nicht kennt*, wie er die Dantes nicht kennt, und weil er nicht weiß, daß sich Guido mit seiner Tochter verheiratet hat. Er ist 1264 gestorben, drei Jahre vor der Rückkehr der Cavalcanti nach Florenz, als Guido sieben Jahre alt war; und der verlobte sich mit Bice mit neun Jahren (1269), fünf Jahre nach dem Tod Farinatas. *Wenn es wahr ist, daß die Toten von sich aus nicht die Tatsachen der Lebenden kennen können, sondern nur vermittels der Seelen, die sich ihnen nähern oder der Engel oder der Teufel*, kann Farinata seine Verwandtschaft mit Guido nicht kennen und seinem Schicksal gegenüber gleichgültig bleiben, wenn keine Seele oder [kein] Engel oder Teufel ihm die Nachricht überbracht hat. *Was nicht geschehen zu sein scheint*«. Die Passage ist von mehreren Gesichtspunkten aus verblüffend und zeigt, wie mangelhaft die intellektuelle Disziplin Morellos ist. 1. Farinata sagt selbst offen und klar, daß die Erzketzer seiner Gruppe die Tatsachen nicht kennen, »wenn sie sich nähern und dasind«, nicht immer, und darin besteht ihre spezifische Bestrafung über den Flammenbogen hinaus, »weil sie in die Zukunft schauen wollten«, und nur in diesem Fall, »wenn kein anderer sie uns bringt«, kennen sie sie nicht. Folglich hat Morello den Text nicht einmal richtig gelesen. 2. Es ist geradezu dilettantisch, bei den Personen eines Kunstwerkes die Absichten über die Reichweite des wörtlichen Ausdrucks des Geschriebenen hinaus suchen zu wollen. Foscolo und De Sanctis (besonders De Sanctis) entfernen sich nicht von der kritischen Ernsthaftigkeit; Morello dagegen denkt tatsächlich an das konkrete Leben Farinatas in der Hölle über den Gesang Dantes hinaus und hält sogar für wenig wahrscheinlich, daß die Teufel oder die Engel in ihren Mußestunden Farinata über das, was ihm unbekannt war, hätten informieren können. Es ist die Mentalität des Mannes aus dem Volke, der, wenn er einen Roman gelesen hat, wissen möchte, was alle Personen später gemacht haben (daher der Erfolg der Abenteuerserien): es ist die Mentalität Rosinis, der die *Nonne von Monza*[2] schreibt, oder all jener Schreiberlinge, die die Fortsetzungen berühmter Werke schreiben oder partielle Episoden daraus weiterentwickeln und auswalzen.

Daß zwischen Cavalcante und Farinata in Dantes Dichtung eine innige Beziehung besteht, ergibt sich aus dem Wortlaut des Gesangs und seiner Struktur: Cavalcante und Farinata sind Nachbarn (irgendein Illustrator stellt sich sogar vor, daß sie im selben Bogen sind), ihrer beider Dramen sind eng miteinander verflochten, und Farinata wird auf die strukturelle Funktion des »Explikators« reduziert, um den Leser in das Drama Cavalcantes vordringen zu lassen. Ausdrücklich stellt Dante Farinata nach dem »hielt« Cavalcante unter dem physisch-statuenhaften Aspekt gegenüber, der ihre moralische Haltung ausdrückt: Cavalcante *fällt*, bricht zusammen, kommt auch nicht mehr heraus, Farinata verzieht »analytisch« keine Miene, noch wendet er den Kopf, noch beugt er sich.

Aber das Unverständnis für den Wortlaut des Gesangs von seiten Morellos entdeckt man auch da, wo er über Cavalcante spricht, S. 31ff: »Es wird in diesem Gesang auch das Drama der Familie anhand der Geißel der Bürgerkriege dargestellt; aber nicht durch Dante oder durch Farinata; wohl aber durch Cavalcante«. Warum »anhand der Geißel der Bürgerkriege«? Das ist eine absonderliche Zutat Morellos. Das Doppelelement, Familie-Politik, liegt bei Farinata, und tatsächlich hält ihn angesichts der Familienkatastrophe der Tochter die Politik aufrecht. Aber bei Cavalcante ist das einzige dramatische Motiv die Liebe zum Sohne, und tatsächlich bricht er zusammen, sobald er gewiß ist, daß sein Sohn tot ist. Cavalcante, gemäß Morello, »fragt Dante *weinend*: ›Warum ist mein Sohn nicht bei Dir?‹ Weinend. Das Weinen Cavalcantes kann wahrhaftig das des Bürgerkriegs genannt werden«. Schwachsinn, folgerichtig nach der Behauptung, der 10. Gesang sei »schlechthin politisch«. Und weiter unten: »Guido lebte in der Zeit der mystischen Reise noch; aber er war tot, als Dante schrieb. Und über einen Toten schrieb Dante tatsächlich, *dennoch, wegen der Chronologie der Reise, hätte er* dem Vater schließlich das Gegenteil beibringen *müssen*«, usw.: ein Passus, der beweist, wie Morello den dramatischen und poetischen Gehalt des Gesangs nur gestreift hat und ihn im Wortlaut des Textes buchstäblich überflogen hat.

Oberflächlichkeit voller Widersprüche, weil Morello dann bei Farinatas Voraussage stehenbleibt, ohne daran zu denken, daß, wenn diese Erzketzer die Zukunft kennen können, die Vergangenheit kennen müssen, da die Zukunft immer Vergangenheit wird: das bringt ihn nicht dazu, den Text noch einmal für sich zu lesen und sich seiner Bedeutung zu versichern.

Aber auch die sogenannte politische Interpretation, der Morello den 10. Gesang unterzieht, ist äußerst oberflächlich: sie ist nichts weiter als die Wiederaufnahme der alten Frage: War Dante Guelfe oder Ghibelline? Für Morello war Dante wesentlich Ghibelline, und Farinata ist »sein Held«, nur daß Dante Ghibelline wie Farinata war, das heißt mehr »politischer Mensch« als »Parteimensch«. Man kann zu diesem Thema alles sagen, was man will. In Wirklichkeit bildete Dante, wie er selbst sagt, »Partei für sich selbst«: er ist wesentlich ein »Intellektueller«, und sein Sektierertum und sein Parteigängertum sind mehr intellektueller als politischer Art in unmittelbarem Sinne. Im übrigen könnte Dantes politische Position nur mit einer äußerst detaillierten Analyse nicht nur aller Schriften Dantes selbst, sondern der politischen Gruppierungen seiner Zeit festgestellt werden, die sich sehr von denen von fünfzig Jahren zuvor unterschieden. Morello ist zu sehr in der literarischen Rhetorik verfangen, als daß er in der Lage wäre, die politischen Positionen der Menschen des Mittelalters gegenüber dem Reich, dem Papsttum und ihrer kommunalen Republik realistisch aufzufassen.

Was lächerlich ist bei Morello, das ist seine »Geringschätzung« für die Kommentatoren, die hier und da auftaucht, wie auf S. 52, in der Schrift *Cavalcanti und seine Geringschätzung*, wo er sagt, daß »die Prosa der Kommentatoren oft den Sinn der Verse verändert«; das muß ausgerechnet er sagen!

Diese Schrift *Cavalcanti und seine Geringschätzung* gehört zu genau jener Afterliteratur über die *Göttliche Komödie*, nutzlos und platzraubend mit ihren Konjekturen, ihren Subtilitäten, ihren Geistesblitzen von Leuten, die sich, weil sie die Feder in der Hand haben, für berechtigt halten, über alles mögliche zu schreiben, und dabei die krausen Phantastereien ihres zweifelhaften Talents abspulen.

Heft 4, §{84}. Die »Beschreibungsverzichte« in der *Göttlichen Komödie*. Aus einem Artikel Luigi Russos, *Zur Poesie von Dantes »Paradies«* (im »Leonardo« vom August 1927), entnehme ich einige Hinweise über die »Beschreibungsverzichte« Dantes, deren Ursprung und Erklärung auf alle Fälle anders als betreffs der Episode Cavalcantes sind[1]. Damit hat sich A. Guzzo in der »Rivista d'Italia« vom 15. November 1924, S. 456–79 befaßt (*Das »Paradies« und die Kritik De Sanctis«*)[2]. Russo schreibt: »Guzzo spricht von den ›Beschreibungsverzichten‹, die im Paradies häufig auftreten: ›Es unterliegt der Geist hier dem Gedächtnis‹, ›Ob alle Zungen nun ertönen möchten‹ usw., und er meint, dies sei ein Beweis dafür, daß da, wo Dante die Erde nicht himmlisch verklären könne, er ›eher darauf verzichte, die himmlische Erscheinung zu beschreiben, anstatt mit abstrakter und künstlicher Phantasie die Erfahrung auf den Kopf zu stellen, zu verdrehen und zu vergewaltigen‹« (S. 478). Hier wird nun auch Guzzo, wie die anderen Dantisten, zum Opfer einer psychologischen Bewertung einiger Verse dieser Art, die im Paradies auftreten. Typisch der Fall Vosslers, der sich dieser »Beschreibungsverzichte« des Dichters einmal bediente, als seien es Ohnmachtsbekenntnisse der Phantasie, um auf das Zeugnis des Künstlers selbst hin daraus auf die mindere Qualität des letzten Teils zu schließen; und kürzlich, in seiner kritischen Revision, berief er sich dagegen gerade auf jene Beschreibungsverzichte, um ihnen einen religiösen Wert beizumessen, so als wollte der Dichter ein um das andere Mal zu verstehen geben, daß dies das Reich des transzendenten Absoluten sei (*Die Göttliche Komödie*, 1925, 2. Band, S. 771–72). Nun aber scheint mir, daß es dem Dichter nie so ausdrucksvoll zu werden gelingt wie in diesen seinen Bekenntnissen expressiver Ohnmacht, die tatsächlich nicht in ihrem Inhalt (der negativ ist) zu betrachten sind, sondern in ihrem lyrischen Ton (der positiv ist, und manchmal übermäßig positiv). Das ist die Poesie des Unaussprechlichen; und die Poesie des Unaussprechlichen darf nicht mit poetischer Unaussprechlichkeit verwechselt werden«[3] usw.

Für Russo kann von Beschreibungsverzichten bei Dante nicht die Rede sein. Es handelt sich, in negativer Form, um volle, ausreichende Ausdrucksweisen all dessen, was sich wahrhaftig in der Brust des Dichters regt.

Russo verweist in einer Anmerkung auf eine seiner Studien, *Vosslers Dante und die poetische Einheit der Komödie*[4], in Band XII der von M. Barbi herausgegebenen »Studi Danteschi«, aber die Berufung auf Vossler muß sich auf die Versuche beziehen, die drei Teile künstlerisch zu hierarchisieren.

Heft 4, §{85}. 1918, in einem »Sotto la Mole« unter dem Titel *Der blinde Teiresias*, ist ein Hinweis zu der in diesen Notizen gegebenen Interpretation der Gestalt Cavalcantes veröffentlicht. In der 1918 erschienenen Notiz wurde von der durch die Zeitungen veröffentlichten Nachricht ausgegangen, daß ein kleines Mädchen in einem Dörfchen Italiens, nachdem es das Ende des Krieges für 1918 vorausgesehen hatte, erblindete. Die Verbindung ist offensichtlich. In der literarischen Tradition und in der Folklore ist die Gabe der Vorausschau immer an das aktuelle Gebrechen des Sehenden geknüpft, der, während er die Zukunft sieht, nicht die unmittelbare Gegenwart sieht, weil blind. (Vielleicht ist das mit der Sorge verbunden, die natürliche Ordnung der Dinge nicht zu stören: deshalb wird den Sehenden, wie Kassandra, nicht geglaubt; würde man ihnen glauben, träfen ihre Voraussichten nicht ein, da die Menschen, in Alarm versetzt, anders handeln und sich die Tatsachen dann anders als in der Voraussicht abspielen würden usw.)[1].

Heft 4, §{86}. Aus einem Brief von Prof. U. Cosmo (aus den ersten Monaten des Jahres 1932)[1] gebe ich einige Passagen zum Thema Cavalcante und Farinata wieder: »Mir scheint, unser Freund hat richtig getippt, und einiges, das sich seiner Interpretation nähert, habe ich immer gelehrt. Neben dem Drama Farinatas ist da auch das Drama Cavalcantes, und schlecht haben die Kritiker daran getan, und tun noch, ihn im Schatten zu lassen. Der Freund würde demnach ein sehr gutes Werk tun, ihn ins rechte Licht zu rücken. Aber um ihn ins rechte Licht zu rücken, müßte man ein wenig mehr in die mittelalterliche Seele hinabsteigen. Jeder von beiden, Farinata und Cavalcante, erleidet sein Drama. Aber das eigene Drama berührt den anderen nicht. Sie sind durch die Verwandtschaft ihrer Kinder verbunden, doch sie sind Gegner. Deshalb begegnen sie einander nicht. Es ist ihre Kraft als dramatis personae, es ist ihr Unrecht als Menschen. Schwieriger scheint mir, zu beweisen, daß die Interpretation die These Croces über die Poesie und die Struktur der Komödie empfindlich verletzt. Zweifellos hat auch die Struktur des Werkes poetischen Wert. Mit seiner These reduziert Croce die Poesie der Komödie auf wenige Züge und verdirbt nahezu die ganze Suggestion, die von ihr ausströmt. Das heißt, er verdirbt nahezu ihre ganze Poesie. Die Tugend der großen Dichtung ist, mehr zu suggerieren, als sie sagt, und immer Neues zu suggerieren. Von daher ihre Ewigkeit. Es sollte daher sehr wohl klargestellt werden, daß eine solche Suggestivkraft, die vom Drama Cavalcantes ausstrahlt, von der Struktur des Werkes ausstrahlt (die Vorausschau der Zukunft durch die Verdammten und das Nichtwissen über die Gegenwart, der Umstand, daß sie in jenem bestimmten Schattenkegel sind, wie der Freund sehr treffend sagt, daß die beiden Leidenden im selben Grabe (!?) sind, daß sie durch jene bestimmten Konstruktionsgesetze verbunden sind). Alles Teile der Struktur, die Quelle von Poesie werden. Nehmt diese hinweg, und die Poesie entschwindet. – Um die Wirkung sicherer zu erreichen, scheint mir, wäre es gut, die These mit einem anderen Beispiel zu bestätigen. Als ich über das Paradies schrieb, bin ich zu der Schlußfolgerung gekommen, daß, wo die *Konstruktion* schwach ist, auch die Poesie schwach ist … Doch wäre es vielleicht wirkungsvoller, die Bestätigung mit einer plastischen Episode der Hölle oder des Fegefeuers zu versuchen. Ich denke folglich, daß der Freund sehr gut daran täte, seine These mit der Strenge seiner Beweisführung und der Klarheit seines Ausdrucks zu entwickeln. Der Vergleich mit den Regieanweisungen der eigentlichen Dramen ist scharfsinnig und kann Aufklärung bringen. Ich füge Dir einige leichtere bibliographische Hinweise bei. Russos Studie kann komplett eingesehen werden in L. Russo, *Probleme kritischer Methode*[1a], Bari, Laterza, 1929. In der ›Critica‹ wäre es gut, anzusehen, was Arangio Ruiz geschrieben hat (›Critica‹, XX, 340–57). Der Artikel wird von Barbi als ›sehr schön‹ bezeichnet. Anspruchsvoll in seiner dünkelhaften Philosophie die Studie Mario Bottis* (*Zum Studium der Genese der Danteschen Poesie. Der zweite Teil: Poesie und Struktur im Poem*[1b]), in ›Annali dell'Istruzione media‹, 1930, S. 432–73. Barbi beschäftigt sich damit, sagt aber nichts Neues darüber, im letzten Heft der ›Studi Danteschi‹ (XVI, S. 47ff), *Poesie und Struktur in der Göttlichen Komödie. Zur Genese der zentralen Inspiration der Göttlichen Komödie*[1c]. Auch Barbi läßt in einer Studie *Mit Dante und mit seinen Interpreten*[1d] (Bd. XV, ›Studi Danteschi‹) die letzten Interpretationen des Farinata-Gesangs Revue passieren. Und auch Barbi veröffentlichte einen eigenen Kommentar im Bd. VIII der ›Studi Danteschi‹.

Es gäbe zu diesen Notizen Prof. Cosmos vieles zu bemerken[2].

Heft 4, §{87}. Da man auf die sehr schwere Aufgabe pfeifen sollte, die Dantekritik voranzubringen oder sein eigenes Steinchen zum Kommentierungs- und Erklärungsgebäude des göttlichen Poems beizutragen usw., scheint die beste Art und Weise, diese Beobachtungen über den zehnten Gesang vorzustellen, die polemische sein zu müssen, um einen klassischen Philister wie Rastignac[1] zu verreißen, um auf drastische und niederschmetternde Weise, sei es auch demagogisch, zu beweisen, daß die Vertreter einer subalternen sozialen Gruppe intellektuellen Speichelleckern wie Rastignac wissenschaftlich und vom künstlerischen Geschmack her den Vogel zeigen können. Aber Rastignac zählt weniger als ein Strohhalm in der offiziellen Kulturwelt! Es bedarf nicht vielen Könnens, um seine Unfähigkeit und Nullität zu beweisen. Indessen ist aber sein Vortrag im römischen Dante-Haus gehalten worden: von wem wird dieses Dante-Haus der ewigen Stadt geleitet? Zählen auch das Dante-Haus und seine Leiter nichts? Und wenn sie nichts zählen, warum beseitigt sie die große Kultur nicht? Und wie ist der Vortrag von den Dantisten beurteilt worden?

* Im Ms.: »Mario Rossi«.

Hat Barbi darüber in seinen Übersichten in den »Studi Danteschi« gesprochen, um dessen Schwächen zu zeigen usw.? Und im übrigen macht es Spaß, einen Mann wie Rastignac beim Kragen packen zu können und sich seiner als Ball für ein einsames Fußballspiel zu bedienen.

Heft 4, §{88}. *Shaw und Gordon Craig.* Polemik zwischen den beiden über das Theater. Shaw verteidigt seine sehr langen Regieanweisungen als Hilfe nicht für die Aufführung, sondern für die Lektüre. Nach Aldo Sorani (»Marzocco« vom 1. November 1931)[1] sind diese Regieanweisungen Shaws »genau das Gegenteil von dem, was Gordon Craig als dafür geeignet wünscht und fordert, auf der Bühne der Phantasie des Dramenautors wieder Leben zu verleihen, jene Atmosphäre wieder zu erschaffen, aus der das Kunstwerk hervorgegangen ist und sich dem Autor selbst aufgedrängt hat«.[*]

3.2 Das Theater Pirandellos

Heft 6, §{26}. *Die Enkelchen des Pater Bresciani. Pirandello.* Pirandello gehört nicht zu dieser Kategorie von Schriftstellern, ganz im Gegenteil. Ich nenne ihn hier, um die Notizen zur literarischen Kultur zueinander zu ordnen. Über Pirandello wird ein spezieller Aufsatz zu schreiben sein, für den alle Notizen zu benutzen sind, die ich während des Krieges verfaßt habe[1], als Pirandello von der Kritik bekämpft wurde, die nicht einmal fähig war, seine Dramen zu resümieren (an die Besprechungen zu *L'Innesto*[1a] in den Turiner Zeitungen nach der Uraufführung und die Bündnisangebote erinnern, die mir Nino Berrini machte[2]), und den Zorn eines Teils des Publikums erregte. Daran erinnern, daß *Hahn im Korb* wegen der feindseligen Bekundungen der katholischen Turiner Jugend bei der zweiten Aufführung von Pirandello aus dem Repertoire genommen wurde[3]. Vgl. den Artikel der »Civiltà Cattolica« vom 5. April 1930, *Lazarus oder ein Mythos von Luigi Pirandello*[4].

Die Bedeutung Pirandellos scheint mir intellektueller und moralischer Natur, das heißt mehr kulturell als künstlerisch: er hat versucht, in die Popularkultur die »Dialektik« der modernen Philosophie einzuführen, in Opposition zur aristotelisch-katholischen Weise, die »Objektivität des Wirklichen« aufzufassen. Er hat es gemacht, wie man es im Theater machen kann und wie es Pirandello selbst machen kann: diese dialektische Auffassung der Objektivität stellt sich dem Publikum als annehmbar dar, insofern sie durch außergewöhnliche Charaktere verkörpert wird, also im romantischen Gewand des paradoxen Kamp-

[*] Der Rest der Seite ist unbenutzt geblieben. An dieser Stelle endet die Gruppe der unter dem Titel *Der zehnte Gesang der Hölle* zusammengefassten Notizen.

fes gegen den Alltagsverstand und den gesunden Menschenverstand. Aber könnte es anders sein? Nur so zeigen die Dramen Pirandellos weniger den Charakter »philosophischer Dialoge«, den sie dennoch zur Genüge haben, da die Protagonisten allzu oft die neue Art, das Wirkliche aufzufassen, »erklären und rechtfertigen« müssen; im übrigen entgeht Pirandello selbst nicht immer einem regelrechten Solipsismus, da die »Dialektik« bei ihm mehr Sophistik als Dialektik ist.

Heft 14, §{15}. *Pirandellos Theater.* Vielleicht hat Pirandello recht, wenn er als erster gegen den »Pirandellismus« protestiert, das heißt, wenn er behauptet, daß der sogenannte Pirandellismus eine abstrakte Konstruktion angeblicher Kritiker ist, daß er nicht durch sein konkretes Theater autorisiert, sondern eine bequeme Formel ist, hinter der sich häufig tendenziöse kulturelle und ideologische Interessen verbergen, die sich nicht ausdrücklich zu erkennen geben wollen. Sicher ist, daß Pirandello immer von den Katholiken bekämpft worden ist: daran erinnern, daß *Hahn im Korbe*[0] nach den Krawallen, die im Turiner Alfieri-Theater von katholischen, durch den »Momento« und seinen mehr als mittelmäßigen Theaterrezensenten Saverio Fino aufgehetzte Jugendliche inszeniert worden waren, aus dem Programm genommen wurde[1]. Der Anlaß gegen *Hahn im Korbe* war dadurch gegeben, daß die Komödie angeblich dunkel sei, in Wirklichkeit wird aber das gesamte Theater Pirandellos von den Katholiken wegen der Pirandelloschen Weltauffassung abgelehnt, die, was sie auch sei, wie es auch immer um ihre philosophische Kohärenz bestellt sein mag, unzweifelhaft antikatholisch ist, was dagegen die »humanitäre«, positivistische Auffassung des bürgerlichen und kleinbürgerlichen Verismus des traditionellen Theaters nicht war. In Wirklichkeit scheint man Pirandello keine kohärente Weltauffassung zuschreiben zu können, man scheint seinem Theater keine Philosophie entnehmen zu können und kann daher nicht sagen, Pirandellos Theater sei »Philosophie«. Sicher ist aber, daß es bei Pirandello Gesichtspunkte gibt, die sich allgemein mit einer Weltauffassung verbinden lassen, die im großen Ganzen mit der subjektivistischen identifiziert werden kann. Aber das Problem ist folgendes: 1. werden diese Gesichtspunkte auf »philosophische« Weise dargestellt, oder leben die Personen diese Gesichtspunkte als individuelle Denkweise? das heißt, ist die implizite »Philosophie« explizit nur individuelle »Kultur« und »Sittlichkeit«, das heißt, gibt es in Pirandellos Theater, wenigstens innerhalb gewisser Grenzen, einen Prozeß künstlerischer Umsetzung? und handelt es sich außerdem um einen Reflex von immer gleicher, logischer Art, oder sind die Haltungen immer wieder andere, also phantastischer Art? 2. sind diese Gesichtspunkte notwendig buchmäßiger, gelehrter Herkunft, aus den individuellen philosophischen Systemen übernommen, oder sind sie nicht vielmehr im Leben selbst vorhanden, in der Kultur der Zeit und sogar in der Popularkultur der untersten Stufe, in der Folklore?

Dieser zweite Punkt scheint mir grundlegend, und er kann durch eine vergleichende Untersuchung der verschiedenen Dramen geklärt werden, der im Dialekt abgefaßten, wo ländliches, »dialektales« Leben dargestellt wird, und der in Literatursprache abgefaßten, wo ein Leben bürgerlicher Intellektueller nationalen und auch kosmopolitischen Typs oberhalb des Dialekts dargestellt wird. Nun scheint es, daß im Dialekttheater der Pirandellismus durch »historisch« populare und populäre, dialektale Denkweisen gerechtfertigt ist; daß es sich also nicht um »Intellektuelle« handelt, die als kleine Leute verkleidet sind, um kleine Leute, die wie Intellektuelle denken, sondern um historisch, regional wirkliche kleine Leute aus Sizilien, die so denken und handeln, eben weil sie kleine Leute und aus Sizilien sind. Daß sie keine Katholiken, Thomisten oder Aristoteliker sind, will nicht besagen, daß sie keine kleinen Leute und keine Sizilianer sind; daß sie die subjektivistische Philosophie des modernen Idealismus nicht kennen können, will nicht besagen, daß es in der popularen Tradition keine Stränge »dialektischer« und immanentistischer Art geben kann. Wenn das bewiesen würde, würde das gesamte Gebäude des Pirandellismus, das heißt des abstrakten Intellektualismus des Pirandelloschen Theaters, zusammenbrechen, wie es anscheinend zusammenbrechen muß.

Mir scheint aber das kulturelle Problem von Pirandellos Theater in diesen Begriffen noch nicht erschöpft zu sein. In Pirandello haben wir einen »sizilianischen« Schriftsteller, dem es gelingt, das Landleben in »dialektalen«, folkloristischen Begriffen zu erfassen (auch wenn sein Folklorismus nicht der vom Katholizismus beeinflußte ist, sondern der unter der abergläubischen katholischen Hülle »heidnisch« gebliebene, antikatholische), der gleichzeitig ein »italienischer« und ein »europäischer« Schriftsteller ist. Und in Pirandello haben wir noch mehr: das kritische Bewußtsein, gleichzeitig »Sizilianer«, »Italiener« und »Europäer« zu sein, und gerade darin liegt die künstlerische Schwäche Pirandellos neben seiner großen »kulturellen« Bedeutung (wie ich in anderen Anmerkungen notiert habe)[2]. Dieser »Widerspruch«, der Pirandello innewohnt, hat seinen Ausdruck explizit in einigen seiner erzählerischen Arbeiten gefunden (in einer langen Novelle, mir scheint *Einer nach dem anderen*[3], wird die Begegnung einer sizilianischen Frau mit einem skandinavischen Seemann dargestellt, zwischen zwei geschichtlich so fernen »Provinzen«). Worauf es aber ankommt, ist folgendes: wenn Pirandellos geschichtlich-kritischer Sinn ihn auf kulturellem Gebiet dazu gebracht hat, das alte traditionelle, konventionelle Theater katholischer oder positivistischer Mentalität, verfault im Muff des regionalen Lebens oder platter, abstoßend banaler bürgerlicher Milieus, zu überwinden und aufzulösen, hat er es dann aber auch zu vollendeten künstlerischen Schöpfungen gebracht? Wenn auch Pirandellos Intellektualismus nicht derjenige ist, den die Vulgärkritik (tendenziös-katholischer oder dilettantisch-tilgherianischer Herkunft) identifiziert hat, ist Pirandello dennoch frei von jedem Intellektualismus? Ist er nicht eher ein Theaterkritiker als ein Dichter, ein Kulturkritiker als ein Dichter, ein Kritiker der regional-nationalen Gewohnheit als ein Dichter? Oder aber wo ist er wirklich Dichter, wo ist seine kritische Haltung Inhalt-Form von Kunst geworden und ist keine »intellektuelle Polemik«, kein Logizismus, wenn auch nicht in der Art eines Philosophen, sondern eines »Moralisten« im höheren Sinn? Mir scheint, Pirandello ist gerade dann Künstler, wenn er »dialektal« ist, und *Hahn im Korbe* scheint mir sein Meisterwerk zu sein, aber freilich sind auch viele »Fragmente« von großer Schönheit im »literarischen« Theater auszumachen.

Literatur über Pirandello. Für die Katholiken: Silvio D'Amico, *Das italienische Theater* (Treves, 1932)[4], und einige Anmerkungen der »Civiltà Cattolica«[5]. D'Amicos Kapitel zu Pirandello ist in der »Italia Letteraria« vom 30. Oktober 1932[6] erschienen und hat eine lebhafte Auseinandersetzung zwischen D'Amico selbst und Italo Siciliano in der »Italia Letteraria« vom 4. Dezember 1932[7] ausgelöst. Italo Siciliano ist der Autor eines Aufsatzes, *L. Pirandellos Theater*[7a], der ziemlich interessant zu sein scheint, weil er genau die pirandellistische »Ideologie« behandelt. Für Siciliano gibt es keinen »Philosophen« Pirandello, das heißt, die sogenannte »Pirandellosche Philosophie« ist »ein melancholisches, buntscheckiges und widersprüchliches Flickwerk von Gemeinplätzen und überlebten Sophismen«, »die berühmte Pirandellosche Logik ist eine leere und mangelhafte Übung in Dialektik«, und »die eine wie die andere (*die Logik und die Philosophie*) bilden das tote Gewicht, den Ballast, der – und manchmal unausweichlich – ein Kunstwerk von unzweifelhafter Stärke herabzieht«. Für Siciliano »hat sich P.s mühevolles Spintisieren nicht in Lyrismus oder Dichtung verwandelt, sondern ist roh geblieben und hat – da nicht tief erlebt, sondern ›aufgetragen‹*, nicht assimiliert, manchmal unpassend – der wahren Dichtung Pirandellos geschadet, ihr Fesseln angelegt und sie erstickt«. Siciliano reagierte anscheinend auf die Kritik Adriano Tilghers, der aus Pirandello »den Dichter des zentralen Problems« gemacht hatte, das heißt, als Pirandellos »künstlerische Originalität« das ausgegeben hatte, was ein einfaches kulturelles Element war, das untergeordnet zu bleiben hatte und vom Standpunkt der Kultur zu untersuchen war. Für Siciliano fällt Pirandellos Dichtung nicht mit diesem abstrakten Inhalt zusammen, so daß diese Ideologie vollkommen parasitär ist[8]: so scheint es wenigstens, und wenn es so ist, dann scheint es nicht richtig zu sein. Daß dieses kulturelle Element nicht Pirandellos einziges ist,

* Im Original französisch: »plaqué«.

kann zugestanden werden und ist im übrigen eine Frage philologischer Vergewisserung; daß dieses kulturelle Element nicht immer künstlerisch umgesetzt worden ist, ist auch zuzugeben. Aber auf alle Fälle bleibt zu untersuchen: 1. ob es in irgendeinem Augenblick Kunst geworden ist; 2. ob es als kulturelles Element nicht eine Funktion und eine Bedeutung bei der Veränderung wenigstens des Publikumsgeschmacks gehabt hat, indem es ihn entprovinzialisierte und modernisierte, und ob es nicht die psychologischen Tendenzen, die moralischen Interessen der anderen Theaterschriftsteller verändert hat, indem es mit dem besseren Futurismus beim Werk der Zerstörung des kleinbürgerlichen und philisterhaften späten 19. Jahrhunderts zusammenfloß.

D'Amicos ideologische Haltung zum »Pirandellismus« kommt in folgenden Worten zum Ausdruck: »Mit Erlaubnis derjenigen Philosophen, die seit Heraklit das Gegenteil denken, ist es doch wohl gewiß, daß in absolutem Sinn unsere Persönlichkeit immer identisch und eins ist, von der Geburt bis ins Jenseits; wenn jeder von uns ›viele‹ wäre, wie der Vater der *Sechs Personen*[8a] sagt, hätte keiner dieser ›vielen‹ weder die Vorteile der ›anderen‹, die er in sich trägt, zu genießen, noch ihre Schulden zu bezahlen; während die Einheit des Bewußtseins uns sagt, daß jeder von uns immer ›der‹ ist und daß Paulus die Vergehen des Saulus zu sühnen hat, weil er, auch wenn er ›ein anderer‹ geworden ist, immer noch dieselbe Person ist«[9].

Diese Art der Fragestellung ist ziemlich einfältig und lächerlich, und im übrigen wäre zu sehen, ob in Pirandellos Kunst nicht der Humor vorherrscht, der Autor sich also nicht damit vergnügt, gewisse »philosophische« Zweifel in nichtphilosophischen, beschränkten Hirnen entstehen zu lassen, um den philosophischen Subjektivismus und Solipsismus »hochzunehmen«. Pirandellos Traditionen und philosophische Erziehung sind eher »positivistischen« und cartesianischen Ursprungs nach französischer Art; er hat in Deutschland studiert, aber im Deutschland der pedantischen philologischen Gelehrsamkeit, sicher nicht hegelianischen, sondern eben positivistischen Ursprungs. In Italien ist er Professor für Stilistik gewesen und hat über Stilistik und Humor geschrieben, sicher nicht gemäß den neuhegelianischen idealistischen Tendenzen, sondern eher im positivistischen Sinn. Gerade deshalb ist nachzuweisen, daß die Pirandellosche »Ideologie« nicht aus Büchern stammt und philosophische Ursprünge hat, sondern mit gelebten kulturell-geschichtlichen Erfahrungen bei einem geringfügigen Anteil von Bücherweisheiten zusammenhängt. Es ist nicht ausgeschlossen, daß die Ideen Tilghers auf Pirandello zurückgewirkt haben, daß also Pirandello, indem er die kritischen Rechtfertigungen Tilghers akzeptierte, sich ihnen am Ende gefügt hat, und deshalb wird man zwischen dem Pirandello vor der Tilgherschen Hermeneutik und dem danach unterscheiden müssen.

Heft 14, §{21}. *Pirandellos Theater*. Man muß sehen, wie vieles in der Pirandelloschen »Ideologie« sozusagen den gleichen Ursprung hat wie das, was den Kern der »Theater«-Schriften Nikolai Jewrejnows zu bilden scheint. Für Jewrejnow ist das Theatralische nicht nur eine bestimmte Form künstlerischer Tätigkeit, diejenige, die sich technisch im eigentlichen Theater ausdrückt. Für Jewrejnow liegt das »Theatralische« im Leben selbst, ist eine zum Menschen gehörende Haltung, insofern der Mensch dazu neigt, sich für etwas anderes zu halten und halten zu lassen, als er ist[1]. Man muß diese Theorien Jewrejnows genau ansehen, weil mir scheint, daß er einen zutreffenden psychologischen Zug erfaßt, der überprüft und vertieft werden müßte. Das heißt, es gibt mehrere Formen von »Theatralischem« in diesem Sinn: eine ist die allgemein bekannte und in karikaturistischer Form auftretende, die »Komödiantentum« heißt; aber es gibt auch noch andere, die nicht schlecht sind oder weniger schlecht sind, und einige, die normal und sogar verdienstvoll sind. Tatsächlich ist jeder auf seine Weise zumindest bestrebt, sich einen Charakter zu schaffen, bestimmte Impulse und Triebe zu beherrschen, bestimmte »gesellschaftliche« Formen anzunehmen, die vom Snobismus bis zum guten Ton, zur Korrektheit usw. reichen. Was heißt nun: »was man wirklich ist«, und demgegenüber man als »anders« erscheinen möchte? »Das, was man wirklich ist«, wäre die Gesamtheit der animalischen Impulse und Triebe, und das, als was man erscheinen möchte, ist das kulturell-gesellschaftliche »Modell« einer bestimmten Geschichtsepoche, das man werden möchte; mir scheint, daß das, »was man wirklich ist«, durch den Kampf gegeben ist, das zu werden, was man werden will.

Wie ich an anderer Stelle[2] notiert habe, ist Pirandello, kritisch gesehen, ein sizilianischer »Bauer«, der gewisse nationale Charakterzüge und gewisse europäische Charakterzüge erworben hat, der aber diese drei Zivilisationselemente in sich selbst als nebeneinanderstehend und widersprüchlich empfindet. Aus dieser Erfahrung heraus ist er zu der Haltung gekommen, die Widersprüche in den Persönlichkeiten der anderen zu beobachten und dann das Drama des Lebens geradezu als Drama dieser Widersprüche zu sehen.

Im übrigen ist ein Element nicht nur des sizilianischen Dialekttheaters (*Luft des Kontinents*[3]), sondern jedes italienischen Dialekttheaters sowie des Popularromans die Beschreibung, die Satire und die Karikatur des Provinzlers, der in einen »nationalen« oder kosmopolitisch-europäischen Charakter »umgesetzt« erscheinen will, und das ist nichts anderes als ein Reflex der Tatsache, daß es noch keine kulturell-nationale Einheit im italienischen Volk gibt, daß der »Provinzialismus« und Partikularismus noch in der Gewohnheit und in den Denk- und Handlungsweisen verwurzelt ist; nicht nur dies, sondern daß es auch keinen »Mechanismus« gibt, um das Leben gemeinsam vom provinziellen Niveau auf das nationale, europäische zu heben, und deshalb nehmen die »Auftritte«, die individuellen »Ausfälle«* in diesem Sinn karikaturistische, engstirnige, »theatralische«, lächerliche, usw. usf. Formen an.

Heft 5, §{40}. *Pirandello.* Zur Weltauffassung, die in den Dramen Pirandellos impliziert ist, sollte man das Vorwort von Benjamin Crémieux zur französischen Übersetzung des *Heinrich IV.* (Éditions de la »N.R.F.«) lesen[1].

Heft 9, §{134}. *Italienische Literatur. Pirandello.* An anderer Stelle habe ich notiert, wie in einem kritisch-historischen Urteil über Pirandello das Element »Geschichte der Kultur« über dem Element »Geschichte der Kunst« stehen sollte, daß also in Pirandellos literarischer Tätigkeit der kulturelle Wert über dem ästhetischen Wert überwiegt[1]. Im allgemeinen Rahmen der Gegenwartsliteratur ist die Wirkung Pirandellos als »Erneuerer« des intellektuellen Klimas größer gewesen als die eines Schöpfers von Kunstwerken: er hat viel mehr als die Futuristen dazu beigetragen, den »italienischen Menschen« zu »entprovinzialisieren«, eine moderne »kritische« Haltung im Gegensatz zur traditionellen »melodramatischen« Haltung des 19. Jahrhunderts hervorzubringen.

Die Frage ist aber noch komplexer, als es aus diesen Andeutungen erscheint. Und sie stellt sich so: die poetischen Werte im Theater Pirandellos (und das Theater ist Pirandellos eigentlichstes Terrain, der vollendete Ausdruck seiner poetisch-kulturellen Persönlichkeit) müssen nicht nur von seiner vorwiegend kulturellen, intellektuell-moralischen Tätigkeit getrennt, sondern weiter eingeschränkt werden: die Künstlerpersönlichkeit Pirandellos ist vielseitig und komplex. Wenn Pirandello ein Drama schreibt, drückt er »literarisch«, das heißt mit dem Wort, nur einen Teilaspekt seiner Künstlerpersönlichkeit aus. Er »muß« die »literarische Niederschrift« durch seine Arbeit als Theaterdirektor und als Regisseur ergänzen. Pirandellos Drama erhält seine ganze Ausdruckskraft nur, indem die »Aufführung« von Pirandello als Theaterdirektor geleitet wird, das heißt, indem Pirandello in den betreffenden Schauspielern einen bestimmten dramaturgischen Ausdruck erzeugt hat und indem Pirandello als Regisseur ein bestimmtes ästhetisches Verhältnis zwischen dem Ensemble von Menschen, das Theater spielt, und dem materiellen Apparat der Bühne (Licht, Farben, Inszenierung im weiten Sinne) hervorgebracht hat. Pirandellos Theater ist also eng an die physische Persönlichkeit des Schriftstellers gebunden, und nicht nur an die »schriftlichen« künstlerisch-literarischen Werte. Nach Pirandellos Tod (wenn also Pirandello außer als Schriftsteller nicht mehr als Theaterdirektor und als Regisseur wirkt), was bleibt dann von Pirandellos

* Im Original engl.: »raids«.

Theater? Ein allgemeiner »Canevas«, der in gewissem Sinne in die Nähe der Szenarien des vorgoldonianischen Theaters gerückt werden kann: »Vorlagen« für Theater, keine ewige »Dichtung«. Man wird sagen, das passiert mit allen Theaterwerken, und in einem gewissen Sinne stimmt das. Aber nur in einem gewissen Sinne. Es stimmt, daß eine Tragödie Shakespeares verschiedene dramaturgische Interpretationen erfahren kann, je nach den Theaterdirektoren und den Regisseuren, das heißt, es stimmt, daß jede Tragödie Shakespeares »Vorlage« für unterschiedlich originelle Theateraufführungen werden kann: aber es bleibt die Tatsache, daß die als Buch »gedruckte« und individuell gelesene Tragödie ein unabhängiges künstlerisches Eigenleben hat, das von der Theateraufführung absehen kann: es ist Dichtung und Kunst auch außerhalb des Theaters und des Schauspiels. Das ist bei Pirandello nicht der Fall: sein Theater lebt ästhetisch größtenteils nur, wenn im Theater »aufgeführt«, und wenn im Theater aufgeführt, mit Pirandello als Theaterdirektor und Regisseur. (Das alles sei sehr cum grano salis verstanden).

3.3 Alessandro Manzoni

Heft 21, §{3}. *Die »Demütigen«*[0]. Dieser Ausdruck – »die Demütigen« – ist bezeichnend für das Verständnis der traditionellen Haltung der italienischen Intellektuellen gegenüber dem Volk und damit der Bedeutung der »Literatur für die Demütigen«. Es geht nicht um das Verhältnis, das der Dostojewskische Ausdruck der »Gedemütigten und Beleidigten« enthält. Bei Dostojewski ist das popular-nationale Gefühl mächtig, das heißt das Bewusstsein einer Mission der Intellektuellen gegenüber dem Volk, das allenfalls »objektiv« aus »Demütigen« besteht, aber von dieser »Demut« befreit, umgewandelt, zu neuem Leben erweckt werden muss. Beim italienischen Intellektuellen zeigt der Ausdruck »Demütige« ein Verhältnis väterlicher und allmächtiger Protektion an, das »süffisante« Gefühl einer eigenen unangefochtenen Überlegenheit, ein Verhältnis wie zwischen zwei Rassen, von der die eine für überlegen, die andere für unterlegen gehalten wird, ein Verhältnis wie zwischen Erwachsenem und Kind in der alten Pädagogik oder, schlimmer noch, ein Verhältnis à la »Tierschutzverein« oder angelsächsische Heilsarmee gegenüber den Kannibalen von Papua.

Heft 14, §{39}. *Popularliteratur. Manzoni und die »Einfachen«*. Die »demokratische« Einstellung Manzonis gegenüber den Einfachen (in den *Verlobten*), insofern sie »christlichen« Ursprungs und insofern sie mit den historiographischen Interessen in Zusammenhang zu bringen ist, die Manzoni von Thierry und dessen Theorien über den zum Klassengegensatz gewordenen Gegensatz zwischen den Rassen (der erobernden und der eroberten) hergeleitet hat. Prüfen, inwiefern diese Theorien Thierrys an die Romantik und deren historisches Interesse für das Mittelalter und die Ursprünge der modernen Nationen gebunden sind, das heißt an die Beziehungen zwischen eindringenden germanischen Rassen und überwältigten neolateinischen Rassen, usw.[1] (Zu diesem Thema des »Demokratismus« oder »Popularismus« Manzonis siehe andere Notizen)[2]. Auch zu diesem Punkt der Beziehungen zwischen der Einstellung Manzonis und den Theorien Thierrys ist Zottolis Buch *Einfache und Mächtige in der Poetik A. Manzonis*[3] anzusehen.

Diese Theorien Thierrys komplizieren sich bei Manzoni oder weisen zumindest neue Aspekte in der Diskussion über den »historischen Roman« auf, insofern dieser Gestalten aus den »subalternen Klassen« zur Darstellung bringt, die »keine Geschichte haben«, das heißt, deren Geschichte in den historischen Dokumenten der Vergangenheit keine Spuren hinterläßt. (Dieser Punkt ist mit der Rubrik »Geschichte der subalternen Klassen«[4] zu verbinden, wo auf Thierrys Lehren eingegangen werden kann, die im übrigen große Bedeutung für die Entstehung der Geschichtsschreibung der Philosophie der Praxis gehabt haben)[5].

Heft 7, §{50}. *Popularliteratur*. Zum nicht popular-nationalen Charakter der italienischen Literatur. Haltung zum Volk in den *Verlobten*. »Aristokratischer« Charakter des Manzonischen Katholizismus zeigt sich am scherzhaften »Mitgefühl« gegenüber den Gestalten von Menschen aus dem Volk (was bei Tolstoi nicht vorkommt), wie Fra Galdino (im Vergleich zu Bruder Christophorus), dem Schneider, Renzo, Agnese, Perpetua, sogar Lucia, usw. (Zu diesem Thema habe ich eine weitere Notiz geschrieben)[1]. Nachsehen, ob interessante Anregungen im Buch von A. A. Zottoli, *Geringe und Mächtige in der Poetik A. Manzonis*[1a], Verl. »La cultura«, Rom-Mailand 1931.

Zu Zottolis Buch vgl. Filippo Crispolti, *Neue Forschungen zu Manzoni*, im »Pègaso«, vom August 1931[2]. Dieser Artikel Crispoltis ist für sich selbst genommen interessant, um die Haltung des jesuitischen Christentums gegenüber den »Geringen« zu verstehen. Aber in Wirklichkeit scheint mir Crispolti gegen Zottoli recht zu haben, obwohl Crispolti »jesuitisch« argumentiert. Crispolti sagt über Manzoni: »*Das Volk* hat dessen ganzes Herz für sich, aber er beugt sich niemals, um ihm zu schmeicheln; er sieht es vielmehr mit demselben strengen Auge, mit dem er *die meisten* derer sieht, die nicht Volk sind«[3]. Aber es geht nicht darum, zu wollen, daß Manzoni »dem Volke schmeichelt«, es geht um seine psychologische Haltung zu den einzelnen Personen, die »aus dem Volk« sind; diese Haltung ist klar und deutlich die einer Kaste, selbst in ihrer katholisch-religiösen Form; die kleinen Leute haben für Manzoni kein »inneres Leben«, sie haben keine tiefe moralische Persönlichkeit; es sind »Tiere«, und Manzoni ist ihnen gegenüber »wohlwollend«, mit genau dem Wohlwollen eines katholischen Tierschutzvereins. In gewissem Sinne erinnert Manzoni an das Epigramm über Paul Bourget: daß es für Bourget darauf ankomme, daß eine Frau 100 000 Franken Rente hat, um eine Psychologie zu haben. Unter diesem Gesichtspunkt sind Manzoni (und Bourget) reine Katholiken; nichts von dem »popularen« Geist Tolstois bei ihnen, das heißt vom evangelischen Geist des Urchristentums. Manzonis Haltung gegenüber seinen kleinen Leuten ist die Haltung der Katholischen Kirche zum Volk: des herablassenden Wohlwollens, nicht der menschlichen Gleichheit. Selbst Crispolti gesteht in dem zitierten Satz unbewußt diese »Parteilichkeit« (oder »Parteigängertum«) Manzonis ein: Manzoni sieht »gestrengen Auges« das *gesamte* Volk, während er *gestrengen Auges* »die meisten derer, die nicht Volk sind«, sieht: er findet »Großmut«, »hohe Gedanken«, »große Gefühle« nur bei einigen aus der Oberklasse, bei keinem aus dem Volk, das in seiner Gesamtheit auf niedrige Weise tierisch ist.

Daß es keine große Bedeutung hat, wenn die »Geringen« eine erstrangige Rolle in Manzonis Roman spielen, ist richtig, wie Crispolti sagt. Manzoni bringt das »Volk« in seinen Roman, außer durch die Hauptpersonen (Renzo, Lucia, Perpetua, Fra Galdino usw.) auch durch die Masse (Mailänder Tumulte, kleine Leute vom Lande, der Schneider usw.), aber seine Haltung zum Volk ist eben nicht »popular-national«, sondern aristokratisch.

Beim Studium von Zottolis Buch muß dieser Artikel Crispoltis berücksichtigt werden. Es läßt sich zeigen, daß der »Katholizismus« auch bei hervorragenden und nicht »jesuitischen« Männern wie Manzoni (Manzoni hatte zweifellos eine jansenistische und antijesuitische Ader) nicht einmal in der Romantik dazu beitrug, in Italien das »Volk-Nation« zu schaffen, sondern sogar ein anti-national-populares und lediglich höfisches Element war. Crispolti erwähnt[4] nur die Tatsache, daß Manzoni eine gewisse Zeit lang Thierrys Auffassung (für Frankreich) des Rassenkampfes innerhalb des Volkes (Langobarden und Römer, wie in Frankreich Franken und Gallier) als Kampf zwischen Geringen und Mächtigen übernahm[*]. [Zottoli versucht im »Pègaso« vom September 1931, Crispolti zu antworten][6].

* Im Ms. folgen in Klammern einige Zeilen, die mit der Feder dünn durchgestrichen sind: »Insofern ist Croces Äußerung in der *Geschichte der Geschichtsschreibung in Italien im 19. Jahrhundert* noch merkwürdiger, wonach es nur in Italien und nicht in Frankreich diese Suche nach dem Rassenkampf im Mittelalter als Ursprung der Spaltung der Gesellschaft in privilegierte Ordnungen und dritten Stand gegeben habe, während es gerade umgekehrt ist, usw.«[5]

Heft 14, §{45}. *Popularliteratur. Manzoni.* Adolfo Faggi schreibt im »Marzocco« vom 1. November 1931 einige Betrachtungen über die Sentenz »Vox populi vox Dei«* in den *Verlobten*[1]. Die Sentenz wird (nach Faggi) im Roman zweimal zitiert: einmal im letzten Kapitel, wo sie von Don Abbondio im Hinblick auf den Marquis, den Nachfolger Don Rodrigos, ausgesprochen wird: »Und da wollen Sie nicht, daß man sagt, Sie sind ein großer Mann. Ich sage es und werde es sagen. Und wenn ich auch schwiege, so würde es doch nichts nützen, weil alle so reden, und *vox populi, vox Dei*«[1a]. Faggi bemerkt, daß Don Abbondio dieses feierliche Sprichwort etwas emphatisch gebraucht, als er sich in jenem glücklichen Gemütszustand wegen Don Rodrigos Tod befindet usw.; es hat keine besondere Wichtigkeit oder Bedeutung. Das andere Mal findet sich die Sentenz im Kap. XXXI, wo von der Pest die Rede ist: »Noch verlachten viele Ärzte im Gleichklang mit der Stimme des Volkes (*war sie auch in diesem Fall Gottes Stimme?*) die schlimmen Vorzeichen, die drohenden Warnungen der wenigen, usw.«[1b] Hier wird das Sprichwort auf italienisch und in Klammern, mit ironischem Unterton, wiedergegeben. In den *Verlobten* (Kap. III von Band IV, Verl. Lesca) schreibt Manzoni lang und breit über die hie und da von den Menschen allgemein für wahr gehaltenen Ideen und schlußfolgert, daß wir, wenn heute die im Volk zur Zeit der Pest von Mailand verbreiteten Ideen als lächerlich empfunden werden können, nicht wissen können, ob Ideen von heute nicht morgen ebenfalls für lächerlich befunden werden, usw. Dieser lange Gedankengang in der ersten Fassung wird im endgültigen Text in der kurzen Frage zusammengefaßt: »War sie auch in diesem Fall Gottes Stimme?«

Faggi unterscheidet die Fälle, in denen für Manzoni die Stimme des Volkes *in bestimmten Fällen* nicht Gottes Stimme ist, von anderen, in denen sie es sein kann. Es sei nicht Gottes Stimme, »wenn es sich um Ideen oder besser um spezifische Kenntnisse handelt, die nur von der Wissenschaft und ihren ständigen Fortschritten bestimmt werden können; sondern wenn es sich um die ihrer Natur nach für alle Menschen allgemeinen Prinzipien und gemeinsamen Gefühle handelt, die die Alten in dem wohlbekannten Ausdruck *conscientia generis humani*** faßten«. Aber Faggi stellt die Frage nicht sehr genau, die ohne Bezugnahme auf Manzonis Religion, seinen Katholizismus, nicht gelöst werden kann. So gibt er zum Beispiel den bekannten Rat Perpetuas an Don Abbondio wieder, einen Rat, der mit der Meinung des Kardinals Borromeo übereinstimmt. Aber in diesem Fall geht es nicht um eine moralische oder religiöse Frage, sondern um einen Ratschlag praktischer Klugheit, der vom

* Lat.: »Volkes Stimme, Gottes Stimme«.

** Lat.: »Gewissen des Menschengeschlechts«.

banalsten Alltagsverstand diktiert ist. Daß sich der Kardinal Borromeo im Einklang mit Perpetua befindet, hat nicht die Bedeutung, die es für Faggi zu haben scheint. Meines Erachtens ist dies an die Zeit gebunden und an die Tatsache, daß die kirchliche Autorität politische Macht und Einfluß hatte; daß Perpetua denkt, Don Abbondio müsse sich an den Erzbischof von Mailand wenden, ist ganz natürlich (es dient nur dazu, zu zeigen, wie Don Abbondio in jenem Augenblick den Kopf verloren und Perpetua mehr »Korpsgeist« hatte als er), wie es natürlich ist, daß Federico Borromeo so spricht. Gottes Stimme kommt in diesem Fall nicht ins Spiel. So hat auch der andere Fall kein großes Gewicht: Renzo glaubt nicht an die Wirksamkeit von Lucias Keuschheitsgelübde und befindet sich darin in Übereinstimmung mit Pater Christophorus. Es handelt sich auch hier um »Kasuistik« und nicht um Moral. Faggi schreibt, »Manzoni hat einen Roman der Einfachen machen wollen«, aber das hat eine komplexere Bedeutung als das, was Faggi zu glauben scheint. Zwischen Manzoni und den »Einfachen« besteht ein gefühlsmäßiger Abstand; die Einfachen sind für Manzoni ein »Problem der Geschichtsschreibung«, ein theoretisches Problem, das er mit dem historischen Roman lösen zu können glaubt, mit dem »Wahrscheinlichen« des historischen Romans. Deshalb werden die Einfachen oft als volkstümliche »Originale« dargestellt, mit ironischer Gutmütigkeit, aber eben ironisch. Und Manzoni ist zu sehr Katholik, als daß er denken würde, Volkes Stimme sei Gottes Stimme: zwischen dem Volk und Gott steht die Kirche, und Gott verkörpert sich nicht im Volk, sondern in der Kirche. Daß Gott sich im Volk verkörpert, mag Tolstoi glauben, nicht Manzoni.

Gewiß spürt das Volk diese Haltung Manzonis, und deshalb sind die *Verlobten* nie populär gewesen: gefühlsmäßig spürte das Volk, wie fern Manzoni ihm war, und begriff sein Buch als ein Buch der Frömmigkeit, und nicht als ein Volksepos.

Heft 15, §{37}. *Italienische Literatur.* Im »Marzocco« vom 18. September 1932 schreibt Tullia Franzi über das zwischen Manzoni und dem englischen Übersetzer der *Verlobten*, dem anglikanischen Pfarrer Charles Swan, entstandene Problem in bezug auf den Ausdruck, der gegen Ende des siebten Kapitels auftaucht und zur Bezeichnung Shakespeares verwendet wird: »Von dem ersten Antrieb zu einer schrecklichen Tat bis zu ihrer Ausführung ist die Zwischenzeit ein böser Traum voller Gespenster und Furcht (hat ein Barbar gesagt, der nicht ohne Genie war)«[0]. Swan schrieb an Manzoni: »Ein Barbar, der nicht ohne Genie war, is a phrase, calculated to draw upon you the anathema of every admirer of our bard«[*]. Obwohl Swan Voltaires Schriften gegen Shakespeare

[*] Engl.: »ist ein Satz, der geeignet ist, den Bannstrahl eines jeden Bewunderers unseres Barden auf Sie zu lenken«.

kannte, erfaßte er Manzonis Ironie nicht, die gerade gegen Voltaire gerichtet war (der Shakespeare als »un sauvage avec des étincelles de génie«*definiert hatte). Als Vorwort zu seiner Übersetzung veröffentlichte Swan den Brief, in dem Manzoni ihm die Bedeutung seines ironischen Ausdrucks erklärt. Franzi erinnert jedoch daran, daß Manzonis Ausdruck in den anderen englischen Übersetzungen entweder verschwiegen oder verharmlost wird (schreibt ein ausländischer Schriftsteller usw.). So auch in den Übersetzungen in andere Sprachen, was beweist, wie diese Ironie, die einer Erklärung bedarf, um verstanden und genossen zu werden, im Grunde eine Ironie im »Jargon« ist, in der Art literarischer Sekten. Mir scheint, die Tatsache ist viel verbreiteter als es den Anschein hat und erschwert es nicht nur, aus dem Italienischen zu übersetzen, sondern oft auch, einen Italiener in einer Unterhaltung zu verstehen. Die »Finesse«, die man in solchen Unterhaltungen zu benötigen scheint, ist keine Tatsache der normalen Intelligenz, sondern die Tatsache, daß man »jargonhafte« intellektuelle Nichtigkeiten und Haltungen kennen muß, die Literaten, und sogar bestimmten Gruppen von Literaten, eigen sind. (In Franzis Artikel ist eine überraschende »weibliche« Metapher zu bemerken: »Mit dem Gefühl eines Mannes, der von seiner Frau aus Eifersucht ausgeschimpft und verprügelt worden ist, sich ganz und gar über diese Zornesausbrüche freut und die Schläge preist, die ihm ein Zeugnis der Liebe sind, nahm Manzoni diesen Brief auf«. Ein Mann, der sich darüber freut, von seiner Frau verprügelt worden zu sein, ist gewiß eine originelle Form heutigen Feminismus)[1].

* Frz.: »einen Wilden mit Funken von Genie«.

4. Popularliteratur

Heft 21, §{5}. *Begriff »popular-national«.* In einer Notiz in der »Critica Fascista« vom 1. August 1930 wird beklagt, dass zwei große Tageszeitungen, eine aus Rom und die andere aus Neapel, mit der Veröffentlichung folgender Feuilletonromane begonnen haben: *Der Graf von Monte Cristo* und *Joseph Balsamo* von A. Dumas sowie der *Leidensweg einer Mutter* von Paul Fontenay. Die »Critica« schreibt: »Das französische neunzehnte Jahrhundert ist zweifellos ein goldenes Zeitalter für den Feuilletonroman gewesen, aber eine ziemlich geringschätzige Auffassung von ihren eigenen Lesern müssen die Zeitungen haben, die Romane von vor einem Jahrhundert wiederabdrucken, als ob sich der Geschmack, das Interesse und die literarische Erfahrung von damals bis heute überhaupt nicht gewandelt hätten. Nicht nur das, doch {…} warum nicht zur Kenntnis nehmen, dass es trotz gegenteiliger Meinungen einen modernen italienischen Roman gibt? Wenn man bedenkt, dass diese Leute bereit sind, Tintentränen über das unglückliche Geschick der Literatur des Vaterlands zu vergießen«[1]. Die »Critica« verwechselt verschiedene Ordnungen von Problemen: die des Nichtverbreitetseins der sogenannten künstlerischen Literatur im Volk und die der Nichtexistenz einer »Popular«-Literatur in Italien, weshalb die Zeitungen »gezwungen« sind, sich im Ausland zu versorgen (gewiss verbietet theoretisch nichts, dass es auch heute eine künstlerische Popularliteratur geben kann – das offensichtlichste Beispiel ist der »populare« Erfolg der großen russischen Romanciers; aber es gibt faktisch weder eine Popularität der künstlerischen Literatur noch eine einheimische Produktion von »Popular«-Literatur, weil es keine übereinstimmende Weltauffassung zwischen »Schriftstellern« und »Volk« gibt; die Gefühle des Volkes werden also von den Schriftstellern weder als ihre eigenen gelebt noch haben die Schriftsteller eine »nationalerzieherische« Funktion, das heißt, sie haben sich nicht die Aufgabe gestellt und stellen sie sich nicht, die Gefühle des Volkes auszuarbeiten, nachdem sie sie nacherlebt und sich zu eigen gemacht haben; die »Critica« stellt sich diese Fragen nicht einmal und versteht nicht die »realistischen« Schlussfolgerungen aus folgender Tatsache zu ziehen: wenn die Romane von vor hundert Jahren gefallen, dann bedeutet das, der Geschmack und die Ideologie des Volkes sind genau wie vor hundert Jahren. Die Zeitungen sind politisch-finanzielle Organismen und nehmen sich nicht vor, die schöngeistige Literatur »in ihren eigenen Spalten« zu verbreiten, wenn diese schöngeistige Literatur die unverkäuflichen Exemplare vermehrt. Der Feuilletonroman ist ein Mittel, Verbreitung unter den Volksklassen zu finden (an das Beispiel des »Lavoro« aus Genua unter der Leitung Giovanni Ansaldos erinnern, der die gesamte französische Feuilletonliteratur abdruckte, während er gleichzeitig andere Teile der Zeitung auf den Ton der raffiniertesten Bildung einzustimmen suchte), was politischen Erfolg und finanziellen Erfolg bedeutet. Die Zeitung sucht daher den Roman, den Typ von Roman, der dem Volk »mit Sicherheit« gefällt, der eine »kontinuierliche« und beständige Leserschaft sichert. Der Mann aus dem Volk kauft eine einzige Zeitung, wenn er eine kauft: die Wahl der Zeitung ist auch keine persönliche, sondern oft eine der Familiengruppe: die Frauen wiegen schwer bei der Wahl und bestehen auf dem »schönen, interessanten Roman« (das bedeutet nicht, dass nicht auch die Männer den Roman lesen, aber die Frauen interessieren sich zweifellos speziell für den Roman und die Berichte über die Tagesereignisse). Von daher leitete sich stets die Tatsache ab, dass die rein politischen oder Meinungsblätter niemals eine große Verbreitung finden konnten (ausgenommen in Zeiten intensiven politischen Kampfes): sie wurden von jungen Leuten, Männern und Frauen ohne allzu große Familiensorgen gekauft, die sich sehr für das Schicksal ihrer politischen Meinungen interessierten, und von einer mäßigen Zahl hinsichtlich ihrer Ideen sehr kompakter Familien. Im allgemeinen teilen die Zeitungsleser nicht die Meinung der Zeitung, die sie erwerben, oder sind nur gering von ihr beeinflusst: deshalb ist vom Standpunkt der journalistischen Technik der Fall des »Secolo« und des »Lavoro« zu studieren, die bis zu drei Feuilletonromane veröffentlichten, um eine permanent hohe Auflage zu erreichen (man denkt nicht daran, dass der »Feuilletonroman« für viele Leser wie die Klasse-»Literatur« für die Gebildeten ist: den »Roman« zu kennen, den die »Stampa« veröffentlichte, war eine »mondäne Verpflichtung« von Pförtnerloge, Hinterhof und Gemeinschaftsbalkon; jede Fortsetzung gab Anlass zu »Gesprächen«, bei denen die »Vornehmsten« mit ihrer psychologischen Intuition, ihrem logischen Intuitionsvermögen brillierten usw.; man kann behaupten, dass sich die Leser von Feuilletonromanen mit größerer Aufrichtigkeit und lebhafterem menschlichem Interesse für ihre Autoren interessieren und begeistern als diejenigen, die sich in den Salons der sogenannten Gebildeten für D'Annunzios Romane interessiert haben oder für Pirandellos Werke interessieren).

Das interessanteste Problem ist aber folgendes: warum müssen die italienischen Zeitungen von 1930, wenn sie Verbreitung finden (oder sich halten) wollen, die Feuilletonromane von vor hundert Jahren (oder die modernen desselben Typs) veröffentlichen? Und warum gibt es in Italien keine »nationale« Literatur dieser Art, obwohl sie einträglich sein müsste? Es ist der Umstand zu beobachten, dass in vielen Sprachen »national« und »popular« Synonyme oder beinahe Synonyme sind (im Russischen, im Deutschen, wo »volkisch«* gleichsam eine noch tieferliegende Bedeutung, die von Rasse, hat, so in den

* So im Original; offenbar ist »völkisch« gemeint.

slawischen Sprachen allgemein; im Französischen hat »national« eine Bedeutung, in welcher der Terminus »popular« politisch schon stärker ausgearbeitet ist, weil an den Begriff ›Souveränität‹ gebunden, nationale Souveränität und Volkssouveränität haben gleichen Wert oder haben ihn gehabt). In Italien hat der Terminus »national« ideologisch eine sehr beschränkte Bedeutung und fällt auf keinen Fall mit »popular« zusammen, weil in Italien die Intellektuellen fern vom Volk, das heißt von der »Nation«, und vielmehr an eine Kastentradition gebunden sind, die nie von einer starken popularen oder nationalen politischen Bewegung von unten durchbrochen worden ist: die Tradition ist »papieren« und abstrakt, und der typische moderne Intellektuelle fühlt sich mehr mit Annibal Caro oder Ippolito Pindemonte verbunden als mit einem apulischen oder sizilianischen Bauern. Der geläufige Terminus »national« ist in Italien an diese intellektuelle und papierene Tradition gebunden, daher die alberne und im Grunde gefährliche Leichtfertigkeit, jeden »antinational« zu nennen, der nicht diese archäologische und wurmstichige Auffassung von den Interessen des Landes teilt.

Die Artikel von Umberto Fracchia in der »Italia Letteraria« vom Juli 1930 und der *Brief an Umberto Fracchia über die Kritik* von Ugo Ojetti im »Pègaso« vom August 1930 sind anzusehen[2]. Fracchias Klagen sind denen der »Critica Fascista« sehr ähnlich. Die »nationale« Literatur, die »künstlerisch« genannt wird, ist in Italien keine populare. Wen trifft die Schuld? Das Publikum, das nicht liest? Die Kritik, die dem Publikum die literarischen »Werte« nicht vorzustellen und anzupreisen versteht? Die Zeitungen, die, statt im Feuilleton den »modernen italienischen Roman« zu veröffentlichen, den alten *Grafen von Monte Cristo* bringen? Aber warum liest das Publikum in Italien nicht, während es in den anderen Ländern liest? Und stimmt es denn, dass man in Italien nicht liest? Wäre es nicht genauer, sich die Frage zu stellen: warum liest das italienische Publikum die ausländische Literatur, die populare wie die nichtpopulare, und liest dagegen nicht die italienische? Hat Fracchia selbst nicht Ultimaten gegen die Verleger publiziert, die ausländische Werke veröffentlichen (und deshalb entsprechend verkaufen müssen), wobei er Regierungsmaßnahmen androhte? Und gab es nicht – wenigstens teilweise – einen Versuch regierungsamtlichen Eingreifens durch den Abg. Michele Bianchi, Unterstaatssekretär im Innenministerium?

Was bedeutet die Tatsache, dass das italienische Volk vorzugsweise die ausländischen Schriftsteller liest? Es bedeutet, dass es der intellektuellen und moralischen Hegemonie der ausländischen Intellektuellen *unterliegt*, dass es sich mehr an die ausländischen Intellektuellen gebunden fühlt als an die »einheimischen«, das heißt, dass es im Land keinen intellektuellen und moralischen nationalen Block, keinen hierarchischen und schon gar nicht einen auf

Gleichheit beruhenden gibt. Die Intellektuellen kommen nicht aus dem Volk, auch wenn zufällig einer von ihnen dem Volk entstammt, sie fühlen sich nicht mit ihm verbunden (abgesehen von der Rhetorik), sie kennen und fühlen nicht die Bedürfnisse, die Bestrebungen, die weitverbreiteten Gefühle desselben, sondern sind dem Volk gegenüber etwas Losgelöstes, in der Luft Hängendes, das heißt eine Kaste und kein mit organischen Funktionen ausgestattetes Glied des Volkes selbst. Die Frage muss auf die ganze popular-nationale Kultur ausgedehnt werden und nicht nur auf die erzählende Literatur allein: dasselbe muss vom Theater, der wissenschaftlichen Literatur im allgemeinen (Naturwissenschaften, Geschichte usw.) gesagt werden. Warum treten in Italien nicht Schriftsteller wie Flammarion auf? warum ist keine populärwissenschaftliche Literatur entstanden wie in Frankreich und den anderen Ländern? Diese ausländischen Bücher, einmal übersetzt, werden gelesen und verlangt und erleben oft große Erfolge. All das bedeutet, dass die ganze »gebildete Klasse« mit ihrer intellektuellen Tätigkeit losgelöst ist vom Volk-Nation, nicht weil das Volk-Nation gezeigt hätte und zeigen würde, dass es sich nicht für diese intellektuellen Tätigkeiten auf allen ihren Ebenen interessiert, von den untersten (Schundromane in Fortsetzungen) bis zu den höchsten, dafür spricht jedenfalls, dass es die betreffenden ausländischen Bücher verlangt, sondern weil das einheimische intellektuelle Element ausländischer ist als die Ausländer gegenüber dem Volk-Nation. Die Frage ist nicht von heute: sie hat sich seit der Gründung des italienischen Staates gestellt, und dass sie vorher existiert hat, ist ein Beleg für den Rückstand der Halbinsel bei der national-politischen Herausbildung ihrer Einheit. Ruggero Bonghis Buch über die Nichtpopularität der italienischen Literatur[3]. Auch die von Manzoni aufgeworfene Sprachfrage[4] spiegelt dieses Problem wider, das Problem der intellektuellen und moralischen Einheit der Nation und des Staates, das in der Einheit der Sprache gesucht wird. Aber die Einheit der Sprache ist eines der äußerlichen und nicht ausschließlich notwendigen Momente der nationalen Einheit: auf jeden Fall ist sie Wirkung und nicht Ursache. Schriften von F. Martini über das Theater[5]: über das Theater gibt es und entwickelt sich eine ganze Literatur.

In Italien hat eine popular-nationale Literatur, erzählend oder anderer Gattung, immer gefehlt und fehlt immer noch. (In der Dichtung fehlten Typen wie Béranger und allgemein der Typus des französischen *Chansonniers*. Dennoch hat es solche individuell popularen Schriftsteller gegeben, die großen Erfolg gehabt haben: Guerrazzi hat Erfolg gehabt, und seine Bücher werden immer noch nachgedruckt und verbreitet: Carolina Invernizio ist gelesen worden und wird vielleicht noch immer gelesen, obwohl sie auf einem niedrigeren Niveau steht als die Ponson und die Montépin. F. Mastriani ist gelesen worden, usw. (G. Papini hat über die Invernizio einen Artikel im »Resto del Carlino«

geschrieben, während des Krieges, um 1916: nachsehen, ob der Artikel in einem Band abgedruckt ist. Papini hat etwas Interessantes über dieses ehrenwerte Huhn der Popularliteratur geschrieben, wobei er eben beobachtete, wie sie sich vom Kleine-Leute-Volk lesen ließ. Vielleicht wird man in der in Palmieris Aufsatz veröffentlichten Bibliographie Papinis – oder in einer anderen – das Erscheinungsdatum dieses Artikels oder andere Angaben finden können)[6].

In Ermangelung einer eigenen »modernen« Literatur befriedigen einige Schichten des Kleinvolkes auf verschiedene Weise ihre intellektuellen und künstlerischen Bedürfnisse, die es ja gibt, wenn auch in elementarer und ungefüger Form: Verbreitung des mittelalterlichen Ritterromans – *Das Königshaus von Frankreich*[6a], *Guerino genannt der Elende*[6b] usw. – speziell in Süditalien und im Gebirge; die *Maispiele* in der Toskana (die von den *Maispielen* behandelten Themen sind den popular gewordenen Büchern, Novellen und besonders Legenden wie der Pia dei Tolomei entnommen; es gibt verschiedene Veröffentlichungen über die *Maispiele* und ihr Repertoire).

Die Laizisten haben bei ihrer historischen Aufgabe als Erzieher und Ausarbeiter der Intellektualität und des moralischen Bewusstseins von Volk-Nation versagt, sie haben es nicht verstanden, den intellektuellen Bedürfnissen des Volkes Befriedigung zu verschaffen: gerade weil sie keine laizistische Kultur vertreten haben, weil sie es nicht verstanden haben, einen modernen »Humanismus« auszuarbeiten mit der Fähigkeit, sich bis in die rohesten und ungebildetsten Schichten hinein zu verbreiten, wie es vom nationalen Standpunkt aus erforderlich war, weil sie mit einer antiquierten, engstirnigen, abstrakten, allzu individualistischen oder kastenmäßigen Welt verhaftet geblieben sind. Die französische Popularliteratur, die in Italien am meisten verbreitet ist, vertritt dagegen in größerem oder geringerem Maße, in einer Weise, die mehr oder weniger sympathisch sein kann, diesen modernen Humanismus, diesen auf seine Weise modernen Laizismus: Guerrazzi, Mastriani und die wenigen anderen einheimischen Popularschriftsteller vertraten ihn. Aber wenn die Laizisten versagt haben, so haben die Katholiken doch keinen größeren Erfolg gehabt. Man sollte sich keinen Illusionen über die leidliche Verbreitung hingeben, die bestimmte katholische Bücher haben: sie ist der weitgespannten und mächtigen Organisation der Kirche geschuldet, keiner inneren Expansivkraft: die Bücher werden bei den zahllosen Festlichkeiten verschenkt und zur Strafe, unter Zwang oder aus Verzweiflung gelesen. Erstaunlich ist, dass die Katholiken auf dem Gebiet der Abenteuerliteratur nur Armseligkeiten zustandegebracht haben: haben sie doch eine erstrangige Quelle in den Reisen und im bewegten und häufig riskanten Leben der Missionare. Doch selbst in der Zeit der größten Verbreitung des geographischen Abenteuerromans ist die betreffende katholische Literatur dürftig und in keiner Weise vergleichbar mit der laizistischen französischen, englischen oder deutschen gewesen: die Erlebnisse des Kardinals Massaja in Abessinien sind das beachtlichste Buch gewesen, ansonsten gab es die jedem Anspruch spottende Bücherschwemme von Ugo Mioni (vormals Jesuitenpater). Auch in der populärwissenschaftlichen Literatur haben die Katholiken recht wenig zu bieten, trotz ihrer großen Astronomen wie Pater Secchi (Jesuit)[7] und obwohl die Astronomie die Wissenschaft ist, die das Volk am meisten interessiert. Diese katholische Literatur verströmt den Schweiß jesuitischer Apologetik wie der Moschusbock und langweilt mit ihrer kruden Dürftigkeit. Die Schwäche der katholischen Intellektuellen und der geringe Erfolg ihrer Literatur sind eines der eindrucksvollsten Indizien für den inneren Bruch, den es zwischen der Religion und dem Volk gibt: dieses befindet sich in einem äußerst erbärmlichen Zustand der Gleichgültigkeit und des Fehlens eines lebendigen geistigen Lebens: die Religion verharrt im Zustand des Aberglaubens, doch ist sie auf Grund der Ohnmacht der laizistischen Intellektuellen nicht durch eine neue laizistische und humanistische Moral ersetzt worden (die Religion ist weder ersetzt noch innerlich verändert und nationalisiert worden wie in anderen Ländern, wie in Amerika selbst das Jesuitentum: das populare Italien ist noch in der unmittelbar von der Gegenreformation geschaffenen Situation: die Religion hat sich höchstens mit der heidnischen Folklore verbunden und ist in diesem Stadium verblieben).

Heft 6, §{134}. *Popularliteratur. Feuilletonroman.* Vgl. was ich zum *Grafen von Montecristo* als exemplarisches Modell für den Feuilletonroman geschrieben habe[1]. Der Feuilletonroman ersetzt (und begünstigt zugleich) das Phantasieren des Mannes aus dem Volk, er ist ein richtiggehendes Träumen mit offenen Augen. Man kann nachsehen, was Freud und die Psychoanalytiker über das Träumen mit offenen Augen behaupten[2]. In diesem Falle kann man sagen, daß das Phantasieren im Volk abhängig ist vom (sozialen) »Minderwertigkeitskomplex«, der lange Phantastereien über den Gedanken an Rache, Bestrafung der Schuldigen an den ertragenen Übeln usw. bedingt. Im *Grafen von Montecristo* sind alle Elemente enthalten, um diese Phantastereien zu vertrösten und damit ein Betäubungsmittel zu verabreichen, das den Sinn für das Übel schwächt, usw.

Heft 21, §{6}. *Verschiedene Typen des Popularromans.* Es gibt eine gewisse Variationsbreite von Typen des Popularromans[1], und es ist anzumerken, dass zwar alle Typen gleichzeitig eine gewisse Verbreitung und einen gewissen Erfolg genießen, einer von ihnen jedoch den Vorrang hat, und zwar bei weitem. Von diesem Vorrang ausgehend lässt sich ein Wandel der grundlegenden Geschmäcker ausmachen, ebenso wie sich aus der Gleichzeitigkeit des Erfolgs der verschiedenen Typen der Beweis entnehmen lässt, dass es im Volk verschiedene Bildungsschichten, verschiedene »Massen an Gefühlen« gibt, die in der einen oder der anderen Schicht überwiegen, verschiedene populare »Heldenmodelle«. Einen Katalog dieser Typen zu erstellen und historisch ihren jeweils größeren oder geringeren Erfolg zu ermitteln, ist daher wichtig für die Zwecke des vorliegenden Aufsatzes: 1. Typ Victor Hugo – Eugène Sue (*Die Elenden – Die Geheimnisse von Paris*): ausgesprochen politisch-ideologischen Charakters demokratischer, mit den achtundvierziger Ideologien verbundener Tendenz; 2. Sentimentaler Typ, nicht politisch im engeren Sinn, in dem sich aber ausdrückt, was man eine »sentimentale Demokratie« nennen könnte (Richebourg – Decourcelle u.a.); 3. Typ, der sich als derjenige der reinen Intrige präsentiert, aber einen reaktionär-konservativen ideologischen Gehalt hat (Montépin); 4. Der historische Roman von A. Dumas und von Ponson du Terrail, der außer dem historischen Charakter einen allerdings weniger ausgeprägten politisch-ideologischen Charakter hat: Ponson du Terrail jedoch ist reaktionär-konservativ, und die Begeisterung für die Aristokraten und ihre treuen Diener hat einen ganz anderen Charakter als die historischen Darstellungen von A. Dumas, der trotzdem keine ausgesprochen politisch-demokratische Tendenz aufweist, sondern eher von allgemeinen und »passiven« demokratischen Gefühlen durchdrungen ist und sich oft dem »sentimentalen« Typ nähert; 5. Der Kriminalroman unter seinem doppeltem Aspekt (Lecocq, Rocambole, Sherlock Holmes, Arsène Lupin)[2]; 6. Der schwarze Roman (Gespenster, Spukschlösser usw.: Ann Radcliffe usw.); 7. Der wissenschaftliche, geographische Abenteuerroman, der tendenziös oder einfach ein Intrigenroman sein kann (J. Verne – Boussenard)[3].

Jeder dieser Typen hat außerdem verschiedene nationale Aspekte (in Amerika ist der Abenteuerroman die Epopöe der Pioniere usw.). Man kann beobachten, dass in der Gesamtproduktion eines jeden Landes ein nationalistisches, nicht rhetorisch ausgedrücktes, aber geschickt in die Erzählung eingewobenes Gefühl impliziert ist. Bei Verne und den Franzosen ist das anti-englische Gefühl, das mit dem Verlust der Kolonien und dem Gram über die Niederlagen zur See zusammenhängt, sehr lebendig: im geographischen Abenteuerroman stoßen die Franzosen nicht mit den Deutschen, sondern mit den Engländern zusammen. Aber das anti-englische Gefühl ist auch im historischen Roman und sogar im sentimentalen lebendig (z.B. George Sand). (Reaktion aufgrund des hundertjährigen Krieges und der Ermordung von Jeanne d'Arc sowie aufgrund des Endes von Napoleon).

In Italien hat keiner dieser Typen (zahlreiche) Schriftsteller von einigem Niveau gehabt (nicht literarischen Niveaus, sondern »kommerziellen« Wertes, der Erfindungskunst, des einfallsreichen Konstruierens ausgeklügelter, aber mit einer gewissen Rationalität ausgedachter Intrigen). Nicht einmal der

Kriminalroman, der einen solchen internationalen (und für die Autoren und die Verleger finanziellen) Erfolg gehabt hat, hat in Italien Schriftsteller gehabt; und doch haben viele vor allem historische Romane Italien und die geschichtlichen Ereignisse seiner Städte, Regionen, Institutionen, Menschen zum Thema gemacht. So hat die Geschichte Venedigs mit seinen politischen, gerichtlichen und polizeilichen Organisationen Themen für die Popularromane aller Länder mit Ausnahme Italiens geliefert und liefert ihn immer noch. Einen gewissen Erfolg hat in Italien die Popularliteratur über das Leben der Briganten gehabt, aber die Produktion ist von niedrigstem Wert.

Der letzte und jüngste Typ des popularen Buches ist der biographische Roman, der auf jeden Fall einen unbewussten Versuch darstellt, den kulturellen Bedürfnissen einiger kulturell anspruchsvollerer Volksschichten nachzukommen, die sich nicht mit der Geschichte vom Typ Dumas zufriedengeben. Auch diese Literatur hat in Italien nicht viele Vertreter (Mazzucchelli, Cesare Giardini usw.): die italienischen Schriftsteller sind nicht nur an Zahl, Produktivität und Gaben literarischer Gefälligkeit mit den Franzosen, Deutschen und Engländern nicht zu vergleichen, sondern, was noch bezeichnender ist, sie suchen ihre Themen außerhalb Italiens (Mazzucchelli und Giardini in Frankreich, Eucardio Momigliano in England), um sich dem italienischen Volksgeschmack anzupassen, der sich vor allem an den französischen historischen Romanen gebildet hat. Der italienische Literat würde keine Romanbiographie von Masaniello, Michele di Lando, Cola di Rienzo schreiben, ohne sich verpflichtet zu fühlen, sie mit unverdaulichen rhetorischen »Versatzstücken« zu überfrachten, damit man nicht glaubt ..., nicht denkt ... usw. usf. Gewiss hat der Erfolg der Romanbiographien viele Herausgeber dazu bewogen, die Veröffentlichung biographischer Reihen in Angriff zu nehmen, doch handelt es sich um Bücher, die sich zu den Romanbiographien wie die *Nonne von Monza* zum *Grafen von Monte Cristo* verhalten; es handelt sich um das übliche biographische, philologisch oft korrekte Schema, das bestenfalls einige Tausend Leser finden, aber nicht populär werden kann.

Zu beachten ist, dass einige der aufgeführten Typen des Popularromans eine Entsprechung im Theater und heute im Film haben. Im Theater ist D. Niccodemis beträchtlicher Erfolg sicher folgendem zu verdanken: dass er es verstanden hat, Anregungen und Motive szenisch umzusetzen, die besonders mit der popularen Ideologie zusammenhängen; so in *Kläglicher Rest*, in *Federbusch*, im *Vogelflug*[3a] usw. Auch bei G. Forzano gibt es etwas in der Art, aber nach dem Vorbild Ponson du Terrails, mit konservativen Tendenzen. Das Theaterstück, das in Italien den größten popularen Erfolg gehabt hat, ist Giacomettis *Bürgerlicher Tod*[3b], ein Werk von italienischem Charakter: es hat keine bedeutenden Nachahmer (immer im nichtliterarischen Sinn) gefunden. In dieser dramatischen Abteilung kann man festhalten, dass eine ganze Reihe von Dramatikern von großem literarischen Wert auch dem popularen Publikum außerordentlich gefallen können: Ibsens *Puppenhaus* wird vom Volk der Städte sehr geschätzt, insofern die dargestellten Gefühle und die moralische Tendenz des Autors eine tiefe Resonanz in der Volkspsychologie finden. Und was soll denn das sogenannte *Ideentheater* sein, wenn nicht die Darstellung von an die Gewohnheiten gebundenen Leidenschaften, mit dramatischen Lösungen, die eine »progressive« Katharsis darstellen sollen, die das Drama des intellektuell und moralisch fortgeschrittensten Teils einer Gesellschaft darstellen sollen, und welche die den bestehenden Gewohnheiten selbst innewohnende geschichtliche Entwicklung ausdrückt? Diese Leidenschaften und dieses Drama müssen jedoch dargestellt und nicht wie eine These, eine Propagandarede entwickelt werden, das heißt, der Autor muss in der wirklichen Welt mit allen ihren widersprüchlichen Anforderungen leben und keine allein aus den Büchern gesogenen Gefühle ausdrücken[4].

Heft 21, §{7}. *Popularroman und -theater.* Das Volksschauspiel wird abwertend Arenaschauspiel oder -schinken genannt, vielleicht weil es in einigen Städten Freilichttheater gibt, die man Arenen nennt (die Arena del Sole in Bologna). Es ist daran zu erinnern, was Edoardo Boutet zu den klassischen Aufführungen (Aischylos, Sophokles) geschrieben hat, welche die von eben demselben Boutet geleitete Compagnia Stabile aus Rom montags – am Tag der Wäscherinnen – in der Arena del Sole von Bologna gab, und zu dem großen Erfolg, den solche Aufführungen hatten. (Diese Erinnerungen Boutets an das Theaterleben waren erstmals in der von T. Monicelli in den Jahren 1908–9 in Mailand herausgegebenen Zeitschrift »Il Viandante« veröffentlicht worden)[1]. Hervorzuheben ist auch der Erfolg, den einige Dramen Shakespeares unter den Volksmassen stets hatten, was eben zeigt, dass man ein großer Künstler und gleichzeitig »volksnah« sein kann.

Im »Marzocco« vom 17. November 1929 ist eine sehr bezeichnende Notiz von Gaio (Adolfo Orvieto), *»Danton«, das Melodrama und der »Roman im Leben«*[2], erschienen. Die Notiz besagt: »Eine jüngst ›formierte‹ Schauspieltruppe, die ein Repertoire großer Volksstücke – vom *Grafen von Monte Cristo* bis zu den *Zwei Waisen* – in der berechtigten Hoffnung zusammengestellt hat, ein paar Leute ins Theater zurückzuholen, erlebte die Erfüllung ihrer Wünsche – in Florenz – mit einem brandneuen Schauspiel eines ungarischen Autors und mit revolutionär-französischem Stoff: *Danton«.* Das Schauspiel ist von Gyula Pekár* und ist eine »rein pathetische Fabel mit phantasievol-

* Im Ms. irrtümlich »De Pekar«.

len Details von äußerster Freiheit« (z.B. sind Robespierre und Saint-Just beim Prozess gegen Danton anwesend und streiten mit ihm usw.). »Aber es ist eine Fabel von flottem Zuschnitt, die sich der alten unfehlbaren Methoden des Volkstheaters bedient, ohne gefährliche modernistische Abweichungen. Alles ist elementar, beschränkt, von klarem Zuschnitt. Die stark aufgetragenen Farben und die Krawalle wechseln mit wohldosierten gedämpften Szenen ab, und das Publikum seufzt und stimmt zu. Es zeigt, dass es begeistert ist und sich amüsiert. Ob das der beste Weg ist, es ins Sprechtheater zurückzubringen?« Orvietos Schlussfolgerung ist bezeichnend. So muss man 1929, um Theaterpublikum zu haben, den *Grafen von Monte Cristo* und die *Zwei Waisen* aufführen, und 1930 muss man, damit die Zeitungen gelesen werden, im Feuilleton den *Grafen von Monte Cristo* und *Joseph Balsamo* veröffentlichen.

Heft 21, §{10}. *Verne und der wissenschaftlich-geographische Roman.* In Vernes Büchern geschieht nie etwas völlig Unmögliches: die »Möglichkeiten«, über die Vernes Helden verfügen, sind den in der Zeit real vorhandenen überlegen, aber nicht allzu überlegen und besonders nicht »außerhalb« der Entwicklungslinie der wissenschaftlichen Errungenschaften liegend; die Imagination ist nicht völlig »willkürlich« und besitzt deshalb die Fähigkeit, die Phantasie des Lesers zu reizen, der bereits von der Ideologie der schicksalhaften Entwicklung* des wissenschaftlichen Fortschritts auf dem Gebiet der Kontrolle über die Naturkräfte eingenommen ist. Anders liegt der Fall bei Wells und bei Poe, bei denen zu einem großen Teil das »Willkürliche« geradezu vorherrscht, auch wenn der Ausgangspunkt logisch und einer konkreten wissenschaftlichen Realität aufgepfropft sein kann: bei Verne verbünden sich der menschliche Verstand und die materiellen Kräfte, bei Wells und Poe herrscht der menschliche Verstand vor, und deshalb ist Verne populärer, weil verständlicher gewesen[1]. Gleichzeitig ist dieses Gleichgewicht in Vernes Romankonstruktionen jedoch zu einer zeitlichen Grenze für seine Popularität geworden (neben dem geringen künstlerischen Wert): die Wissenschaft hat Verne überholt, und seine Bücher sind keine »psychologischen Reizmittel« mehr.

Ähnliches lässt sich von den Kriminalabenteuern sagen, z.B. von Conan Doyle; damals waren sie aufregend, heute fast gar nicht mehr, und dies aus verschiedenen Gründen: weil die Welt der kriminalistischen Auseinandersetzungen heute bekannter ist, während Conan Doyle sie zum großen Teil enthüllte, zumindest für einen großen Teil friedfertiger Leser. Aber vor allem, weil es bei Sherlock Holmes das (zu starke) rationale Gleichgewicht von Intelligenz und Wissenschaft gibt. Heute interessiert mehr der individuelle

* Im Ms.: »des schicksalhaften Fortschritts«.

Beitrag des Helden, die »psychische« Technik an sich, daher sind Poe und Chesterton interessanter usw.

Im »Marzocco« vom 19. Februar 1928 schreibt Adolfo Faggi (*Eindrücke von Jules Verne)*[2], der anti-englische Charakter vieler Romane von Verne sei auf die Zeit der Rivalität zwischen Frankreich und England zurückzuführen, die in der Fashoda-Episode gipfelte. Die Behauptung ist falsch und anachronistisch: das Anti-Britentum war (und ist vielleicht noch) ein Grundelement der französischen Volkspsychologie; das Anti-Deutschtum ist relativ jung und war weniger tief verwurzelt als das Anti-Britentum, es existierte nicht vor der Französischen Revolution und ist nach {18}70 gewuchert, nach der Niederlage und dem schmerzlichen Eindruck, dass Frankreich nicht mehr die stärkste militärische und politische Nation Westeuropas war, weil Deutschland allein, ohne Koalition, Frankreich besiegt hatte. Das Anti-Engländertum reicht zurück bis zur Herausbildung des modernen Frankreich als einheitlicher und moderner Staat, das heißt bis zum Hundertjährigen Krieg und den Widerspiegelungen der Epopöe von Jeanne d'Arc in der Vorstellung des Volkes; in moderner Zeit ist er durch die Kriege um die Hegemonie auf dem Kontinent (und in der Welt) verstärkt worden, die in der Französischen Revolution und mit Napoleon gipfelten: die Fashoda-Episode, so ernst sie war, kann nicht mit dieser beeindruckenden Tradition verglichen werden, die durch die gesamte französische Popularliteratur bezeugt wird.

Heft 21, §{12}. *Zum Kriminalroman.* Der Kriminalroman ist am Rande der Literatur über die »Berühmten Justizfälle« entstanden. Mit dieser steht im übrigen auch der Roman vom Typ *Graf von Monte Cristo* im Zusammenhang; handelt es sich hier nicht auch um »berühmte Justizfälle«, in Romane umgesetzt und gefärbt mit der Volksideologie hinsichtlich der Rechtssprechung, besonders, wenn sich mit dieser die politische Leidenschaft verknüpft? Ist Rodin aus dem *Ewigen Juden* nicht ein Typus des Organisators »ruchloser Intrigen«, der vor keinerlei Verbrechen und Mord haltmacht, und ist demgegenüber nicht der Fürst Rudolph der »Volksfreund«, der andere Intrigen und Verbrechen vereitelt? Der Übergang von einem solchen Romantyp zu denen des reinen Abenteuers ist durch einen Schematisierungsprozess der reinen Intrige gekennzeichnet, die von jedwedem Element demokratischer und kleinbürgerlicher Ideologie gereinigt ist: nicht mehr der Kampf zwischen dem guten, einfachen und großmütigen Volk und den dunklen Mächten der Tyrannei (Jesuiten, mit der Staatsräson oder dem Ehrgeiz einzelner Fürsten in Verbindung stehende Geheimpolizei usw.), sondern allein der Kampf zwischen professionellem oder spezialisiertem Verbrechen und den legalen, privaten oder öffentlichen, auf der Grundlage des geschriebenen Gesetzes handelnden Ordnungskräften.

Die Sammlung der »Berühmten Justizfälle« – in der berühmten französischen Sammlung – hat ihr Pendant in anderen Ländern; sie wurde ins Italienische übersetzt, die französische Sammlung, zumindest teilweise, wegen der europaweit bekannten Prozesse, wie derjenige von Fualdès[0], wegen des Mordes am Kurier von Lyon[0a], usw.

Die »justizielle« Tätigkeit hat immer interessiert und tut es immer noch: die Einstellung des öffentlichen Gefühls zum Justizapparat (immer in Misskredit und daher zum Vorteil des Privat- oder Hobbydetektivs) und zum Delinquenten hat sich oft gewandelt oder hat zumindest unterschiedliche Färbungen angenommen. Der große Verbrecher ist oft als dem Justizapparat überlegen dargestellt worden, sogar als der Vertreter der »wahren« Justiz: Einfluss der Romantik, Schillers *Räuber*, Hoffmanns Erzählungen, Ann Radcliffe, Balzacs Vautrin.

Der Typus Javerts in den *Elenden* ist vom Standpunkt der Popularpsychologie interessant: Javert ist vom Standpunkt der »wahren Justiz« im Unrecht, aber Hugo stellt ihn sympathisch dar, als »Mann von Charakter«, der »abstrakten« Pflicht getreu usw.; von Javert aus entsteht vielleicht eine Tradition, wonach auch der Polizist »respektierlich« sein kann. Rocambole von Ponson du Terrail. Gaboriau setzt die Rehabilitierung des Detektivs mit »Monsieur Lecoq« fort, der Sherlock Holmes den Weg bahnt.

Es stimmt nicht, dass die Engländer im »Justiz«-Roman die »Verteidigung des Gesetzes«, die Franzosen dagegen die Verherrlichung des Verbrechers darstellen würden. Es handelt sich um einen »kulturellen« Übergang, der dem Umstand zu verdanken ist, dass sich diese Literatur auch in bestimmten gebildeten Schichten verbreitet. Daran erinnern, dass sich der von den Demokraten der Mittelklassen viel gelesene Sue ein ganzes System zur Unterdrückung der professionellen Kriminalität ausgedacht hat.

In dieser Kriminalliteratur hat es immer zwei Strömungen gegeben: die eine mechanisch – der Intrige –, die andere künstlerisch: Chesterton ist heute der größte Vertreter des »künstlerischen« Aspekts, wie Poe es einst war: Balzac, mit Vautrin, beschäftigt sich mit dem Verbrecher, ist aber »technisch« kein Verfasser von Kriminalromanen.

Heft 21, §{13}. *Kriminalromane*. 1. Anzusehen ist das Buch von Henry Jagot: *Vidocq*, Verl. Berger-Levrault, Paris, 1930[1]. Vidocq hat den Anstoß zu Balzacs Vautrin und zu Alexandre Dumas gegeben (ein wenig findet er sich auch in Hugos Jean Valjean und besonders in Rocambole wieder). Vidocq wurde wegen Falschmünzerei zu acht Jahren verurteilt, wegen einer Unvorsichtigkeit seinerseits, 20 Ausbruchsversuchen usw. 1812 trat er in Napoleons Polizei ein und befehligte 15 Jahre lang einen eigens für ihn geschaffenen Agententrupp: wurde berühmt aufgrund der sensationellen Festnahmen. Von Louis-Philippe entlassen, gründete er ein privates Detektivbüro, jedoch mit geringem Erfolg: er konnte nur in den Reihen der staatlichen Polizei operieren. 1857 gestorben. Hat seine *Memoiren* hinterlassen, die er nicht allein geschrieben hat und die viele Übertreibungen und Prahlereien enthalten.

2. Anzusehen ist Aldo Soranis Artikel *Conan Doyle und der Erfolg des Kriminalromans*, im »Pègaso« vom August 1930[2], bemerkenswert wegen der Analyse dieser Literaturgattung und der verschiedenen Spezifizierungen, die sie bisher erfahren hat. Wo er auf Chesterton und die Novellenfolge über Pater Brown zu sprechen kommt, berücksichtigt Sorani zwei kulturelle Elemente nicht, die jedoch wesentlich scheinen: a. er erwähnt nicht die karikaturistische Atmosphäre, die sich vor allem in dem Band *Pater Browns Unschuld*[3] manifestiert und die gerade dasjenige künstlerische Element ist, das die Kriminalnovelle Chestertons auszeichnet, wenn, nicht immer, der Ausdruck vollkommen gelungen ist; b. er erwähnt nicht die Tatsache, dass die Novellen über Pater Brown »Apologien« des Katholizismus und des römischen Klerus sind, durch die Ausübung der Beichte und der Funktion des geistigen Führers und Vermittlers zwischen dem Menschen und der Gottheit dazu erzogen, alle Windungen der menschlichen Seele zu kennen, gegen den »Szientismus« und die positivistische Psychologie des Protestanten Conan Doyle. Sorani referiert in seinem Artikel die verschiedenen, speziell angelsächsischen und literarisch bedeutsameren Versuche, den Kriminalroman technisch zu perfektionieren. Der Archetypus ist Sherlock Holmes mit seinen zwei grundlegenden Eigenschaften: des Wissenschaftlers und des Psychologen: es wird versucht, die eine oder die andere dieser Eigenschaften oder beide zusammen zu perfektionieren. Chesterton hat gerade auf dem psychologischen Element bestanden, dem Spiel der Induktionen und Deduktionen mit Pater Brown, scheint aber in seiner Tendenz mit dem Typus des Dichters-Detektivs Gabriel Gale wiederum zu weit gegangen zu sein[4].

Sorani skizziert ein Bild des unerhörten Erfolgs des Kriminalromans in allen Rängen der Gesellschaft und sucht dessen psychologischen Ursprung festzustellen: in ihm äußere sich die Auflehnung gegen das Mechanische und die Standardisierung des modernen Lebens, eine Weise, dem alltäglichen Einerlei zu entrinnen. Doch lässt sich diese Erklärung auf alle Formen von Literatur, popularer wie künstlerischer, anwenden: vom Ritterepos (versucht nicht auch Don Quijote, auch praktisch, dem Einerlei und der Standardisierung des Alltagslebens eines kleinen spanischen Dorfes zu entrinnen?) bis zum Feuilletonroman verschiedener Gattungen. Wäre folglich die ganze Literatur und Dichtung eine Droge gegen die alltägliche Banalität? Auf jeden Fall ist Soranis Artikel unentbehrlich für eine künftige organischere Untersuchung dieser Gattung der Popularliteratur.

Das Problem: warum ist die Kriminalliteratur verbreitet? ist ein besonderer Aspekt des allgemeineren Problems: warum ist die nichtkünstlerische Literatur verbreitet? Aus praktischen und kulturellen (moralischen und politischen) Gründen, zweifellos: und diese allgemeine Antwort ist in der Begrenztheit ihrer Annäherung die genaueste. Aber verbreitet sich nicht auch die künstlerische Literatur aus praktischen und moralisch-politischen Gründen und nur mittelbar aus Gründen des künstlerischen Geschmacks, des Suchens und Genießens der Schönheit? In Wahrheit liest man ein Buch aufgrund praktischer Anstöße (und es gilt zu erforschen, warum sich bestimmte Anstöße mehr als andere verallgemeinern) und liest es aus künstlerischen Gründen wieder. Die ästhetische Erregung ist fast nie eine der ersten Lektüre*. Das gilt noch mehr fürs Theater, in dem die ästhetische Erregung einen minimalen »Prozentsatz« am Interesse des Zuschauers ausmacht, weil im Theater andere Elemente mitspielen, von denen viele nicht einmal intellektueller Art sind, sondern rein physiologischer Art, wie der »Sexappeal«, usw. In anderen Fällen kommt die ästhetische Erregung im Theater nicht vom literarischen Werk, sondern von der Interpretation der Schauspieler und des Regisseurs: in diesen Fällen darf der literarische Text des Stückes, das den Vorwand zur Interpretation liefert, jedoch nicht »schwierig« und psychologisch ausgesucht sein, sondern er sollte eher »elementar und popular« sein in dem Sinne, dass die dargestellten Leidenschaften die zutiefst »menschlichen« und unmittelbar erfahrenen sein sollten (Blutrache, Ehre, Mutterliebe, usw.), und daher wird die Analyse auch in diesen Fällen kompliziert. Die großen traditionellen Schauspieler erhielten Applaus im *Zivilen Tod*, in den *Zwei Waisen*, in *Vater Martins Korb*, usw., mehr als in den verzwickten psychologischen Spektakeln: im ersten Fall war der Applaus vorbehaltlos, im zweiten war er kühler, darauf bedacht, den beim Publikum beliebten Schauspieler vom aufgeführten Stück zu trennen, usw.[5]

Eine Sorani ähnliche Rechtfertigung des Erfolgs der Popularromane findet sich in einem Artikel von Filippo Burzio über die *Drei Musketiere* von Alexandre Dumas (erschienen in der »Stampa« vom 22. Oktober 1930 und auszugsweise wiedergegeben in der »Italia Letteraria« vom 9. November 1930)[6]. Burzio hält die *Drei Musketiere* wie den Don Quijote oder den Rasenden Roland für eine sehr glückliche Verkörperung des Mythos des Abenteuers, »das heißt von etwas Wesentlichem für das menschliche Wesen, das sich vom modernen Leben ernsthaft und zunehmend zu entfremden scheint. Je mehr das Dasein rational (oder vielmehr rationalisiert, durch Zwang, der zwar rational für die herrschenden Gruppen ist, nicht aber rational für die beherrschten, und der an die praktisch-wirtschaftliche Tätigkeit gebunden ist, weshalb der

* Im Ms.: »Literatur«.

Zwang, wenn auch nur indirekt, auch auf die »Intellektuellen«-Schichten ausgeübt wird?) und organisiert ist, je eiserner die gesellschaftliche Disziplin, je genauer und vorhersehbarer die dem Individuum übertragene Aufgabe wird (aber nicht vorhersehbar für die Führenden, wie aus den Krisen und Katastrophen der Geschichte hervorgeht), desto geringer wird der Spielraum des Abenteuers, wie der freie Wald aller zwischen den erstickenden Mäuerchen des Privateigentums ... Der Taylorismus ist eine schöne Sache, und der Mensch ist ein anpassungsfähiges Tier, aber vielleicht gibt es Grenzen für seine Mechanisierung. Wenn man mich nach den tiefen Ursachen für die Unruhe des Westens fragte, würde ich ohne Zögern antworten: der Verfall des Glaubens (!) und die Abtötung des Abenteuers«[7]. »Wird der Taylorismus siegen oder werden die Musketiere siegen? Das ist ein anderes Thema, und die Antwort, die vor dreißig Jahren sicher schien, sollte man lieber in der Schwebe lassen. Wenn die gegenwärtige Zivilisation nicht zusammenbricht, werden wir vielleicht interessanten Vermischungen der beiden beiwohnen«.

Die Frage ist folgende: Burzio beachtet nicht, dass es immer einen großen Teil der Menschheit gegeben hat, dessen Tätigkeit stets taylorisiert und eisern diszipliniert gewesen ist, und dass sie den engen Grenzen der vorhandenen Organisation, die sie erdrückte, mit der Phantasie und mit dem Traum zu entfliehen suchte. Ist nicht das größte Abenteuer, die größte »Utopie«, welche die Menschheit kollektiv geschaffen hat, die Religion, eine Weise, der »irdischen Welt« zu entfliehen? Und spricht nicht Balzac in diesem Sinne vom Lotto als dem Opium des Elends, ein Satz, der dann von anderen wieder aufgenommen worden ist? (Vgl. im 1. Heft der *Kulturthemen*)[8]. Aber das Bemerkenswerteste ist, dass es neben Don Quijote Sancho Pansa gibt, der keine »Abenteuer« will, sondern Lebenssicherheit, und dass die Mehrzahl der Menschen von eben der Zwangsvorstellung der Nicht-»Vorhersehbarkeit des Morgen«, von der Ungewissheit des eigenen täglichen Lebens gepeinigt wird, das heißt von einem Übermaß an wahrscheinlichen »Abenteuern«. In der modernen Welt erhält die Frage deshalb eine andere Färbung als in der Vergangenheit, weil die aufgezwungene Rationalisierung der Existenz mehr und mehr die mittleren und intellektuellen Klassen in einem unerhörten Ausmaß trifft; aber auch für sie handelt es sich nicht um einen Verfall des Abenteuers, sondern um zuviel Abenteuerlichkeit des täglichen Lebens, das heißt um zuviel Ungewissheit im Dasein, verbunden mit der Überzeugung, dass es gegen diese Ungewissheit keine individuelle Möglichkeit des Dagegenhaltens gibt: folglich strebt man nach dem »schönen« und interessanten, weil der eigenen freien Initiative geschuldeten Abenteuer, gegen das Abenteuer, das »hässlich« und widerwärtig ist, weil den Bedingungen geschuldet, die von anderen auferlegt und nicht selbst vorgeschlagen sind.

Soranis und Burzios Rechtfertigung vermag auch die Begeisterung für den Sport zu erklären, das heißt, sie erklärt zuviel und folglich nichts. Das Phänomen ist mindestens so alt wie die Religion, und es ist vielgestaltig, nicht einseitig: es hat auch einen positiven Aspekt, nämlich den Wunsch, »sich zu erziehen«, indem man eine Lebensweise kennenlernt, die als der eigenen überlegen angesehen wird, den Wunsch, die eigene Persönlichkeit zu steigern, indem man sich ideale Vorbilder setzt (vgl. das Stichwort zum populären Ursprung des Übermenschen in den *Kulturthemen*)[9], den Wunsch, mehr Welt und mehr Menschen kennenzulernen als es unter bestimmten Lebensbedingungen möglich ist, den Snobismus usw. usf. Das Stichwort von der »Popularliteratur als Opium des Volkes« ist angemerkt worden in einer Notiz zum anderen Roman von Dumas: dem *Grafen von Monte Cristo*[10].

Heft 21, §{14}. *Kulturelle Ableitungen des Feuilletonromans.* Das Dostojewski gewidmete Heft der »Cultura« von 1931 ist anzusehen. Vladimir Pozner behauptet in einem Artikel[1] ganz richtig, Dostojewskis Romane seien kulturell von den Feuilletonromanen des Typus E. Sue usw. abgeleitet. Es ist nützlich, diese Ableitung für die Entwicklung dieser Rubrik über die Popularliteratur im Auge zu behalten, da sie zeigt, wie bestimmte kulturelle Strömungen (moralische Motive und Interessen, Gefühlslagen, Ideologien usw.) einen doppelten Ausdruck haben können: den rein mechanischen der sensationellen Intrige (Sue usw.) und den »lyrischen« (Balzac, Dostojewski und teilweise V. Hugo). Die Zeitgenossen bemerken nicht immer die Minderwertigkeit eines Teils dieser literarischen Erscheinungen, wie es zum Teil bei Sue der Fall war, der von allen Gesellschaftsgruppen gelesen wurde und auch die »gebildeten« Personen »bewegte«, während er danach zum »allein vom Volk gelesenen Schriftsteller« abstieg (die »Erstlektüre« vermittelt rein oder nahezu rein »kulturelle« oder inhaltliche Eindrücke, und das »Volk« ist ein unkritischer Erstleser, der aufgrund der Sympathie für die allgemeine »Ideologie« bewegt wird, deren oft gekünstelter und gewollter Ausdruck das Buch ist).

Zu demselben Thema ist anzusehen: 1. Mario Praz, *Liebe, Tod und Teufel in der romantischen Literatur*, 16°, X-505 S., Mailand-Rom, Verl. La Cultura, 40 L. (die Rezension von L. F. Benedetto im »Leonardo« vom März 1931[2] ansehen: daraus wird ersichtlich, dass Praz keine genaue Unterscheidung zwischen den verschiedenen Graden von *Kultur* getroffen hat, daher einige Einwände Benedettos, der im übrigen selbst nicht den genauen historischen Zusammenhang der literaturgeschichtlichen Frage zu erfassen scheint); 2. Servais Étienne: *Die Gattung des Romans in Frankreich vom Erscheinen der »Neuen Héloïse« bis zum Vorabend der Revolution*, Verl. Armand Colin; 3. Reginald W. Hartland, *Der Schauerroman oder »schwarze Roman« von*

Walpole bis Ann Radcliffe und sein Einfluss auf die französische Literatur bis 1860, Verl. Champion, und vom selben Autor (beim selben Verleger) *Walter Scott und der »frenetische Roman«*[3] (Pozners Behauptung, Dostojewskis Roman sei ein »Abenteuer«-Roman, ist wahrscheinlich von einem Aufsatz von Jacques Rivière über den »Abenteuerroman« hergeleitet, vielleicht in der »N.R.F.«[4] erschienen, was »eine breit angelegte Darstellung von Handlungen, die dramatisch und psychologisch zugleich sind«, bedeuten würde, wie sie Balzac, Dostojewski, Dickens und George Eliot konzipiert haben); 4. ein Aufsatz von André Moufflet zum *Stil des Feuilletonromans* im »Mercure de France«[5] vom 1. Februar 1931*.

Heft 17, §{29}. *Popularliteratur.* Artikel von André Moufflet im »Mercure de France« vom 1. Februar 1931 über den Feuilletonroman. Der Feuilletonroman ist nach Moufflet aus dem Bedürfnis nach *Illusion* entstanden, welches unzählige klägliche Existenzen verspürten, und vielleicht noch verspüren, gleichsam um die trostlose Monotonie zu durchbrechen, zu welcher sie sich verurteilt sehen[1].

Allgemeine Beobachtung: lässt sich für alle Romane und nicht nur die Feuilletonromane machen: es muss analysiert werden, welche *besondere Illusion* der Feuilletonroman dem Volk gibt und wie sich diese Illusion mit den politisch-geschichtlichen Perioden wandelt: es gibt den Snobismus, aber es gibt auch einen Fundus an demokratischen Bestrebungen, die sich im klassischen Feuilletonroman widerspiegeln. »Schwarzer« Roman à la Radcliffe, Intrigen-, Abenteuer-, Detektivroman, Krimi, Unterweltroman usw. Der Snob erkennt sich wieder im Feuilletonroman, der das Leben der Adligen oder der Oberklassen im allgemeinen beschreibt, das aber gefällt den Frauen und besonders den Mädchen, von denen übrigens jede denkt, die Schönheit könne ihr den Weg in die Oberklasse ebnen.

Für Moufflet gibt es die »Klassiker« des Feuilletonromans, aber das wird in einem bestimmten Sinn verstanden: der klassische Feuilletonroman scheint der »demokratische« zu sein, mit verschiedenen Nuancen von V. Hugo bis zu Sue, zu Dumas. Moufflets Artikel wird zu lesen sein, es muss aber beachtet werden, dass er den Feuilletonroman als »literarische Gattung« untersucht, hinsichtlich des Stils usw., als Ausdruck einer »Populärästhetik«, was falsch ist. Das Volk ist »inhaltsorientiert«, aber wenn der populare Inhalt durch große Künstler ausgedrückt wird, werden diese bevorzugt. Daran erinnern, was {ich} geschrieben {habe} zur Liebe des Volkes zu Shakespeare, zu den griechischen

* Im Ms. sind die nach S. 37 folgenden Seiten frei geblieben, mit Ausnahme einer kleinen Notiz auf S. 155.

Klassikern, und in moderner Zeit zu den großen russischen Romanschriftstellern (Tolstoi, Dostojewski). Ebenso Verdi in der Musik[2].

In dem Artikel *Der literarische Merkantilismus* von J. H. Rosny d. Ä.* in den »Nouvelles Littéraires« vom 4. Oktober 1930 ist gesagt worden, V. Hugo habe sich bei den *Elenden* inspirieren lassen von Eugène Sues *Geheimnissen von Paris* und dem Erfolg, den diese hatten und der so groß war, dass der Verleger Lacroix noch vierzig Jahre danach darüber verblüfft war. Rosny schreibt: »Die Feuilletons, ob aus der Absicht des Herausgebers der Zeitung oder aus der Absicht des Feuilletonisten heraus, waren Produkte, die vom Geschmack des Publikums inspiriert waren und nicht vom Geschmack der Autoren«[3]. Auch diese Definition ist einseitig. Und in der Tat schreibt Rosny lediglich eine Reihe von Beobachtungen zur »kommerziellen« Literatur im allgemeinen (folglich auch zur pornographischen) und zur kommerziellen Seite der Literatur. Dass der »Kommerz« und ein bestimmter »Geschmack« des Publikums zusammentreffen, ist nicht zufällig, dafür spricht jedenfalls, dass die um {18}48 geschriebenen Feuilletons eine bestimmte gesellschaftlich- politische Richtung hatten, die bewirkt, dass sie noch heute von einem Publikum verlangt und gelesen werden, das dieselben 48er-Gefühle verspürt.

Heft 2, §{112}. *Popularliteratur. Victor Hugo.* In bezug auf V. Hugo sein vertrauliches Verhältnis zu Louis Philippe ins Gedächtnis rufen und daher seine konstitutionell-monarchistische Einstellung im Jahre 48. Es ist interessant, festzuhalten, daß er, als er *Die Elenden* schrieb, auch die Notizen der *Choses vues* (postum erschienen) schrieb und daß die beiden Schreibweisen nicht immer übereinstimmen. Diese Fragen ansehen, weil Hugo für gewöhnlich als Mann aus einem Guß usw. betrachtet wird. (In der »Revue des Deux Mondes« von 28 oder 29, höchstwahrscheinlich von 29, muß ein Artikel zu diesem Thema stehen)[1].

Heft 16, §{13}. *Populärer Ursprung des »Übermenschen«.* Jedesmal, wenn man auf einen Nietzsche-Verehrer stößt, empfiehlt es sich zu fragen und nachzuforschen, ob seine »übermenschlichen« Auffassungen gegen die konventionelle Moral, usw. usf. rein nietzscheanischer Herkunft, das heißt das Produkt einer in der Sphäre der »Hochkultur« anzusiedelnden gedanklichen Ausarbeitung sind, oder viel bescheidenere Ursprünge haben, zum Beispiel mit der Feuilletonliteratur zusammenhängen. (Und sollte Nietzsche selbst gar nicht durch die französischen Feuilletonromane beeinflusst worden sein? Man muss

* Im Original frz.: »aîné«.

bedenken, dass diese Literatur, heute auf die Pförtnerlogen und die Dienstmädchenkammern herabgestuft, mindestens bis 1870 unter den Intellektuellen sehr verbreitet gewesen ist, wie heute der sogenannte »Krimi«). Jedenfalls lässt sich wohl behaupten, dass viel sogenanntes nietzscheanisches »Übermenschentum« nicht Zarathustra, sondern allein den *Grafen von Monte Cristo* von A. Dumas zum Vorbild und doktrinären Ursprung hat. Der von Dumas in Monte Cristo am vollkommensten dargestellte Typ findet in anderen Romanen desselben Autors zahlreiche Nachbildungen: er lässt sich zum Beispiel im Athos der *Drei Musketiere*, in *Joseph Balsamo* und vielleicht noch in anderen Personen feststellen.

Wenn man liest, dass jemand Balzac verehrt, heißt es ebenfalls auf der Hut sein: auch bei Balzac ist viel vom Feuilletonroman vorhanden. Vautrin ist auf seine Weise auch ein Übermensch, und die Rede, die er Rastignac in *Vater Goriot* hält, hat viel … Nietzscheanisches im populären Sinn; dasselbe muss von Rastignac und de Rubempré gesagt werden. (Vincenzo Morello ist über eine solche … populäre Herleitung »Rastignac« geworden und hat »Corrado Brando« verteidigt)[1].

Nietzsches Erfolg war vielfältig zusammengesetzt: seine gesammelten Werke werden vom Verleger Monanni herausgebracht, und man kennt ja die ideologisch-kulturellen Ursprünge Monannis und seiner ihm treuest ergebenen Kundschaft.

Vautrin und der »Freund Vautrins« haben breite Spuren in Paolo Valeras Schriften und in seiner »Folla« hinterlassen (an den Turiner »Freund Vautrins« der »Folla« erinnern)[2]. Eine breite populäre Gefolgschaft hat die dem Roman von Dumas entnommene Ideologie der »Musketiere« gehabt.

Dass man sich etwas schämt, die eigenen Auffassungen mit den Romanen von Dumas und Balzac geistig zu rechtfertigen, ist leicht zu verstehen: deshalb rechtfertigt man sie mit Nietzsche und verehrt Balzac als Kunstschriftsteller und nicht als Schöpfer von Romangestalten des Feuilleton-Typs. Aber der wirkliche Zusammenhang scheint kulturell außer Zweifel zu stehen.

Der Typus des »Übermenschen« ist Monte Cristo, befreit von dem besonderen Nimbus des »Fatalismus«, welcher der Spätromantik eigen ist und der bei Athos und J. Balsamo noch ausgeprägter {ist}. Monte Cristo in die Politik übertragen ist gewiss überaus pittoresk: der Kampf gegen die »persönlichen Feinde« Monte Cristos, usw.

Es lässt sich beobachten, wie gewisse Länder im Vergleich zu anderen auch in diesem Bereich provinziell und rückständig geblieben sind; während Sherlock Holmes für einen Großteil Europas bereits anachronistisch geworden ist, ist man in einigen Ländern noch bei Monte Cristo und Fenimore Cooper (vgl. die »Wilden«, »Eisenbart«, usw.).

Vgl. das Buch von Mario Praz: *Liebe, Tod und Teufel in der romantischen Literatur* (Verlag Cultura)[3]: neben der Untersuchung von Praz wäre folgende weitere Untersuchung durchzuführen: zum »Übermenschen« in der Popularliteratur und zu seinen Auswirkungen auf das wirkliche Leben und die Gewohnheiten (das Kleinbürgertum und die kleinen Intellektuellen sind von solchen romanhaften Bildern besonders beeinflusst, die wie ihr »Opium« sind, ihr »künstliches Paradies«, im Kontrast zur Erbärmlichkeit und Enge ihres unmittelbaren wirklichen Lebens): von daher der Erfolg einiger Sprüche wie: »besser einen Tag als Löwe statt hundert Jahre als Schaf«, besonders großer Erfolg bei dem, der wirklich und unwiderruflich Schaf ist. Wieviele von diesen »Schafen« sagen: Oh! wenn ich auch nur für einen Tag die Macht hätte usw.; ein unerbittlicher »Rächer« zu sein, ist das Verlangen derer, die Monte Cristos Einfluss spüren.

Adolfo Omodeo hat bemerkt, dass es eine Art kultureller »Toter Hand«[3a] gibt, die durch die religiöse Literatur gebildet wird, mit der sich anscheinend niemand beschäftigen will, als hätte sie keine Bedeutung und Funktion im Leben der Nation und des Volkes[4]. Abgesehen von dem Epigramm der »Toten Hand« und der Genugtuung des Klerus darüber, dass seine spezielle Literatur keiner kritischen Prüfung unterzogen wird, gibt es einen weiteren Sektor des kulturellen Lebens der Nation und des Volkes, mit dem sich niemand kritisch beschäftigt und auseinandersetzt, und das ist eben die Feuilletonliteratur im engeren und auch im weiteren Sinn (in diesem Sinne gehört auch Victor Hugo dazu, ebenso Balzac).

Im *Monte Cristo* gibt es zwei Kapitel, in denen über den Feuilleton-»Übermenschen« ausdrücklich disputiert wird: das mit »Ideologie« überschriebene, als Monte Cristo mit dem Staatsanwalt Villefort zusammentrifft, und dasjenige, welches das Essen beim Grafen von Morcerf auf Monte Cristos erster Reise nach Paris schildert. Man muss sehen, ob es in anderen Romanen von Dumas »ideologische« Stichworte dieser Art gibt. In den *Drei Musketieren* hat Athos mehr von dem allgemeinen Schicksalsmenschen der Spätromantik: in diesem Roman werden die individualistischen Stimmungen im Volk eher mit dem abenteuerlichen und außergesetzlichen Treiben der Musketiere als solcher erregt. Im *Joseph Balsamo* ist die Macht des Individuums an finstere Zauberkräfte und an die Unterstützung der europäischen Freimaurerei gebunden, folglich ist das Beispiel weniger eindrucksvoll für den Leser aus dem Volk. Bei Balzac sind die Gestalten künstlerisch bestimmter, gehören aber dennoch der Atmosphäre der populären Romantik an. Rastignac und Vautrin sind sicher nicht mit Dumas' Personen zu verwechseln, und gerade deshalb ist ihr Einfluss leichter zu »beichten«, nicht nur von Leuten wie Paolo Valera und seinen Mitarbeitern der »Folla«, sondern auch von mittelmäßigen Intellektuellen wie V. Morello, die meinen (oder von denen viele meinen), der »Hochkultur« anzugehören.

An Balzac heranzurücken ist Stendhal mit der Gestalt des Julien Sorel und anderen aus dem Repertoire seiner Romane.

Zu Nietzsches »Übermenschen« sind außer dem französischen romantischen Einfluss (und allgemein des Napoleonkultes) die rassistischen Tendenzen zu sehen, die bei Gobineau und in der Folge bei Chamberlain sowie bei den Alldeutschen (Treitschke, die Theorie der »Macht«[4a] usw.) ihren Höhepunkt erreicht haben.

Aber vielleicht muss man Dumas' populären »Übermenschen« geradezu für eine »demokratische« Reaktion auf die Auffassung halten, dass der Rassismus feudalen Ursprungs sei, und sie mit der in Eugène Sues Romanen dem »Gallizismus« dargebrachten Verehrung zusammenbringen[4b].

Als Reaktion auf diese Tendenz des französischen Popularromans ist an Dostojewski zu erinnern: Raskolnikow ist der von einem Panslawisten-Christen »kritisierte« Monte Cristo. Was den vom französischen Feuilletonroman auf Dostojewski ausgeübten Einfluss betrifft, ist die Dostojewski gewidmete Sondernummer der »Cultura«[5] zu vergleichen.

Im populären Charakter des »Übermenschen« stecken viele theatralische, äußerliche Elemente, mehr nach Art einer »Primadonna« als eines Übermenschen; viel »subjektiver und objektiver« Formalismus, kindliche Ambitionen, »Klassenprimus« zu sein, besonders jedoch für einen solchen gehalten und erklärt zu werden.

Zu den Beziehungen zwischen der Spätromantik und einigen Aspekten des modernen Lebens (Atmosphäre nach Art des Grafen von Monte Cristo) ist ein Artikel von Louis Gillet in der »Revue des deux mondes« vom 15. Dezember 1932[6] zu lesen.

Dieser Typ des »Übermenschen« kommt im Theater zum Ausdruck (speziell im französischen, das in vieler Hinsicht die achtundvierziger Feuilletonliteratur fortsetzt): anzusehen sind das »klassische« Repertoire Ruggero Ruggeris wie *Der Markgraf von Priola, Die Klaue*[6a], usw. sowie viele Arbeiten von Henry Bernstein[7].

Heft 14, §{41}. *Balzac.* (Vgl. einige weitere Notizen: Hinweise auf die Bewunderung der Begründer der Philosophie der Praxis für Balzac; Engels' unveröffentlichter Brief, in dem diese Bewunderung kritisch gerechtfertigt wird)[1]. Paul Bourgets Artikel, *Die politischen und gesellschaftlichen Ideen Balzacs*, in den »Nouvelles Littéraires« vom 8. August 1931[2] vergleichen. Bourget stellt eingangs fest, daß Balzacs Ideen heute stets wachsende Bedeutung beigemessen wird: »die traditionalistische (das heißt scharfmacherische) Schule, die wir täglich wachsen sehen, setzt seinen Namen neben den von Bonald, Le Play und selbst Taine«*. In der Vergangenheit war dem aber nicht so. Sainte-Beuve erwähnt in dem Artikel der *Lundis*, die Balzac nach dessen Tod gewidmet sind, seine politischen und gesellschaftlichen Ideen nicht einmal andeutungsweise. Taine, der den Romanschriftsteller bewunderte, sprach ihm jegliche doktrinale Bedeutung ab. Selbst der katholische Kritiker Caro hielt zu Beginn des Zweiten Kaiserreichs Balzacs Ideen für wertlos. Flaubert schreibt, die politischen und gesellschaftlichen Ideen Balzacs seien nicht der Mühe wert, daß man darüber diskutiert: »Er war Katholik, Legitimist, Grundbesitzer! – schreibt Flaubert – ein gewaltiger Kerl, aber zweitrangig«[2a]. Zola schreibt: »Nichts seltsamer als diese Stütze der absoluten Macht, deren Talent wesentlich demokratisch ist und die das revolutionärste Werk verfaßt hat«. Und so weiter.

Man versteht Bourgets Artikel. Es geht darum, bei Balzac den Ursprung des positivistischen, aber reaktionären Romans zu finden, die Wissenschaft im Dienst der Reaktion (Typ Maurras), was übrigens genau das Schicksal des von Comte begründeten Positivismus ist.

Balzac und die Wissenschaft. Vgl. die »Allgemeine Vorrede« zur *Menschlichen Komödie*, wo Balzac schreibt, dem Naturforscher gebühre die ewige Ehre, gezeigt zu haben, daß »das Tier ein Prinzip ist, das seine äußere Form, oder besser, die Unterschiede seiner Formen, in den Milieus annimmt, in denen es sich entwickeln muß. Die zoologischen Arten ergeben sich aus diesen Unterschieden ... Durchdrungen von diesem System sah ich, daß die Gesellschaft der Natur gleicht. Macht sie aus dem Menschen, je nach den Milieus, in denen sich sein Handeln entfaltet, nicht ebensoviele unterschiedliche Menschen, wie es unterschiedliche Arten in der Zoologie gibt? ... Es hat also von jeher soziale Arten gegeben, wie es zoologische Arten gibt, und es wird sie immer geben.[2b] Die Unterschiede zwischen einem Soldaten, einem Arbeiter, einem Verwaltungsbeamten, einem Müßiggänger (!!), einem Gelehrten, einem Staatsmann, einem Kaufmann, einem Seemann, einem Dichter, einem Armen (!!), einem Priester, sind genauso beträchtlich wie die zwischen dem Wolf, dem Löwen, dem Esel, dem Raben, dem Hai, der Seekuh, dem Schaf«[3].

Daß Balzac solche Dinge geschrieben und sogar ernst genommen hat und sich einbildete, ein ganzes Gesellschaftssystem auf diesen Metaphern zu errichten, verwundert nicht und mindert auch keineswegs Balzacs Größe als Künstler. Bemerkenswert ist, daß sich heute Bourget und, wie er sagt, die »traditionalistische Schule« auf diese armseligen »wissenschaftlichen« Phantasien stützen, um gesellschaftlich-politische Systeme ohne Rechtfertigung durch die künstlerische Tätigkeit zu errichten.

* Wie alle folgenden Zitate im Original französisch, bis auf den Einschub in Klammern, der von Gramsci ist.

Ausgehend von diesen Voraussetzungen stellt sich Balzac das Problem, »diese sozialen Arten möglichst weitgehend zu vervollkommnen« und untereinander zu harmonisieren, aber da die »Arten« vom Milieu geschaffen sind, muß man das gegebene Milieu »konservieren« und organisieren, um die jeweilige Art zu erhalten und zu vervollkommnen. Und so weiter. Flaubert scheint gar nicht so Unrecht gehabt zu haben, als er schrieb, daß es nicht der Mühe wert sei, Balzacs gesellschaftliche Ideen zu diskutieren. Und Bourgets Artikel zeigt lediglich, wie versteinert die französische traditionalistische Schule ist.

Wenn aber Balzacs gesamte Konstruktion als »praktisches Programm« bedeutungslos ist, das heißt von dem Standpunkt, von dem Bourget es untersucht, enthält es doch Elemente, die von Interesse sind für die Rekonstruktion von Balzacs poetischer Welt, seiner Weltauffassung, insofern sie künstlerisch verwirklicht worden ist, seines »Realismus«, der, obwohl er reaktionäre, restaurative, monarchistische usw. ideologische Ursprünge hat, doch nicht weniger Realismus in Aktion[3a] ist. Und man versteht die Bewunderung, welche die Begründer der Philosophie der Praxis für Balzac hegten: daß der Mensch die Gesamtheit der gesellschaftlichen Bedingungen[3b] ist, in denen er sich entwickelt hat und lebt, daß, um den Menschen zu »verändern«, diese Gesamtheit von Bedingungen verändert werden muß, wird von Balzac deutlich gespürt. Daß er »politisch und gesellschaftlich« ein Reaktionär ist, ergibt sich allein aus dem außerkünstlerischen Teil seiner Schriften (Exkurs, Vorreden usw.). Daß auch diese »Gesamtheit von Bedingungen« oder »Umständen«[3c] »naturalistisch« verstanden wird, stimmt ebenfalls; tatsächlich ist Balzac Vorläufer einer bestimmten literarischen Strömung in Frankreich, usw.

Heft 21, §{8}. *Statistische Bemerkungen.* Wieviele Romane italienischer Autoren haben die gängigsten popularen Periodika, wie der »Romanzo Mensile«, die »Domenica del Corriere«, die »Tribuna Illustrata«, der »Mattino Illustrato«, veröffentlicht? Die »Domenica del Corriere« in ihrem ganzen Dasein (etwa 36 Jahrgänge) wohl nicht einen auf etwa hundert veröffentlichte Romane. Die »Tribuna Illustrata« den einen oder anderen (in der letzten Zeit eine Reihe von Kriminalromanen des Fürsten Valerio Pignatelli); aber es muss festgehalten werden, dass die »Tribuna Illustrata« bei weitem weniger verbreitet ist als die »Domenica«, redaktionell nicht gut organisiert ist und einen weniger ausgesuchten Romantypus hat.

Die Nationalität der Verfasser und der Typus der veröffentlichten Abenteuerromane wäre von Interesse. Der »Romanzo Mensile« und die »Domenica« veröffentlichen viele englische Romane (die französischen überwiegen wohl trotzdem) und solche vom Typus des Kriminalromans (sie haben *Sherlock Holmes* und *Arsène Lupin* gebracht), aber auch deutsche, ungarische (die

Baronin Orczy ist sehr verbreitet, und ihre Romane über die Französische Revolution haben viele Nachdrucke auch im »Romanzo Mensile« gehabt, der doch eine beachtliche Verbreitung haben muss) und sogar australische (von Guido Boothby, der mehrere Auflagen gehabt hat): sicher überwiegt der Kriminalroman oder Verwandtes, von einer konservativen und rückständigen Auffassung durchtränkt oder auf die bloße Intrige gegründet. Es wäre interessant zu wissen, wer in der Redaktion des »Corriere della Sera« für die Auswahl dieser Romane zuständig war und welche Richtlinien ihm vorgegeben waren, zumal beim »Corriere« alles sorgfältig organisiert war. Der »Mattino Illustrato« veröffentlicht, obwohl er in Neapel erscheint, Romane vom Typus »Domenica«, lässt sich aber von finanziellen Fragen leiten und hat oft literarische Anwandlungen (so hat er, glaube ich, Conrad, Stevenson, London veröffentlicht): dasselbe ist von der »Illustrazione del Popolo« aus Turin zu sagen. Relativ und vielleicht auch in absoluter Hinsicht ist die Verwaltung des »Corriere della Sera« das größte Verbreitungszentrum der Popularromane: sie gibt mindestens 15 im Jahr mit sehr hohen Auflagen heraus. Danach muss der Verlag Sonzogno kommen, der auch eine periodische Veröffentlichung haben muss. Ein zeitlicher Vergleich der Verlagstätigkeit von Sonzogno ergäbe ein annähernd genaues Bild der im Geschmack des popularen Publikums eingetretenen Veränderungen; die Untersuchung ist schwierig, weil Sonzogno nicht das Erscheinungsjahr angibt und die Nachdrucke oft nicht nummeriert, aber eine kritische Prüfung der Kataloge würde einige Ergebnisse liefern. Schon ein Vergleich der Kataloge von vor 50 Jahren (als der »Secolo« hoch im Kurs stand) mit den heutigen wäre interessant: der ganze sentimental-rührselige Roman dürfte schon in Vergessenheit geraten sein, ausgenommen manches »Meisterwerk« der Gattung, das noch überleben mag (wie die *Grasmücke von der Mühle* von Richebourg)[1]: andererseits will das nicht besagen, dass solche Bücher nicht von bestimmten Schichten der Provinzbevölkerung gelesen würden, wo von den »Vorurteilslosen« noch Paul De Kock »goutiert« wird und man angeregt über die Philosophie der *Elenden* diskutiert. So wäre es interessant, die Veröffentlichung der Fortsetzungsromane zu verfolgen, bis hin zu denen, die Spekulationsobjekte sind, die …zig Lire kosten und mit Preisen verbunden sind.

Eine gewisse Anzahl italienischer Popularromane haben Edoardo Perino und jüngst auch Nerbini veröffentlicht, alle mit antiklerikalem Hintergrund und an die Tradition Guerrazzis anknüpfend. (Überflüssig, Salani anzuführen, den popularen Verleger par excellence.) Man müsste eine Liste der popularen Verleger erstellen.

Heft 8, §{122}. *Popularliteratur.* Eine der charakteristischsten Haltungen des popularen Publikums zu seiner Literatur ist diese: es kommt nicht auf den Namen und die Persönlichkeit des Autors an, sondern auf die Person des Protagonisten. Die Helden der Popularliteratur lösen sich, wenn sie in die Sphäre des intellektuellen Lebens des Volkes eingetreten sind, von ihrem »literarischen« Ursprung und erhalten die Geltung der historischen Persönlichkeit. Ihr gesamtes Leben interessiert, von der Geburt bis zum Tod, und das erklärt den Erfolg der »Fortsetzungen«, auch wenn sie widernatürlich sind: es kann also vorkommen, daß der ursprüngliche Schöpfer des Typus in seiner Arbeit den Helden sterben läßt und der »Fortsetzer« ihn wieder zum Leben erweckt, zur großen Befriedigung des Publikums, das sich neuerdings begeistert und das Bild erneuert, indem es dieses mit dem neuen Material anreichert, das ihm angeboten worden ist. »Historische Persönlichkeit« darf man nicht im Wortsinn verstehen, obgleich dies auch passiert, daß Leser aus dem Volk nicht mehr zwischen tatsächlicher Welt der geschehenen Geschichte und Phantasiewelt unterscheiden können und über Romangestalten so diskutieren, wie sie es über diejenigen tun würden, die sie erlebt haben, sondern auf eine übertragene Weise, um zu verstehen, daß die Phantasiewelt im intellektuellen Leben des Volkes eine besondere märchenhafte Konkretheit annimmt. So passiert es zum Beispiel, daß Verschmelzungen zwischen verschiedenen Romanen vorkommen, weil sich die Personen ähneln: der Popularerzähler vereinigt in einem einzigen Helden die Abenteuer der verschiedenen Helden und ist überzeugt davon, daß es so gemacht werden muß, wenn man »intelligent« sein will.

Heft 6, §{168}. *Popularliteratur.* Vgl. Alberto Consiglio, *Populismus und neue Tendenzen der französischen Literatur*, »Nuova Antologia«, 1. April 1931[1]. Consiglio geht von der Umfrage der »Nouvelles Littéraires« über den »Arbeiter- und Bauernroman« (in den Monaten Juli-August 1930) aus. Der Artikel ist wiederzulesen, wenn das Thema organisch behandelt werden sollte. Consiglios These ist [(mehr oder weniger explizit und bewußt)] folgende: angesichts des Anwachsens der politischen und gesellschaftlichen Macht des Proletariats und seiner Ideologie reagieren einige Abteilungen des französischen Intellektualismus mit diesen Bewegungen »zum Volke hin«. Die Annäherung an das Volk würde demnach eine Wiederbelebung des bürgerlichen Denkens bedeuten, das seine Hegemonie über die popularen Klassen nicht verlieren will und das, um diese Hegemonie besser ausüben zu können, einen Teil der proletarischen Ideologie übernimmt. Es wäre eine Rückkehr zu substantielleren »demokratischen« Formen als denen des geläufigen formalen »Demokratismus«.

Es ist nachzusehen, ob eine Erscheinung dieser Art nicht auch historisch sehr bedeutsam und wichtig ist und nicht eine notwendige Übergangsphase und eine Episode der indirekten »Volkserziehung« darstellt. Eine Aufstellung der »populistischen« Tendenzen und eine Analyse jeder einzelnen wäre interessant: man könnte eine von den »Listen der Natur«, wie Vico sie nennt, »entdecken«, das heißt, wie ein gesellschaftlicher Impuls, der zu einem Zweck hin tendiert, sein Gegenteil bewirkt.

Heft 14, §{17}. *Popularliteratur.* Wenn es stimmt, daß die Romanbiographie in gewisser Weise den popularen historischen Roman vom Typ A. Dumas-Vater fortsetzt, kann man sagen, daß unter diesem Gesichtspunkt, auf diesem besonderen Sektor in Italien »eine Lücke gefüllt wird«. Man muß sich ansehen, was der Verlag »Corbaccio« und einige andere veröffentlichen, und besonders die Bücher von Mazzucchelli[1]. Es ist aber zu bemerken, daß die Romanbiographie, auch wenn sie ein populares Publikum hat, nicht im vollen Sinn wie der Feuilletonroman popular ist: sie wendet sich an ein Publikum, das Ansprüche auf höhere Bildung hat oder zu haben glaubt, an das ländliche und städtische Kleinbürgertum, das glaubt, »führende Klasse« geworden zu sein und Herr über den Staat. Der moderne Typus des Popularromans ist der Kriminalroman, der »Krimi«, und auf diesem Sektor gibt es nichts. So gibt es nichts beim Abenteuerroman im weiten Sinn, sei es vom Typ Stevenson, Conrad, London, sei es vom heutigen französischen Typ (Mac-Orlan, Malraux usw.).

Heft 6, §{207}. *Popularliteratur. Guerino der Elende.* Im »Corriere della Sera« vom 7. Januar 1932 steht ein mit Radius gezeichneter Artikel mit folgenden Titeln: *Die Klassiker des Volkes. Guerino, genannt der Elende*[1]. Der Obertitel *Die Klassiker des Volkes* ist vage und unscharf: Guerino stellt zusammen mit einer ganzen Reihe ähnlicher Bücher (*Das Königshaus von Frankreich*[1a], *Bertoldo*, Räubergeschichten, Rittergeschichten usw.) eine bestimmte Popularliteratur dar, die elementarste und primitivste, die unter den zurückgebliebensten und »isoliertesten« Schichten des Volkes verbreitet ist: besonders im Süden, in den Gebirgsgegenden usw. Die Leser des Guerino lesen weder Dumas noch die Elenden und weniger noch Sherlock Holmes. Diesen Schichten entspricht eine gewisse Folklore und ein bestimmter »Alltagsverstand«.

Radius hat das Buch nur überflogen und ist nicht sehr mit der Philologie vertraut. Er gibt eine absonderliche Bedeutung von *Elender* an: »der Beiname war dem Helden wegen des großen Elends seiner Abstammung angehängt worden«: kolossaler Irrtum, der die ganze Volkspsychologie des Buches verändert, und er verändert die psychologisch-gefühlsmäßige Beziehung der Leser aus dem Volk zu dem Buch. Es wird sofort deutlich, daß Guerino aus königlichem Geschlecht stammt, aber sein Mißgeschick läßt ihn zum »Knecht« werden, das heißt zum »Elenden«, wie man im Mittelalter sagte und wie es sich bei Dante findet (im *Neuen Leben*[1b], ich erinnere mich genau). Es handelt sich also um einen in Knechtschaft geratenen Königssohn, der mit seinen eigenen Mitteln und seinem Willen seinen natürlichen Rang wiedergewinnt: es gibt im primitivsten »Volk« diese traditionelle Ehrfurcht vor der Geburt, die »zärtlich« wird, wenn Unglück den Helden schlägt, und zu Begeisterung wird, wenn der Held dem Unglück zum Trotz seine soziale Position wiedergewinnt.

Guerino als »italienische« Populardichtung: unter diesem Gesichtspunkt ist zu notieren, wie plump und ungefüge das Buch ist, wie es also keinerlei Bearbeitung und Vervollkommnung unterzogen worden ist, in Anbetracht der kulturellen Isolation des sich selbst überlassenen Volkes. Vielleicht erklärt sich aus diesem Grunde das Fehlen von Liebesintrigen, das völlige Fehlen von Erotismus im *Guerino*.

Der *Guerino* als »Popularenzyklopädie«: zu bemerken, wie niedrig die Bildung der Schichten sein muß, die den *Guerino* lesen, und welch geringes Interesse sie zum Beipiel für die »Geographie« haben, wenn sie sich mit dem *Guerino* zufriedengeben und ihn ernst nehmen. Man könnte den *Guerino* als »Enzyklopädie« analysieren, um Hinweise auf die geistige Stumpfheit und kulturelle Gleichgültigkeit der breiten Schicht des Volkes zu erhalten, die sich noch daran ergötzt.

Heft 6, §{208}. *Popularliteratur. Der »Spartakus« von R. Giovagnoli.* Im »Corriere della Sera« vom 8. Januar 1932 ist der Brief veröffentlicht, den Garibaldi am 25. Juni 1874 aus Caprera an Raffaele Giovagnoli unmittelbar nach der Lektüre des Romans »Spartakus« geschickt hat[1]. Der Brief ist sehr interessant für diese Rubrik zur »Popularliteratur«, weil Garibaldi auch »Popularromane« geschrieben hat und in dem Brief die wichtigsten Stichworte seiner »Poetik« für diese Gattung enthalten sind. Giovagnolis *Spartakus* ist übrigens einer der ganz wenigen popularen italienischen Romane, der auch im Ausland Verbreitung gefunden hat, in einer Zeit, in welcher der populare »Roman« bei uns »antiklerikal« und »national« war, also streng landesspezifische Merkmale und Grenzen hatte. Soweit ich mich erinnere, scheint sich mir *Spartakus* [besonders] für einen Versuch zu eignen, der in gewissen Grenzen eine Methode werden könnte: man könnte ihn nämlich in moderne Sprache »übersetzen«: ihn als erzählerische Sprache von den rhetorischen und barocken Formen entschlacken, ihn von einigen technischen und stilistischen Idiosynkrasien reinigen, um ihn zu »aktualisieren«. Es ginge darum, die mühsame Anpassung an die Zeiten und an die neuen Gefühle und neuen Stile bewußt zu leisten, die die Popularliteratur traditionell durchmachte, als sie auf mündlichem Wege weitergegeben wurde und noch nicht durch die Schrift und den Druck verfestigt und zum Fossil geworden war. Wenn das aus einer Sprache in die andere für die Meisterwerke der klassischen Welt gemacht wird, die jedes Zeitalter den neuen Kulturen gemäß übersetzt und nachgeahmt hat, warum könnte und sollte man dies nicht auch für Arbeiten wie *Spartakus* und andere tun, die einen mehr »popular-[kulturellen]« als künstlerischen Wert haben? (Weiter zu verfolgende Idee). Diese ständige Anpassung geschieht auch bei der Volksmusik, bei den im Volk verbreiteten [musikalischen] Motiven: wieviele Liebeslieder sind nicht zu politischen geworden, indem sie zwei-drei Überarbeitungen durchliefen? Das passiert in allen Ländern, und es ließen sich recht kuriose Fälle anführen (z. B. die Tiroler Hymne auf Andreas Hofer, die die musikalische Form für die *Junge Garde** hergegeben hat).

Bei den Romanen gäbe es das Hindernis der Autorenrechte, die heute, scheint mir, bis zu achtzig Jahren nach der Erstveröffentlichung dauern (die Modernisierung könnte man aber für bestimmte Werke nicht vornehmen: zum Beispiel *Die Elenden*, *Der ewige Jude*, *Der Graf von Montecristo* usw., die zu stark in der Originalform verhaftet sind).

Heft 17, §{34}. *Popularliteratur. Der singende Gefangene* von Johan Bojer (übersetzt von L. Gray und G. Dauli, Verlag Bietti, Mailand, 1930)[1]. Zwei kulturelle Aspekte zu beobachten: 1. die »pirandellosche« Auffassung des Protagonisten, der seine physische und moralische »Persönlichkeit« fortwährend neu erschafft, die stets anders und doch stets gleich ist. Das kann für den Erfolg des Pirandellismus in Europa von Interesse sein, und da muss man sehen, wann Bojer sein Buch geschrieben hat; 2. popularer Aspekt im engeren Sinn, im letzten Teil des Romans enthalten. Um sich in »religiösen« Begriffen auszudrücken, behauptet der Verfasser in pirandelloscher Form die alte religiöse und reformatorische Auffassung vom »Bösen«: das Böse steckt im Menschen drin (in absolutem Sinn); in jedem Menschen steckt sozusagen ein Kain und ein Abel, die miteinander kämpfen: wenn man das Böse aus der Welt schaffen will, muss jeder den Kain in sich besiegen und den Abel triumphieren lassen: das Problem des »Bösen« ist demzufolge nicht politisch, oder sozioökonomisch, sondern »moralisch« oder »moralistisch«. Die äußere Welt, das Ensemble der Verhältnisse verändern, zählt nicht: wichtig ist das moralisch-individuelle Problem. In jedem steckt der »Jude« und der »Christ«, der Egoist und der Altruist: jeder muss in sich selbst kämpfen usw., den Judaismus in sich selbst abtöten. Interessant ist, dass Bojer der Pirandellismus dazu gedient hat, dieses alte Gericht aufzukochen, dass eine für antireligiös usw. geltende Theorie benutzt wurde, um die alte christliche Problemstellung des Bösen usw. wiederaufzutischen.

* Im Original russisch: »Molodaja Gvardija«.

5. Heft 23: Literaturkritik

§{1}. *Rückkehr zu De Sanctis.* Was bedeutet Giovanni Gentiles Losung: »Zurück zu De Sanctis!« (vgl. unter anderem die 1. Nummer der Wochenschrift »Il Quadrivio«)[1] und was kann und müsste sie bedeuten? Bedeutet sie mechanisch »zurück« zu den Konzepten, die De Sanctis zur Kunst und zur Literatur entwickelte, oder bedeutet sie, zur Kunst und zum Leben eine ähnliche Haltung einzunehmen, wie sie De Sanctis zu seiner Zeit eingenommen hat? Setzt man diese Haltung als »beispielhaft«, dann ist zu prüfen: 1. worin diese Beispielhaftigkeit bestanden hat; 2. welche Haltung heute die entsprechende ist, das heißt, welche intellektuellen und moralischen Interessen heute denen entsprechen, die De Sanctis' Tätigkeit beherrschten und ihr eine bestimmte Richtung aufprägten.

Man kann auch nicht sagen, De Sanctis' Biographie, obwohl sie im wesentlichen kohärent[1a] war, sei das gewesen, was man gemeinhin unter »geradlinig« versteht. De Sanctis wandte seine Aufmerksamkeit in der letzten Phase seines Lebens und seiner Tätigkeit dem »naturalistischen« oder »veristischen« Roman zu, und diese Romanform war in Westeuropa der »intellektualistische« Ausdruck der allgemeineren Bewegung des »Zum-Volk-Gehens«, eines Populismus einiger Intellektuellengruppen am Ende des vergangenen Jahrhunderts nach dem Untergang der achtundvierziger Demokratie und dem Aufkommen großer Arbeitermassen durch die Entwicklung der städtischen Großindustrie. Von De Sanctis ist der Aufsatz *Wissenschaft und Leben* zu beachten, sein Übergang zur parlamentarischen Linken, seine Furcht vor scharfmacherischen Versuchen, die unter pompösen Formen verhüllt sind, usw. Ein Urteil von De Sanctis: »Es fehlt der Nerv, weil der Glaube fehlt. Und es fehlt der Glaube, weil die Kultur fehlt«[2]. Doch was bedeutet »Kultur« in diesem Fall? Es bedeutet zweifellos eine kohärente[2a], einheitliche und national verbreitete »Auffassung vom Leben und vom Menschen«, eine »laizistische Religion«, eine Philosophie, die eben »Kultur« geworden ist, die also eine Ethik, eine Lebensweise, ein ziviles und individuelles Verhalten hervorgebracht hat. Das erforderte vor allem die Vereinigung der »gebildeten Klasse«, und in diesem Sinne arbeitete De Sanctis mit der Gründung des »Philologischen Kreises«, der »die Einheit aller gebildeten und intelligenten Menschen« Neapels bewirken sollte, vor allem jedoch eine neue Haltung zu den Volksklassen erforderte, einen neuen Begriff davon, was »national« ist, anders als derjenige der historischen Rechten, breiter, weniger exklusiv, weniger »polizeilich« sozusagen. Diese Seite von De Sanctis' Tätigkeit sollte beleuchtet werden, dieses Element seiner Aktivität, das im übrigen nicht neu war, sondern die Entwicklung von Keimen darstellte, die in seiner ganzen Laufbahn als Literat und Politiker immer schon vorhanden waren.

§{2}. *Eine Jugendnotiz Luigi Pirandellos.* Veröffentlicht in der »Nuova Antologia« vom 1. Januar 1934 und verfasst von Pirandello in den Jahren 1889–90, als er Student in Bonn war: »Wir klagen darüber, dass unserer Literatur das Drama fehlt – und dazu werden so viele Dinge gesagt und so viele andere vorgeschlagen – Ermunterungen, Ermahnungen, Fingerzeige, Projekte – vergebliches Werk: die wahre Fäulnis sieht man nicht und will man nicht sehen. Es fehlt die Auffassung vom Leben und vom Menschen. Und wir müssen doch der Epik und dem Drama Raum verschaffen. Unser trockener, blödsinniger Alexandrinismus«[1]. Aber vielleicht ist diese Notiz Pirandellos nur ein Echo auf Diskussionen deutscher Studenten über die allgemeine Notwendigkeit einer Weltanschauung* und ist oberflächlicher, als es scheint. Jedenfalls hat sich Pirandello eine Auffassung vom Leben und vom Menschen gemacht, aber sie ist »individuell«, ungeeignet für eine popular-nationale Verbreitung, doch hat sie eine große »kritische« Bedeutung gehabt, eine der Korrosion einer alten Theater-Gewohnheit.

§{3}. *Kunst und Kampf für eine neue Kultur.* Das künstlerische Verhältnis zeigt besonders in der Philosophie der Praxis die seichte Naivität der Papageien, die glauben, in wenigen stereotypen Formelchen den Schlüssel zu allen Türen zu besitzen (diese Schlüssel heißen trefflich »Dietriche«). Zwei Schriftsteller können denselben gesellschaftlich-geschichtlichen Moment repräsentieren (ausdrücken), aber der eine kann Künstler sein und der andere einfach ein kleiner Schmierfink. Die Frage darin zu erschöpfen, dass man sich auf die Beschreibung dessen beschränkt, was die beiden gesellschaftlich repräsentieren oder ausdrücken, also mehr oder weniger gut die Züge eines bestimmten gesellschaftlich-geschichtlichen Moments zusammenfassen heißt, das künstlerische Problem nicht einmal zu streifen. All das kann nützlich und notwendig sein, ist es sogar mit Sicherheit, aber auf einem anderen Gebiet: auf dem der politischen Kritik, der Kritik der Gewohnheit, im Kampf für die Zerstörung und Überwindung gewisser Gefühls- und Glaubensströmungen, gewisser Haltungen zum Leben und zur Welt; es ist keine Kunstkritik und -geschichte und kann nicht als solche auftreten, bei Strafe totaler Verworrenheit und des Zurückbleibens oder der Stagnation der wissenschaftlichen Begriffe, also gerade des Nichtverfolgens der dem kulturellen Kampf innewohnenden Ziele.

Ein bestimmter gesellschaftlich-geschichtlicher Moment ist niemals homogen, vielmehr steckt er voller Widersprüche. Er gewinnt »Persönlichkeit«, ist ein »Moment« der Entwicklung aufgrund der Tatsache, dass in ihm eine bestimmte grundlegende Tätigkeit des Lebens über andere vorherrscht, einen

* Deutsch im Original.

geschichtlichen »Höhepunkt« darstellt: das setzt aber eine Hierarchie, einen Gegensatz, einen Kampf voraus. Derjenige müsste den gegebenen Moment repräsentieren, der diese vorherrschende Tätigkeit, diesen geschichtlichen »Höhepunkt« repräsentiert; wie aber beurteilen, wer die anderen Tätigkeiten, die anderen Elemente repräsentiert? Sind nicht auch diese »repräsentativ«? Und ist nicht »repräsentativ« für den »Moment« auch, wer die »reaktionären« oder anachronistischen Elemente ausdrückt? Oder wird für repräsentativ zu halten sein, wer alle Kräfte und die im Gegensatz und im Kampf befindlichen Elemente ausdrückt, wer also die Widersprüche der gesellschaftlich-geschichtlichen Gesamtheit repräsentiert?

Es lässt sich auch denken, dass eine Kritik der literarischen Kultur[0], ein Kampf für die Schaffung einer neuen Kultur künstlerisch in dem Sinne ist, dass aus der neuen Kultur eine neue Kunst entspringen wird, aber das scheint ein Trugschluss zu sein. Auf jeden Fall ist es ausgehend von diesen Voraussetzungen vielleicht möglich, die Beziehung De Sanctis-Croce und die Auseinandersetzungen über Inhalt und Form besser zu verstehen. De Sanctis' Kritik ist kämpferisch, nicht »kalt« ästhetisch, sie ist die Kritik einer Periode kultureller Kämpfe, von Gegensätzen zwischen antagonistischen Lebensauffassungen. Die Inhaltsanalysen, die Kritik der »Struktur« der Werke; das heißt der logischen und aktuell-geschichtlichen Kohärenz der Massen von künstlerisch dargestellten Empfindungen, sind mit diesem kulturellen Kampf verknüpft: gerade darin scheint die tiefe Humanität und der Humanismus von De Sanctis zu bestehen, die den Kritiker noch heute so sympathisch machen. Mit Freude spürt man bei ihm die leidenschaftliche Begeisterung des engagierten Menschen, der feste moralische und politische Überzeugungen hat und sie nicht verhehlt und auch nicht zu verhehlen versucht. Croce gelingt es, diese verschiedenen Aspekte der Kritikers auseinanderzuhalten, die bei De Sanctis organisch vereint und verschmolzen waren. Bei Croce sind die gleichen kulturellen Motive wie bei De Sanctis lebendig, aber in der Periode ihrer Ausbreitung und ihres Triumphes; der Kampf wird fortgesetzt, aber für eine Verfeinerung der Kultur (einer bestimmten Kultur), nicht für ihr Lebensrecht: romantische Leidenschaft und Überschwang haben sich gesetzt zu überlegener Gelassenheit und gutmütiger Nachsicht. Aber auch bei Croce ist diese Position nicht von Dauer: es tritt eine Phase ein, in der Gelassenheit und Nachsicht in die Brüche gehen und Schärfe und kaum unterdrückter Zorn hervortreten: eine Phase, die defensiv, nicht aggressiv und überschwenglich ist, mithin nicht vergleichbar mit der von De Sanctis.

Kurz, der für die Philosophie der Praxis charakteristische Typus von Literaturkritik wird von De Sanctis geboten, nicht von Croce oder irgendeinem andern (und am allerwenigsten von Carducci): in ihr müssen der Kampf für eine neue Kultur, das heißt für einen neuen Humanismus, die Kritik der Gewohnheit, der Gefühle und der Auffassungen von der Welt mit der ästhetischen oder rein künstlerischen Kritik im leidenschaftlichen Überschwang, sei es auch in Gestalt des Sarkasmus, miteinander verschmelzen.

In jüngerer Zeit hat der Phase von De Sanctis auf einem niedrigeren Niveau die Phase der »Voce« entsprochen. De Sanctis kämpfte für die Schaffung einer neuartigen nationalen Hochkultur in Italien, im Gegensatz zum traditionellen Plunder, der Rhetorik und dem Jesuitentum (Guerrazzi und Pater Bresciani): die »Voce« kämpfte nur für die Popularisierung dieser selben Kultur in einer Zwischenschicht, gegen den Provinzialismus, usw. usf.: die »Voce« war ein Aspekt des militanten Crocismus, weil sie demokratisieren wollte, was bei De Sanctis notwendig »aristokratisch« gewesen war und sich bei Croce »aristokratisch« erhalten hatte. De Sanctis musste einen kulturellen Generalstab bilden, die »Voce« wollte auf die Subalternoffiziere den gleichen kulturellen Ton ausdehnen und hatte deshalb eine Funktion, sie arbeitete an der Substanz und brachte künstlerische Strömungen hervor, in dem Sinne, dass sie vielen half, zu sich selbst zu finden, sie weckte ein größeres Bedürfnis nach Innerlichkeit und aufrichtigem Ausdruck derselben, auch wenn von der Bewegung kein einziger großer Künstler hervorgebracht wurde.

(Raffaello Ramat schrieb in der »Italia Letteraria« vom 4. Februar 1934: »Es ist gesagt worden, für die Kulturgeschichte sei das Studium eines kleineren Schriftstellers manchmal viel dienlicher als das eines großen; und zum Teil stimmt es tatsächlich: denn wenn bei diesem – *dem großen* – das Individuum übermächtig ist, das am Ende nicht mehr einer Zeit angehört, und sich der Fall ergeben könnte – wie er sich ergeben hat –, dass dem Zeitalter Eigenschaften dieses Mannes zugesprochen werden; so ist bei jenem, dem kleineren, wenn er nur ein aufmerksamer und selbstkritischer Geist ist, die Möglichkeit gegeben, die Momente der Dialektik jener besonderen Kultur mit größerer Klarheit wahrzunehmen, insofern sie nicht imstande sind, wie beim Großen, eine Einheit zu bilden«)[1].

Das hier angedeutete Problem findet ein absurdes Gegenstück in Alfredo Gargiulos Artikel *Von der Kultur zur Literatur*, in der »Italia Letteraria« vom 6. April 1930 (sechstes Kapitel einer Übersichtsstudie mit dem Titel *1900–1930*[2], die vermutlich in einem Sammelband erscheinen wird und die es für »Die Enkelchen des Pater Bresciani« im Auge zu behalten gilt). In dieser Artikelserie zeigt sich Gargiulo intellektuell völlig ausgelaugt (einer der vielen jungen Leute ohne »Reife«): er hat sich völlig gemein gemacht mit der Bande von der »Italia Letteraria« und übernimmt in dem genannten Kapitel das Urteil von G. B. Angioletti im Vorwort zu der von Enrico Falqui und Elio Vittorini zusammengestellten Anthologie *Neue Schriftsteller* als sein eigenes:

»Die Schriftsteller dieser Anthologie sind also neu, nicht weil sie neue Formen gefunden oder neue *Sujets* besungen hätten, ganz und gar nicht; sie sind es, weil sie von der Kunst eine andersartige Vorstellung haben als die Schriftsteller, die ihnen vorausgingen. Oder, um sogleich auf das Wesentliche zu kommen, weil sie an die Kunst *glauben**, während jene an viele andere Dinge glaubten, die mit der Kunst nichts zu tun hatten. Eine derartige Neuartigkeit kann darum die traditionelle Form und den alten Inhalt zulassen; aber sie kann keine Abweichungen von der wesentlichen Idee der Kunst gestatten. Zu wiederholen, welches diese Idee sein kann, ist hier nicht der Ort. Aber es sei mir gestattet, daran zu erinnern, dass die neuen Schriftsteller – indem sie eine Revolution (!) vollbringen, die, wenn sie sich auch lautlos (!) vollzogen hat, doch nicht weniger denkwürdig (!) sein wird – *beabsichtigen, vor allem Künstler zu sein*, während ihre Vorgänger sich darin gefielen, Moralisten, Prediger, Ästhetisierer, Psychologen, Hedonisten usw. zu sein«[3]. Die Rede ist nicht sehr klar und geordnet: wenn ihr etwas Konkretes entnommen werden kann, dann ist es die Tendenz zu einem programmatischen Secentismus[3a], nichts anderes. Diese Auffassung vom Künstler ist ein neues »Auf-die-Zunge-Schauen« beim Sprechen, ist eine neue Weise, »Konzetti«[3b] zu konstruieren. Und reine Konstrukteure von Konzetti, nicht von Bildern, sind die meisten der von der »Bande« gepriesenen Dichter, mit Giuseppe Ungaretti an der Spitze (der unter anderem eine reichlich französelnde und unpassende Sprache schreibt). Die Bewegung der »Voce« konnte keine Künstler hervorbringen, wieso, das ist offensichtlich; aber indem sie für eine neue Kultur, für eine neue Lebensweise kämpfte, förderte sie indirekt auch die Bildung origineller künstlerischer Temperamente, weil im Leben auch die Kunst ist. Die »stille Revolution«, von der Angioletti spricht, war nur eine Serie von Kaffeehausgeschwätz und mittelmäßigen Artikeln in standardisierten Zeitungen und Provinzkäseblättchen. Die komische Figur des »Kunstpriesters« ist keine große Neuheit, auch wenn sich das Ritual ändert.

§{4}. *Eine Maxime von Rivarol.* »Um ein Buch zu loben, ist es keineswegs nötig, es zu öffnen; aber wenn man beschlossen hat, es zu kritisieren, ist es immer klug, es zu lesen. Wenigstens solange der Autor am Leben ist …«[1].

§{5}. *Einige Kriterien »literarischen« Urteils.* Eine Arbeit kann vorzüglich sein: 1. Weil sie eine neue Entdeckung darlegt, die eine bestimmte wissenschaftliche Aktivität voranbringt. Aber nicht nur die absolute »Originalität« ist ein Vorzug. Es kann in der Tat vorkommen: 2. dass bereits bekannte Tatsachen

* Im Ms.: *glaubten*.

und Argumente nach einer Ordnung, einer Verknüpfung, einem Kriterium ausgewählt und angeordnet werden, die angemessener und schlüssiger als die bisherigen sind. Die Struktur (die Ökonomie, die Ordnung) einer wissenschaftlichen Arbeit selbst kann »originell« sein. 3. Die bereits bekannten Tatsachen und Argumente können zu »neuen«, untergeordneten, aber dennoch wichtigen Betrachtungsweisen geführt haben.

Das »literarische« Urteil muss offenbar die Ziele berücksichtigen, die eine Arbeit sich gesetzt hat: wissenschaftliche Kreation und Reorganisation, Popularisierung der Tatsachen und Argumente, die in einer bestimmten kulturellen Gruppe, mit einem bestimmten intellektuellen und kulturellen Niveau bekannt sind usw. Es gibt daher eine Technik der Popularisierung, die von Fall zu Fall angepasst und ausgearbeitet werden muss: die Popularisierung ist eine höchst praktische Angelegenheit, bei der die Übereinstimmung der Mittel mit dem Zweck, das heißt eben die eingesetzte Technik geprüft werden muss. Aber auch die Prüfung und die Beurteilung der »originellen« Tatsache und Argumentation bzw. der »Originalität« der Tatsachen (Begriffe – Gedankenverbindungen) und der Argumente sind sehr schwierig und komplex und verlangen breiteste historische Kenntnisse. In dem Kapitel, das Croce Loria gewidmet hat, ist das folgende Kriterium anzusehen: »Eine beiläufige Beobachtung anzubringen, die dann fallengelassen wird, ohne sie zu entwickeln, ist etwas anderes, als ein Prinzip aufzustellen, dessen fruchtbare Folgerungen man erkannt hat; einen unbestimmten und abstrakten Gedanken zu äußern ist etwas anderes, als ihn real und konkret zu denken; etwas anderes schließlich, zu erfinden als aus zweiter oder dritter Hand zu wiederholen«[1]. Folgende Extremfälle treten ein: desjenigen, der findet, dass es nie Neues unter der Sonne gegeben hat und dass die ganze Welt ein Dorf ist, auch in der Sphäre der Ideen, und desjenigen, der statt dessen »Originalität« auf Schritt und Tritt findet und behauptet, jedes Wiedergekäute sei originell wegen der neuen Spucke. Die Grundlage jeder kritischen Tätigkeit muss indessen auf der Fähigkeit beruhen, die Verschiedenheit und die Unterschiede unter jeder oberflächlichen und scheinbaren Gleichförmigkeit und Ähnlichkeit und die wesentliche Einheit unter jeder scheinbaren Gegensätzlichkeit und Unterschiedlichkeit an der Oberfläche zu entdecken. (Dass es bei der Beurteilung einer Arbeit darauf ankommt, das Ziel zu berücksichtigen, das sich der Autor ausdrücklich setzt, bedeutet darum sicher nicht, irgendeinen wirklichen Beitrag des Autors verschweigen oder verkennen oder abwerten zu müssen, auch wenn er im Gegensatz zum gesetzten Ziel steht. Dass Christoph Kolumbus sich vorgenommen hatte, »auf die Suche des Großkhans« zu gehen, mindert nicht den Wert seiner wirklichen Reise und seiner wirklichen Entdeckungen für die europäische Zivilisation).

§{6}. *Kunst und Kultur.* Dass man, um genau zu sein, von Kampf für eine »neue Kultur« reden muss und nicht für eine »neue Kunst« (in unmittelbarem Sinn), scheint offenkundig. Man kann, um genau zu sein, vielleicht nicht einmal sagen, man kämpfe für einen neuen Inhalt der Kunst, weil dieser nicht abstrakt, von der Form getrennt, gedacht werden kann. Für eine neue Kunst kämpfen würde bedeuten, für die Hervorbringung neuer Künstlerindividuen zu kämpfen, was absurd ist, weil Künstler nicht künstlich hervorgebracht werden können. Es muss von Kampf für eine neue Kultur gesprochen werden, das heißt für ein neues moralisches Leben, das eng an eine neue Intuition vom Leben gebunden sein muss, bis diese eine neue Empfindungs- und Sichtweise der Wirklichkeit und somit eine Welt wird, die zumindest wesensgleich ist mit den »möglichen Künstlern« und den »möglichen Kunstwerken«. Dass es nicht möglich ist, Künstlerindividuen künstlich hervorzubringen, bedeutet deshalb nicht, dass die neue kulturelle Welt, für die man kämpft, mit der Erzeugung menschlicher Leidenschaften und Wärme nicht notwendigerweise »neue Künstler« erzeugt; man kann also nicht von vornherein sagen, dass Hinz und Kunz Künstler werden, aber man kann behaupten, dass aus der Bewegung neue Künstler hervorgehen werden. Eine neue gesellschaftliche Gruppe, die mit hegemonialer Haltung ins geschichtliche Leben tritt, mit einer Selbstsicherheit, die sie vorher nicht hatte, kann gar nicht anders, als aus ihrem Innern Persönlichkeiten hervorzubringen, die vorher nicht genügend Kraft gefunden hätten, sich in gewissem Sinn vollendet auszudrücken.

So kann man nicht sagen, dass sich eine neue »dichterische Aura« herausbilden wird, nach einem Satz, der vor einigen Jahren in Mode war. Die »dichterische Aura« ist nur eine Metapher, um die Gesamtheit der Künstler zu bezeichnen, die sich bereits herausgebildet haben und hervorgetreten sind, oder zumindest den eingeleiteten und schon konsolidierten Prozess der Herausbildung und des Hervortretens.

§{7}. *Neolalie.* Die Neolalie als pathologische Äußerung der individuellen Sprechweise (Wortschatz). Aber lässt sich der Terminus nicht in allgemeinerem Sinn gebrauchen, um auf eine ganze Reihe kultureller, künstlerischer, intellektueller Äußerungen hinzuweisen? Was sind all die künstlerischen und literarischen Schulen und Schülchen anderes als Äußerungen kultureller Neolalie? In Krisenzeiten hat man die verbreitetsten und vielfältigsten Äußerungen von Neolalie. Die Sprache und die Sprechweisen. Jeder kulturelle Ausdruck hat seine historisch bedingte Sprache, jede intellektuelle und moralische Tätigkeit: diese Sprache ist das, was man auch »Technik« und auch »Struktur« nennt. Wenn ein Literat in einer persönlich willkürlichen Sprechweise zu schreiben anfinge (also ein »Neolaliker« im pathologischen Wortsinn werden würde) und andere ihn nachahmten (jeder mit seiner willkürlichen Sprechweise), wäre dies das reinste Babel. Bei der Sprache (Technik) der Musik, Malerei, Plastik usw. hat man nicht denselben Eindruck. (Dieser Punkt ist zu durchdenken und zu vertiefen). Vom Standpunkt der Geschichte der Kultur und daher auch der kulturellen »Schöpfung« (nicht zu verwechseln mit der künstlerischen Schöpfung, dagegen aber in die Nähe der politischen Tätigkeiten zu rücken – und in diesem Sinne kann man tatsächlich von einer »Politik des Kulturellen« sprechen) gibt es zwischen der literarischen Kunst und den anderen künstlerischen (darstellenden, musikalischen, orchestralen usw.) Ausdrucksformen einen Unterschied, den man in theoretisch berechtigter und verständlicher Weise definieren und präzisieren sollte. Der »verbale« Ausdruck hat einen streng national-popular-kulturellen Charakter: ein Gedicht von Goethe kann im Original nur von einem Deutschen (oder von einem, der »eingedeutscht« ist) vollkommen verstanden und nacherlebt werden. Dante kann nur von einem gebildeten Italiener verstanden und nacherlebt werden usw. Ein Standbild von Michelangelo, ein Musikstück von Verdi, ein russisches Ballett, ein Bild von Raffael usw. kann dagegen beinahe unmittelbar von jedwedem Weltbürger verstanden werden, auch von nicht kosmopolitischen Geistern, auch wenn er den engen Kreis einer Provinz seines Landes nicht überschritten hat. Dennoch ist die Sache nicht so einfach, wie man glauben könnte, wenn man sich nur an den Augenschein hält. Die künstlerische Erregung, die ein Japaner oder ein Lappe vor einem Bild Raffaels oder beim Hören eines Stücks von Verdi empfindet, ist sicherlich eine künstlerische Erregung (derselbe Japaner oder Lappe dürfte unempfindlich und taub bleiben, wenn er die Rezitation eines Gedichts von Dante, Goethe oder Shelley hörte, oder er würde die Kunst des Vortragenden als solche bewundern); dennoch wird die künstlerische Erregung des Japaners oder des Lappen vor einem Bild Raffaels oder einem Musikstück Verdis nicht von derselben Stärke und Farbe sein wie die künstlerische Erregung eines durchschnittlichen Italieners und noch weniger eines gebildeten Italieners. Was bedeutet, dass es neben oder besser unter dem Ausdruck kosmopolitischen Charakters der Sprachform der Musik, der Malerei usw., eine tiefere kulturelle Substanz gibt, die begrenzter, mehr »popular-national« ist. Das ist nicht alles: die Stufen dieser Sprachform sind verschieden; es gibt eine popular-nationale* Stufe (und vor dieser oft eine provinziell-dialektal-folkloristische Stufe), danach die Stufe einer bestimmten »Zivilisation«, die empirisch nach der religiösen Tradition bestimmt werden kann (zum Beispiel der christlichen, aber unterschieden in katholische, protestantische, orthodoxe usw.), und in der modernen Welt auch die einer bestimmten »politisch-kulturellen Strömung«. Zum Beispiel konnte während des Krie-

* Im Ms. ersetzt »popular« ein durchgestrichenes »kulturell«.

ges ein englischer, französischer, russischer Redner vor einem italienischen Publikum in seiner unverstandenen Sprache von den Zerstörungen sprechen, welche die Deutschen in Belgien angerichtet hatten: wenn das Publikum mit dem Redner sympathisierte, hörte es aufmerksam zu und »folgte« dem Redner, man kann sagen, es »verstand« ihn. Freilich ist in der Redekunst das »Wort« nicht das einzige Element: da sind die Geste, der Ton der Stimme usw., das heißt ein musikalisches Element, welches das Leitmotiv des vorherrschenden Gefühls, der Hauptleidenschaft mitteilt, und das orchestrale Element, die Geste im weiten Sinn, welche die Welle der Gefühle und Leidenschaften skandiert und artikuliert.

Um eine Politik der Kultur[0] zu bestimmen, sind diese Bemerkungen unentbehrlich; für eine Politik der Kultur der Volksmassen sind sie grundlegend. Hier liegt die Ursache für den internationalen »Erfolg« des Kinos in moderner Zeit und früher des Melodrams und der Musik im allgemeinen.

§{8}. *Untersuchung der unter den Literaten vorherrschenden moralischen und intellektuellen Tendenzen und Interessen.* Für welche Tätigkeitsformen haben die italienischen Literaten »Sympathie«? Warum interessiert sie die wirtschaftliche Tätigkeit, die Arbeit als individuelle und Gruppenproduktion nicht? Wenn es in den Kunstwerken um ein ökonomisches Thema geht, ist es das Moment der »Führung«, der »Herrschaft«, des »Kommandos« eines »Helden« über die Produzenten, das interessiert. Oder aber es interessiert die Produktion allgemein, die Arbeit allgemein als allgemeines Element des Lebens und der Stärke der Nation, und folglich als Motiv für rhetorische Tiraden. Das Leben der Bauern nimmt einen größeren Raum in der Literatur ein, aber auch hier nicht als Arbeit und Mühsal, sondern der Bauern als »Folklore«, als pittoreske Vertreter merkwürdiger und bizarrer Gewohnheiten und Gefühle: deshalb nimmt die »Bäuerin« mit ihren sexuellen Problemen unter ihrem äußerlichsten und romantischsten Aspekt noch größeren Raum ein, und weil die Frau mit ihrer Schönheit leicht in die höheren Gesellschaftsschichten aufsteigen kann.

Die Arbeit des Angestellten ist unerschöpfliche Quelle von Komik: in jedem Angestellten sieht man den Oronzo E. Maginati des alten »Travaso«[1]. Die Arbeit des Intellektuellen nimmt wenig Raum ein, oder wird in ihrem Ausdruck als »Heroismus« und »Übermenschentum« dargestellt, mit dem komischen Effekt, dass die mittelmäßigen Literaten »Genies« nach ihrem eigenen Kaliber darstellen, und man weiß ja, wenn ein intelligenter Mensch den Dummkopf fingieren kann, so kann ein Dummkopf nicht den Intelligenten fingieren.

Man kann freilich von einer oder mehreren Generationen von Schriftstellern nicht erzwingen, »Sympathie« für den einen oder anderen Aspekt des Lebens zu haben, dass aber eine oder mehrere Generationen von Schriftstellern bestimmte intellektuelle und moralische Interessen und keine anderen haben, hat jedoch seine Bedeutung, weist darauf hin, dass eine bestimmte kulturelle Richtung unter den Intellektuellen vorherrscht. Auch der italienische Verismus unterscheidet sich von den realistischen Strömungen der anderen Länder, insofern er sich entweder darauf beschränkt, die »Bestialität« der sogenannten menschlichen Natur zu beschreiben (ein Verismus im engsten Sinne), oder aber er wendet seine Aufmerksamkeit dem provinziellen und regionalen Leben zu, dem, was das reale Italien im Gegensatz zum »modernen« offiziellen Italien war: er bietet keine nennenswerten Darstellungen der Arbeit und der Mühsal. Für die Intellektuellen der veristischen Tendenz war die quälende Sorge nicht (wie in Frankreich), einen Kontakt zu den bereits im Sinne der Einheit »nationalisierten« Volksmassen herzustellen, sondern die Elemente zu liefern, aus denen hervorging, dass das reale Italien noch nicht vereint war: im übrigen gibt es einen Unterschied zwischen dem Verismus der Schriftsteller des Nordens und denen des Südens (zum Beispiel Verga, bei dem das Gefühl für die Einheit sehr stark war, wie aus der Haltung aufscheint, die er 1920 zur Autonomiebewegung der »Sicilia Nuova« einnahm)[2].

Aber nicht genug damit, dass die Schriftsteller die produktive Tätigkeit nicht des Epischen für würdig erachten, die immerhin das ganze Leben der aktiven Elemente der Bevölkerung darstellt: wenn sie sich damit befassen, ist ihre Haltung die des Pater Bresciani.

(Anzusehen sind Luigi Russos Schriften über Verga und über G. C. Abba)[3]. G. C. Abba kann als italienisches Beispiel eines »popular-nationalen« Schriftstellers angeführt werden, wenn er auch nicht »populär« ist und keiner Strömung angehört, welche die Position der führenden Klasse aus Partei- oder sektiererischen Gründen kritisiert. Nicht nur Abbas Schriften, die poetischen Wert haben, sind zu analysieren, sondern auch die anderen, wie die an die Soldaten gerichtete, die von den Regierungs- und Militärbehörden ausgezeichnet und eine Zeit lang im Heer verbreitet wurde[4]. In derselben Richtung ist an Papinis Aufsatz in »Lacerba«* nach den Ereignissen vom Juni 1914[5] zu erinnern. Die Stellung Alfredo Orianis ist ebenfalls hervorzuheben, aber sie ist zu abstrakt und rhetorisch und entstellt von seinem Titanentum des unverstandenen Genies. Bemerkenswert ist einiges in Piero Jahiers Werk (an Jahiers Sympathien für Proudhon erinnern)[6], ebenfalls militärisch-popularen Charakters, jedoch durch den biblischen und claudelschen Stil des Schriftstellers verhunzt, der ihn oft wirkungsloser und ärgerlich macht, weil er eine snobistische Form von Rhetorik kaschiert. (Die ganze Strapaese-Literatur müsste als Programm

* Im Ms.: »nell'*Acerba*«.

»popular-national« sein, ist es aber gerade aus Programm, was sie zu einer minderwertigen Äußerung der Kultur gemacht hat: Longanesi muss auch ein Büchlein für die Rekruten geschrieben haben[7], was zeigt, dass die spärlichen popular-nationalen Tendenzen vielleicht vor allem aus militärischen Gedankengängen erwachsen). Der popular-nationale Gedanke scheint in der ästhetisch-kritischen und kulturell-moralischen Problemstellung bei Luigi Russo relevant zu sein (von dem das Bändchen über die *Erzähler* anzusehen ist)[8] als Resultat einer »Rückkehr« zu De Sanctis' Erfahrungen, nachdem er beim Croceanismus angelangt war.

Zu beobachten ist, dass der Brescianismus im Grunde antistaatlicher und antinationaler Individualismus ist, auch wenn und obgleich er sich in den Schleier eines frenetischen Nationalismus und Etatismus hüllt. »Staat« bedeutet insbesondere bewusste Führung der großen nationalen Mengen; daher ist ein gefühlsmäßiger und ideologischer »Kontakt« mit diesen Mengen notwendig, und in gewissem Maße Sympathie und Verständnis für ihre Bedürfnisse und Ansprüche. Nun hat aber das Fehlen einer popular-nationalen Literatur, das dem Fehlen der Gedankengänge und Interessen hinsichtlich dieser Bedürfnisse und Ansprüche zuzuschreiben ist, den literarischen »Markt« für die Einflüsse der Intellektuellengruppen anderer Länder offengelassen, die – »national-popular« in ihrer Heimat – es in Italien werden, weil die Ansprüche und Bedürfnisse, die sie zu befriedigen suchen, auch in Italien ähnlich sind. So hat sich das italienische Volk über den französischen popular-historischen Roman für die monarchistischen und revolutionären Traditionen Frankreichs begeistert (und begeistert sich weiter, wie die jüngsten Mitteilungen des Buchhandels zeigen) und kennt die populäre Gestalt Heinrichs IV. besser als die Garibaldis, die Revolution von 1789 besser als das Risorgimento, die Schmähungen Victor Hugos gegen Napoleon III. besser als die Schmähungen der italienischen Patrioten gegen Metternich; es begeistert sich für eine Vergangenheit, die nicht die seine ist, bedient sich in seiner Sprachform und in seinem Denken französischer Metaphern und Kulturbezüge usw., ist kulturell mehr französisch als italienisch.

Zur popular-nationalen Ausrichtung, die De Sanctis seiner kritischen Tätigkeit gegeben hat, ist Luigi Russos Werk anzusehen: *Francesco De Sanctis und die neapolitanische Kultur, 1860–1885*, Verlag La Nuova Italia, 1928[9], und De Sanctis' Aufsatz *Die Wissenschaft und das Leben*[10]. Vielleicht lässt sich sagen, dass De Sanctis den Gegensatz »Reformation-Renaissance« stark gespürt hat, also genau den Gegensatz zwischen Leben und Wissenschaft, der als eine Schwäche der nationalstaatlichen Struktur in der italienischen Tradition lag, und darauf zu reagieren versucht hat. Daher die Tatsache, dass er sich an einem bestimmten Punkt vom spekulativen Idealismus löst und sich dem

Positivismus und dem Verismus annähert (Sympathien für Zola, wie Russo für Verga und für Di Giacomo). Wie Russo in seinem Buch (vgl. die Rezension von G. Marzot in der »Nuova Italia« vom Mai 1932) zu bemerken scheint, »ist das Geheimnis der Wirksamkeit von De Sanctis ganz und gar in seiner demokratischen Geistigkeit zu suchen, die ihn misstrauisch und feindselig gegen jede Bewegung oder jedes Denken macht, das absolutistischen und privilegierten Charakter annimmt {…}; und in der Tendenz und dem Bedürfnis, das Studium als Moment einer breiteren, geistigen wie praktischen Tätigkeit aufzufassen, die in der Formel einer berühmten Rede von ihm, *Die Wissenschaft** *und das Leben*, beschlossen liegt«[11].

Antidemokratie hat bei den brescianischen Schriftstellern keine politisch relevante und kohärente Bedeutung; sie ist die Form der Opposition gegen jede popular-nationale Bewegung, ist bestimmt durch den korporativ-ökonomischen Kastengeist mittelalterlichen und feudalen Ursprungs.

§{9}. *Die Enkelchen des Pater Bresciani.* Untersuchung eines beträchtlichen Teiles der italienischen erzählenden Literatur, vor allem der letzten Jahrzehnte. Die Vorgeschichte des modernen Brescianismus (der Nachkriegszeit) kann bei einer Reihe von Schriftstellern festgemacht werden, wie: Antonio Beltramelli, mit Büchern vom Typ *Die roten Männer*, *Ritter Mostardo*[1] usw.; Polifilo (Luca Beltrami) mit den verschiedenen Darstellungen der »kleinen Leute aus Casate Olona«[2]; usw. Die ziemlich umfangreiche und in bestimmten Kreisen verbreitete Literatur, die einen »Sakristei«-Charakter in einem mehr technischen Sinn hat; sie ist im laizistischen Kulturmilieu wenig bekannt und überhaupt nicht untersucht. Ihr tendenziöser und propagandistischer Charakter wird offen zugegeben: es handelt sich um die »gute Presse«. Zwischen der Sakristei-Literatur und dem laizistischen Brescianismus steht eine literarische Strömung, die sich in den letzten Jahren stark entwickelt hat (Florentiner katholische Gruppe, angeführt von Giovanni Papini usw.): ein typisches Beispiel für diese sind die Romane Giuseppe Moltenis. Einer von ihnen, *Der Atheist*[3], gibt den monströsen Skandal Don Riva-Schwester Fumagalli[4] in noch monströserer, abwegigerer Weise wieder: Molteni geht so weit, zu behaupten, dass Don Riva (der ungefähr dreißig kleine Mädchen von wenigen Jahren vergewaltigte und ansteckte, die ihm die Fumagalli angeboten hatte, damit er ihr »treu« blieb) gerade wegen seiner Eigenschaft als Priester, der an das Zölibat und das Keuschheitsgelübde gebunden war, zu bedauern sei, und glaubt, diesem Massaker den gewöhnlichen Ehebruch eines atheistischen Advokaten als moralisch gleichwertig gegenüberstellen zu können. Molteni war in der

* Im Ms.: »Die Schule«.

literarischen Welt der Katholiken sehr bekannt: er ist Literaturkritiker und Artikelschreiber bei einer ganzen Reihe klerikaler Zeitungen und Zeitschriften gewesen, darunter die »Italia« und »Vita e Pensiero«.

Der Brescianismus erlangt im literarischen »Laientum« der Nachkriegszeit eine gewisse Bedeutung und entwickelt sich immer mehr zur vorherrschenden und offiziösen erzählerischen »Schule«.

Ugo Ojetti und der Roman *Mein Sohn, der Eisenbahner*[5]. Allgemeine Merkmale der Literatur Ojettis und verschiedene »ideologische« Einstellungen des Mannes. Schriften über Ojetti von Giovanni Ansaldo[6], der Ojetti übrigens mehr ähnelt, als es einmal scheinen konnte. Die für Ugo Ojetti bezeichnendste Äußerung ist sein offener Brief an Pater Enrico Rosa, der im »Pègaso« veröffentlicht und von der »Civiltà Cattolica« mit Rosas Kommentar übernommen wurde[7]. Ojetti war nach der Ankündigung der vollzogenen Aussöhnung von Staat und Kirche nicht nur davon überzeugt, dass nunmehr alle intellektuellen Äußerungen in Italien einem strengen katholischen und klerikalen Konformismus gemäß kontrolliert werden würden, sondern hatte sich an diesen Gedanken bereits angepasst und wandte sich, in salbungsvollem Stil der Gesellschaft Jesu ob ihrer kulturellen Verdienste lobhudelnd, an Pater Rosa, um eine »gerechte« künstlerische Freiheit zu erflehen. Im Lichte der späteren Vorkommnisse (Parlamentsrede des Regierungschefs)[8] lässt sich kaum entscheiden, was größer war, die Verächtlichkeit der unterwürfigen Haltung Ojettis oder die Komik der kecken Dreistigkeit Pater Rosas, der Ojetti auf jeden Fall eine Lektion in Charakterfestigkeit erteilte, nach Art der Jesuiten, versteht sich. Ojetti ist in mehrerer Hinsicht repräsentativ: die intellektuelle Feigheit des Mannes aber übersteigt jedes normale Maß.

Alfredo Panzini: bereits in der Vorgeschichte, zum Beispiel mit einigen Abschnitten aus der *Laterne des Diogenes* (die Episode mit der »graustählernen Klinge« ist ein komisches Gedicht wert), dann *Der Herr bin ich*, *Die Welt ist rund*[9] und fast alle seine Bücher vom Krieg an. Im *Leben Cavours* ist ein direkter Hinweis auf Pater Bresciani enthalten[10], wirklich verblüffend, wenn er nicht symptomatisch wäre. Die gesamte pseudohistorische Literatur Panzinis muss unter dem Gesichtspunkt des laizistischen Brescianismus neu untersucht werden. Die Episode Croce-Panzini, über welche die »Critica« berichtet hat, ist ein Fall nicht nur von literarischem, sondern auch persönlichem Jesuitentum[11].

Über Salvatore Gotta kann man sagen, was Carducci über Rapisardi geschrieben hat: »Messgebete am Altar und Fürze in der Sakristei«[12]; seine gesamte literarische Produktion gehört zum Brescianismus.

Margherita Sarfatti und ihr Roman *Das Mietshaus*. In der Rezension durch Goffredo Bellonci, erschienen in der »Italia Letteraria« vom 23. Juni 1929[13] ist zu lesen: »sehr wahr jene Schüchternheit der Jungfrau, die schamhaft vor dem Ehebett stehenbleibt, während sie doch ahnt, dass ›es hold und einladend ist für die künftigen Turniere‹«. Diese schamhafte Jungfrau, die mit den Fachausdrücken der lizenziösen Novellenschreiber empfindet, ist unbezahlbar: die Jungfer Fiorella wird auch die künftigen »vielen Meilen« und ihr gut geschütteltes »Pelzchen« vorausgefühlt haben. Über den Punkt der Turniere wäre manche unterhaltsame Abschweifung zu machen: man könnte an die legendäre Episode von Dante und der Dirne erinnern, die in Papinis Sammlung (Carabba) wiedergegeben ist, um zu sagen, dass von »Turnieren« der Mann sprechen kann, aber nicht die Frau; es wäre auch an den Ausdruck des Katholiken Chesterton im *Neuen Jerusalem* vom Schlüssel und dem Schloß bezüglich des Geschlechterkampfes zu erinnern, um zu sagen, dass der Standpunkt des Schlüssels nicht der des Schlosses sein kann[14]. (Hervorzuheben ist, dass Goffredo Bellonci, der gerne mit der »erlesenen« – wohlfeilen – Gelehrsamkeit kokettiert, um unter den Zeitungsschreiberlingen von Rom aufzufallen, es für »wahr« hält, dass eine Jungfrau an die Turniere denkt).

Mario Sobrero und der Roman *Peter und Paul* lässt sich wegen der Helldunkelmalerei in den allgemeinen Rahmen des Brescianismus einfügen[15].

Francesco Perri und der Roman *Die Auswanderer*. Ist dieser Perri nicht vielleicht der Paolo Albatrelli der *Konquistadoren*? Auf jeden Falle müssen auch die *Konquistadoren* berücksichtigt werden[16]. In den *Auswanderern* ist das auffallendste Merkmal die Grobschlächtigkeit, aber nicht die Grobschlächtigkeit des naiven Anfängers, die in einem solchen Fall auch das unbearbeitete Rohmaterial sein könnte, das aber ausgearbeitet werden könnte: eine opake, materiale Grobschlächtigkeit, nicht die eines Primitiven, sondern die eines eingebildeten Trottels. Perri zufolge soll sein Roman »veristisch«[17] und er der Initiator einer Art Neorealismus sein; aber kann es heute einen nicht-historistischen Verismus geben? Der Verismus des 19. Jahrhunderts selbst ist im Grunde eine Fortsetzung des alten historischen Romans im Umkreis des modernen Historismus. In den *Auswanderern* gibt es nicht einen einzigen chronologischen Anhaltspunkt, und man versteht warum. Es gibt zwei vage Hinweise: einen auf das Phänomen der süditalienischen Auswanderung, die einen bestimmten historischen Verlauf genommen hat, und einen auf die Versuche, die dem Volk gegenüber »usurpierten« herrschaftlichen Ländereien zu besetzen, die sich ebenfalls eindeutig bestimmbaren Epochen zuordnen lassen. Das Phänomen der Auswanderung hat eine Ideologie geschaffen (den Mythos Amerikas), die einen Gegensatz zur alten Ideologie darstellte, mit der die sporadischen, aber endemischen Versuche von Landbesetzungen vor dem Krieg verbunden waren. Etwas völlig anderes ist die* Bewegung von 19–20, die gleichzeitig und

* Im Ms. folgt ein durchgestrichenes Wort: »Erscheinung«.

allgemein ist und eine implizite Organisation in der Frontkämpferbewegung des Südens besitzt. In den *Auswanderern* sind alle diese historischen Unterscheidungen, die wesentlich dafür sind, das Leben der Bauern zu verstehen und darzustellen, beseitigt, und das konfuse Gemenge widerspiegelt sich in grobschlächtiger, brutaler Weise, ohne künstlerische Ausarbeitung. Offensichtlich kennt Perri das Volksmilieu in Kalabrien nicht unmittelbar, aus eigener gefühlsmäßiger und psychologischer Erfahrung, sondern über die alten regionalistischen Klischees (wenn er Albatrelli ist, müssen auch seine politischen Ursprünge berücksichtigt werden, die er unter Pseudonymen versteckt, um – 1924 – seine Stellung in der Gemeinde oder in der Provinz Mailand nicht zu verlieren). Die Besetzung (der Versuch dazu) in Pandure geht von »Intellektuellen« aus, auf einer rechtlichen Grundlage (nichts weniger als die umstürzlerischen Gesetze J. Murats), und endet im Nichts, als ob die Tatsache (die immerhin verbal als Massenauswanderung des Volkes dargestellt wird) die Gewohnheiten eines patriarchalischen Dorfes nicht im geringsten berührt hätte. Reiner Phrasenmechanismus. So die Auswanderung. Dieses Dorf Pandure mit der Familie von Rocco Blèfari ist (um es mit dem Wort eines anderen Kalabriers stahlgehärteten Charakters, Leonida Répaci, zu sagen) ein Blitzableiter für alle Übel. Insistieren auf den Fehlern der Bauern beim Sprechen, was typisch ist für den Brescianismus, wenn nicht für die literarische Dummheit im allgemeinen. Die »Sonderlinge« (der Galeoto usw.), erbarmungswürdig, ohne Schläue und Humor. Der Mangel an Historizität ist »gewollt«, um alle allgemeinen folkloristischen Motive, die in Wirklichkeit in Zeit und Raum sehr verschieden sind, durcheinander in einen Sack stecken zu können.

Leonida Répaci: im *Letzten Kyrenäer*[18] ist der widerwärtig kombinierte Apparat auseinanderzunehmen; die *Brüder Rupe*[19] ansehen, welche die Gebrüder Répaci sein sollen, die von jemandem anscheinend mit den Cairolis verglichen worden sind.

Umberto Fracchia: speziell ansehen: *Angela Maria*[20]. (Im allgemeinen Rahmen besetzen Ojetti-Beltramelli-Panzini den ersten Platz; bei ihnen tritt der jesuitisch-rhetorische Charakter am deutlichsten hervor, und um so wichtiger ist die Stellung, die ihnen in den gängigsten literarischen Einschätzungen eingeräumt wird).

§{10}. *Zwei Generationen.* Die alte Generation der Intellektuellen hat versagt, aber sie hat eine Jugend gehabt (Papini, Prezzolini, Soffici, usw.). Die heutige Generation hat noch nicht einmal dieses Alter der glänzenden Versprechen (Titta Rosa, Angioletti, Malaparte usw.). Widerliche Esel auch als ganz kleine.

§{11}. *G. Papini.* Ist der »fromme Autor« der »Civiltà Cattolica« geworden.

§{12}. *A. Panzini*. In der »Italia che scrive« vom Juni 1929 notiert Fernando Palazzi in der Rezension zu Panzinis *Die Tage der Sonne und des Korns*: »… vor allem kümmert und bekümmert er sich um das Landleben, wie ein Herr sich darum kümmern kann, der unbesorgt sein will hinsichtlich des Arbeitsvermögens der Arbeitstiere, die er besitzt, sei es der vierfüßigen, sei es der zweifüßigen, und der, wenn er ein bestelltes Feld sieht, sogleich daran denkt, ob die Ernte die erhoffte sein wird«[1]. Negerhändler Panzini, kurz gesagt.

§{13}. *Leonida Répaci*. In seiner »autobiographischen« Novelle *Dämmerung* (»Fiera Letteraria«, 3. März 1929) schreibt er: »Damals schon registrierte ich in mir und bestärkte in den tiefsten Wurzeln des Instinkts jene schönen Eigenschaften, die mich später, in den folgenden Jahren, zu einem Mittelpunkt von Unannehmlichkeiten machen sollten: die Liebe zu den Besiegten, den Beleidigten, den Demütigen, *die Verachtung der Gefahr für die gerechte Sache*, die Unabhängigkeit des Charakters, der Redlichkeit ausstrahlt, der verrückte Stolz, der selbst auf den Ruinen noch Tapferkeit zeigt, usw. usf.«[1]. Was für schöne Eigenschaften Leonida Répaci doch verloren hat! Es scheint hingegen, dass Répaci schon im zartesten Kindesalter, um ein literarisches Lob vom »Corriere della Sera« zu kriegen, über die Leiche seiner Mutter gegangen wäre[2].

§{14}. *Curzio Malaparte*. Sein eigentlicher Name ist Kurt Erich Suckert, den er um 1924 in Malaparte in einem Wortspiel mit den Buonapartes italianisiert hat (vgl. die Schriftenreihe der Zeitschrift »La Conquista dello Stato«)[1]. In der unmittelbaren Nachkriegszeit prahlte er mit dem fremdländischen Namen. Er gehörte zur Organisation Guglielmo Lucidis, die der französischen Gruppe »Clarté« von H. Barbusse und der englischen »Demokratischen Kontrolle« ähnlich war; in der Schriftenreihe von Lucidis Zeitschrift unter dem Titel »Rivista (oder Rassegna) Internazionale«[2] veröffentlichte er ein Kriegsbuch *Die Revolte der verfluchten Heiligen*, ein Lobgesang auf die angeblich defätistische Haltung der italienischen Soldaten bei Caporetto, die »auf brescianische Weise« in der darauffolgenden Auflage im umgekehrten Sinne korrigiert und daraufhin aus dem Handel gezogen wurde[3]. Der dominierende Charakterzug Suckerts ist ein zügelloser Karrierismus, eine maßlose Eitelkeit und ein chamäleonartiger Snobismus: um Erfolg zu haben, war Suckert zu jeder Schurkerei fähig. Seine Bücher über das *Barbarische Italien*[4] und sein Loblied auf die »Gegenreformation«; nichts Ernsthaftes und weiter nichts als Oberflächliches.

Hinsichtlich der Zurschaustellung des fremdländischen Namens (der sich an einem gewissen Punkt mit den Anzeichen eines Talmi-Rassismus und Popularismus stieß und deshalb durch das Pseudonym ersetzt wurde, wobei Kurt –

Corrado – in Curzio latinisiert wird) ist eine ziemlich verbreitete Strömung unter gewissen italienischen Intellektuellen des »moralistischen« oder moralisierenden Typs zu vermerken: sie neigten zu der Annahme, im Ausland sei man ehrenhafter, fähiger, intelligenter als in Italien. Diese »Auslandsmanie« nahm lästige und manchmal abstoßende Formen bei Typen ohne Rückgrat wie Graziadei an[5], war aber verbreiteter als man glaubt und gab Anlass zu widerwärtigen snobistischen Posen; zu erinnern ist an das kurze Gespräch mit Giuseppe Prezzolini 1924 in Rom[6] und seinen verzweifelten Ausruf: »Ich hätte meinen Kindern rechtzeitig die englische Staatsangehörigkeit verschaffen sollen« oder so ähnlich. Diese Stimmung war anscheinend nicht nur für einige Intellektuellengruppen in Italien charakteristisch, sondern zeigte sich zu gewissen Zeiten moralischer Erniedrigung auch in anderen Ländern. In jedem Fall ist sie ein relevantes Zeichen nicht nur für Dummheit, sondern auch für Mangel an popular-nationalem Geist. Ein ganzes Volk wird mit bestimmten korrupten Schichten desselben verwechselt, besonders des Kleinbürgertums (in Wirklichkeit gehören diese Herren ja selbst wesentlich zu diesen Schichten), das in den wesentlich agrarischen Ländern, die zivil zurückgeblieben und arm sind, sehr verbreitet ist und mit dem Lumpenproletariat* der Industriestädte verglichen werden kann; die Camorra und Mafia ist nichts anderes als eine ähnliche Form von Unterwelt, die wie Parasiten auf den Großgrundbesitzern und der Bauernschaft lebt. Die Moralisierenden verfallen in den einfältigsten Pessimismus, weil die Predigten in den Wind gesprochen sind; statt auf die eigene organische Unfähigkeit zu schließen, finden es Typen wie Prezzolini bequemer, zu dem Schluss zu gelangen, ein ganzes Volk sei minderwertig, womit man sich abfinden müsse: »Es lebe Frankreich, es lebe Deutschland, Hauptsache man isst!« Auch wenn sie manchmal einen extremen Nationalismus an den Tag legen, müssten diese Leute von der Polizei als Elemente gezeichnet werden, die fähig sind, zum Spion gegen das eigene Land zu werden.

§{15}. *Ugo Ojetti.* Das schroffe und beißende Urteil suchen, das Carducci über ihn gefällt hat[1].

§{16} *G. Papini.* Als G. Papini den italienischen Philistern die Krätze an den Hals schicken wollte, schrieb er 1912–13 in »Lacerba«** den Artikel *Jesus als Sünder*, eine sophistische Sammlung von Anekdoten und ausgeklügelten, den Apokryphen entnommenen Mutmaßungen[1]. Wegen dieses Artikels musste er, anscheinend zu seinem großen Entsetzen, ein Gerichtsverfahren

* Deutsch im Original.

** Im Ms.: »in der Acerba«.

über sich ergehen lassen. Er hatte die Hypothese von homosexuellen Beziehungen zwischen Jesus und Johannes für einleuchtend und wahrscheinlich erklärt. In seinem Artikel über *Christus der Römer* in dem Band *Die Arbeiter im Weinberg*[2] behauptet er mit Hilfe derselben kritischen Verfahren und mit derselben intellektuellen »Schärfe«, Caesar sei ein Vorläufer Jesu gewesen, den die Vorsehung in Rom habe zur Welt kommen lassen, um dem Christentum den Boden zu bereiten. Wenn er noch einen Schritt weiter geht und zu den genialen kritischen Erleuchtungen greift, die A. Loria kennzeichnen, wird er wahrscheinlich zur Schlussfolgerung notwendiger Beziehungen zwischen dem Christentum und der Inversion gelangen.

§{17}. *Filippo Crispolti.* In einem Artikel im »Momento« vom Juni 1928 (erste Monatshälfte, scheint es, weil danach von der »Fiera Letteraria« in Auszügen gebracht)[1] hat Filippo Crispolti erzählt, wie 1906, als man in Schweden daran dachte, Giosuè Carducci den Nobelpreis zu verleihen, der Verdacht aufkam, ein derartiges Zeugnis der Bewunderung für den Sänger Satans könnte unter den Katholiken einen Skandal hervorrufen: deshalb wurde Crispolti um Informationen gebeten, der sie per Brief und in einem Gespräch mit dem schwedischen Gesandten in Rom, De Bildt, lieferte. Crispoltis Informationen waren günstig. Somit wäre der Nobelpreis Carducci von niemand anderem als Filippo Crispolti verliehen worden.

§{18}. *»Katholische Kunst«.* Edoardo Fenu wirft in einem Artikel *Fragen zu einer katholischen Kunst*, erschienen im »Avvenire d'Italia« und zusammengefasst in der »Fiera Letteraria« vom 15. Januar 1928, »fast allen katholischen Schriftstellern« den apologetischen Ton vor. »Jetzt muss die Verteidigung (!) des Glaubens aus den Tatsachen, aus dem kritischen (!) und natürlichen Prozess der Erzählung entspringen, muss also, manzonianisch, der ›Lebenssaft‹ der Kunst selbst sein. Es ist offenkundig (!), dass ein wirklich katholischer Schriftsteller (!) niemals mit dem Kopf gegen die undurchdringlichen (!) Mauern der moralischen oder religiösen Ketzerei anrennen wird. Ein Katholik ist allein schon dadurch (!), dass er einer ist, mit jenem einfachen und tiefsinnigen Geist ausgestattet (! von außen?), der, wenn er in eine Erzählung oder ein Gedicht einfließt, aus der seinigen (!) eine lautere, heitere, keineswegs schulmeisterliche Kunst machen wird. Es ist somit (!) vollkommen unnütz, auf jeder neuen Seite uns begreiflich machen zu wollen, dass der Schriftsteller uns eine Straße durchlaufen lassen will, ein Licht hat, um uns zu erleuchten. Die katholische Kunst wird sich in die Lage versetzen müssen (!), selbst jene Straße und jenes Licht zu sein, ohne sich im Mulch der unnützen Standpauken und der müßigen Ermahnungen zu verirren« (nur die Schnecken können sich im Mulch verirren). (In der Literatur) »... nimmt man wenige Namen aus, Papini, Giuliotti, und in einem gewissen Sinne auch Manacorda, ist die Bilanz beinahe eine Bankrotterklärung. Schulen? ... sprechen wir lieber nicht davon*. Schriftsteller? Ja; wenn man weite Rockärmel trüge, könnte man schon manchen Namen hervorziehen, aber welch Mühe, ihn mit der Zange herauszubekommen! Es sei denn, man wolle Gotta als Katholiken patentieren, oder Gennari den Titel eines Romanciers verleihen, oder jener zahllosen Menge parfümierter und aufgeputzter Schriftsteller und Schriftstellerinnen für ›junge Damen‹ Beifall spenden«[1].

Viele alberne Widersprüche, Ungenauigkeiten und Naivitäten in Fenus Artikel. Aber die implizite Schlussfolgerung ist richtig: der Katholizismus ist unfruchtbar für die Kunst, das heißt, es gibt keine »schlichten und aufrichtigen Seelen« und kann sie nicht geben, die gebildete Schriftsteller und raffinierte und disziplinierte Künstler wären. Der Katholizismus ist für die Intellektuellen etwas sehr Schwieriges geworden, das auch im eigenen Innern nicht ohne eine peinlich genaue und pedantische Apologetik auskommt. Die Sache ist schon uralt: sie geht auf das Konzil von Trient und die Gegenreformation zurück. »Schreiben« ist seitdem gefährlich geworden, besonders über religiöse Dinge und Gefühle. Die Kirche hat seither ein doppeltes Maß gebraucht, um die Rechtgläubigkeit zu messen: »Katholik« sein ist eine äußerst leichte und gleichzeitig höchst schwierige Sache geworden. Es ist eine äußerst leichte Sache für das Volk, von dem man nur verlangt, schlechthin zu »glauben« und den Kulthandlungen zu folgen: kein wirklicher und wirksamer Kampf gegen den Aberglauben, gegen die intellektuellen und moralischen Abweichungen, sofern sie nicht »theorisiert« werden. Tatsächlich kann ein katholischer Bauer intellektuell unbewusst Protestant, Orthodoxer, Götzendiener sein: es genügt, dass er sagt, er sei »katholisch«. Auch von den Intellektuellen verlangt man nicht viel, wenn sie sich auf die äußerlichen Kulthandlungen beschränken; man verlangt nicht einmal zu glauben, sondern nur, kein schlechtes Beispiel zu geben, indem sie die »Sakramente« vernachlässigen, besonders die sichtbarsten und die der Kontrolle durch das Volk unterliegen: die Taufe, die Hochzeit, das Begräbnis (das Sterbesakrament usw.). Dagegen ist es äußerst schwer, aktiver »katholischer« Intellektueller und »katholischer« Künstler (besonders Romancier und auch Dichter) zu sein, weil dies ein solches Rüstzeug an Kenntnissen über Enzykliken, Gegenenzykliken, Breven, apostolische Briefe usw. verlangt, und die Abweichungen von der orthodoxen kirchlichen Orientierung sind in der Geschichte so zahlreich und so subtil gewesen, dass man im Nu in Ketzerei oder Halbketzerei oder Viertelketzerei verfallen kann. Das lau-

* Im Original lat.: »*ne verbum quidem*«.

tere religiöse Gefühl ist verdorrt: man muss doktrinär sein, um »rechtgläubig« zu schreiben. Deshalb ist in der Kunst die Religion kein eingeborenes Gefühl mehr, sie ist ein Motiv, ein Stichwort. Und die katholische Literatur kann Pater Brescianis und Ugo Mionis haben, sie kann keinen Hl. Franz, keinen Passavanti, keinen {Thomas} von Kempis mehr haben; sie kann »Kämpfertum«, Propaganda, Agitation sein, nicht mehr naiver Glaubenserguss, der nicht unwidersprochen bliebe, sondern sogar im Innern von denen polemisch angegriffen wird, die aufrichtig katholisch sind. Zum Beweis kann das Beispiel Manzonis angeführt werden: wieviele Artikel hat die »Civiltà Cattolica« in den 84 Jahren ihrer Existenz über Manzoni veröffentlicht und wieviele über Dante? In Wirklichkeit misstrauen die orthodoxesten Katholiken Manzoni und sprechen so wenig wie möglich über ihn: gewiss analysieren sie ihn nicht so, wie sie es bei Dante und manch anderem tun.

§{19}. *Tommaso Gallarati Scotti.* In seiner Novellensammlung *Geschichten über die heilige und die unheilige Liebe*[1] ist an die Erzählung zu erinnern, in der vom Leichnam einer sarazenischen Dirne die Rede ist, den ein Baron vom Kreuzzug nach Süditalien mitgebracht hatte und den die Bevölkerung als Reliquie einer Heiligen anbetet: verblüffend sind Gallarati Scottis Betrachtungen dazu, der doch ein antijesuitischer »Modernist« gewesen ist. Alles das nach Boccaccios Novelle vom Bruder Cipolla und dem Roman *Die Reliquie* des Portugiesen Eça de Queiroz, übersetzt von L. Siciliani[2] (Verl. Rocco Carabba, Lanciano), der sich von Boccaccios Cipolla herleitet. Die Bollandisten[3] sind respektabel, weil sie wenigstens dazu beigetragen haben, einige Wurzeln des Aberglaubens auszureißen (obgleich ihre Untersuchungen auf einen sehr engen Kreis beschränkt bleiben und vor allem andern dazu dienen, den Intellektuellen weiszumachen, dass die Kirche die Geschichtsfälschungen bekämpft), Gallarati Scottis folkloristisch-jesuitischer Ästhetizismus {jedoch} ist widerwärtig. Es ist an den in W. Steeds *Memoiren* wiedergegebenen Dialog zwischen einem jungen Protestanten und einem Kardinal über den Hl. Januarius[4] und B. Croces kurze Notiz zu einem Brief von G. Sorel über ein Gespräch, das dieser mit einem neapolitanischen Priester über das Blut des Hl. Januarius geführt hatte, zu erinnern[5] (in Neapel gibt es offenbar weitere drei oder vier Fälle von Blut, das »auf wundersame Weise« hervorquillt, aber nicht »ausgebeutet« wird, um den sehr populären Hl. Januarius nicht in Misskredit zu bringen). Die literarische Gestalt Gallarati Scottis gehört entfernt zu den Enkelchen des Pater Bresciani.

§{20}. *Adelchi Baratono.* Hat in der 2. Nummer der Zeitschrift »Glossa perenne« (die von Raffa Garzia herausgegeben wurde und ab 1928 oder 29 erschien)[1] einen Artikel über den *Novecentismo*[1a] geschrieben, der äußerst reich an »verächtlichen« Bemerkungen sein muss. Unter anderem: »Die Kunst und die Literatur einer Zeit kann und muss (!) nur die dem Leben (!) und dem Geschmack der Zeit entsprechende sein, und so wie alle Klagen nicht dazu dienen, ihre Inspiration und Form zu verändern, so wären sie auch gegen jedes historische (!) und daher richtige (?) Urteilskriterium (!)«[2].

Aber sind das Leben und der Geschmack einer Zeit etwas Monolithisches oder sind sie nicht vielmehr voller Widersprüche? Und außerdem, wie lässt sich die »Entsprechung« prüfen? Wurde der Zeit des Risorgimento durch Berchet oder durch Pater Bresciani »entsprochen«? Die lamentierende und moralistische Klage wäre gewiss einfältig, aber man kann auch ohne Wehklagen Kritik üben und urteilen. De Sanctis war ein entschiedener Anhänger der nationalen Revolution, trotzdem verstand er es, Guerrazzi brillant zu beurteilen, und nicht nur Bresciani. Baratonos Agnostizismus ist nichts anderes als moralische und zivile Feigheit. Wenn es wahr wäre, dass ein sachliches Urteil über die Zeitgenossen wegen mangelnder Objektivität und Allgemeingültigkeit unmöglich ist, müsste die Kritik den Laden schließen; aber Baratono theorisiert nur die eigene ästhetische und philosophische Ohnmacht und die eigene Hasenfüßigkeit.

§{21}. *Maddalena*[*] *Santoro*: *Die Liebe den Starken*[0], Roman, Bemporad, 1928 (ultrabrescianisch)[1].

§{22}. *Curzio Malaparte*. Siehe in der »Italia Letteraria« vom 3. Januar 1932 Malapartes Artikel: *Zynische Analyse Europas*. In den letzten Tagen des Jahres 1931 hielt der Expräsident Herriot in den Räumen der »École de la Paix« zu Paris eine Rede über die besten Mittel, den Frieden in Europa zu organisieren. Nach Herriot sprach Malaparte im Streitgespräch: »Da auch Sie in gewisser Hinsicht (sic) ein Revolutionär sind, sagte ich unter anderem zu Herriot (schreibt Malaparte in seinem Artikel), sind Sie, denke ich, in der Lage zu verstehen, dass das Problem des Friedens nicht nur vom Standpunkt des akademischen Pazifismus aus betrachtet werden müsste, sondern auch von einem revolutionären Standpunkt aus. Nur der patriotische Geist und der revolutionäre Geist (wenn es stimmt, wie es zum Beispiel für den Faschismus stimmt, dass der eine den anderen nicht ausschließt) können zu den Mitteln raten, den Frieden in Europa zu sichern. – Ich bin kein Revolutionär, antwortete mir Herriot; ich bin einfach ein Cartesianer. Aber Sie, lieber Malaparte, sind nur ein Patriot«[1].

* Im Ms.: »Margherita«.

So ist für Malaparte auch Herriot ein Revolutionär, wenigstens in gewisser Hinsicht, und da wird es noch schwerer zu begreifen, was »revolutionär« sowohl für Malaparte als auch allgemein bedeutet. Wenn revolutionär in der Alltagssprache bestimmter politischer Gruppen immer mehr die Bedeutung »aktivistisch«, »interventionistisch«, »voluntaristisch«, »dynamisch« annahm, ist schwer zu sagen, wie Herriot so charakterisiert werden kann, und deshalb hat Herriot geistreich geantwortet, dass er ein »Cartesianer« sei. Nach Malaparte kann, wie mir scheint, »Revolutionär« mittlerweile als ein Kompliment verstanden werden, wie einstmals »Edelmann« oder »großer Ehrenmann« oder »wahrer Ehrenmann« usw. Auch das ist Brescianismus: nach 48 nannten sich die Jesuiten selbst »wahre Liberale« und die Liberalen Freigeister und Demagogen.

§{23}. *Giovanni Ansaldo*. Auf ein besonderes Plätzchen muss in der Rubrik der »Enkelchen des Pater Bresciani« auch Giovanni Ansaldo plaziert werden. Zu erinnern ist an seinen literarisch-politischen Dilettantismus, der ihn zu einer bestimmten Zeit dazu brachte, die Notwendigkeit zu behaupten, »ihrer wenige zu sein«, eine »Aristokratie« zu bilden: seine Einstellung war also mehr im banalen Sinne »snobistisch« als der Ausdruck einer festen politisch-ethischen Überzeugung, eine Weise, »distinguierte« Literatur, nach Art zweifelhafter Salons, zu machen. Und so ist Ansaldo zum »schwarzen Sternchen« des »Lavoro« geworden, eines Sternchens mit fünf Zacken, nicht zu verwechseln mit demjenigen, das in den »Problemi del Lavoro« dazu dient, auf Franz Weiss hinzuweisen und das sechs Zacken hat (dass Ansaldo auf seine fünf Zacken Wert legt, geht aus dem *Musenalmanach* von 1931, Genueser Rubrik, hervor; der *Musenalmanach* ist von der Büchergilde herausgegeben worden)[1]. Für Ansaldo wird alles kulturelle und literarische Eleganz; die Gelehrsamkeit, die Genauigkeit, das Rhizinusöl, der Stock, der Dolch; die Moral ist kein moralischer Ernst, sondern Eleganz, Blume im Knopfloch. Diese Haltung ist ebenfalls Jesuitentum, sie ist eine Form des Kultes des eigenen Besonderen im Orden der Intelligenz, eine Äußerlichkeit wie die eines weißgetünchten Grabes. Wie könnte man im übrigen vergessen, dass gerade die Jesuiten immer Meister der »Eleganz« (jesuitischer) in Stil und Sprache gewesen sind?

§{24}. *Giuseppe Prezzolini*. Artikel von Prezzolini: *Monti, Pellico, Manzoni, Foscolo aus der Sicht amerikanischer Reisender*, erschienen im »Pègaso« (Ojettis) vom Mai 1932. Prezzolini gibt eine Passage des amerikanischen Kunstkritikers H. Y. Tuckermann (*The Italian Sketch-Book*, 1848, S. 123) wieder: »Einige der jungen liberalen Elemente in Italien zeigen sich sehr enttäuscht, weil einer, der im Begriff war, ein Märtyrer ihrer Sache zu werden, sich statt dessen der Frömmigkeit zugewandt hat, und bedauern, dass er nun seine Feder dafür verwenden muss, katholische Hymnen und religiöse Oden zu schreiben«; und er kommentiert: »Der *Ärger*, den die Eifrigsten darüber empfanden, in Pellico nicht ein Instrument *kleinlicher* politischer Polemik gefunden zu haben, wird in diesen ›Betrachtungen‹ geschildert«[1]. Warum es sich um engstirnigen »Ärger« gehandelt haben soll und warum vor 48 die Polemik gegen die Verfolgungen Österreichs und des Klerus »kleinlich« gewesen sein sollen, ist eben ein »unheiliges« Geheimnis der brescianischen Mentalität.

§{25}. *Kriegsliteratur*. Welchen Niederschlag hat die »brescianische« Tendenz in der Kriegsliteratur gefunden? Der Krieg hat die verschiedenen Gesellschaftsschichten gezwungen, sich einander anzunähern, sich kennenzulernen, sich im gemeinsamen Leiden und im gemeinsamen Widerstand in außergewöhnlichen Lebensformen gegenseitig zu schätzen, die eine größere Aufrichtigkeit und eine engere Annäherung an das Menschsein im »biologischen« Sinne bewirkten. Was haben die Literaten aus dem Krieg gelernt? Und allgemein, was haben die Schichten aus dem Krieg gelernt, aus denen normalerweise die meisten Intellektuellen und Schriftsteller hervorgehen? Zwei Forschungslinien sind zu verfolgen: 1. Eine die Gesellschaftsschicht betreffende, und diese ist unter vielen Aspekten bereits von Prof. Adolfo Omodeo in der Kapitelfolge *Momente des Kriegslebens. Aus den Tagebüchern und Briefen der Gefallenen* erforscht worden, welche die »Critica« veröffentlicht hatte und die dann als Sammelband erschien[1]. Omodeos Sammlung bietet ein Material dar, das bereits nach einer Tendenz ausgewählt wurde, die man auch popular-national nennen kann, da sich Omodeo implizit zu beweisen vornimmt, dass bereits 1915 ein robustes popular-nationales Bewusstsein bestand, das in den Leiden des Krieges zum Ausdruck kommen konnte, ein Bewusstsein, das von der demokratischen liberalen Tradition gebildet worden war; und damit jeden Anspruch einer Palingenese in diesem Sinne in der Nachkriegszeit als absurd hinzustellen. Ob es Omodeo gelingt, seine Aufgabe als Kritiker zu erfüllen, ist eine andere Frage; jedenfalls hat Omodeo vom Popular-Nationalen eine zu enge und beschränkte Auffassung, deren kulturelle Ursprünge leicht nachzuvollziehen sind; er ist ein Epigone der moderaten Tradition, mit einem gewissen demokratischen oder besser volkstümlichen Ton dazu, der sich nicht von starken »bourbonisierenden« Färbungen befreien kann. In Wirklichkeit stellt sich die Frage eines popular-nationalen Bewusstseins für Omodeo nicht als Frage eines inneren Zusammenhangs demokratischer Solidarität zwischen Intellektuellen-Führern und Volksmassen, sondern als Frage der Innerlichkeit der einzelnen individuellen Bewusstseine, die ein gewisses Niveau von edler nationaler Selbstlosigkeit und des Opfergeistes erreicht haben. Wir sind somit noch an dem Punkt der Verherrlichung des moralischen »Voluntarismus«, und der Auffassung von Eliten, die sich in sich selbst erschöpfen und sich nicht das Problem stellen, mit den großen nationalen Massen organisch verbunden zu sein.

2. Die eigentliche Kriegsliteratur, die also »professionellen« Schriftstellern zu verdanken ist und die schrieben, um veröffentlicht zu werden, hat in Italien unterschiedlichen Erfolg gehabt. Unmittelbar nach dem Waffenstillstand ist sie sehr spärlich und von geringem Wert gewesen: sie hat ihre Inspirationsquelle in Barbusses *Feuer*[1a] gesucht. Sehr interessant ist das Studium des *Kriegstagebuchs* von B. Mussolini[2], weil sich darin die Spuren der Art politischer, echt popular-nationaler Gedanken finden, die Jahre zuvor die ideelle Substanz der Bewegung gebildet hatten, deren Höhepunkte der Prozess wegen des Blutbades von Roccagorga und die Ereignisse vom Juni 1914 waren[3]. Es gab dann eine zweite Welle von Kriegsliteratur, die mit einer europäischen Bewegung in diesem Sinne zusammenfiel, entstanden nach dem internationalen Erfolg von Remarques Buch[4] und mit der überwiegenden Absicht, die pazifistische Mentalität vom Typ Remarques einzudämmen. Diese Literatur ist im allgemeinen mittelmäßig, sowohl als Kunst als auch als Kulturniveau, das heißt als praktische Schaffung von »Massen von Gefühlen und Emotionen«, die dem Volk aufzuzwingen waren. Vieles von dieser Literatur passt vollkommen zum »brescianischen« Typ. Charakteristisches Beispiel C. Malapartes Buch *Die Revolte der verfluchten Heiligen*, das bereits erwähnt worden ist[5]. Anzusehen ist der Beitrag der Schriftstellergruppe zu dieser Literatur, die gewöhnlich »Voceaner«[5a] genannt werden und die schon vor 1914 in zwieträchtiger Eintracht daran arbeiteten, ein modernes popular-nationales Bewusstsein zu schaffen. Von den »Kleineren« dieser Gruppe sind die besten Bücher geschrieben worden, zum Beispiel die von Giani Stuparich. Die Bücher von Ardengo Soffici[6] sind zutiefst abstoßend, aufgrund einer neuen Form von Phrasenhaftigkeit, die schlimmer als die traditionelle ist. Eine Übersicht über die Kriegsliteratur unter der Rubrik des Brescianismus ist notwendig.

§{26}. *Leonida Répaci.* Erschienen ist der erste Band eines sogenannten »zyklischen« Romans von Leonida Répaci, *Die Gebrüder Fels* (Mailand, Ceschina, 1932, 15 L.), der in seiner Gesamtheit die Entwicklung des Lebens in Italien in den ersten dreißig Jahren des Jahrhunderts von Kalabrien aus gesehen darstellen soll (im Vorwort stellt Répaci den Plan des Werkes vor)[1]. Abgesehen von der moralischen Plumpheit des Titels muss man sich fragen, ob Kalabrien in dieser Zeit eine repräsentative nationale Funktion gehabt hat, und allgemein, ob in Italien die Provinz eine progressive Funktion oder irgendeine andere dabei gehabt hat, eine beliebige Bewegung im Lande zu führen, die Führer auszuwählen, das geschlossene, ausgedünnte und korrupte Milieu der großen städtischen Zentren des nationalen Lebens aufzufrischen. In Wirklichkeit war die Provinz (und besonders im Mezzogiorno) hinsichtlich der Führer viel korrupter als das Zentrum (im Mezzogiorno verlangten die Volksmassen für ihre wirtschaftlichen Einrichtungen Führer aus dem Norden), und die städtisch gewordenen Provinzler brachten allzu oft eine neue Korruption in der Form eines miesen Winkeladvokatentums und der Manie niedriger Intrigen mit. Ein charakteristisches Beispiel dafür sind gerade die Gebrüder Répaci gewesen, die von Palmi nach Turin und Mailand ausgewandert sind. Die Gebrüder Fels sind natürlich die Gebrüder Répaci; aber, wenn man Mariano ausnimmt, wo ist der felsenfeste Charakter der anderen, Ciccios und Leonidas? Der »Quark- und Schlamm«-Charakter überwiegt, mit der moralischen Plumpheit, sich für »Fels« zu halten, nicht mehr und nicht weniger. Es ist zu beobachten, dass »Répaci Leonida« keinerlei erfinderische Phantasie hat, von schöpferischer ganz zu schweigen; er hat nur eine gewisse mittelmäßige Veranlagung dazu, (durch Aneinanderreihung, durch Aufblähung, durch »Synkretismus«) die Serie »dramatischer« Nichtigkeiten in Moll mechanisch zu erweitern, die charakteristisch sind für die anekdotenhafte Geschichte der Mehrheit der kleinbürgerlichen Familien in Italien (besonders im Süden) am Beginn dieses Jahrhunderts, und die auch die Familie Répaci charakterisiert haben, die von Leonida zur mythologischen Substanz der eigenen »Verschriftlichung« erhoben worden ist. Dieser Prozess mechanischen Aufblähens kann analytisch demonstriert werden. Und außerdem ist das eine merkwürdige Mythologie, die von Répaci, ohne menschlichen Ernst und Scham vor sich selbst, ohne Würde, ohne Anstand, von ethischer Größe ganz zu schweigen; die Schamlosigkeit in der Art einer Hure niederster Gattung kennzeichnet Leonida in Bezug auf seine Familie. *Der letzte Cyrenäer*[2], mit den unappetitlichen Szenen, in denen sich sein Bruder Ciccio obszön abquält, impotent geworden nicht aufgrund der Kriegsinvalidität, sondern aufgrund physischer Ursachen, möglicherweise durch Syphilis (Ciccio kam nicht zur Front, und seine militärischen Großtaten sind die Leonidas, der ein mutiger und kühner Mann war, bevor er es sich im Sessel der literarischen Eitelkeit bequem machte), zeigt, von welcher Art die Menschlichkeit Leonidas ist (auch in den *Gebrüdern Fels* gibt es einen Impotenten), der, könnte man sagen, imstande ist, darüber betrübt zu sein, dass es in seiner Familie keinen Inzest gegeben hat, um einen Roman darüber schreiben und sagen zu können, die »Fels« hätten alle Tragödien kennengelernt, auch die von Phädra und Ödipus.

§{27}. *Arnaldo Frateili.* Er ist der Literaturkritiker der »Tribuna« und gehört zur Intellektuellenschar der Forges, welche die Erde unfruchtbar macht, wohin sie auch den Fuß setzt. Hat einen Roman, *Schwindelgefühl* (Mailand, Bompiani, 1932), geschrieben. Frateili: er stellt sich der Phantasie so dar, wie er in einer Porträtkarikatur in der »Italia Letteraria« erscheint: das Gesicht eines eingebildeten Trottels mit einem Tropfen an der Nase. Schnupft Frateili Tabak? Hat Frateili Schnupfen? Warum dieser Tropfen? Handelt es sich um einen Fehler in der »Radierung«? um einen ungeplanten Ausrutscher des Stifts? Und warum hat der Zeichner den Tropfen dann nicht weggemacht? Quälende Probleme: die einzigen, die sich im Hinblick auf Frateili stellen[1].

§{28}. *Kriegsliteratur.* Kap. IX: »Krieg und Literatur«[0] des Bandes von B. Crémieux über die *Italienische Literatur* ansehen (Verl. Kra, 1928, S. 243ff)[1]. Für Crémieux bedeutet die italienische Kriegsliteratur eine Entdeckung des Volkes durch die Literaten. Aber Crémieux übertreibt! Trotzdem ist das Kapitel interessant und wiederzulesen. Andererseits ist auch Amerika von dem Italiener Kolumbus entdeckt und von Spaniern und Angelsachsen kolonisiert worden.

§{29}. *Bontempellis Novecentismo*[0]. Das von Bontempelli für die Zeitschrift »900« verfasste Manifest ist nichts anderes als G. Prezzolinis Artikel *Es lebe der Kunstgriff!*, 1915 veröffentlicht und auf Seite 51ff der Sammlung *Mir scheint ...* (Fiume, Verlag Delta, 1925) nachgedruckt[1]. Bontempelli hat nur eine Reihe von in Prezzolinis Artikel enthaltenen Anregungen entwickelt und abgeschwächt, indem er sie mechanisch machte. Die Komödie *Nostra Dea* von 1925[2] ist eine mechanische Erweiterung der Worte Prezzolinis, die auf S. 56 von *Mir scheint ...* wiedergegeben sind. Hervorzuheben ist, dass Prezzolinis Artikel sehr plump und schulmeisterlich ist: er lässt die Anstrengung erkennen, die der Autor nach der Erfahrung der »Lacerba« unternommen hat, um »leichter und lebhafter« zu werden: was in einem Epigramm ausgedrückt werden könnte, wird mit allerlei langweiligen Grimassen gekäut und wiedergekäut. Bontempelli ahmt die Plumpheit nach und vermehrt sie noch. Ein Epigramm wird bei Prezzolini zu einem Artikel und bei Bontempelli zu einem Buch.

§{30}. *Novecentisti und Strapaesani*[0]. Barock und Arkadien, den modernen Zeiten angepasst. (Der unvermeidliche Malaparte, der Chefredakteur von Bontempellis »900« war, wurde wenig später das »Schulhaupt« der Strapaesani und die Stechfliege Bontempellis).

§{31}. *Prezzolini. Das Gesetzbuch des Lebens in Italien* (Verlag der AG »La Voce«, Florenz, 1921)[1] beschließt die originäre und originelle Phase von Prezzolinis Tätigkeit, des moralistischen Schriftstellers, der für die Erneuerung und Modernisierung der italienischen Kultur ständig ins Feld zieht. Gleich danach gerät Prezzolini »in Krise«, mit ganz sonderbaren Höhen und Tiefen, und gesellt sich schließlich zur traditionellen Strömung und lobt, was er zuvor geschmäht hatte.

Einen Moment der Krise stellt der Brief von 1923* an P. Gobetti *Für eine Gesellschaft der Nichttrinker* dar, der in dem Bändchen *Mir scheint ...*[2] nachgedruckt ist. Prezzolini spürt, dass seine Position des »Betrachters« »ein wenig, ein ganz klein wenig (!) feige« ist. »Wäre es nicht unsere Pflicht, Partei zu ergreifen? Ist nicht etwas Verdrießliches (!), Unsympathisches (!), Trauriges (!) im Anblick dieser jungen Leute {...}, die (fast alle) außerhalb des Kampfes stehen, den Kämpfenden zuschauen und sich nur fragen, wie und weshalb und wieso die Hiebe ausgeteilt werden?«. Er findet eine Lösung, eine sehr bequeme: »Unsere Aufgabe, unser Nutzen für den gegenwärtigen Augenblick und auch {...} für die Kämpfe selbst, die jetzt trennen und im Gange sind, für die Qualen selbst, unter denen sich die Welt von morgen gestaltet, kann nur die sein, die wir übernommen haben, nämlich Ideen zu klären, Werte aufs Tapet zu bringen, über die Kämpfe hinweg ein gedankliches Erbe zu retten, damit es in künftigen Zeiten wieder Früchte tragen kann«. Die Sichtweise auf die Situation ist verblüffend: »Der Augenblick, den wir durchleben, ist derartig leichtgläubig (!), fanatisch, parteiisch, dass ein Ferment von Kritik, ein Element von Denken (!), ein Kern von Leuten, die über die Interessen hinaussehen, nur Gutes bewirken kann. Sehen wir nicht viele der Besten geblendet? Heute wird alles von der Menge akzeptiert (! und war es in der Zeit des Libyenkrieges nicht genauso? und trotzdem beschränkte sich Prezzolini damals nicht darauf, eine Gesellschaft der Nichttrinker vorzuschlagen!): das falsche Dokument, die grobgewirkte Legende, der primitive Aberglaube werden ohne Prüfung, mit geschlossenen Augen hingenommen und als materielle und geistige Abhilfe angeboten. Und wie viele der Oberen bieten als offenes Programm die Versklavung des Geistes als Hilfe für die Müden, als Zuflucht für die Verzweifelten, als Allheilmittel für die Politiker, als Beruhigungsmittel für die Aufgebrachten an. Wir könnten uns die Gilde der Nichttrinker nennen, derer, ›die sich nichts weismachen lassen‹, so augenfällig und offenkundig ist überall nicht nur die Gewohnheit, sondern auch der allgemeine Wille, sich etwas vormachen zu lassen«.

Eine Behauptung von einzigartigem sophistischem Jesuitentum: »Es kommt darauf an, dass eine dafür geeignete Minderheit sich, wenn nötig, opfert und auf viele äußerliche Erfolge verzichtet, auch ihren Wunsch nach Aufopferung und Heroismus (!) opfert, nicht, so würde ich sagen, um geradezu gegen den Strom zu schwimmen, sondern um einen festen Punkt zu schaffen, von dem aus die Bewegung wieder vorwärtsgeht« usw. usf.

Unterschied zwischen Prezzolini und Gobetti: sehen, ob der Brief beantwortet wurde, und wie[3].

* P: »1922«.

§{32}. *Alfredo Panzini*. Panzinis *Leben Cavours* wurde von der »Italia Letteraria« in den Nummern vom 9. Juni bis 13. Oktober 1929 in Fortsetzungen veröffentlicht und ist mit erheblicher Verspätung (durchgesehen und verbessert? eine peinlich genaue Prüfung wäre interessant, wenn es die Mühe wert wäre) vom Verleger Mondadori in einem Band der Reihe »Wege« neu gedruckt worden[1]. In der »Italia Letteraria« vom 30. Juni ist unter dem Titel *Klarstellung* ein Brief veröffentlicht, den Panzini mit Datum vom 27. Juni 1929 an den Herausgeber des »Resto del Carlino« geschickt hat: in sehr verärgertem Ton und zutiefst aufgebracht beklagt sich Panzini über einen von der Bologneser Zeitung veröffentlichten gepfefferten Kommentar zu den ersten beiden Folgen seiner Schrift, die als »gefälliges Getändel« und »etwas Leichtes« beurteilt worden war. Panzini antwortet im Telegrammstil: »Keinerlei Absicht, eine Biographie in der romanhaften französischen Manier zu schreiben. Meine Absicht, in gefälligem und dramatischem Stil schreiben, aber alles belegt (Briefwechsel Nigra-Cavour)«. (Als ob dieser Briefwechsel der einzige Beleg für Cavours Leben wäre!) Panzini versucht sich dann – ziemlich schlecht – dafür zu verteidigen, eine Cavour eigene, »menschliche« Form der Diktatur erwähnt zu haben, die elliptisch als ein kritisches Urteil über andere Formen von Diktatur erscheinen konnte: man stelle sich Panzinis Herzflattern vor, als er durch diese »Feuer«* ging[2]. Die Episode hat eine gewisse Bedeutung, weil sie zeigt, dass manche zu merken angefangen haben, dass diese pseudonationalen und patriotischen Schriften Panzinis öde, unaufrichtig sind und ihre Fadenscheinigkeit zeigen. Panzinis Dummheit und Unfähigkeit gegenüber der Geschichte sind unermesslich: was er schreibt, ist ein reines und infantiles Wortspiel, das unter dem Mantel einer Art einfältiger Ironie wer weiß was für Tiefsinnigkeiten zu enthalten vorgibt, wie diejenigen, die manche Bauern in ihrer naiven Sprechweise äußern. Bertoldo als Historiker![2a] In Wirklichkeit ist es eine neue Form von Harlekinade, die als Machiavelli in Hemdsärmeln und nicht im höfischen Gewand posiert. Eine weitere Spitze gegen Panzini lässt sich in der »Nuova Italia« um jene Zeit herum nachlesen: es wird gesagt, das *Leben Cavours* sei so geschrieben, als ob Cavour Pinocchio gewesen wäre[3].

Man kann auch nicht sagen, dass Panzinis Stil in seinen Geschichtstexten »unterhaltsam und dramatisch« sei: er ist vielmehr possenhaft, und die Geschichte wird als eine »Unterhaltung« nach der Art des Handlungsreisenden oder Provinzapothekers dargestellt: der Apotheker ist Panzini, und die Kunden sind genau solche Panzinis, die sich an ihrer eigenen seichten Blödigkeit berauschen.

Dennoch hat das *Leben Cavours* seinen Nutzen: es ist eine verblüffende

* Im Original lat.: »ignes«.

Sammlung von Gemeinplätzen über das Risorgimento und ein erstrangiges Dokument für Panzinis literarisches Jesuitentum. Beispiel: »Ein englischer Schriftsteller hat die Geschichte der Einheit Italiens die romanhafteste Geschichte der modernen Zeiten genannt«[4]. (Panzini tut sich, außer dass er Gemeinplätze für die Themen schafft, die er behandelt, sehr geschäftig damit, alle Gemeinplätze zu sammeln, die zum selben Thema von anderen Autoren, insbesondere ausländischen, in Umlauf gebracht worden sind, ohne zu merken, dass in vielen Fällen, wie in diesem, ein »diffamierendes« Urteil über das italienische Volk enthalten ist: Panzini muss sich eine spezielle Kartei für Gemeinplätze angelegt haben, um seine eigenen Schriften bei passender Gelegenheit damit zu würzen). »König Viktor war mit dem Schwert und ohne Furcht zur Welt gekommen: zwei mächtige Schnurrbartenden, ein großer Spitzbart. Ihm gefielen die schönen Frauen und die Musik der Kanone. Ein großer König!«

Dieser Gemeinplatz, dieses Ölgemälde für Kneipen über Viktor Emanuel ist mit dem anderen über die militärische »Tradition« Piemonts und seiner Aristokratie zu verbinden: in Wahrheit fehlte in Piemont gerade eine militärische »Tradition« im nichtbürokratischen Wortsinn, das heißt es fehlte eine »Kontinuität« erstrangigen militärischen Personals, und das ist gerade in den Kriegen des Risorgimento sichtbar geworden, in denen sich keine Persönlichkeit offenbart hat (außer im Lager Garibaldis), sondern im Gegenteil viele äußerst schwere innere Mängel aufgetaucht sind. Es gab in Piemont eine »populare« Militärtradition; aus seiner Bevölkerung war es immer möglich, ein gutes Heer zu ziehen; hin und wieder traten erstklassige militärische Kapazitäten hervor, wie Emanuel Philibert, Karl Emanuel usw., aber es fehlte eben eine Tradition, eine Kontinuität in der Aristokratie, im oberen Offizierskorps. Die Lage wurde durch die Restauration verschärft, und den Beweis hatte man {18}48, als man nicht wusste, wohin man greifen sollte, um dem Heer ein Oberhaupt zu geben, und nachdem man Frankreich vergeblich um einen General ersucht hatte, wurde schließlich irgendein Trottel von Pole angestellt. Die kriegerischen Qualitäten Viktor Emanuels II. bestanden nur in einem gewissen persönlichen Mut, von dem man denken müsste, er sei in Italien sehr selten gewesen, wenn man so sehr darauf besteht, ihn hervorzuheben: dasselbe könnte beim »Ehrenmännertum« gelten: man sollte meinen, in Italien bestünde die übergroße Mehrheit aus Spitzbuben, wenn Ehrenmann sein zu einem Titel der Distinktion erhoben wird. Hinsichtlich Viktor Emanuels II. ist an eine von F. Martini in seinem postumen Memoirenbuch (Verl. Treves) wiedergegebene Anekdote zu erinnern; Martini erzählt, dass Viktor Emanuel nach der Einnahme Roms gesagt habe, es missfiele ihm, dass da nichts mehr zu »holn«[4a] wäre, und das erschien dem, der die Anekdote erzählte (ich glaube Q. Sella), zu beweisen, dass es keinen König gegeben habe, der mehr Eroberer als Viktor Emanuel gewesen wäre[5]. Man könnte für die Anekdote vielleicht eine andere, viel schlichtere Erklärung anbringen, die mit der Konzeption des Patrimonialstaats und dem unterschiedlichen Maß der Zivilliste zusammenhängt. Zu erinnern ist auch an den Briefwechsel Massimo D'Azeglios, der von Bollea im »Bollettino Storico Subalpino«[6] veröffentlicht worden ist, und an den Konflikt zwischen Viktor Emanuel und Quintino Sella[7] über wirtschaftliche Fragen.

Es ist übrigens sehr erstaunlich, dass man so sehr auf den »galanten« Episoden im Leben Viktor Emanuels beharrt, als ob sie dazu angetan wären, die Gestalt des Königs populärer zu machen: es wird von hohen Beamten und Offizieren erzählt, die in die Bauernfamilien gingen, um die Eltern davon zu überzeugen, Mädchen für ein paar Groschen dem König ins Bett zu schicken. Wenn man genauer darüber nachdenkt, ist es verblüffend, dass diese Dinge in dem Glauben veröffentlicht werden, damit die Bewunderung des Volkes zu verstärken.

»... Piemont ... hat eine kriegerische Tradition, hat einen kriegerischen Adel«. Man könnte anmerken, dass sich Napoleon III. in Anbetracht der kriegerischen »Tradition« seiner Familie mit Militärwissenschaft beschäftigte und Bücher schrieb, die für ihre Zeit offenbar gar nicht so schlecht waren.

»Die Frauen? Ach ja, die Frauen. In dieser Frage stimmte er (Cavour) sehr mit seinem König überein, obwohl es auch darin manchen Unterschied gab. König Viktor war nicht sehr wählerisch, wie die schöne Rosina hätte bezeugen können, die später Gräfin von Mirafiori wurde« und weiter in diesem Ton, bis zu dem Hinweis, dass die galanten Absichten des Königs am Hofe der Tuglierí (sic)[7a] so kühn waren, »dass alle Damen davon liebenswürdig (!) erschreckt waren. Dieser starke, prächtige Bergkönig!« (Panzini bezieht sich auf die Anekdoten, die Paléologue[8] erzählt, aber was für ein Unterschied des Stils. Paléologue bewahrt trotz des heiklen Stoffes den Ton des höfischen Ehrenmannes: Panzini kann die Sprache des ordinären Zuhälters, des Mädchenhändlers nicht lassen.) »Cavour hatte sehr viel mehr Raffinesse. Ritterlich aber alle beide, und, wage ich (!) zu sagen, romantisch (!)«. »Massimo d'Azeglio ... als der feinsinnige Edelmann, der er war ...«.

Panzinis Hinweis, von dem auf S. 37 die Rede ist und der ihm den Bannstrahl des »Resto del Carlino« eintrug[9], ist in der zweiten Folge des *Lebens Cavours* der Ausgabe »Italia letteraria« (Nummer vom 16. Juni) enthalten, und es ist gut, ihn wiederzugeben, weil er in der Mondadori-Ausg. getilgt oder modifiziert worden sein soll[10]: »Er hat es nicht nötig, spezifische Haltungen einzunehmen. Aber in bestimmten Augenblicken musste er wundervoll und schrecklich erscheinen. Der Anblick der menschlichen Größe ist dergestalt, dass er den anderen Gehorsam und Schrecken einflößt, und das ist eine stärkere Diktatur als diejenige, viele Ministerämter innezuhaben«.

Es scheint unglaublich, dass dem feigen Panzini so ein Satz entfahren konnte, und es ist natürlich, dass der »Resto del Carlino« ihn aufgepickt hat. Aus Panzinis Antwort lässt sich das Unglück erklären: »Was gewisse Sticheleien gegen die Diktatur betrifft, war es vielleicht falsch, mich auf die historische Kenntnis des Lesers zu verlassen. Cavour forderte (?!) 1859 diktatorische Vollmachten, als er verschiedene Ministerposten, darunter den des Kriegsministers, zum großen (?!) Skandal für die damals gleichsam jungfräuliche Verfassungsordnung übernahm. Nicht diese materielle Form von Diktatur flößte Gehorsam ein, sondern die Diktatur der menschlichen Größe Cavours«[11]. Panzinis Absicht scheint tatsächlich schmeichlerisch gewesen zu sein, aber seine politische und somit geschichtliche Unschuld stellte ihm ein Bein und verwandelte seine servile Schmeichelei in eine zweideutige Grimasse. Man kann bei Cavour nicht von Diktatur sprechen, um so weniger 1859, und es war sogar ein Schwachpunkt im Verlauf des Krieges und in der Stellung der Piemontesen innerhalb des Bündnisses mit Napoleon. Cavours Meinungen über die Diktatur und über die Funktion des Parlaments sind bekannt, Meinungen, die Panzini feige verschweigt, obwohl es bestimmt nicht gefährlich gewesen wäre, darüber zu sprechen. Merkwürdig ist, dass Panzini selbst weiter unten zeigt, wie Cavour vom Kriegsverlauf abgeschnitten wurde und, obwohl Kriegsminister, nicht einmal die Heeresberichte erhielt. Nicht schlecht für einen Diktator. Cavour gelang es nicht einmal, seine verfassungsmäßigen Befugnisse als Regierungschef geltend zu machen, die im übrigen im Statut nicht berücksichtigt waren, und von daher sein Konflikt mit dem König nach dem Waffenstillstand von Villafranca. Nicht Cavours Politik wurde in Wirklichkeit vom 59er Krieg fortgesetzt, sondern eine Mischung aus den politischen Anwandlungen Napoleons und den absolutistischen Tendenzen in Piemont, die vom König und einer Gruppe von Generälen verkörpert wurden. Es wiederholte sich die Situation von 1848–49, und wenn es zu keiner militärischen Katastrophe kam, so war dies der Anwesenheit des französischen Heeres zu verdanken: aber das Ergebnis der anormalen politischen Lage war trotzdem folgenschwer, weil Napoleon in dem Bündnis die unbegrenzte Hegemonie innehatte und Piemont einen allzu untergeordneten Platz.

»… der Orientkrieg, eine eher komplizierte Sache, die aus Gründen der Klarheit der Rede ausgelassen wird«. (Eine für einen Historiker unbezahlbare Behauptung: es wird behauptet, Cavour sei ein politisches Genie gewesen usw., aber die Behauptung wird nie konkrete Beweisführung und Darstellung. Die Bedeutung der Beteiligung Piemonts am Krimkrieg und der politischen Fähigkeit Cavours, sie gewollt zu haben, wird aus Gründen der »Klarheit« »ausgelassen«). Das Profil Napoleons III. ist unverschämt trivial: es wird nicht versucht zu erklären, warum Napoleon mit Cavour zusammengearbeitet hat (die Belegzitierungen wären zu zahlreich: es wird nötig sein, das Buch oder den Jahrgang der »Italia Letteraria« wieder durchzusehen).

»Im Napoleonmuseum zu Rom gibt es einen wertvollen Dolch mit einer Klinge, die das Herz durchbohren kann (es ist anscheinend kein gewöhnlicher Dolch!)«. »Kann dieser Dolch als Zeugnis dienen? Mit Dolchen habe ich keine Erfahrung (!), aber ich habe sagen hören, das sei der Dolch der Karbonari gewesen, den man demjenigen anvertraute, der in die geheimnisvolle Sekte eintrat usw.«. (Panzini muss schon immer von den Dolchen besessen gewesen sein: an die »stahlblaue Klinge« der *Laterne des Diogenes*[12] erinnern. Vielleicht ist er in der Romagna zufällig in irgendeine aufregende Situation geraten und hat ein finster nach ihm schielendes Augenpaar erblickt: daher die »stahlblauen Klingen«, die das Herz durchbohren usw.).

»Und wer sehen möchte, wie die Karbonarisekte das Aussehen Beelzebubs annahm, der lese den Roman *Der Jude von Verona* von Antonio Bresciani, und er wird sich köstlich amüsieren (sic), auch weil im Gegensatz zu dem, was die Modernen von ihm sagen (aber De Sanctis war Brescianis Zeitgenosse), dieser Jesuitenpater ein starker Erzähler war«[13]. (Diesen Passus könnte man als Motto vor den Aufsatz über die Enkelchen des Pater Bresciani stellen: sie befindet sich in der dritten Folge des *Lebens Cavours*, Ausgabe der »Italia Letteraria«, Nr. vom 23. Juni 1929).

Dieses ganze *Leben Cavours* ist ein Hohn auf die Geschichte. Wenn die Lebensromane die jetzige Form der unterhaltsamen Geschichtsliteratur vom Typ Alexandre Dumas sind, dann ist A. Panzini der Ponson du Terrail des Gemäldes. Panzini will so nachdrücklich zeigen, in Bezug auf die Seele und die Natur der Menschen »eine Nasenlänge voraus«, ein so überschlauer Schlaumeier, ein von der finsteren Ruchlosigkeit des Menschengeschlechts und speziell der Politiker so ernüchterter Realist zu sein, dass man, wenn man ihn gelesen hat, Lust kriegt, sich zu Condorcet oder Bernardin de Saint-Pierre zu flüchten, die wenigstens nicht so trivial philisterhaft waren. Keinerlei historischer Zusammenhang wird im Brennpunkt einer Persönlichkeit hergestellt; die Geschichte wird dir eine Abfolge wenig amüsanter, weil von Panzini eingespeichelter Geschichtchen ohne Zusammenhang weder zwischen heroischen Persönlichkeiten noch zwischen anderen gesellschaftlichen Kräften; Panzinis Art ist wirklich eine neue Form von Jesuitentum, noch viel ausgeprägter, als man bei der Lektüre des *Lebens* in Fortsetzungen glaubte. Dem Gemeinplatz des »kriegerischen und nicht antichambrierenden Adels« können die Urteile gegenübergestellt werden, die Panzini jedesmal über die einzelnen Generäle, wie La Marmora und Della Rocca, abgibt, oftmals mit Ausdrücken eines trivial geistreichelnden Spottes: »Della Rocca ist ein Krieger. Bei Custoza 1866 wird er nicht durch allzu große Tapferkeit glänzen, aber er ist ein zäher Krieger und hält deshalb mit den Kriegsberichten durch«. (Das ist wirklich ein Satz nach Art von »Demagogen«. Della Rocca wollte die Berichte des Generalstabs nicht mehr an Cavour schicken, der die schlechte sprachliche Redaktion, an welcher der König mitarbeitete, angemerkt hatte). Andere Anspielungen der Art auf La Marmora und Cialdini (auch wenn Cialdini kein Piemontese war), und nie wird der Name eines piemontesischen Generals genannt, der in irgendeiner Weise geglänzt hätte: weiterer Hinweis auf Persano).

Man versteht überhaupt nicht, was Panzini mit diesem *Leben Cavours* schreiben wollte; weil es sich um ein Leben Cavours bestimmt nicht handelt, weder um eine Biographie des Menschen Cavour, noch um ein Profil des Politikers Cavour. In Wahrheit geht Cavour als Mensch und Politiker aus Panzinis Buch ziemlich übel zugerichtet und auf eine Größe wie Gianduia[13a] reduziert hervor: seine Gestalt hat keine konkreten Konturen, weil für konkrete Konturen die Litaneien, die Panzini fortwährend wiederholt: Held, Prachtstück, Genie usw., nicht genügen. Diese Urteile, die nicht gerechtfertigt werden (deshalb handelt es sich um Litaneien), könnten geradezu als Verspottungen erscheinen, verstünde man nicht, dass das Maß, das Panzini anlegt, um das Heldentum, die Größe, das Genie usw. zu beurteilen, nichts anderes ist als sein persönliches Maß, die Genialität, die Größe, das Heldentum von Herrn Panzini Alfredo. Auf dieselbe Weise und aus demselben Grund übertreibt Panzini darin, den Finger Gottes, das Schicksal, die Vorsehung in den Ereignissen des Risorgimentos am Werk zu finden; es geht um die vulgäre Auffassung des »Stellone«[13b], gewürzt mit Worten nach der Art der griechischen Tragödie oder eines Jesuitenpaters, aber deshalb nicht weniger trivial. Im Grunde bedeutet das tumbe Beharren auf dem »außermenschlichen Element« über die historische Blödsinnigkeit hinaus, die Funktion der Anstrengung Italiens herabzusetzen, das doch keinen geringen Anteil an den Ereignissen hatte. Was könnte es bedeuten, dass die italienische Revolution ein wundersames Ereignis gewesen ist? Dass zwischen dem nationalen und dem internationalen Faktor des Ereignisses das internationale ein größeres Gewicht hatte und Schwierigkeiten schuf, die unüberwindlich schienen. Ist dies der Fall? Das müsste gesagt werden, und vielleicht wäre Cavours Größe viel deutlicher hervorgetreten und seine persönliche Rolle, sein »Heroismus« hätten viel mehr Lob verdient (neben allen anderen Erwägungen). Aber Panzini will viele Fässer mit vielen Ringen beschlagen und kriegt nichts Vernünftiges zusammen: er weiß auch nicht, was eine Revolution ist und welche die Revolutionäre sind: alle waren groß, revolutionär usw., wie nachts alle Katzen grau sind.

In der »Italia Letteraria« vom 2. Juni 1929 ist ein Interview von Antonio Bruers mit Panzini veröffentlicht: *Wie und warum Alfredo Panzini ein »Leben Cavours« geschrieben hat*; es wird da gesagt, dass Bruers selbst Panzini dazu gebracht hat, das Buch zu schreiben, »damit das Publikum endlich einen italienischen ›Cavour‹ haben könnte, nachdem es einen deutschen, einen englischen und einen französischen gehabt hat«. Panzini sagt in dem Interview, sein *Leben* sei »keine Monographie im wissenschaftlich-historischen Sinne des Wortes; es ist ein Charakterbild, das nicht für die Gelehrten, nicht für die ›Spezialisten‹, sondern für das breite Publikum bestimmt ist« (das heißt Kinkerlitzchen für Neger). Panzini ist überzeugt davon, dass es in seinem Buch originelle Partien gibt, und zwar die Tatsache, dass er dem Attentat Orsinis Bedeutung beigemessen hat, um die Haltung Napoleons III. zu erklären; nach Panzini ist Napoleon III. als junger Mann der Karboneria beigetreten, »welche den künftigen Souverän Frankreichs mit einem Ehrengelübde (!) band«; Orsini habe Napoleon im Auftrag der Karboneria (die es seit einer ganzen Weile nicht mehr gab) an sein Gelübde erinnert und daher usw. (regelrecht ein Roman à la Ponson du Terrail; wenn Orsini je der Karboneria angehört hatte, musste er sie zur Zeit des Attentats schon viele Jahre vergessen haben; seine Unterdrückungsmaßnahmen von 48 in den Marken richteten sich gerade gegen die alten Karbonari, und außerdem hatte Orsini, nachdem er wie die anderen Revolutionäre die Karbonaria im »Jungen Italien« und im Mazzinianismus überwunden hatte, bereits mit Mazzini gebrochen). Die Gründe für das persönliche Verhalten Napoleons gegenüber Orsini (der auf alle Fälle guillotiniert wurde) lassen sich vielleicht banal mit der Angst vor dem geflüchteten Komplizen erklären, der den Versuch wiederholen konnte; auch musste die große Ernsthaftigkeit Orsinis, der nicht irgendein Eiferer war, imponieren und zeigen, dass der Hass der italienischen Revolutionäre auf Napoleon keine Lappalie war: es kam darauf an, den Fall der Römischen Republik vergessen zu machen und die verbreitete Meinung zerstören zu suchen, dass Napoleon der größte Feind der Einheit Italiens sei. Panzini vergißt außerdem (der »Klarheit« wegen), dass es den Krimkrieg und die allgemeine proitalienische Orientierung Napoleons (was jedoch, da er ein Konservativer war, den Revolutionären nicht gefallen konnte) gegeben hat; so dass Orsinis Attentat das schon geknüpfte Netz zu zerreißen schien. Die ganze Hypothese Panzinis beruht zudem darauf, den berühmten Dolch gesehen zu haben, der das Herz durchbohrte, und auf der Annahme, dass er ein Gegenstand der Karboneri war: ein Roman à la Ponson und nichts anderes.

§{33}. *Riccardo Bacchelli. Der Teufel am Pontelungo* (Verl. Ceschina, Mailand)[1]. Dieser Roman Bacchellis ist von Orlo Williams ins Englische übersetzt worden, und die »Fiera Letteraria« vom 27. Januar 1929 bringt die Einleitung Williams' zu seiner Übersetzung[2]. Williams bemerkt, der *Teufel am Pontelungo* sei »einer der wenigen wahren Romane, im Sinne dessen, was wir in England Roman nennen«, aber er hebt nicht hervor (obgleich er auch von dem anderen Buch Bacchellis, *Der Thunfisch weiß es*[3], spricht), dass Bacchelli einer der wenigen italienischen Schriftsteller ist, die »Moralisten« im englischen und französischen Sinne genannt werden können (daran erinnern, dass Bacchelli Mitarbeiter der »Voce« gewesen ist und zeitweilig sogar in Prezzolinis Abwesenheit die Herausgeberschaft innehatte)[4]; er nennt ihn dagegen *Raisonneur, gelehrten Dichter*: *Raisonneur* in dem Sinne, dass er allzu oft die dramatische Handlung mit Kommentaren über die Beweggründe menschlicher Handlungen im allgemeinen unterbricht. (*Der Thunfisch weiß es* ist das typische Buch des »Moralisten« Bacchelli und scheint nicht besonders gelungen zu sein). In einem Brief an Williams, der in der Einleitung wiedergegeben wird, gibt Bacchelli folgende Informationen über den *Teufel*[5]: »In den *allgemeinen* Zügen (!) ist das Material historisch *im engen Sinne* (!), sowohl im ersten als auch im zweiten Teil. Historisch (!) sind die Protagonisten, wie Bakunin, Cafiero, Costa. Für das Verständnis der Epoche, der Ideen und der Fakten habe ich versucht, Historiker im strengen Sinne zu sein: kosmopolitischer Revolutionarismus, Ursprünge des politischen Lebens im Königreich Italien, Eigenschaften des italienischen Sozialismus in seinen Anfängen, politische Psychologie des italienischen Volkes und sein ironischer gesunder Menschenverstand, sein instinktiver und realistischer Machiavellismus (*man müsste eher Guicciardinismus im Sinne des Menschen Guicciardinis sagen, von dem De Sanctis spricht)*[6] usw. Meine Quellen sind die Erfahrung des politischen Lebens, die ich in Bologna machte, das die politisch empfänglichste und klügste Stadt Italiens ist (mein Vater war Politiker, liberal-konservativer Abgeordneter) (*das Urteil, das Bacchelli über das politische Bologna abgibt, ist im wesentlichen richtig, jedoch nicht hinsichtlich des Volkes, hinsichtlich der besitzenden und intellektuellen Klassen, die gegen das unruhige und in elementarer Weise gewalttätige Land zusammengeschlossen sind; sie leben in Bologna in einem ständigen Zustand gesellschaftlicher Panik, in der Furcht vor einer Jacquerie, und die Angst schärft das politische Ohr*), die Erinnerungen einiger der letzten Überlebenden jener Zeiten und der anarchistischen Internationale (ich habe einen gekannt, der Gefährte und Komplize Bakunins bei den 74er Ereignissen von Bologna war) und, hinsichtlich der Bücher, vor allem das Kapitel des Professors Ettore Zoccoli in seinem Buch über die Anarchie und die Hefte Bakunins, die der österreichische Historiker des Anarchismus, Nettlau, in seiner höchst seltenen, in wenigen Exemplaren veröffentlichten Biographie abgedruckt hat. Auch der Franzose (*er war aber Schweizer*) James Guillaume behandelt Bakunin und Cafiero in seinem Werk über die Internationale, das ich nicht kenne, aber von dem ich mich, glaube ich, in verschiedenen wichtigen Punkten entferne. Dieses Werk war Bestandteil (!) einer späteren Polemik über die Baronata von Locarno, um das ich mich nicht gekümmert habe (! *trotzdem beleuchtete diese Polemik Bakunins Charakter und somit seine Beziehungen zu Cafiero*)[7]. Es geht dabei um erbärmliche Dinge und um Geldfragen (*puh!*). Ich glaube, Herzen hat in seinen Memoiren die treffendsten und menschlichsten Worte zur unbeständigen, unruhigen und verworrenen Persönlichkeit Bakunins geschrieben. Marx war, wie es nicht selten vorkam, nur kaustisch und beleidigend. Zusammenfassend glaube ich Ihnen sagen zu können, dass das Buch auf einer Grundlage von substantiell historischer Auffassung beruht. Wie und mit welchem künstlerischen Gefühl ich dieses europäische (!) und repräsentative Material zu entwickeln verstanden habe, das ist eine Frage, über die zu urteilen mir nicht zukommt«[8]. (*Der Teufel am Pontelungo* ist mit Sobreros *Peter und Paul* wegen der Schwarzweißmalerei in den Aufsatz über die »Enkelchen des Pater Bresciani« zu setzen[9]: im übrigen gibt es bei Bacchelli viel Brescianismus, nicht nur gesellschaftlich-politischen, sondern auch literarischen: die »Ronda« war eine Äußerung künstlerischen Jesuitentums.

§{34}. *Jahier, Raimondi und Proudhon.* Artikel von Giuseppe Raimondi *Rione Bolognina* in der »Fiera Letteraria« vom 17. Juni 1928; ist überschrieben mit dem Motto Proudhons: »Die Armut ist gut, und wir müssen sie als das Prinzip unserer Fröhlichkeit ansehen«*. Der Artikel ist eine Art »autobiographisch-ideologisches« Manifest und gipfelt in folgenden Sätzen: »Wie jeder Arbeiter und jedes Arbeiterkind habe ich immer einen klaren Sinn für die Spaltung der Gesellschaftsklassen gehabt. Ich werde leider (sic) unter denen bleiben, die arbeiten. Auf der anderen Seite gibt es diejenigen, die ich respektieren kann, für die ich auch aufrichtige Dankbarkeit (!) empfinden kann; aber etwas verbietet mir, mit ihnen zu weinen (!), und ich bringe es nicht fertig, sie spontan zu umarmen (!). Entweder sie verunsichern mich (!) oder ich verachte sie«. (Eine schöne Art, eine höhere Form von Arbeiterwürde zu präsentieren!) »Die Revolutionen sind immer in den Vorstädten gemacht worden, und nirgendwo ist das Volk so jung, jeder Tradition entrissen, bereit, einem plötzlichen Impuls kollektiver Leidenschaft zu folgen, wie in den Vorstädten, die nicht mehr Stadt und noch nicht Land sind. {…} Von hier aus wird am Ende eine neue Zivilisation und eine Geschichte ausgehen, die den Sinn der Auflehnung und säkularen Rehabilitierung haben wird, der den Völkern eigen ist, die erst die Moral der modernen Zeit als würdig anerkannt hat. Man wird davon sprechen, so wie man heute vom Italienischen Risorgimento und der Amerikanischen Unabhängigkeit spricht. Der Arbeiter ist von einfachem Geschmack: er bildet sich über die wöchentlichen Fortsetzungsfolgen der Wissenschaftlichen Entdeckungen

* Im Original französisch.

und der Geschichte der Kreuzzüge: seine Mentalität wird immer die etwas atheistische und garibaldinische der Vorstadtzirkel und der Volksuniversitäten sein. {...} Lasst ihm seine Schwächen, erspart ihm eure Ironie. Das Volk versteht keinen Spaß. Seine Bescheidenheit ist echt wie sein Vertrauen in die Zukunft«[1]. (Sehr kitschig, aber ziemlich in der Mode des schlechtesten Proudhon, auch in dem axiomatischen und entschiedenen Tonfall).

In der »Italia Letteraria« vom 21. Juli 1929 spricht derselbe Raimondi über seine ehrerbietige Freundschaft zu Piero Jahier und ihre Unterhaltungen: »... er spricht mir von Proudhon, von seiner Größe und Bescheidenheit, von dem Einfluss, den seine Ideen auf die moderne Welt ausgeübt haben, von der Bedeutung, die diese Ideen in einer von der gesellschaftlich organisierten Arbeit beherrschten Welt erlangt haben, in einer Welt, in der sich das Bewusstsein der Menschen immer mehr im Namen der Arbeit und ihrer Interessen entwickelt und vervollkommnet. Proudhon hat einen humanen und lebendigen Mythos aus diesen armseligen (!) Interessen gemacht. Die Bewunderung für Proudhon ist bei mir eher gefühlsmäßig, instinktiv, gleich einer Zuneigung und Hochachtung, die ich ererbt habe, die mir bei der Geburt übermittelt worden sind. Bei Jahier ist sie intellektuell, aus dem Studium hergeleitet, daher (!) äußerst tief«[2].

Dieser Herr Giuseppe Raimondi war ein leidlicher Poseur* mit seiner »ererbten Bewunderung«; er hatte eine der hundert Weisen herausgefunden, sich in der heutigen literarischen Jugend zu distinguieren; seit einigen Jahren hört man aber nichts mehr von ihm. (Bologneser: arbeitet mit L. Longanesi am »Italiano«, wird dann heftig und verächtlich von Longanesi, einem »Rondisten«[2a], verwarnt).

§{35}. *»Technisch« katholische Schriftsteller.* Bemerkenswert ist, dass die katholischen Schriftsteller in Italien rar sind, was seinen Grund darin hat, dass die Religion vom aktiven politischen Leben in allen seinen Äußerungen abgetrennt ist. Gemeint sind »Schriftsteller«, die eine gewisse intellektuelle Würde haben und Kunstwerke produzieren, Drama, Lyrik, Roman. Gallarati Scotti schon erwähnt wegen eines charakteristischen Zuges der *Geschichten von der heiligen und von der profanen Liebe*[1], der eine gewisse künstlerische Würde hat, aber nach Modernismus stinkt. Paolo Arcari (bekannter als Verfasser von literarischen und politischen Aufsätzen, im übrigen früher Herausgeber der liberalen Zeitschrift »L'azione liberale« in Mailand, der aber ein paar Romane geschrieben hat)[2]. Luciano Gennari (der in französischer Sprache schreibt)[3]. Ein Vergleich zwischen der künstlerischen Tätigkeit der französischen Katholiken (und der literarischen Statur) und den italienischen ist nicht möglich. Crispolti

* Französisch im Original.

hat einen Propagandaroman, *Das Duell,* geschrieben[4]. In Wirklichkeit ist der italienische Katholizismus auf literarischem Gebiet steril wie auf den anderen Gebieten der Kultur (vgl. Missiroli, *Gebt dem Kaiser ...*)[5]. Maria di Borio (an die Episode erinnern, die typisch für Di Borio ist, während des Vortrags der Hinduistin Arcandamaia zur Bedeutung der Religionen usw.)[6]. Florentiner Gruppe des »Frontespizio«[7] unter Papinis Führung entfaltet eine extremistische katholisch-literarische Aktivität, was ein weiterer Beweis für die Gleichgültigkeit der Intellektuellenschicht gegenüber der religiösen Auffassung ist.

§{36}. *Methodische Kriterien.* Es wäre absurd zu verlangen, dass die Literatur eines Landes jedes Jahr oder auch alle zehn Jahre ein Werk wie *Die Verlobten* oder *Die Gräber*[0] usw. hervorbringen solle. Gerade deshalb kann die normale kritische Aktivität nicht anders als vorwiegend »kultureller« Art und eine »Tendenz«-Kritik sein, sonst wird sie zu einem fortwährenden Massaker.

Und wie soll in diesem Fall das zu massakrierende Werk, der als kunstfremd hinzustellende Schriftsteller ausgewählt werden? Es scheint dies ein Problem zu sein, das man vernachlässigen kann, und doch ist es vom Standpunkt der modernen Organisation des kulturellen Lebens grundlegend. Eine kritische Aktivität, die permanent negativ wäre, bestehend aus Verrissen, aus Beweisführungen, dass es sich um »Nicht-Dichtung« und nicht um »Dichtung«[0a] handelte, würde öde und widerwärtig: die »Auswahl« würde nach Menschenjagd aussehen oder könnte für »zufällig« und daher irrelevant gehalten werden. Es scheint sicher, dass die kritische Aktivität immer einen positiven Aspekt haben muss, in dem Sinne, dass sie in dem untersuchten Werk einen positiven Wert hervorheben muss, der wenn auch nicht künstlerisch, so doch kulturell sein kann, und dann wird nicht so sehr das einzelne Buch Geltung haben – von Ausnahmefällen abgesehen – als vielmehr die Gruppe von Arbeiten, die hinsichtlich der kulturellen Tendenz in Serien einzuordnen sind. Zur Auswahl: das einfachste Kriterium – außer der Intuition des Kritikers und der systematischen Prüfung der gesamten Literatur, eine kolossale und individuell nahezu unmöglich zu bewerkstelligende Arbeit – scheint der »buchhändlerische Erfolg« zu sein, in zweierlei Hinsicht: »Erfolg bei den Lesern« und »Erfolg bei den Verlegern«, der in bestimmten Ländern, wo das intellektuelle Leben von Regierungsorganen kontrolliert wird, immerhin seine Bedeutung hat, weil er anzeigt, welche Richtung der Staat der Nationalkultur geben möchte. Wenn man von den Kriterien der Croceschen Ästhetik ausgeht, stellen sich dieselben Probleme: da »Fragmente« von Dichtung überall vorkommen können, in der »Amore Illustrato«[0b] wie im streng fachwissenschaftlichen Werk, müsste der Kritiker »alles« kennen, um in der Lage zu sein, die »Perle« im Kot auszumachen. Tatsächlich fühlt jeder einzelne Kritiker, dass er einer Organisation der

Kultur[0c] angehört, die als Ganzes operiert; was dem einen entgeht, wird vom anderen »entdeckt« und gemeldet usw. Auch das Überhandnehmen der »Literaturpreise« ist nur eine mehr oder weniger gut organisierte, mit mehr oder weniger betrügerischen Elementen verbundene Äußerung dieses kollektiven »Melde«-Dienstes der militanten Literaturkritik.

Festzuhalten ist, dass in gewissen Zeiten der Geschichte die praktische Tätigkeit die größten schöpferischen Intelligenzen einer Nation absorbieren kann: in einem gewissen Sinn werden in solchen Zeiten alle besten menschlichen Kräfte auf die Arbeit an der Struktur[0d] konzentriert, und von Superstrukturen kann man noch nicht sprechen: nach dem, was Cambon im Vorwort zur französischen Ausgabe von Henri Fords Autobiographie schreibt, ist in Amerika eine soziologische Theorie auf dieser Grundlage geschaffen worden, um das Fehlen einer humanistischen und künstlerischen Blüte der Kultur in den Vereinigten Staaten zu rechtfertigen[1]. Auf jeden Fall muss diese Theorie, um wenigstens einen Anschein von Rechtfertigung zu haben, in der Lage sein, eine umfassende schöpferische Aktivität auf praktischem Gebiet nachzuweisen, obwohl die Frage unbeantwortet bleibt: wenn diese »schöpferisch-poetische« Aktivität vorhanden und lebenskräftig ist, indem sie alle Lebenskräfte, Energien, Willen, Begeisterungen des Menschen anspornt, warum spornt sie die literarische Energie nicht an und schafft keine Epik? Wenn das nicht passiert, entsteht der legitime Verdacht, dass es sich um »bürokratische« Energien handelt, um Kräfte, die nicht universal expansiv sind, sondern repressiv und brutal: kann man sich vorstellen, dass die Erbauer der Pyramiden, mit der Peitsche angetriebene Sklaven, ihre Arbeit lyrisch aufgefasst hätten? Hervorzuheben ist, dass die Kräfte, die diese grandiose praktische Aktivität leiten, repressiv nicht nur gegenüber der instrumentellen Arbeit sind, was man verstehen kann, sondern universal repressiv sind, was geradezu typisch ist und dazu führt, dass eine gewisse literarische Energie, wie in Amerika, sich bei denen äußert, die unempfänglich sind für die Organisation der praktischen Tätigkeit, die sich als »episch« an sich ausgeben möchte. Dennoch ist die Lage dort schlimmer, wo der künstlerischen Nichtigkeit nicht einmal eine strukturell-praktische Aktivität von einer gewissen Großartigkeit entspricht und sich die künstlerische Nichtigkeit mit einer praktischen Aktivität rechtfertigt, die sich »erweisen wird« und ihrerseits eine künstlerische Aktivität hervorbringen wird.

In Wirklichkeit ist jede erneuernde Kraft repressiv gegenüber den eigenen Gegnern, aber [insofern] sie latente Kräfte freisetzt, potenziert sie diese, spornt sie an, ist sie expansiv, und die Expansivität ist weitgehend ihr Unterscheidungsmerkmal. Die Restaurationen, unter welchem Namen sie auch auftreten, und besonders die Restaurationen, die in der gegenwärtigen Zeit stattfinden, sind universal repressiv: »Pater Bresciani«, die brescianische Literatur wird vorherrschend. Die Psychologie[1a], die einer solchen intellektuellen Äußerung vorausgegangen ist, ist durch die Panik, eine kosmische Angst vor dämonischen Kräften geschaffen worden, die man nicht versteht und deshalb nur durch eine universale repressive Konstruktion kontrollieren kann. Die Erinnerung an diese Panik (an ihre akute Phase) hält lange Zeit an und leitet den Willen und die Gefühle: die schöpferische Freiheit und Spontaneität verschwinden, und übrig bleibt die Missgunst, der Geist der Rache, die unter dem Mantel jesuitischer Süßlichkeit steckende dümmliche Verblendung. Alles wird praktisch (im schlechtesten Sinne), alles ist Propaganda, Polemik, implizite Negation, in erbärmlicher, beschränkter, oft niedriger und widerwärtiger Form, wie im *Juden von Verona*.

Frage der literarischen Jugend einer Generation. Sicher, wenn man einen Schriftsteller beurteilt, dessen erstes Buch man untersucht, wird man das »Alter« berücksichtigen müssen, weil das Urteil immer auch eines über Bildung sein wird: die unreife Frucht eines Jugendlichen kann als eine Verheißung geschätzt werden und eine Ermutigung erhalten. Aber die Backpflaumen sind keine Verheißungen, auch wenn sie denselben Geschmack wie die unreifen Früchte zu haben scheinen.

§{37}. *Papini*. Zu beobachten ist, wie die Schriftsteller der »Civiltà Cattolica« ihn vorziehen, ihn hätscheln, ihn verzärteln und ihn vor jeder Anschuldigung wegen mangelnder Orthodoxie in Schutz nehmen. Sätze Papinis, die in seinem Buch über den *Hl. Augustin* enthalten sind und die Tendenz zum Secentismo zeigen (die Jesuiten waren ausgeprägte Vertreter des Secentismo): »als man darum stritt, aus den Kellern des Stolzes herauszutreten, um die göttliche Luft des Absoluten zu atmen«, »vom Misthaufen zu den Sternen emporsteigen«[1] usw. Papini ist nicht zum Christentum konvertiert, sondern eigentlich zum Jesuitentum (im übrigen lässt sich sagen, dass das Jesuitentum mit seinem Kult des Papstes und der Organisierung eines absoluten geistigen Reiches die jüngste Phase des katholischen Christentums ist).

§{38}. *Mario Puccini. Cola oder Porträt des Italieners*, Verlag Vecchioni, Aquila, 1927. Cola ist ein toskanischer Bauer, im Krieg Landsturmsoldat, mit dem Puccini den »alten Italiener« usw. darstellen möchte. »... der Charakter Colas, {...} ohne Reaktionen dagegen, aber ohne Begeisterungen, fähig, die eigene Pflicht zu tun und auch einige Taten von Wert zu vollbringen, aber aus Gehorsam und aus Notwendigkeit und mit einem zarten Respekt für die eigene Haut, mehr oder weniger von der Notwendigkeit des Krieges überzeugt, aber ohne jede Ahnung von heroischen Werten {...} der Typus eines wenn auch nicht vollkommen tauben, so doch den idealen Ansprüchen gegenüber passiven Bewusstseins, zwischen frömmelnd und faul, widerspenstig darin, über die ›Befehle der Regierung‹ und über die bescheidenen Funktionen des individuellen Lebens hinauszuschauen, in einem Wort, zufrieden mit dem Flachlanddasein, ohne Streben nach den hohen Gipfeln«. (Aus der in der »Nuova Antologia« vom 16. März 1928, S. 270, veröffentlichten Rezension)[1].

§{39}. *Luigi Capuana.* Auszug aus einem Artikel von Luigi Tonelli, *Charakter und Werk Luigi Capuanas* (»Nuova Antologia«, 1. Mai 1928)[1]: »*König Bracalone* (Märchenroman: das 20. Jahrhundert ist durch Zauberkraft innerhalb weniger Tage, in den Zeiten des ›Es war einmal‹ geschaffen worden; aber nachdem der König die bittere Erfahrung desselben gemacht hat, zerstört er es und zieht es vor, zu den ursprünglichen Zeiten zurückzukehren) interessiert uns auch unter dem ideologischen Blickpunkt; weil er in einer Periode sozialistoider internationalistischer Betörung (!) den Mut (!) hatte, ›die albernen Sentimentalitäten des Weltfriedens, der Abrüstung und die nicht weniger albernen Sentimentalitäten der wirtschaftlichen Gleichheit und der Gütergemeinschaft‹ zu brandmarken (!) und die Dringlichkeit auszudrücken, ›die Agitationen zu unterbinden, die schon einen Staat im Staate, eine unverantwortliche Regierung geschaffen haben‹, und die Notwendigkeit eines nationalen Gewissens zu behaupten: ›Uns fehlt die nationale Würde; man muss den edlen Stolz auf sie schaffen, ihn bis zum Exzess treiben. Das ist der einzige Fall, in dem der Exzess nicht schadet‹«[2]. Tonelli ist albern, aber Capuana scherzt auch nicht mit seinem Phrasenschatz eines crispitreuen Provinzblättchens: man müsste schließlich sehen, was seine Ideologie des »Es war einmal« damals taugte, die ein anachronistisches und im damaligen Italien alles andere als nationales Patriarchentum verherrlichte.

Bei Capuana muss man an das Dialekttheater erinnern und die Ansichten über die Sprache im Theater im Zusammenhang mit der Sprachfrage in der italienischen Literatur[3]. Einige Komödien Capuanas (wie *Giacinta*, *Hexerei*, *Ritter Pedagna*) wurden ursprünglich auf italienisch geschrieben und dann in den Dialekt übertragen: nur im Dialekt hatten sie Erfolg. Tonelli, der nichts begreift, schreibt, dass Capuana zur Dialektform im Theater »nicht nur aus der Überzeugung« hingeführt wurde, »dass man ›über das Dialekttheater gehen muss, wenn man wirklich zum italienischen Nationaltheater gelangen will‹ {...}, sondern auch und vor allem durch den besonderen Charakter seiner dramatischen Schöpfungen: diese sind vortrefflich (!) dialektal, und im Dialekt finden sie ihren natürlichsten und reinsten Ausdruck«. Aber was heißt denn »vortrefflich dialektale Schöpfungen«? Die Tatsache wird mit der Tatsache selbst erklärt, wird also nicht erklärt (es ist auch daran zu erinnern, dass Capuana seine Korrespondenz mit einer seiner »Mätressen«, einer Frau aus dem Volk[4], im Dialekt schrieb, also begriff, dass das Italienische ihm nicht erlaubt hätte, genau und »sympathetisch« von den Elementen des Volkes verstanden zu werden, deren Bildung nicht national, sondern regional, oder sizilianisch-national war; wie man unter diesen Bedingungen vom Dialekttheater zum nationalen übergehen konnte, ist in Rätseln gesprochen und beweist nur ein geringes Verständnis der nationalen kulturellen Probleme).

Es ist zu sehen, warum in Pirandellos Theater bestimmte Komödien auf italienisch und andere im Dialekt geschrieben sind: bei Pirandello ist die Prüfung noch interessanter, weil Pirandello zu einem anderen Zeitpunkt eine kosmopolitische kulturelle Physiognomie angenommen hat, das heißt italienisch und national geworden ist, insofern er sich vollkommen entprovinzialisiert und europäisiert hat. Die Sprache hat noch keine massenhafte »Geschichtlichkeit« erworben, ist noch keine nationale Tatsache geworden. Pirandellos *Liolà* im literarischen Italienisch taugt nicht viel, obwohl der *Mattia Pascal*, aus dem es genommen ist, sich noch angenehm lesen lässt[5]. Im italienischen Text gelingt es dem Autor nicht, sich in Gleichklang mit dem Publikum zu bringen, er hat nicht den Blick für die Geschichtlichkeit der Sprache, wenn die Personen vor einem italienischen Publikum konkret italienisch sein wollen. In Wirklichkeit gibt es in Italien viele »Volks«-Sprachen, und das sind die regionalen Dialekte, die gewöhnlich im vertrauten Gespräch gesprochen werden, in der die alltäglichsten und verbreitetsten Gefühle und Affekte ausgedrückt werden; die Literatursprache ist zum großen Teil noch eine kosmopolitische Sprache, eine Art »Esperanto«, das heißt auf den Ausdruck partieller Gefühle und Begriffe beschränkt usw.

Wenn gesagt wird, dass die Literatursprache einen großen Reichtum an Ausdrucksmitteln besitzt, wird etwas Missverständliches und Zweideutiges geäußert; es wird der im Wörterbuch verzeichnete oder bei den »Autoren« untätig schlummernde »mögliche« Ausdrucksreichtum verwechselt mit dem individuellen Reichtum, der individuell ausgegeben werden kann; aber dieser letztere ist der einzige wirkliche und konkrete Reichtum, und an ihm lässt sich der Grad der nationalen sprachlichen Einheit messen, der von der lebendigen Rede des Volkes, vom Grad der Nationalisierung des sprachlichen Erbes bestimmt wird. Im Theaterdialog ist die Bedeutung dieses Elements offenkundig; der Dialog muss von der Bühne herunter lebendige Bilder, in ihrer ganzen historischen Konkretheit des Ausdrucks, hervorrufen; dagegen suggeriert er allzu oft papierene Bilder, durch das fehlende Verständnis der Sprache und ihrer Nuancen verstümmelte Gefühle. Die Wörter der vertrauten Rede reproduzieren sich beim Zuhörer als Erinnerung an Wörter, die er in den Büchern oder in den Zeitungen gelesen oder im Wörterbuch gesucht hat, was so wäre, wie wenn einer Französisch im Theater hört, der das Französische ohne Lehrer aus Büchern gelernt hat: das Wort ist verknöchert, ohne Nuancen, ohne das Verständnis seiner genauen Bedeutung, die durch die gesamte Satzfolge bestimmt ist usw. Man hat den Eindruck, unbeholfen zu sein oder dass die anderen unbeholfen sind. Man beobachte beim gesprochenen Italienisch, wieviele Aussprachefehler der Mann aus dem Volke macht: profúgo, roséo[5a] usw., was bedeutet, dass diese Wörter gelesen und nicht gehört, nicht wiederholt gehört worden sind, das heißt in verschiedene Perspektiven (verschiedene Satzfolgen) eingebettet, deren jede eine Facette dieses Polyeders, das jedes Wort ist (Syntaxfehler noch bedeutsamer), zum Leuchten gebracht hat.

§{40}. *Belloncì und Crémieux.* Die »Fiera Letteraria« vom 15. Januar 1928 bringt die Zusammenfassung eines ziemlich albernen und unsinnigen Artikels von G. Bellonci aus dem »Giornale d'Italia«[1]. Crémieux schreibt in seinem *Panorama*, es fehle in Italien eine moderne Sprache, was in einem sehr präzisen Sinne richtig ist: 1. dass es in Italien keine Konzentration der einheitlich gebildeten Klasse gibt, deren Mitglieder »immer« eine einheitliche, das heißt in allen Gesellschaftsschichten und regionalen Gruppen im Lande gleichermaßen verbreitete »lebendige« Sprache sprechen und schreiben; 2. dass deshalb zwischen der gebildeten Klasse und dem Volk eine ausgeprägte Kluft besteht: die Sprache des Volkes ist noch der Dialekt, dem ein italianisierender Jargon zur Seite steht, der zu einem großen Teil der mechanisch übersetzte Dialekt ist. Es gibt außerdem einen starken Einfluss der verschiedenen Dialekte auf die geschriebene Sprache, weil auch die sogenannte gebildete Klasse die Nationalsprache in bestimmten Augenblicken und den Dialekt in der vertraulichen Rede spricht, das heißt, in der lebendigsten und der unmittelbaren Wirklichkeit am nächsten stehenden; andererseits bewirkt aber die Reaktion auf die Dialekte, dass die Nationalsprache immer ein wenig versteinert und feierlich bleibt, und wenn sie vertraulich sein will, bricht sie sich in vielen dialektalen Reflexen. Über den Tonfall der Rede (den Cursus und die Musik der Periode) hinaus, der die Regionen kennzeichnet, sind die Lexik, die Morphologie und besonders die Syntax beeinflusst. Manzoni spülte seinen persönlichen, lombardisch geprägten Wortschatz im Arno, weniger die Morphologie, und fast gar nicht die Syntax, die dem Stil, der persönlichen künstlerischen Form und dem nationalen Wesen der Sprache anverwandter ist. Auch in Frankreich ist Ähnliches als Kontrast zwischen Paris und der Provence zu beobachten, jedoch in geringerem, fast zu vernachlässigendem Maße; bei einem Vergleich zwischen A. Daudet und Zola ergab sich, dass Daudet fast gar nicht mehr das etymologische Passato remoto kennt, welches durch das Imperfekt ersetzt worden ist, was bei Zola nur gelegentlich festzustellen ist.

Bellonci schreibt gegen die Äußerung von Crémieux: »Bis zum sechzehnten Jahrhundert kommen die sprachlichen Formen von oben, vom siebzehnten an steigen sie von unten auf«. Maßloser Irrtum, aus Oberflächlichkeit und aus Mangel an Kritik und der Fähigkeit zu unterscheiden. Denn gerade bis zum 16. Jahrhundert übt Florenz eine kulturelle Hegemonie aus, die mit seiner kommerziellen und finanziellen Hegemonie zusammenhängt (Papst Bonifaz VIII. meinte, die Florentiner seien das fünfte Element der Welt), und es findet eine sprachlich vereinheitlichende Entwicklung von unten her statt, vom Volk zu den Gebildeten, eine Entwicklung, die von den großen florentinischen und toskanischen Schriftstellern noch verstärkt wird. Nach dem Niedergang von Florenz wird Italienisch immer mehr die Sprache einer geschlossenen Kaste, ohne lebendigen Kontakt mit einer historischen Sprechweise. Ist das nicht vielleicht die Frage, die Manzoni aufgeworfen hat, mit staatlichen Mitteln zur florentiner Hegemonie zurückzukehren, was Ascoli zurückwies, der, mehr Historist, nicht an die [kulturellen] Hegemonien per Dekret, das heißt nicht von einer tieferen und notwendigeren nationalen Funktion gestützt, glaubt?[2]

Belloncis Frage: »Wird Crémieux vielleicht leugnen, dass eine griechische Sprache existiert (existiert hat, wird er gesagt haben wollen), weil es von ihr dorische, ionische, äolische Varietäten gibt?« ist nur komisch; sie zeigt, dass er Crémieux nicht verstanden hat und nichts von diesen Fragen versteht, sondern in papierenen Kategorien, wie Sprache, Dialekt, »Varietät« usw. denkt.

§{41}. *Die Buchmesse.* Da das Volk nicht zum Buch geht (zu einem bestimmten Typ von Buch, dem der professionellen Literaten), wird das Buch zum Volk gehen. Die Initiative wurde von der »Fiera Letteraria« und ihrem damaligen Direktor, Umberto Fracchia, 1927 in Mailand lanciert. Die Initiative an sich war nicht schlecht und hat manches kleine Ergebnis gebracht: aber die Frage wurde nicht in dem Sinne angepackt, dass das Buch zutiefst popular-national werden muss, um zum Volk zu gehen, und nicht nur »materiell«, mit den Bücherständen, den Ausrufern usw. In Wirklichkeit gab es und gibt es eine Organisation dafür, die Bücher zum Volk zu bringen, und sie wird von den »Pontremolesi«[0] verkörpert, aber das so verbreitete Buch ist das der niedrigsten Popularliteratur, vom *Sekretär der Liebesleute* bis zum *Guerino* usw. Diese Organisation könnte »nachgeahmt«, erweitert, kontrolliert und mit weniger einfältigen Büchern und größerer Vielfalt der Auswahl versorgt werden.

§{42}. *Luca Beltrami (Polifilo).* Um die brescianischen Schriften Beltramis ausfindig zu machen (*Die kleinen Leute aus Casate Olona*), ist die *Bibliographie der Schriften Luca Beltramis* von März 1881 bis März 1930, herausgegeben von Fortunato Pintor, Honorarbibliothekar des Senats, mit einem Vorwort von Guido Mazzoni, anzusehen. Aus einer Notiz im »Marzocco« vom 11. Mai 1930 geht hervor, dass Beltramis Schriften über das hypothetische

»Casate Olona« an die *fünfunddreißig* gewesen sind[1]. Beltrami hat eine Nachbemerkung zu seiner *Bibliographie* verfasst. Zu »Casate Olona« schreibt der »Marzocco«: »... die Bibliographie der fünfunddreißig Schriften über das hypothetische ›Casate Olona‹ gibt ihm die Idee ein, diese seine Erklärungen, Vorschläge und Polemiken politisch-sozialer Natur zu einer Einheit zusammenzufügen, die, da sie auf ein demokratisch-parlamentarisches Regime schlecht eingestimmt waren, unter bestimmtem Aspekt als eine Vorwegnahme betrachtet werden müssen, mit der manch anderer – nicht Beltrami – den Ruhm eines vorausschauenden Vorläufers hätte beanspruchen können (!?)«. Beltrami war ein gemäßigter Konservativer, und es ist nicht sicher, dass seine »Vorläuferschaft« mit Begeisterung aufgenommen wird. Im übrigen sind seine Schriften von einer bestürzenden intellektuellen Vulgarität.

§{43}. *Giovanni Cena.* Zur Aktivität Cenas für die Schulen der Bauern des Agro Romano sind die Veröffentlichungen von Alessandro Marcucci anzusehen[1]. (Cena beabsichtigte gerade, »zum Volk zu gehen«; interessant ist, zu sehen, wie er sein Vorhaben praktisch umzusetzen versuchte, weil das zeigt, was ein italienischer Intellektueller, der im übrigen voller guter Absichten war, unter »Liebe zum Volk« verstehen konnte).

§{44}. *Gino Saviotti.* Zum antipopularen oder wenigstens apopular-nationalen Charakter der italienischen Literatur haben viele Literaten geschrieben und schreiben weiter. Aber in diesen Schriften wird das Thema nicht in seinen wirklichen Begriffen gestellt, und die konkreten Schlussfolgerungen sind oft verblüffend. Von Gino Saviotti zum Beispiel, der gern gegen die Literatur der Literaten schreibt, findet sich in der »Italia Letteraria« vom 24. August 1930 folgende Stelle zitiert aus einem Artikel, der im »Ambrosiano« vom 15. August erschienen war: »Guter Parini, man versteht, warum Ihr die italienische Dichtung zu Eurer Zeit emporgehoben habt. Ihr habt ihr den Ernst gegeben, der ihr fehlte, habt in ihre vertrockneten Adern Euer gutes Blut aus dem Volk übertragen. Gedankt sei Euch auch an diesem Tage, einhunderteinunddreißig Jahre nach Euerm Tod. Einer wie Ihr wäre wieder vonnöten, heute, in unserer sogenannten Dichtung!«[1]. 1934 ist an Saviotti ein Literaturpreis (ein Teil des Premio Viareggio) für einen Roman vergeben worden,[2] in welchem die Anstrengungen eines Mannes aus dem Volk dargestellt sind, »Künstler« zu werden (das heißt, »professioneller Künstler« zu werden, nicht mehr »Mann aus dem Volk« zu sein, sondern sich in den Rang der berufsmäßigen Intellektuellen zu erheben): ein wesentlich »antipopulares« Thema und Verherrlichung der Kaste, als Modell »höheren« Lebens: was sich an Ältestem und Abgestandenstem in der italienischen Tradition finden kann.

§{45}. *Die »Entdeckung« Italo Svevos.* Italo Svevo ist dem Publikum der italienischen Literaten von James Joyce offenbart worden, der ihn in Triest persönlich kennengelernt hatte (dennoch ist daran zu erinnern, dass Italo Svevo um 1900 manchmal in der »Critica Sociale« geschrieben hatte)[1].

Im Andenken an Svevo behauptete die »Fiera Letteraria«[*], vor dieser Offenbarung habe es die italienische »Entdeckung« gegeben: »In diesen Tagen hat ein Teil der italienischen Presse den Irrtum der ›französischen Entdeckung‹ wiederholt (das heißt dank Crémieux, mit dem aber Joyce über Svevo gesprochen hatte, die »Fiera Letteraria« spielt also mit der Zweideutigkeit); auch die größten Zeitungen scheinen zu ignorieren, was doch rechtzeitig gesagt und wiederholt worden ist. Es ist deshalb nötig, noch einmal zu schreiben, dass die gebildeten Italiener als erste von Svevos Werk unterrichtet worden sind; und dass dank Eugenio Montale, der in den Zeitschriften ›Esame‹ und ›Quindicinale‹ über ihn schrieb, der Triester Schriftsteller in Italien die erste und berechtigte Anerkennung erfuhr. Damit soll den Ausländern nichts von dem genommen werden, was ihnen gebührt; nur erscheint es uns gerecht, dass kein Schatten die Aufrichtigkeit und, sagen wir es nur, den Stolz (!!) unserer Ehrenbezeugung für den dahingegangenen Freund verdunkle« (»Fiera letteraria« vom 23. September 1928 – Svevo starb am 15. September – in einem Vorspann zu einem Artikel von Montale, *Letzter Abschied*, sowie einem von Giovanni Comisso, *Gespräch*)[2]. Aber dieses ölige und jesuitenhafte Prosastückchen steht im Widerspruch zu dem, was Carlo Linati in der »Nuova Antologia« vom 1. Februar 1928 behauptet (*Italo Svevo als Romancier*)[3]: »Als ich vor zwei Jahren an der Abendveranstaltung eines Mailänder Intellektuellenklubs teilnahm, erinnere ich mich, dass an einem bestimmten Punkt ein junger Schriftsteller eintrat, der gerade aus Paris zurückgekehrt war und der, nachdem er mit uns lange über ein von den Pariser Literaten für Pirandello gegebenes Essen des *Pen Clubs* diskutiert hatte, hinzufügte, dass am Ende der berühmte irische Romancier James Joyce bei einer Plauderei mit ihm über die moderne italienische Literatur zu ihm gesagt hätte: – Aber ihr Italiener habt einen großen Prosaschriftsteller, und vielleicht wisst ihr es nicht einmal. – Welchen denn? – Italo Svevo, aus Triest«[4]. Linati sagt, dass keiner diesen Namen gekannt habe, sowenig wie der junge Literat ihn kannte, der mit Joyce gesprochen hatte. Montale gelang es schließlich, ein Exemplar der *Greisenalter*[4a] zu »entdecken«, und schrieb darüber im »Esame«. So also haben die italienischen Literaten »selbstbewusst«[4b] Svevo »entdeckt«. Ist das reiner Zufall? Wohl nicht. Bezüglich der »Fiera Letteraria« ist an zwei weitere »Fälle« zu erinnern, an die *Gleichgültigen* von Moravia und den *Malagigi* von

* Im Ms.: »Italia Letteraria«.

Nino Savarese, von dem sie erst sprach, nachdem durch eine Ausschreibung für einen Literaturpreis auf ihn hingewiesen worden war[5]. In Wirklichkeit pfeifen diese Leute auf die Literatur und die Dichtung, die Kultur und die Kunst: sie üben den Beruf des literarischen Kirchendieners aus und nicht mehr.

§{46}. Der Ehre halber muss auf dem Gebiet der Kinderliteratur an den von Vamba herausgegebenen »Il Giornalino della Domenica« mit allen seinen Initiativen und seinen Organisationen erinnert werden. Zur Mitarbeit des Paters Pistelli (seltenes Beispiel eines großen Philologen, der genial für die Kinder arbeitet) vgl. Lea Nissims Artikel *Omero Redi und die »Pistolen«* in der »Nuova Antologia« vom 1. Februar 1928[1].

§{47}. *Kriterien. Eine Epoche sein.* In der »Nuova Antologia« vom 16. Oktober 1928 schreibt Arturo Calza: »Man muss also anerkennen, dass – von 1914 an – die Literatur nicht nur das Publikum verloren hat, das ihr die Unterhaltsmittel (!) lieferte, sondern auch dasjenige, das ihr die Themen lieferte. Ich will damit sagen, dass in dieser {unserer} europäischen Gesellschaft, die jetzt einen jener höchst zugespitzten und höchst stürmischen Augenblicke moralischer und geistiger Krise durchläuft, welche die großen Erneuerungen vorbereiten (!), der Philosoph und folglich notwendigerweise auch der Dichter, der Romancier und der Dramatiker um sich herum eher eine Gesellschaft ›im Werden‹ sehen, als eine in einem endgültigen (!) moralischen und intellektuellen Lebensmuster geordnete und gefestigte Gesellschaft; eher vage und stets wandelbare Erscheinungen von Gewohnheiten und Lebensweise als dauerhaft feststehende und organisierte Lebensweisen und Gewohnheiten; eher Keime und Knospen als blühende Blumen und gereifte Früchte. Daher kommt es, dass wir – wie in diesen Tagen der Herausgeber der ›Tribuna‹ (Roberto Forges Davanzati) vortrefflich schrieb und es andere Zeitungen daraufhin wiederholt und sogar ›gesteigert‹ haben – ›in der höchsten künstlerischen Absurdität leben, zwischen allen Stilen und allen Experimenten, *ohne mehr die Fähigkeit zu haben, eine Epoche zu sein*‹«[1]. Wieviel unnützes Geschwätz zwischen Calza und Forges Davanzati. Hat es vielleicht nur heute eine geschichtliche Krise gegeben? Und ist es nicht vielmehr wahr, dass gerade in den Perioden geschichtlicher Krise die Leidenschaften und die Interessen und die Gefühle sich erhitzen und man in der Literatur die »Romantik« hat? Die Argumente beider Schriftsteller hinken und wenden sich gegen die Argumentierer: wieso merkt Forges Davanzati nicht, dass keine Fähigkeit zu haben, eine Epoche zu sein, sich nicht auf die Kunst beschränken kann, sondern das ganze Leben betrifft? Das Fehlen einer künstlerischer Ordnung (in dem Sinne, in welchem der Ausdruck verstanden werden kann) geht zusammen mit dem Fehlen moralischer und intellektueller Ordnung, das heißt mit dem Fehlen einer organischen geschichtlichen Entwicklung. Die Gesellschaft dreht sich um sich selbst, wie ein Hund, der seinen Schwanz erwischen will, aber dieser Anschein von Bewegung ist keine Entwicklung.

§{48}. *Antonio Fradeletto*. Ehemaliger freimaurerischer Radikaler, der dann zum Katholizismus konvertiert ist. Er war ein sentimentaler rhetorischer Publizist, Festredner bei großen Anlässen[1], stellte einen Typus der alten italienischen Kultur dar, der in jener ursprünglichen Form nach und nach zu verschwinden scheint, weil sich der Typus universal verbreitet und verwässert hat. Schriftsteller künstlerischer, literarischer und »patriotischer« Themen. Gerade darin bestand der Typus: dass der Patriotismus kein verbreitetes und verwurzeltes Gefühl, der Seelenzustand einer nationalen Schicht, ein Sachverhalt war, sondern eine »rhetorische Spezialität« einer Reihe von »Persönlichkeiten« (vgl. Cian zum Beispiel), eine Berufsbezeichnung sozusagen. (Nicht verwechseln mit den Nationalisten, obgleich Corradini zu diesem Typus gehört hat und sich darin von Coppola und auch von Federzoni unterschied. Auch D'Annunzio passte nie ganz in diese Kategorie. Bemerkenswert ist, dass es sehr schwer wäre, einem Ausländer, besonders einem Franzosen, zu erklären, worin dieser Typus bestand, der mit der besonderen Entwicklung der Kultur und der nationalen Formierung Italiens zusammenhängt. Kein Vergleich möglich, zum Beispiel mit Barrès oder mit Péguy).

§{49}. *In technischer Hinsicht brescianische Schriftsteller*. Zu diesen Schriftstellern ist heranzuziehen Monsignore Giovanni Casati, *Katholische italienische Schriftsteller der Gegenwart*. Bio-bibliographisches Wörterbuch und Sachregister der Werke, mit einem Vorwort von F. Meda, VIII-112 S., in 8°, in den verschiedenen Ausgaben[1].

Hervorzuheben ist, dass die katholischen Schriftsteller im engeren Sinn seit einigen Jahren versuchen, sich für sich zu organisieren, eine solidarische Korporation zu bilden, die sich über eine ganze Reihe von Veröffentlichungen und Initiativen kontrolliert und verherrlicht. Ursache dieser militanten und häufig aggressiven Haltung, die mit der neuen Situation zusammenhängt, die sich der Katholizismus legal und offiziell im Land erobert hat.

§{50}. *Panzini*. In einer anderen Notiz[1] ist bereits hervorgehoben worden, wie F. Palazzi in seiner Rezension von Panzinis Buch *Die Tage der Sonne und des Korns* beobachtet, dass Panzinis Haltung dem Bauern gegenüber eher die des Sklavenhändlers als die eines uneigennützigen und unschuldigen Landdichters ist; aber diese Beobachtung lässt sich auf andere ausdehnen, über

Panzini hinaus, der nur der Typus oder die Maske einer Epoche ist. Aber weitere Beobachtungen macht Palazzi, die in enger Beziehung zu Panzini stehen (und mit gewissen Ticks Panzinis, seinen ängstlichen Ticks in Verbindung stehen, wie zum Beispiel die mit der »stahlblauen Klinge«)[2]. Palazzi schreibt (ICS vom Juni 1929): »Wenn er (Panzini) euch für das frugale, auf dem Erdboden verspeiste Mahl andeutungsweise lobt, bemerkt ihr bei näherem Hinsehen, dass sein Mund die Grimassen des Ekels macht und er insgeheim denkt, wie man überhaupt von Zwiebeln und spartanischer schwarzer Suppe leben kann, wenn Gott Trüffel unter die Erde und Austern auf den Meeresgrund getan hat. {...} ›Einmal – wird er gestehen – sind mir auch die Tränen gekommen‹. Aber diese Tränen quellen ihm nicht aus seinen Augen, wie aus denen Leo Tolstois, wegen des Elends, das ihm vor Augen steht, wegen der flüchtig erblickten Schönheit gewisser demütiger Haltungen, wegen der lebhaften Sympathie für die Demütigen und die Bekümmerten, die doch unter den groben Feldbauern nicht fehlen. O nein! er weint, weil er bei der Nennung gewisser vergessener Namen für Gegenstände des Haushalts sich an die Zeit erinnert, als seine Mutter sie auch so nannte, und sich wieder als Kind sieht und an die unabwendbare Kürze des Lebens und die Schnelligkeit des Todes denkt, der über uns schwebt. ›Herr Erzpriester, ich empfehle mich: wenig Erde auf den Sarg‹. Panzini weint also, weil er sich leid tut. Er weint über sich und den Tod und nicht anderer wegen. Er geht an der Seele des Bauern vorüber, ohne sie zu sehen. Er sieht die äußeren Erscheinungen, hört, was mühsam aus dessen Munde kommt, und fragt sich, ob für den Bauern das Eigentum nicht zufällig ein Synonym für ›rauben‹ ist«[3].

§{51}. *»Popularität« Tolstois und Manzonis*. Im »Marzocco« vom 11. November 1928 ist ein Artikel von Adolfo Faggi, *Glaube und Drama*[1], veröffentlicht, der einige Elemente enthält, um einen Vergleich zwischen der Weltauffassung Tolstois und der Manzonis anzustellen, obwohl Faggi willkürlich behauptet, dass die »*Verlobten* vollkommen seinem (Tolstois) Konzept der religiösen Kunst entsprechen«, das in der kritischen Studie über Shakespeare dargelegt wird: »Die Kunst im allgemeinen und im besonderen die dramatische Kunst war immer religiös, hatte also immer zum Ziel, den Menschen ihre Beziehungen zu Gott zu erhellen, gemäß dem Verständnis, das sich in jedem Zeitalter die hervorragendsten und deshalb zur Führung der anderen bestimmten Menschen von diesen Beziehungen gebildet hatten ... Es trat dann eine Verirrung in der Kunst ein, die sie dem Zeitvertreib und der Zerstreuung unterwarf; eine Verirrung, die auch in der christlichen Kunst stattgefunden hat«. Faggi vermerkt, dass in *Krieg und Frieden* die zwei Gestalten mit der größten *religiösen* Bedeutung Platon Karatajew und Pjotr Besuchow seien: der erste ist ein Mann aus dem Volk, und sein naives und instinktives Denken übt eine große Wirkung auf die Lebensauffassung P. Besuchows aus.

Für Tolstoi ist charakteristisch, dass gerade die naive und instinktive Weisheit des Volkes, die sich auch in einem zufälligen Wort äußert, Erleuchtung bringt und eine Krise im Bewusstsein des Gebildeten bewirkt. Gerade dies ist das wichtigste Merkmal von Tolstois Religion, der das Evangelium »demokratisch« versteht, das heißt seinem ursprünglichen und originellen Geist gemäß. Manzoni dagegen hat die Gegenreformation erlebt: sein Christentum schwankt zwischen einem jansenistischen Aristokratismus und einem jesuitisch-volkstümelnden Paternalismus. Faggis Bemerkung, dass es »in den *Verlobten* die höheren Geister wie der Pater Cristoforo und der Kardinal Borromeo sind, die auf die niederen einwirken und immer für sie das Wort zu finden wissen, das erleuchtet und führt«, hat keine substantielle Verbindung mit der Formulierung dessen, was Tolstois religiöse Kunst ist, das sich auf die allgemeine Auffassung und nicht auf die besonderen Weisen der Offenbarung bezieht: die Weltauffassungen können nur von überragenden Geistern ausgearbeitet werden, die »Wirklichkeit« aber wird von den Demütigen, den Armen im Geiste ausgedrückt.

Man muss außerdem anmerken, dass es in den *Verlobten* keine Gestalt aus dem Volk gibt, die nicht »auf den Arm genommen« und gefoppt wird: von Don Abbondio zu Fra Galdino, zum Schneider, zu Gervasio, zu Agnese, zu Renzo, zu Lucia selbst: sie werden als engstirnige, beschränkte Wesen ohne inneres Leben dargestellt. Inneres Leben haben nur die Herren: Fra Cristoforo, Borromeo, der Ungenannte, Don Rodrigo selbst. Perpetua hatte Don Abbondio zufolge ungefähr das gesagt, was dann der Kardinal Borromeo sagte, aber es handelt sich dagegen um praktische Fragen, und außerdem ist bemerkenswert, dass der Anlass Gegenstand des Komischen ist. Ebenso die Tatsache, dass Renzos Meinung über den Wert von Lucias Keuschheitsgelübde äußerlich mit der Meinung des Paters Cristoforo übereinstimmt. Die Bedeutung, die Lucias Satz für die Verwirrung im Gewissen des Ungenannten und die Förderung seiner moralischen Krise hat, ist nicht von dem leuchtenden und strahlenden Wesen, den der Beitrag des Volkes als Quelle moralischen und religiösen Lebens bei Tolstoi hat, sondern ist mechanisch und »syllogistischer« Natur. In Wirklichkeit lassen sich auch bei Manzoni beträchtliche Spuren von Brescianismus finden. (Es ist festzuhalten, dass vor Parini die Jesuiten das Volk »paternalistisch« »bewerteten«: vgl. *Die Jugend Parinis, Verris und Beccarias* von C. A. Vianello (Mailand, 1933), wo der Jesuitenpater Pozzi erwähnt wird, »der schon vor Parini aufstand, um – vor der Versammlung des besten Mailänder Patriziats – ›den Plebejer‹ oder Proletarier, wie man jetzt sagen würde, zu verteidigen und zu verherrlichen«[2] (siehe »Civiltà Cattolica« vom 4. August 1934, S. 272).

In einem zweiten Artikel im »Marzocco« vom 9. September 1928 (*Tolstoi und Shakespeare*) untersucht Faggi Tolstois kleine Arbeit über Shakespeare, die er in dem vorhergehenden Artikel erwähnt hatte: Leo N. Tolstoi, *Shakespeare, eine kritische Studie*, Hannover, 1906. Das Bändchen enthält auch einen Artikel von Ernest Crosby über *Shakespeares Haltung zu den arbeitenden Klassen* und einen kurzen Brief von Bernard Shaw über Shakespeares Philosophie. Tolstoi will Shakespeare vom Standpunkt seiner eigenen christlichen Ideologie ausgehend demolieren; seine Kritik ist nicht künstlerisch, sondern moralisch und religiös. Crosbys Artikel, von dem er ausgegangen ist, zeigt im Gegensatz zur Meinung vieler bedeutender Engländer, dass sich im ganzen Werk Shakespeares so gut wie kein Wort der Sympathie für das Volk und die arbeitenden Massen findet. Shakespeare ergreift gemäß den Tendenzen seiner Zeit offen für die gehobenen Klassen der Gesellschaft Partei: sein Drama ist wesentlich aristokratisch. Nahezu jedesmal, wenn er Bürger oder Leute aus dem Volk auf die Bühne bringt, stellt er sie in verächtlicher oder abstoßender Weise dar und macht sie zum Stoff oder Gegenstand des Lachens (vgl. was bereits über Manzoni gesagt wurde, der eine analoge Tendenz zeigt, obgleich deren Äußerungen abgemildert sind).

Shaws Brief ist gegen Shakespeare als »Denker«, nicht gegen Shakespeare als »Künstler« gerichtet. Nach Shaw *muss* man in der Literatur denjenigen Autoren den ersten Platz einräumen, welche die Moral ihrer Zeit überwunden und die neuen Anforderungen der Zukunft erahnt haben: Shakespeare war seiner Zeit »moralisch« nicht überlegen usw.[3]

In diesen Anmerkungen muss alles moralistisch Tendenziöse tolstoischen Typs und auch alles Tendenziöse von »nachträglicher Einsicht« shawschen Typs vermieden werden. Es handelt sich um eine kulturgeschichtliche Untersuchung, nicht um eine kunstkritische im engen Sinn: man will beweisen, dass es die untersuchten Autoren sind, die einen äußerlichen moralischen Gehalt hineinbringen, also Propaganda und nicht Kunst machen, und dass die in ihren Werken implizierte Weltauffassung beschränkt und engstirnig ist, nicht popular-national, sondern die einer geschlossenen Kaste. Die Untersuchung zur Schönheit eines Werkes ist der Untersuchung darüber untergeordnet, warum es »gelesen« wird, »populär« ist, »verlangt« wird oder warum es im Gegenteil das Volk nicht berührt und nicht interessiert, wobei das Fehlen einer Einheit im nationalen Kulturleben herausgestellt wird.

§{52}. *Bruno Cicognani und die echte fundamentale Menschlichkeit.* Über Bruno Cicognani schreibt Alfredo Gargiulo in der »Italia Letteraria« vom 24. August 1930 (Kap. XIX aus *1900–1930*)[1]: »Der Mensch und der Künstler sind bei Cicognani ein und dasselbe: nichtsdestoweniger verspürt man das

Bedürfnis, sofort, gleichsam unter vier Augen (!), die Sympathie auszudrücken, die der Mensch ausstrahlt. Der überaus menschliche Cicognani! Manche – im übrigen leichte – Grenzüberschreitungen zum Humanitarismus romantischen oder slawischen Typs hin: was kümmert es? Jedermann wird bereit sein, sie ihm jener echten (!) fundamentalen Menschlichkeit zu Ehren zu verzeihen.« Aus dem Weiteren lässt sich nicht recht erkennen, was Gargiulo sagen will: ist es vielleicht in kritischer Hinsicht »ungeheuerlich«, dass der Mensch und der Künstler identisch sind? Oder ist die künstlerische Tätigkeit nicht die Menschlichkeit des Künstlers? Und was bedeutet das Adjektiv »echt« und das weitere, »fundamental«? Es sind Synonyme des Adjektivs »wahr«, das nunmehr wegen seiner Leere in Misskredit geraten ist. (Man wird für diese Rubrik die gesamte Darstellung Gargiulos lesen müssen)[2].

»Echte, fundamentale« Menschlichkeit kann konkret, auf künstlerischem Gebiet, nur ein einziges bedeuten: »Geschichtlichkeit«, das heißt »popular-nationaler« Charakter des Schriftstellers, sei es auch im weiten Sinne von »Gesellschaftlichkeit«, auch im aristokratischen Sinne, vorausgesetzt, die gesellschaftliche Gruppe, die sich ausdrückt, ist geschichtlich lebendig und der gesellschaftliche »Zusammenhang« ist nicht unmittelbarer »politisch-praktischer« Natur, das heißt moralistisch-predigerhaft, sondern geschichtlich oder politisch-ethisch.

§{53}. *Direktiven und Abweichungen.* Französische Versuche von Popularliteratur. Es ist eine Anthologie amerikanischer Arbeiterschriftsteller veröffentlicht worden (*Dichtungen amerikanischer Arbeiter*, übersetzt von N. Guterman und P. Morhange, vom Verlag »Les Revues«, 1930, 9 Francs, Paris), die in der französischen Kritik viel Erfolg hatte, wie aus den im Verlagsprospekt veröffentlichten Auszügen ersichtlich ist.

Im Jahre 1925 wurde in den »Éditions Aujourd'hui« eine von Gaston Depresle zusammengestellte *Anthologie der Arbeiterschriftsteller* mit Vorwort von Barbusse veröffentlicht (Schriften unter anderem von Marguérite Audoux*, Pierre Hamp usw.).

Die Buchhandlung Valois veröffentlichte 1930: Henri Poulaille, *Neues literarisches Zeitalter*, in dessen Verlagsprospekt die Namen von C. L. Philippe, Charles Péguy, G. Sorel, L. und M. Bonneff, Marcel Martinet, Charles Vildrac u.a. aufgeführt werden (es wird nicht ersichtlich, ob es eine Anthologie oder eine Sammlung kritischer Artikel von Poulaille ist)[1]. Anzusehen sind die Versuche von Enrico Rocca im »Lavoro Fascista«, eine literarische Mitarbeit der Arbeiter anzuregen[2]. Kritik dieser Versuche.

* Gerratana liest: »Andoux«.

§{54}. *Giulio Bechi.* Umgekommen am 28. August 1917 an der Front (vgl. damalige Zeitungen und Zeitschriften: Guido Biagi schrieb im »Marzocco« darüber; vgl. die *Profile und Charaktere* von Ermenegildo Pistelli). Mario Puccioni (*Militarismus und Italianität in den Schriften Giulio Bechis*, im »Marzocco« vom 13. Juli 1930)[1] schreibt: »Die Mentalität der sardischen Parlamentarier wollte in *Großwildjagd* nur einen erbarmungslosen Angriff auf Bräuche und Personen sehen und setzte durch, dass man ihm eine Unannehmlichkeit – so drückt es Giulio parthenopeisch aus – von zwei Monaten Haft in der Festung Belvedere einbrockte«; was nicht ganz stimmt (anscheinend ist Bechi zum Duell aufgefordert worden, weil er »von den sardischen Frauen schlecht gesprochen« habe, und daraufhin von der Militärbehörde bestraft worden, weil er sich in die Lage gebracht hat, herausgefordert zu werden). Bechi ging mit dem 67. Infanterieregiment nach Sardinien. Die Frage von Bechis Haltung bei der Unterdrückung des sogenannten nuoresischen Brigantentums, mit illegalen Maßnahmen wie unterm Belagerungszustand, und der Tatsache, die Bevölkerung wie Neger behandelt zu haben, indem er Alte und Kinder in Massen verhaften ließ, geht aus dem allgemeinen Ton des Buches und schon aus dessen Titel hervor und ist komplexer, als es Puccioni erscheint, der hervorzuheben sucht, wie Bechi wegen der Verwahrlosung protestierte, der Sardinien überlassen war, und wie er die angeborenen Tugenden der Sarden pries. Das Buch zeigt dagegen, wie Bechi die Gelegenheit ergriff, mittelmäßige Literatur über für die nationale Geschichte ernste und traurige Ereignisse zu machen[2].

§{55}. *Oskar Maria Graf.* Ein Buch von Oskar Maria Graf, *Wir sind Gefangene ...* (Verl. Gallimard, 1930), ist ins Französische übertragen worden, das interessant und bedeutsam als literarischer Versuch eines deutschen Arbeiters (Bäckers?) zu sein scheint[1].

§{56}. *Lina Pietravalle.* Aus Giulio Marzots Rezension des Romans *Die Ketten* (Mondadori, 1930, 320 S., 12 L.) der Pietravalle[1]: »Wer danach fragt, mit welchem Gefühl sie am Leben der Bauern teilnimmt, dem antwortet Felicia: ›Ich liebe sie wie die Erde, aber ich werde die Erde nicht mit meinem Brot vermischen‹. Es gibt da also das Bewusstsein einer Distanz: es wird zugegeben, dass auch (!) der Bauer seine Menschenwürde haben kann, aber er wird in die Schranken seiner sozialen Lage verwiesen«.

Marzot hat einen Aufsatz über Giovanni Verga geschrieben[2] und ist ein zuweilen intelligenter Kritiker.

Zu untersuchen wäre folgender Punkt: ob der französische Naturalismus in seinen Ansprüchen an wissenschaftliche und experimentelle Objektivität nicht schon im allgemeinen die ideologische Position enthielt, die dann einen großen Aufschwung im provinziellen Naturalismus oder Realismus Italiens und besonders bei Verga nimmt: das Volk auf dem Land wird mit »Distanz« betrachtet, als für den Schriftsteller gefühlsmäßig äußere »Natur«, als Schauspiel usw. Es ist die Position Hagenbecks in *Ich und die Tiere*[3]. In Italien fügte sich der »naturalistische« Anspruch der experimentellen Objektivität der französischen Schriftsteller, der aus der Polemik gegen die aristokratischen Schriftsteller herrührte, in eine bereits vorhandene ideologische Position ein, wie sie in Manzonis *Verlobten* aufscheint, in denen es dieselbe »Distanz« von den Volkselementen gibt, eine Distanz, die durch ein ironisches und karikierendes nachsichtiges Lächeln kaum verhüllt wird. Darin unterscheidet sich Manzoni von Grossi, der in *Marco Visconti* die Leute aus dem Volk nicht foppt, und selbst von dem D'Azeglio der *Memoiren*[4], zumindest was die Anmerkungen über die Bevölkerung der Castelli romani[4a] betrifft.

§{57}. *Die italienische Nationalkultur*. In dem *Brief an Umberto Fracchia über die Kritik* (»Pègaso«, August 1930) macht Ugo Ojetti[1] zwei bemerkenswerte Beobachtungen. 1. Er erinnert daran, dass Thibaudet die Kritik in drei Klassen einteilt: die der professionellen Kritiker, die der Autoren selbst und die der »honnêtes gens«*, also des »aufgeklärten« Publikums, das schließlich die wahre Börse der literarischen Werte ist, zumal es in Frankreich ein breites Publikum gibt, das aufmerksam alle Ereignisse der Literatur verfolgt. In Italien würde die Kritik des Publikums fehlen (das heißt, es würde ein mittleres gebildetes Publikum, wie es in Frankreich existiert, fehlen oder zu schwach sein), »es fehlt die Überzeugung oder, wenn man so will, die Illusion, dass dieser (der Schriftsteller) ein Werk von nationaler Bedeutung vollbringt, die besten sogar von historischer, weil, wie Sie (Fracchia) sagen, ›jedes Jahr und jeder Tag, der vergeht, gleichermaßen seine Literatur hat, und so ist es immer gewesen, und so wird es immer sein, und es ist absurd, für morgen zu erwarten oder vorauszusagen oder zu beschwören, was heute ist. Jedes Jahrhundert, jeder Jahrhundertabschnitt hat stets die eigenen Werke gepriesen; es hat allenfalls sogar dazu geneigt, deren Bedeutung, Größe, Wert und Dauer zu übertreiben‹. Richtig, aber nicht in Italien, usw.« (Ojetti geht von dem in der »Italia Letteraria« von 22. Juni 1930 veröffentlichten offenen Brief Umberto Fracchias an S. Exz. Gioacchino Volpe aus, der sich auf Volpes Rede auf der Sitzung der Akademie bezieht, bei der Preise verteilt wurden. Volpe hatte unter anderem gesagt: »Man sieht keine großen Werke der Malerei, keine großen historischen Werke, keine großen Romane auftauchen. Wer aber aufmerksam hinschaut, sieht in der gegenwärtigen Literatur latente Kräfte, Streben nach oben, einige gute und vielversprechende Leistungen«)[2].

* Französisch im Original.

2. Die andere Beobachtung Ojettis ist folgende: »Die geringe Popularität unserer früheren Literatur, das heißt unserer Klassiker. Es stimmt: in der englischen und französischen Kritik liest man oft Vergleiche zwischen den lebenden Autoren und den Klassikern, usw. usf.« Diese Beobachtung ist grundlegend für ein historisches Urteil über die gegenwärtige italienische Kultur: die Vergangenheit lebt nicht in der Gegenwart, sie ist kein wesentliches Element der Gegenwart, das heißt, in der Geschichte der nationalen Kultur gibt es keine Kontinuität und Einheit. Die Behauptung einer Kontinuität und Einheit ist nur eine rhetorische Behauptung oder hat den Wert reiner suggestiver Propaganda, sie ist ein praktischer Akt, der dahin tendiert, künstlich zu erschaffen, was nicht existiert, sie ist keine Realität in Aktion. (Eine gewisse Kontinuität und Einheit schien es vom Risorgimento bis zu Carducci und Pascoli gegeben zu haben, für die eine Berufung bis hin auf die lateinische Literatur möglich war; sie wurden von D'Annunzio und Nachfolgern hinweggefegt). Die Vergangenheit, die Literatur einbegriffen, ist kein Lebenselement, sondern nur eines der Bücher- und Schulbildung; was schließlich bedeutet, dass das Nationalgefühl jung ist, wenn man nicht geradezu sagen will, dass es in Herausbildung begriffen ist, und wieder behauptet, dass die Literatur in Italien niemals eine nationale Angelegenheit, sondern »kosmopolitischen« Charakters gewesen ist.

Dem offenen Brief Umberto Fracchias an S. Exz. G. Volpe lassen sich weitere typische Passagen entnehmen: »Nur ein wenig {mehr} Mut, Hingebung(!), Glauben (!) würden genügen, um das Lob, das Sie mit zusammengebissenen Zähnen über die gegenwärtige Literatur abgegeben haben, in ein offenes und ausdrückliches Lob zu verwandeln; um zu sagen, dass die gegenwärtige italienische Literatur nicht nur latente Kräfte hat, sondern auch offenliegende, sichtbare (!), die nur darauf warten (!), von denen gesehen (!) und erkannt zu werden, die sie ignorieren, usw. usf.« Volpe hatte Giustis spaßhafte Verse: »Helden, Helden, was tut ihr?« – »Wir zerbrechen uns den Kopf über das Danach« ein wenig »im Ernst« paraphrasiert, und Fracchia lamentiert erbärmlich darüber, dass die Kopfgeburten nicht als Kopfgeburten anerkannt und geschätzt würden.

Fracchia hat den Verlegern, die zu viele Übersetzungen drucken, mehrmals mit korporativ-gesetzlichen Maßnahmen zum Schutz der italienischen Schriftsteller gedroht (zu erinnern ist an die Verfügung des Unterstaatssekretärs im Ministerium des Innern Abg. Bianchi, die dann »interpretiert« und faktisch zurückgezogen wurde, und die mit einer Pressekampagne Fracchias zusammenhing)[3]. Fracchias bereits erwähnter Gedankengang: Jedes Jahrhundert, jeder Teil eines Jahrhunderts hat seine Literatur, nicht nur das, sondern es preist sie auch; so sehr, dass die Literaturgeschichten viele übermäßig gepriesene Werke richtig einordnen mussten, die, wie man heute erkennt, nichts taugen. Grob gesehen ist das richtig, aber es muss daraus abgeleitet werden, dass die gegenwärtige literarische Periode ihre Zeit nicht zu deuten weiß, vom faktischen nationalen Leben losgelöst ist, so dass nicht einmal aus »praktischen Gründen« Werke gepriesen werden, die dann womöglich als künstlerisch wertlos erkannt werden, weil ihre »Praktizität« überholt sein wird. Aber stimmt es, dass es keine vielgelesenen Bücher gibt? es gibt sie, aber es sind ausländische, und es gäbe mehr davon, wenn sie übersetzt wären, wie die Bücher von Remarque[4], usw. Tatsächlich hat die gegenwärtige Zeit keine Literatur, die ihren tiefsten und elementarsten Bedürfnissen entspräche, weil die vorhandene Literatur bis auf seltene Ausnahmen nicht an das national-populare Leben gebunden ist, sondern an begrenzte Gruppen, die für das Leben der Nation die Fliegen auf dem Kutschbock sind. Fracchia beklagt sich über die Kritik, die sich nur auf den Standpunkt der großen Meisterwerke stellt, die sich bei der Vervollkommnung der ästhetischen Theorien rar gemacht hat, usw. Würden aber die Bücher von einem kulturgeschichtlichen Standpunkt aus geprüft, würde er sich ebenso und mehr beklagen, weil der ideologische und kulturelle Gehalt der aktuellen Literatur fast Null ist, und er ist darüber hinaus noch widersprüchlich und ziemlich jesuitisch.

Es stimmt auch nicht (wie Ojetti in dem Brief an Fracchia geschrieben hat), dass es in Italien keine »Kritik des Publikums« gebe; es gibt sie, aber auf ihre Weise, weil das Publikum viel liest und folglich aus dem auswählt, was ihm zur Verfügung steht. Warum bevorzugt dieses Publikum noch Alexandre Dumas und Carolina Invernizio und wirft sich begierig auf die Kriminalromane? Im übrigen hat diese Kritik des italienischen Publikums ihre Organisation, die durch die Verleger, durch die Herausgeber der popularen Zeitungen und Zeitschriften repräsentiert wird; sie äußert sich in der Auswahl der Feuilletons; sie äußert sich in der Übersetzung ausländischer Bücher, und nicht nur aktueller, sondern alter, sehr alter; sie äußert sich in den Repertoires der Theatertruppen usw. Es handelt sich auch nicht hundertprozentig um Exotismus, weil in der Musik dasselbe Publikum Verdi, Puccini, Mascagni will, die offensichtlich keine Entsprechungen in der Literatur haben. Nicht nur das; sondern im Ausland werden Verdi, Puccini und Mascagni vom ausländischen Publikum häufig ihren eigenen nationalen und aktuellen Komponisten vorgezogen. Diese Tatsache ist der schlagkräftigste Beweis dafür, dass es in Italien eine Kluft zwischen Schriftstellern und Publikum gibt und das Publikum sich »seine« Literatur im Ausland sucht, weil es sie mehr als »seine« empfindet als die sogenannte nationale. Damit stellt sich ein wesentliches Problem nationalen Lebens. Wenn es stimmt, dass jedes Jahrhundert oder jeder Teil eines Jahrhunderts seine Literatur hat, so stimmt es nicht immer, dass diese Literatur in der nationalen Gemeinschaft selbst produziert wird. Jedes Volk hat seine Literatur, aber diese kann von einem anderen Volk kommen, das heißt, das besagte Volk kann der intellektuellen und moralischen Hegemonie anderer Völker untergeordnet sein. Es ist dies oft das auffälligste Paradox vieler monopolistischer Tendenzen nationalistischen und repressiven Charakters: dass man, während man großartige Hegemoniepläne macht, gar nicht merkt, das Objekt ausländischer Hegemonien zu sein; ebenso wie man, während man imperialistische Pläne macht, in Wirklichkeit das Objekt anderer Imperialismen ist usw. Im übrigen weiß man nicht, ob das politische Führungszentrum die tatsächliche Lage nicht sehr wohl begreift und sie nicht zu überwinden sucht: es ist jedoch gewiss, dass die Literaten in diesem Fall dem politischen Führungszentrum bei diesen Bemühungen nicht helfen, und ihre leeren Hirne verbohren sich in der nationalistischen Begeisterung, um nicht das Gewicht der Hegemonie zu spüren, von der man abhängt und unterdrückt wird.

§{58}. *Das »aktive« Nationalgefühl der Schriftsteller.* Auszug aus dem *Brief an Piero Parini über die seßhaften Schriftsteller* von Ugo Ojetti (im »Pègaso« vom September 1930): »Wie kommt es nur, dass wir Italiener, die wir unsere Arbeit, und nicht nur die manuelle Arbeit, in die ganze Welt hinausgetragen haben und die wir von Melbourne bis Rio, von San Francisco bis Marseille, von Lima bis Tunis unsere dicht bevölkerten Siedlungen haben, die einzigen sind, die keine Romane haben, in denen unsere Gewohnheiten und unser Bewusstsein im Gegensatz zum Bewusstsein und zu den Gewohnheiten der Ausländer offenbart werden, unter denen zu leben, zu kämpfen, zu leiden, und manchmal auch zu siegen uns zugefallen ist? Italiener, unten und oben, Handlanger oder Bankiers, Bergarbeiter oder Ärzte, Kellner oder Ingenieure, Maurer oder Kaufleute, finden sich in jedem Winkel der Welt. Unsere ach so literarische Literatur ignoriert sie, hat sie nachgerade immer ignoriert. Wenn es keinen Roman oder kein Drama ohne zunehmenden Gegensatz der Seelen gibt, welch tieferer und konkreterer Gegensatz als der zwischen zwei Rassen, und die ältere von beiden, die reichere also an undenklichen Bräuchen und Riten, heimatlos und gezwungen, ohne andere Hilfe als die der eigenen Energie und Widerstandskraft zu leben?«[1].

Viele Bemerkungen oder Ergänzungen zu machen. In Italien hat es immer eine beachtliche Masse an Veröffentlichungen über die Auswanderung als sozio-ökonomisches Problem gegeben. Eine künstlerische Literatur entspricht dem nicht: aber jeder Auswanderer schließt in sich ein Drama ein, schon bevor er von Italien aufbricht. Dass sich die Literaten nicht mit dem Auswanderer im Ausland beschäftigen, müsste weniger verwundern als die Tatsache, dass sie sich nicht mit ihm beschäftigen, bevor er auswandert, mit den Bedingungen, die ihn zwingen auszuwandern, usw.; dass sie sich also nicht mit den Tränen und dem Blut beschäftigen, das die Massenauswanderung noch in Italien, vor dem Ausland bedeutete. Im übrigen muss gesagt werden, dass, wenn die Literatur über die Italiener im Ausland dünn gesät (und zumeist rhetorisch) ist, auch die Literatur über die fremden Länder dünn gesät ist. Damit es möglich wäre, wie Ojetti schreibt, den Kontrast zwischen eingewanderten Italienern und den Bevölkerungen der Einwanderungsländer darzustellen, müsste man sowohl diese Länder als auch … die Italiener kennen.

§{59}. *Leonida Répaci.* Ein Brief von ihm an die Herausgeber der »Italia Letteraria« (7. Juli 1934), um recht komisch gegen einen Verriss des Romans *Kraft der Gebrüder Fels* durch Roberto Fracassi zu protestieren, enthält, auf sich selbst bezogen, folgende Worte: »… ein Mensch, ein wahrer Mensch, einer von denen, die sich Tag für Tag mühevoll und manchmal verzweifelt ihr Leben verdienen«[1].

6. Bemerkungen zur Folklore

Heft 27, §{1}. *Giovanni Crocioni* (in dem Band *Grundprobleme der Folklore*, Bologna, Zanichelli, 1928) kritisiert die Einteilung des folkloristischen Materials, die Pitré 1897 im Vorwort zur *Bibliographie der Volkstraditionen* vorschlägt, als verworren und ungenau und schlägt eine eigene Einteilung in vier Sektionen vor: Kunst, Literatur, Wissenschaft, Moral des Volkes[1]. Aber auch diese Einteilung wird als ungenau, nicht trennscharf und zu weit kritisiert. In der »Fiera Letteraria« vom 30. Dezember 1928 fragt Raffaele Ciampini: »Ist sie wissenschaftlich? Wie soll man z.B. die abergläubischen Vorstellungen darin aufnehmen? Und was soll Moral des Volkes heißen? Wie soll man sie wissenschaftlich studieren? Und warum dann nicht {auch} von einer Religion des Volkes sprechen?« Man kann sagen, dass die Folklore bisher vorwiegend als »pittoreskes« Element studiert worden ist (in Wirklichkeit ist bisher nur Material für Gelehrsamkeit gesammelt worden, und die Wissenschaft von der Folklore bestand überwiegend aus Studien zur Methode des Sammelns, der Auswahl und der Klassifizierung dieses Materials, also im Studium der praktischen Vorkehrungen und der empirischen Prinzipien, die notwendig sind, um einen Einzelaspekt der Gelehrsamkeit nutzbringend zu entfalten, womit die Wichtigkeit und die historische Bedeutung einiger großer Folkloreforscher nicht verkannt werden soll). Man müsste sie hingegen als weitgehend implizite »Auffassung von der Welt und vom Leben« bestimmter (in der Zeit und im Raum bestimmter) Schichten der Gesellschaft studieren, im (zumeist auch impliziten, mechanischen, objektiven) Gegensatz zu den »offiziellen« Weltauffassungen (oder in weiterem Sinne zu denen der historisch bestimmten gebildeten Teile der Gesellschaft), die in der geschichtlichen Entwicklung aufeinander folgten. (Daher das enge Verhältnis zwischen Folklore und »Alltagsverstand«, der die philosophische Folklore ist). Weltauffassung, die nicht nur nicht ausgearbeitet und systematisiert ist, weil das Volk (das heißt das Ensemble der subalternen und instrumentellen Klassen jeder Gesellschaftsform, die es bisher gegeben hat) per definitionem keine ausgearbeiteten, systematischen und politisch organisierten und zentralisierten Auffassungen in ihrer durchaus widersprüchlichen, jedoch vielfältigen Entwicklung – nicht nur im Sinne von verschieden und nebeneinanderstehend, sondern auch im Sinne einer Schichtung vom ganz Groben zum weniger Groben – haben kann, wenn man nicht gar von einem unverdaulichen Gemenge von Bruchstücken aller Welt- und Lebensauffassungen sprechen muss, die in der Geschichte aufeinander folgten, von deren größtem Teil sich sogar nur in der Folklore die verstümmelten und verderbten Dokumente finden.

Auch das moderne Denken und die moderne Wissenschaft liefern der »modernen Folklore« ständig neue Elemente, insofern gewisse wissenschaftliche Begriffe und gewisse Meinungen, aus ihrem Zusammenhang gerissen und mehr oder weniger entstellt, dem Volk fortwährend anheimfallen und ins Mosaik der Tradition »eingebaut« werden (die *Entdeckung Amerikas* von C. Pascarella zeigt, wie die von den Schulbüchern und den »Volksuniversitäten« verbreiteten Begriffe über Christoph Kolumbus und über eine ganze Reihe wissenschaftlicher Meinungen* auf bizarre Weise angeeignet werden können)[2]. Die Folklore kann nur als ein Widerschein der kulturellen Lebensbedingungen des Volkes verstanden werden, obwohl bestimmte, der Folklore eigene Auffassungen auch fortbestehen, nachdem die Bedingungen verändert sind (oder scheinen) oder wenn sie zu bizarren Kombinationen führen.

Gewiss gibt es eine »Volksreligion«, vor allem in den katholischen und orthodoxen Ländern, die sich von derjenigen der Intellektuellen (falls sie religiös sind) und speziell von der durch die kirchliche Hierarchie organisch systematisierten stark unterscheidet – obwohl man behaupten kann, dass alle Religionen, auch die geschliffensten und raffiniertesten, im Verhältnis zum modernen Denken »Folklore« sind, mit dem kapitalen Unterschied, dass die Religionen, und die katholische an erster Stelle, eben von den Intellektuellen (wie oben[2a]) und der kirchlichen Hierarchie »ausgearbeitet und systematisiert« worden sind und deshalb spezielle Probleme bieten (es ist zu prüfen, ob eine solche Ausarbeitung und Systematisierung nicht notwendig ist, um die Folklore verstreut und vielfältig zu halten: die Bedingungen der Kirche vor und nach der Reformation und dem Konzil von Trient und die unterschiedliche kulturgeschichtliche Entwicklung der reformierten Länder und der orthodoxen nach der Reformation und Trient sind sehr bedeutsame Elemente). So stimmt es, dass es eine »Moral des Volkes« gibt, verstanden als ein (in der Zeit und im Raum) bestimmtes Ensemble von Maximen für das praktische Verhalten und von Gewohnheiten, die sich davon ableiten oder sie hervorgebracht haben, eine Moral, die wie der Aberglaube eng mit den wirklichen religiösen Glaubensformen verbunden ist: es gibt Imperative, die sehr viel stärker, zäher und wirksamer sind als die der offiziellen »Moral«. Auch in diesem Bereich müssen verschiedene Schichten unterschieden werden: die zu Fossilien gewordenen, die vergangene Lebensbedingungen widerspiegeln und daher konservativ und reaktionär sind, und diejenigen, die eine Reihe von oft schöpferischen und fortschrittlichen Neuerungen darstellen, die von im Entwicklungsprozess begriffenen Lebensformen und -bedingungen spontan bestimmt werden und im Widerspruch zur Moral der führenden Schichten stehen oder einfach nur anders als diese sind.

* Im Ms. eine Variante zwischen den Zeilen: »Hypothesen«.

Ciampini hält die von Crocioni befürwortete Notwendigkeit, Folklore in den Schulen zu unterrichten, wo die künftigen Lehrkräfte ausgebildet werden, für sehr richtig, bestreitet dann aber, dass sich die Frage der Nützlichkeit der Folklore stellen könnte (es liegt zweifellos eine Verwechslung vor zwischen »Wissenschaft von der Folklore«, »Kenntnis der Folklore« und »Folklore«, das heißt »Existenz der Folklore«; Ciampini scheint hier gerade »Existenz der Folklore« sagen zu wollen, so dass die Lehrkraft nicht die ptolemäische Auffassung bekämpfen müsste, die der Folklore eigen ist). Für Ciampini ist die Folklore (?) Selbstzweck oder ist einzig nützlich, um einem Volk die Elemente zu einer tieferen Kenntnis seiner selbst zu bieten (hier müsste Folklore »Kenntnis und Wissenschaft von der Folklore« bedeuten). Die abergläubischen Vorstellungen zu studieren, um sie auszurotten, wäre für Ciampini, als tötete sich die Folklore selbst, während die Wissenschaft nichts ist als interessenfreie Erkenntnis, Selbstzweck! Aber warum dann die Folklore in den lehrerbildenden Schulen unterrichten? Um die interessenfreie Bildung der Lehrer zu vermehren? Um ihnen zu zeigen, was sie nicht zerstören dürfen?

Wie deutlich wird, sind Ciampinis Ideen sehr wirr und sogar in sich inkohärent, da Ciampini selbst an anderer Stelle anerkennen wird, dass der Staat nicht agnostisch ist, sondern eine eigene Auffassung vom Leben hat und die Pflicht hat, sie zu verbreiten, indem er die nationalen Massen erzieht. Aber diese Bildungstätigkeit des Staates, die sich über die allgemeine politische Tätigkeit hinaus besonders in der Schule ausdrückt, wirkt nicht auf das Nichts und aus dem Nichts heraus: in Wirklichkeit steht sie in Konkurrenz und im Widerspruch zu anderen expliziten und impliziten Auffassungen, und unter diesen gehört die Folklore nicht zu den geringsten und am wenigsten zähen, weshalb sie »überwunden« werden muss. Die »Folklore« kennen heißt für den Lehrer deshalb, zu erkennen, welche anderen Auffassungen von der Welt und vom Leben tatsächlich an der intellektuellen und moralischen Bildung der jüngeren Generationen mitwirken, um sie auszurotten und durch als überlegen geltende Auffassungen zu ersetzen. Von den Elementarschulen bis zu den … Lehrstühlen für Landwirtschaft war die Folklore in Wirklichkeit schon systematisch widerlegt worden: der Unterricht in Folklore für die Lehrer müsste diese systematische Arbeit noch verstärken. Um dieses Ziel zu erreichen, müsste allerdings der Geist der folkloristischen Forschungen verändert und nicht nur vertieft und erweitert werden. Die Folklore darf nicht als etwas Bizarres, Fremdes oder als pittoreskes Element aufgefasst werden, sondern als eine sehr ernste und ernstzunehmende Sache. Nur so wird der Unterricht wirksamer sein und wirklich zur Entstehung einer neuen Kultur unter den großen Volksmassen führen, das heißt die Kluft zwischen moderner Kultur und Volkskultur oder Folklore wird verschwinden. Eine Tätigkeit von dieser Art entspräche, wenn sie gründlich betrieben würde, auf intellektueller Ebene dem, was die Reformation in den protestantischen Ländern gewesen ist.

Heft 27, §{2}. *»Naturrecht« und Folklore.* Noch heute wird eine gewisse nicht gerade brillante Kritik, meist journalistischer und oberflächlicher Art, am sogenannten Naturrecht geübt (vgl. einige Auslassungen von Maurizio Maraviglia und die mehr oder weniger konventionellen und abgestandenen Sarkasmen und Spötteleien der Zeitungen und Zeitschriften)[1]. Was ist die wirkliche Bedeutung dieser Übungen?

Um das zu verstehen, muss man meines Erachtens einige der Ausdrucksformen unterscheiden, die das »Naturrecht« traditionell angenommen hat:

1. Die katholische Ausdrucksform, gegen welche die heutigen Polemiker nicht den Mut haben, klar Stellung zu beziehen, obgleich der Begriff »Naturrecht« wesentlich und integral zur katholischen Soziallehre und politischen Doktrin gehört. Von Interesse wäre, an das enge Verhältnis zu erinnern, das zwischen der katholischen Religion, so wie sie immer von den großen Massen verstanden worden ist, und den »unsterblichen Prinzipien von {17}89« besteht. Selbst die Katholiken der Hierarchie geben dieses Verhältnis zu, wenn sie behaupten, dass die Französische Revolution eine »Ketzerei« gewesen oder dass von ihr eine neue Ketzerei ausgegangen sei, sie erkennen also an, dass damals ein Bruch in ein und derselben grundlegenden Denkweise und Auffassung von der Welt und vom Leben stattgefunden hat: im übrigen lässt sich nur so die religiöse Geschichte der Französischen Revolution erklären, denn sonst wäre das massenhafte Bekenntnis zu den neuen Ideen und zur neuen Politik der Jakobiner gegen den Klerus bei einer Bevölkerung, die zweifellos noch tief religiös und katholisch war, unerklärlich. Deshalb kann man sagen, dass begrifflich gesehen nicht die Prinzipien der Französischen Revolution die Religion überwinden, weil sie zu deren eigener mentalen Sphäre gehören, sondern die Prinzipien, die geschichtlich höherstehen als diejenigen der Französischen Revolution (insofern sie neue und höhere Erfordernisse ausdrücken), nämlich diejenigen, welche sich auf die effektive Wirklichkeit der Gewalt und des Kampfes gründen.

2. Die Ausdrucksform verschiedener Intellektuellengruppen unterschiedlicher rechtlich-politischer Tendenzen, welche diejenige ist, um die sich die wissenschaftliche Auseinandersetzung um das »Naturrecht« bisher gedreht hat. In dieser Hinsicht ist die Frage grundlegend von Croce gelöst worden, der erkannt hat, dass es sich um politische und publizistische Strömungen handelte, die ihre Bedeutung und ihre Wichtigkeit insofern hatten, als sie reale Erfordernisse in der dogmatischen und systematischen Form der sogenann-

ten Rechtswissenschaft ausdrückten (vgl. die Darstellung bei Croce)[2]. Gegen diese Tendenz richtet sich die »Schein«-Auseinandersetzung derjenigen, die heute die Rechtswissenschaft betreiben, die genau genommen, da sie nicht zwischen dem wirklichen Inhalt des »Naturrechts« (konkrete Forderungen sozialökonomisch-politischer Natur), der Form der Theorisierung und den mentalen Rechtfertigungen unterscheiden, die das Naturrecht vom realen Inhalt gibt, unkritischer[2a] und antihistorischer als die Theoretiker des Naturrechts sind, also Maulesel mit Scheuklappen vor dem Karren des krassesten Konservatismus (der sich auch auf die vergangenen und »historisch« überholten und hinweggefegten Dinge bezieht).

3. Die Polemik zielt genau genommen darauf ab, den Einfluss zu bremsen, den die popularen Strömungen des »Naturrechts« besonders auf die jungen Intellektuellen haben könnten (und tatsächlich haben), also jenes Ensemble von Meinungen und Glaubensvorstellungen hinsichtlich der »eigenen« Rechte, die ununterbrochen unter den Volksmassen zirkulieren, die sich fortwährend unter dem Anstoß der wirklichen Lebensbedingungen und dem spontanen Vergleich zwischen der Daseinsweise der unterschiedlichen Schichten erneuern. Die Religion hat einen starken Einfluss auf diese Strömungen, die Religion in allen ihren Bedeutungen, von der wirklich gefühlten und praktizierten bis hin zu der von der Hierarchie organisierten und systematisierten, die auf den popularen Rechtsbegriff nicht verzichten kann. Doch auf diese Strömungen nehmen über unkontrollierbare und kapillare intellektuelle Kanäle auch eine Reihe von Begriffen Einfluss, die von den laizistischen Strömungen des Naturrechts verbreitet werden, und über die unterschiedlichsten und bizarrsten Vermengungen werden »Naturrecht« auch noch bestimmte vom »Historismus« aufgestellte Programme und Sätze. Es gibt folglich eine Masse popularer »juristischer« Meinungen, welche die Form des »Naturrechts« annehmen und die juristische »Folklore« sind. Dass diese Strömung keine geringe Bedeutung hat, ist durch die Organisierung der »Schwurgerichte« und einer ganzen Reihe von Schieds- und Schlichtungsämtern auf allen Gebieten der individuellen und Gruppenbeziehungen bewiesen worden, die gerade mit Rücksicht auf das »Recht«, wie es vom Volk verstanden wird, und unter Kontrolle des positiven oder offiziellen Rechts Urteile fällen sollten. Man darf auch nicht denken, dass die Bedeutung dieser Frage mit der Abschaffung der Volksschwurgerichte[2b] verschwunden wäre, weil kein Richter in irgendeiner Weise von der Meinung absehen kann: es ist sogar wahrscheinlich, dass sich die Frage wieder in anderer Form und in größerem Ausmaß als in der Vergangenheit stellt, was unweigerlich Gefahren und neue Folgen von Problemen aufwerfen wird, die gelöst werden müssen.

Heft 9, §{15}. *Folklore.* Raffaele Corso nennt den Komplex der folkloristischen Fakten eine »zeitgenössische Vorgeschichte«[1], was nur ein Wortspiel ist, um ein komplexes Phänomen zu bestimmen, das sich nicht kurz bestimmen läßt. Man kann in diesem Zusammenhang das Verhältnis zwischen den sogenannten »kleinen Künsten« und den sogenannten »großen Künsten« erwähnen, das heißt zwischen der Aktivität der Kunstschöpfer und derjenigen der Kunsthandwerker (die Gegenstände des Luxus oder zumindest von nicht unmittelbarem Nutzen herstellen). Die kleinen Künste sind immer an die großen Künste gebunden und von ihnen abhängig gewesen. So ist die Folklore immer an die Kultur der herrschenden Klasse gebunden gewesen und hat ihr, auf ihre Weise, Motive entnommen, die Verbindungen mit den vorangegangenen Traditionen eingegangen sind. Im übrigen nichts Widersprüchlicheres und Fragmentarischeres als die Folklore.

Jedenfalls handelt es sich um eine sehr relative und sehr diskutable »Vorgeschichte«, und nichts wäre disparater, als in ein und derselben folkloristischen Zone die verschiedenen Schichtungen finden zu wollen. Aber auch der Vergleich zwischen verschiedenen Zonen, obwohl es die einzig rationale methodische Richtung ist, kann keine endgültigen Schlußfolgerungen zulassen, sondern nur Wahrscheinlichkeitsannahmen, denn es ist schwierig, die Geschichte der Einflüsse zu schreiben, die jede Zone aufgenommen hat, und oft werden heterogene Entitäten miteinander verglichen. Die Folklore, zumindest teilweise, ist sehr viel beweglicher und unbeständiger als die Sprache und die Dialekte, was man im übrigen für das Verhältnis zwischen Kultur der gebildeten Klasse und literarischer Sprache sagen kann: die Sprache verändert sich in ihrem wahrnehmbaren Teil viel weniger als der kulturelle Inhalt; und nur in der Semantik kann man natürlich eine Übereinstimmung von wahrnehmbarer Form und intellektuellem Inhalt registrieren.

Heft 5, §{156}. *Folklore.* Eine von Ermolao Rubieri aufgestellte Einteilung oder Unterscheidung der Volkslieder: 1. die vom Volk und für das Volk komponierten Lieder; 2. die für das Volk, aber nicht vom Volk komponierten; {3.} die weder vom Volk noch für das Volk geschriebenen, aber von diesem angenommenen, weil seiner Denk- und Fühlweise entsprechend[1].

Mir scheint, daß alle Volkslieder auf diese dritte Kategorie zurückgeführt werden können und müssen, weil das, was das Volkslied kennzeichnet, im Rahmen einer Nation und ihrer Kultur, weder die künstlerische Tatsache noch der historische Ursprung ist, sondern seine Weise, die Welt und das Leben aufzufassen, im Gegensatz zur offiziellen Gesellschaft: darin und nur darin ist die »Kollektivität« des Volkslieds und des Volkes selbst zu suchen. Daraus ergeben sich weitere Kriterien für die Erforschung der Folklore: daß das Volk selbst keine kulturell homogene Kollektivität ist, sondern zahlreiche, unterschiedlich zusammengesetzte kulturelle Schichtungen aufweist, die in ihrer Reinheit in bestimmten historischen Volks-Kollektivitäten nicht immer identifiziert werden können: sicherlich aber gibt das größere oder geringere Maß an historischer »Isolierung« dieser Kollektivitäten die Möglichkeit zu einer gewissen Identifizierung.

Anmerkungsapparat zur thematischen Studienausgabe Literatur und Kultur der Gefängnishefte Antonio Gramscis

Hinweis: Ergänzungen im Anmerkungsapparat der Herausgeber der deutschen Ausgabe der Gefängnishefte, welche über die Edition des Gramsci-Instituts hinausreichen, sind durch Buchstaben (z. B.: 1a) bzw. »0« kenntlich gemacht.

1. Kunst, Kultur, Architektur

Heft 6, §133. *Für eine neue Literatur (Kunst) vermittels einer neuen Kultur.*
B-Text (bereits in LVN, 10).

1 Vgl. Benedetto Croce, *Nuovi saggi sulla letteratura italiana del seicento*, Laterza, Bari, 1931, 136 (Kap. 12: *Poesia latina nel seicento – Lateinische Dichtung im 17. Jahrhundert*). Obwohl dieser Band nicht unter den Büchern der Haftzeit erhalten ist, hat ihn Gramsci sehr wahrscheinlich in Turi gehabt.

2 Anspielung auf René Fülöp-Miller, *Il volto del bolscevismo* (dt. *Geist und Gesicht des Bolschewismus*, Wien 1926), Vorwort von Curzio Malaparte, Bompiani, Mailand 1930; vgl. besonders das Kapitel *La meccanizzazione della poesia* (*Die Mechanisierung der Dichtung*), 100–117. Gramsci hatte um dieses Buch gebeten, war aber auf Widerstände durch die Gefängniszensur gestoßen; erst nach langen Verhandlungen erhielt er die Erlaubnis dafür sowie für andere »suspekte« Bücher: vgl. LC, 363–366, 385. Das Buch ist nicht unter denen der Haftzeit erhalten.

Heft 6, §64. *Die Enkelchen des Pater Bresciani.*
B-Text (bereits in LVN, 10f).

Heft 1, §124. *Die Futuristen.*
B-Text (bereits in LVN, 173).

1 Unter den verschiedenen Urteilen Gramscis über den Futurismus vgl. den Brief an Trotzki über die italienische futuristische Bewegung vom 8. September 1922 (jetzt in SF, 527f).

Heft 15, §38. *Kriterien der Literaturkritik.*
B-Text (bereits in LVN, 11f).

Heft 15, §58. *Literaturkritik.*
B-Text (bereits in LVN, 12ff).

1 Vgl. den mit Argo gezeichneten Artikel, *Idee d'oltre confine* (»*Concezione di una letteratura rivoluzionaria*«), in »Educazione fascista«, März 1933, (11. Jg., Nr. 3), 264–68. Es fehlt in diesem Artikel eine Angabe, welche Schrift Paul Nizans gemeint ist, die von dem mit Argo zeichnenden Mitarbeiter der »Educazione fascista« kommentiert wird. In Heft 10, Teil II, §50 macht Gramsci auf den Kommentar einer französischen Zeitschrift zu Paul Nizans Buch, *Les chiens de garde* (*Die Wachhunde*), aufmerksam.
Anm. d. Übers.: Paris nennt folgende Quelle: Paul Nizan, *Littérature révolutionnaire en France*, in »La Revue des vivants«, September–Oktober 1932, wiederabgedruckt in P. Nizan, *Pour une nouvelle culture*, Paris 1971, 33–43.

2 Der »Monde« war eine Zeitschrift kämpferischer Literatur, 1928 von Henri Barbusse gegründet. Gramscis Bemerkungen beziehen sich auf den folgenden Passus des erwähnten Artikels von Argo: »Betrachten wir nun die Analyse der ›Übelstände‹, die Nizan in Dingen der Literatur beklagt. ›Das Proletariat – sagt er – liest nicht. Es ist die Schuld seiner Herren – die es mit Detektivromanen oder erotisch-sentimentalen Geschichten und Sport überschütten (Fatala, Fantômas, ›Froufrou‹, ›Le Miroir des Sports‹, ›Détective‹, ›Police Magazine‹, ›Petit Parisien‹). Eine der unmittelbaren Aufgaben der revolutionären Literatur ist es, sich ihr Publikum zu schaffen, ihr Publikum zu erreichen‹. Und nun kommen wir zur Sache. Wer wird diesen revolutionären Auftrag ausführen? Gehen wir nach dem Ausschlußverfahren vor. Der Populismus muß eliminiert werden, das heißt das ›pittoreske Volkstümliche‹ (weg mit den Herren Thérive, Pallu, Prévost, Bort). Weg mit der kleinbürgerlichen Literatur (Thibaudet, Chamson, Duhamel), weg mit jenen, ›die mit der Revolution liebäugeln, den letzten Schritt aber nicht wagen‹ (Bloch, Berl, Malraux), weg schließlich mit den Mitarbeitern des ›Monde‹, der ein sozialdemokratisches und radikalsozialistisches Organ geworden ist« (267f).

Heft 6, §124. *Croce und die Literaturkritik.*
B-Text (bereits in LVN, 19).

1 Zitat und inhaltliche Elemente aus Croces *Aesthetica in nuce* sind wahrscheinlich einer Rezension Natalino Sapegnos im »Pègaso«, Dezember 1930 (2. Jg., Nr. 12), 758f entnommen.

Heft 6, §62. *Die Enkelchen des Pater Bresciani.*
B-Text (bereits in LVN, 22ff).

1 Prezzolini, *Mi pare ...*, Delta, Florenz 1925, 73–79 (*Perché il teatro italiano non si rinnova – Warum sich das italienische Theater nicht erneuert*).

Heft 14, §61. *Literaturkritik. Aufrichtigkeit (oder Spontaneität) und Disziplin.*
B-Text (bereits in LVN, 26ff).

0 In der Sprache der altgriechischen Stadtstaaten (*póleis*) ist der *idiótes* (von *ídios*, eigen), der Privatisierende, die Gegenfigur zum *politikós*, dem »politisch« Engagierten; »Idiosynkrasie« ist ein von *ídios* (eigen), *syn* (zusammen) und *krâsis* (Mischung) gebildetes Kunstwort der Humanistenzeit (Deichgräber, *Die griechische Empirikerschule*, 1930; vgl. W.F.Haug, *J.-P. Sartre und die Konstruktion des Absurden,* Exkurs über Idiosynkrasie, Hamburg [3]1991, 162f).

1 Es handelt sich bei diesen Ideen Berrinis übers Theater wahrscheinlich um Erinnerungen an Privatgespräche. Zu Nino Berrini vgl. Heft 6, §26 und Anm. 2 (S. 70 und 188 in diesem Reader).

Heft 14, §65. *Popularliteratur.*
B-Text (bereits in LVN, 28f).

1 Vgl. die §§ 1 und 2, die in diesem Reader unmittelbar anschließen.

1a Im Original: »letteratura ›secondo un piano‹«; Z 1980: »die ›Tendenz‹-Literatur«.

1b Hier und im folgenden scheint auch »Kulturpolitik« möglich; vgl. W.F. Haug, *Gramsci und die Politik des Kukturellen*, in »Das Argument«, Januar/Februar 1988, 30. Jg., Nr. 167, 32–48.

Heft 14, §2. *Popularliteratur.*
B-Text (bereits in LVN, 29).

1 Vgl. Adriano Tilgher, *Perché l'artista scrive, o dipinge, o scolpisce, ecc.?* (*Warum schreibt, malt, meißelt usw. der Künstler?*), in »L'Italia che scrive«, Februar 1929, 32:

»... wenn wir schließlich zur Architektur übergehen, dem Prüfstein aller Ästhetiken, nach dem äußerst glücklichen Satz Giuseppe Rensis – scheint uns Croces Theorie entschieden Schiffbruch zu erleiden: wer wird je glauben, daß der Bau imposanter, teurer Gebäude keinen anderen Zweck hätte, als die Lücken unseres Gedächtnisses zu schließen?« Mit diesem Artikel Tilghers hatte sich Gramsci bereits in Heft 2, §103, und Heft 3, §155 (Bd. 2, 303, 440f, S. 34 in diesem Reader) beschäftigt; ein weiterer Hinweis darauf ist in Heft 14, §28 enthalten (S. 44 in diesem Reader).

1a Abgewandelte Form des Mottos der Accademia del Cimento »provare e riprovare«. Das Motto der 1657 in Florenz gegründeten »Accademia del Cimento«, »Provare e riprovare«, stammt aus Dantes *Göttlicher Komödie*, *Paradies* III, 1–3. Es kehrt die Formel der scholastischen Tradition um, erst die gegnerischen Aussagen zu widerlegen (riprovare) und dann die eigenen zu beweisen (provare). Dieselben Worte können in dieser Umkehrung einen völlig neuen, eben experimentellen Sinn aufnehmen. Im Original: »provando e riprovando« (was wörtlich schillert zwischen »versuchend und wiederversuchend« und »beweisend und verwerfend«).

Heft 14, §1. *Popularliteratur*
B-Text (bereits in LVN, 29f).

1 Aus diesem Verweis geht hervor, daß §2 vor §1 verfaßt worden ist. Es ist außerdem daran zu erinnern, daß die drei ersten Paragraphen geschrieben wurden, nachdem das Heft bereits begonnen worden war, und zwar auf die beiden ersten Seiten, die ursprünglich freigelassen worden waren (vgl. BH).

1a Secentismo (auch: Seicentismo) bedeutet »Kunst des 17. Jahrhunderts«, vor allem die zu Formalismus und inhaltlicher Blässe neigende Schreibweise der barocken Dichtung (Anm. d. Übers.). P: »maniérisme esthétique«.

2 Gramsci ist zu diesem und anderen Paragraphen dieses Heftes durch die Diskussionen zur Architektur angeregt worden, die damals (1933) in der Presse häufig geführt wurden. Unklar ist, ob der Ausdruck in Anführungszeichen ein Zitat aus einem Text (der nicht identifiziert werden konnte) oder eine freie Umschreibung ist.

2a Gramsci bezieht sich hier auf einen Passus der (von ihm in Heft 7 (VII) übersetzten) *Feuerbachthesen* von Marx. Bei Marx lautet die Stelle: »Er [Feuerbach] betrachtet daher im ›Wesen des Christenthums‹ nur das theoretische Verhalten als das echt menschliche, während die Praxis nur in ihrer schmutzig-jüdischen Erscheinungsform gefaßt und fixiert wird« (MEW 3, 533). Im Brief vom 28. März 1932 an seine Frau, in dem Gramsci die Marxsche Formulierung »in ihrer schmutzig-jüdischen Erscheinungsform« in einem anderen Zusammenhang gebraucht, fügt er in einem Postscriptum hinzu: »Ich hoffe, Du mißverstehst nicht den Ausdruck »schmutzig-jüdisch«, den ich verwendet habe. Ich sage das, weil ich neulich mit Tanja eine briefliche Diskussion über den Zionismus hatte und wegen dieses Zitats nicht für antisemitisch gehalten werden möchte. Und war sein Autor nicht Jude?« (LC, 598f; zitiert in der Übersetzung von Ursula Apitzsch aus: Gramsci, *Gefängnisbriefe*, Bd. 1).
Anm. d. Übers.: Im Brief an seine Frau vom 11. April 1932 kommt Gramsci auf die Formulierung zurück: »Außerdem scheint es mir, daß Du dem Begriff und der Tatsache des ›Nützlichen‹ und des ›Praktischen‹ einen zu engen und kleinlichen Inhalt gegeben hast (ein theoretischer Irrtum, den ich mit dem Ausdruck ›schmutzig-jüdisch‹ bezeichnete)«. – Marx parodiert in dieser von Gramsci aufgegriffenen Formulierung antijüdische Äußerungen Feuerbachs, in denen dieser die (von Marx und Gramsci geteilte) Hochschätzung des Praktisch-Nützlichen als typisch jüdisch angreift und ihr die vermeintliche griechisch-germanische interessefreie Anschauung gegenüberstellt (vgl. *Wesen des Christentums*, Kap. XII).

Heft 3, §155. *Die neue Architektur.*
B-Text (bereits in LVN, 30f).
1 In dem Artikel *Perché l'artista scrive, o dipinge, o scolpisce, ecc.?*, in »L'Italia che scrive«, Februar 1929, 31f; mit diesem Artikel von Adriano Tilgher hatte sich Gramsci bereits in Heft 2 (XXIV), §103, befaßt.

Heft 14, §5. *Methodologische Kriterien.*
B-Text (bereits in LVN, 33).

2. Die Kunst in der Gesellschaft

Heft 21, §1. *Problemzusammenhang.*
C-Text (bereits in LVN, 57–60): unter Verwendung zweier A-Texte aus Heft 17, §38: *Popularliteratur*, und Heft 14, §14: *Nicht popular-nationaler Charakter der italienischen Literatur*).
0 Im Orig.: »popolarità«. Hier etwa im Sinne von »Verankerung im Volk«.
1 Es handelt sich um Ruggero Bonghis bekannten Aufsatz *Perché la letteratura italiana non sia popolare* (Mailand 1859), den Gramsci auch an anderer Stelle erwähnt.
2 In einer der Theaterkritiken von 1916 im »Avanti!« hatte Gramsci geschrieben: »Wenn sich Ferdinando Martini noch um diese Kleinigkeiten kümmern und sich erneut die Frage stellen würde, warum es kein nationales italienisches Theater gibt, könnte man ihm, von der letzten Produktion ausgehend, antworten, daß der ursächliche Fehler die Unehrlichkeit der Autoren, speziell der jungen ist. Das Fehlen eines Genies kann erklären, warum keine Meisterwerke entstehen. Aber das Theater nährt sich nicht allein von Meisterwerken; und diese scheinen übrigens auch außerhalb Italiens nicht mit großer Häufigkeit wie Pilze aus dem Boden zu schießen« (LVN, 230). Auch in Heft 14 (I), §14, erwähnt Gramsci die von Ferdinando Martini ausgelöste Polemik »über die Nichtexistenz eines italienischen Theaters«; ebenso in Heft 21 (XVII), §1. Der bekannteste Aufsatz Ferdinando Martinis zu diesem Thema ist *La fisima del teatro nazionale* (1888), nachgedruckt in dem Band *Al teatro*, Bemporad, Florenz 1895, 113–72.
3 Es muß in Erinnerung gebracht werden, was Gramsci diesbezüglich in einem Artikel für den »Grido del Popolo« geschrieben hatte (16. Februar 1918): »Manzoni stellte sich die Frage: Wie kann man jetzt, da Italien hergestellt ist, die italienische Sprache schaffen? Und er antwortete: es ist notwendig, daß alle Italiener toskanisch sprechen, es ist notwendig, daß der italienische Staat die Grundschullehrer in der Toskana rekrutiert: das Toskanische wird die zahlreichen Dialekte ersetzen, die die verschiedenen Regionen sprechen, und da Italien einmal hergestellt ist, wird auch die italienische Sprache hergestellt werden. Manzoni gelang es, Unterstützung in der Regierung zu finden, es gelang ihm, die Veröffentlichung eines *Neuen Wörterbuches* in Angriff nehmen zu lassen, das die wahre italienische Sprache enthalten sollte. Aber das *Neue Wörterbuch* wurde nur zur Hälfte fertig und die Lehrer wurden unter den Gebildeten aller Regionen Italiens rekrutiert. Und ein Fachmann der Sprachgeschichte, Graziadio Isaia Ascoli, hatte den Hunderten Seiten Manzonis einige dreißig entgegengesetzt, um zu beweisen: daß auch eine Nationalsprache nicht künstlich, durch staatlichen Zwang, hervorgerufen werden könne; daß die italienische Sprache dabei sei, sich von selbst herauszubilden, und sich nur herausbilden werde, sofern das nationale Zusammenleben zahlreiche und feste Kontakte zwischen den verschiedenen Teilen der Nation hervorgebringen würde; daß die Verbreitung einer besonderen Sprache bedingt sei durch die Tätigkeit, die Schriften, Verkehrsverbindungen, Handel unter den Menschen, die jene

besondere Sprache sprechen, erzeugt. Die Toskana hat im 14. und im 16. Jahrhundert Schriftsteller, wie Dante, Boccaccio, Petrarca, Machiavelli, Guicciardini gehabt, die die italienische Sprache verbreiteten; sie hatte Bankiers, Handwerker, Manufakturunternehmer, die nach ganz Italien toskanische Erzeugnisse und die Namen dieser Erzeugnisse brachten; danach hat sie die Produktivität hinsichtlich Waren und Büchern eingeschränkt und hat daher auch die Produktivität hinsichtlich der Sprache beschränkt. Prof. Alfredo Panzini hat vor wenigen Jahren ein Wörterbuch der modernen gesprochenen Sprache herausgebracht, und daraus geht hervor, wie viele *Mailandismen* sogar bis nach Sizilien und Apulien gelangt sind. Mailand sendet Zeitungen, Zeitschriften, Ware, Handelsreisende nach ganz Italien, und damit auch einige besondere Ausdrücke der italienischen Sprache, die seine Einwohner sprechen« (SG, 176).
Die Einwände Graziadio Isaia Ascolis gegen Manzonis Konzeption von den Problemen der italienischen Sprache sind im *Proemio* zum »Archivio glottologico italiano« (1872) enthalten, das mehrfach nachgedruckt wurde (zur jüngsten Ausgabe vgl. Graziadio Isaia Ascoli, *Scritti sulla questione della lingua*, hg. v. Corrado Grassi, Einaudi, Turin 1975). Wie aus dem Schema für ein Arbeitsprogramm hervorgeht, das am Anfang dieses Heftes (»Die Sprachfrage in Italien: Manzoni und G. I. Ascoli«) skizziert ist, hatte sich Gramsci vorgenommen, eingehender auf dieses Thema zurückzukommen, mit dem er sich schon während seines Universitätsstudiums beschäftigt hatte. In einem Brief vom 17. November 1930 erinnerte er sich daran, zehn Jahre zuvor »einen Aufsatz über die Sprachfrage nach Auffassung Manzonis« geschrieben zu haben (LC, 378); diese Äußerung bezieht sich wahrscheinlich auf ein Selbstzeugnis Gramscis in einem Artikel im »Avanti!« vom 29. Januar 1918, wo er erklärte, seine Doktorarbeit über die Geschichte der Sprache zu schreiben (vgl. L. Ambrosoli, *Nuovi contributi agli »Scritti giovanili« di Gramsci*, in »Rivista storica del socialismo«, 3. Jg., Nr. 10, Mai–August 1960, 545–50; vgl. besonders 549). Weitere Hinweise zu diesem Thema, das jedoch nicht direkt weitergeführt wird, finden sich in Heft 3 (XX), §63, und in Heft 14 (I), §14.

3a Im Original: »astatalismo«; P: »manque de sens de l'État«.

3b *Strapaese* (wörtl. etwa »Erzdorf; das Dorf über alles«) war eine literarische Strömung zwischen 1926 und 1932, die die Fortsetzung einer am bäuerlichen Leben orientierten Kultur postulierte und sich gegen den »Kosmopolitismus« der in *Stracittà* (»Über-Stadt«, i. w. S. »Asphaltliteratur«) versinnbildlichten städtisch-modernen Kultur richtete (d. Hg.).

Heft 15, §42. *Nichtpopular-nationaler Charakter der italienischen Literatur.*
B-Text (bereits in LVN, 60).

0 *Poesia popolare e poesia d'arte: Studi sulla poesia italiana dal tre al cinquecento.*

1 Die in dem besprochenen Band enthaltenen Aufsätze Croces waren zwischen 1929 und 1932 in »La Critica« erschienen.

1a Held eines altfranzösischen Epos, in Italien durch den 1473 erschienenen Roman *Guerin Meschino* von Andrea Barberino (1370–1431) und die Übernahme von Episoden und Gestalten daraus in der epischen Dichtung der Renaissance populär geworden. Unter demselben Namen erschien Ende des 19. Jahrhunderts eine politisch-satirische Zeitschrift, von 1912 an sogar ein »Guerin sportivo«.

Heft 14, §72. *Popularliteratur. Inhalt und Form.*
B-Text (bereits in LVN, 60–63).

1 Vgl. Heft 14, §14.

1a Vgl. Anm. 0a zu Heft 17, §44 (S. 184 in diesem Reader).

1b Im Original: »che prese nome dalla Rivoluzione francese«; wörtlich: »die ihren Namen von der Französischen Revolution entlehnt hat«. Wir folgen P: »qui a pris sa source dans la R,volution française«.

2 Vgl. Heft 14, §35 und Heft 7, §50 (S. 78 in diesem Reader) und §51, Bd. 4, 900ff.

Heft 14, §37. *Popularliteratur. Italien und Frankreich.*
B-Text (bereits in LVN, 63f).

Heft 14, §28. *Popularliteratur.*
B-Text (bereits in LVN, 64f).

1 Vgl. Luigi Volpicelli, Arte e Religione, in »L'Italia che scrive«, 1. Januar 1933 (9. Jg., Nr. 1).

2 Es handelt sich um Tilghers mehrfach erwähnten Artikel *Perché l'artista scrive o dipinge, o scolpice, ecc.?*, in »L'Italia che scrive«, Februar 1929.

2a Dies und das folgende sind Anspielungen auf die 6. Feuerbach-These von Marx. Im Original: *natura*. Dieser Term wird hier mit »Wesen« übersetzt, um den Sinn der sechsten Feuerbach-These von Marx zu treffen (»... das menschliche Wesen ... In seiner Wirklichkeit ist es das ensemble der gesellschaftlichen Verhältnisse.« MEW 3, 6), mit der Gramsci hier wie in anderen Paragraphen arbeitet und deren Ausdruck »Wesen« er mit »natura« übersetzt. In unserer Übersetzung muß daher bei »Wesen« der Begriff »Natur« mitgedacht werden, zumal dort, wo von »›biologischem‹ Wesen« die Rede ist.

Heft 6, §29. *Die Enkelchen des Pater Bresciani.*
B-Text (bereits in LVN, 65f).

1 Die Veröffentlichung der Rubrik »Cose viste« (wörtlich: *Gesehene Dinge*) von Ugo Ojetti hatte im Oktober 1921 im »Corriere della Sera« begonnen und ging bis 1943. Eine erste Buchausgabe kam 1923 heraus (Treves, Mailand); in den folgenden Jahren erschienen weitere Bände und Neuauflagen, bis zu ihrer vollständigen Zusammenfassung in einem Band von 1960 (Sansoni, Florenz).

2 Vgl. Giuseppe Prezzolini, *Mi pare ...*, Delta, Florenz 1925, 16.

Heft 8, §145. *Nicht popular-nationaler Charakter der italienischen Literatur.*
B-Text (bereits in LVN, 66f).

Heft 6, §147. *Popularität der italienischen Literatur.*
B-Text (bereits in LVN, 67f).

1 Ercole Reggio, *Perché la letteratura italiana non è popolare in Europa*, in »Nuova Antologia«, 1. Oktober 1930, 298–307; das Zitat steht auf S. 298.

Heft 14, §19. *Popularliteratur. Der melodramatische Geschmack.*
B-Text (bereits in LVN, 68f).

1 Vgl. Labor, *Fiorita di canti sociali*, hg. v. Alessandro Schiavi, erweiterte Aufl., Avanti!, Mailand 1924; in dieser Anthologie sind Gedichte Turatis auf S. 47, 129ff, 207ff, 262ff, 314–18 enthalten.

2 Zur Bibliographie der Gedichte und Reden des Anarchisten Pietro Gori vgl. *Bibliografia del socialismo e del movimento operaio italiano*, Bd. II, Edizioni ESMOI, Rom-Turin 1964, 222–27.

3 Zu Palmiro Togliattis Übersetzungen von Walt Whitman und Marcel Martinet vgl. die Nummern des »Ordine Nuovo« vom 7. Juni, 12. Juli, 6.–13. Dezember, 27. Dezember 1919, 24.–31. Januar, 21. Februar, 28. Februar–6. März, 13. März, 3.–10. April, 15. Mai, 10. Juli 1920 (1. Jg., Nr. 5, 9, 29, 31, 38, 39, 40, 43; 2. Jg., Nr. 2, 9).

Heft 9, §66. *Popularliteratur.*
B-Text (bereits in LVN, 69f).
1 Vgl. Heft 6, §147, Bd. 4, 820 (S. 47 in diesem Reader); ebenso Heft 8, §46.

Heft 15, §20. *Nichtpopular-nationale Charakterzüge der italienischen Literatur.*
B-Text (bereits in LVN, 79ff).
0 Im Original: »contenutisti«.
0a Im Original: »calligrafi«; P: »formalistes«.
1 Vgl. Gherardo Casinis Artikel *Elementi politici di una letteratura* (*Politische Elemente einer Literatur*), in »Critica fascista«, 1. Mai 1933 (11. Jg., Nr. 9), 161f. Andere Beiträge Casinis zur Auseinandersetzung zwischen »Inhaltisten« und »Kalligraphen« waren in der »Critica fascista«, 15. März 1933 (11. Jg., Nr. 6), 101ff (*Necessità dell'umano – Notwendigkeit des Menschlichen*), und 1. April 1933 (11. Jg., Nr. 7), 140 (Kommentar zu einem Artikel von Eurialo De Michelis) erschienen. Außer in der »Critica fascista« hatte Gramsci die Auseinandersetzung, die sich über ein Jahr hinzog, in »L'Italia letteraria« verfolgt.
2 Der Bezug auf die Legende von Laotse, die schon in einem Artikel von 1916 erwähnt wird (vgl. SM, 198), ist mit einer Erinnerung an Gramscis Universitätsleben verbunden; vgl. den Artikel *Cultura e lotta di classe* (Kultur und Klassenkampf) in »Il Grido del Popolo«, 25. Mai 1918: »Wir entsinnen uns deutlich eines alten Universitätsprofessors, der seit vierzig Jahren eine Vorlesung in theoretischer Philosophie über das ›Finale evolutive Sein‹ halten sollte. Jedes Jahr begann er mit einem ›Exkurs‹ über die Vorläufer des Systems und sprach über Laotse, den Kind-Greis, den mit achtzig Jahren zur Welt gekommenen Mann in der chinesischen Philosophie. Und jedes Jahr begann er wieder, über Laotse zu sprechen, weil neue Studenten dazugekommen waren, und auch diese mußten sich aus dem Munde des Professors über Laotse belehren lassen. Und so wurde das ›Finale evolutive Sein‹ zu einer Legende, einer dahinschwindenden Chimäre, und die einzige lebendige Wirklichkeit war für die Studenten vieler Generationen Laotse, der Kind-Greis, das mit achtzig Jahren zur Welt gekommene Knäblein« (SG, 240). Vgl. auch LC, 287 und 437. Das Stichwort des Artikels von 1918 findet sich in Heft 6 (VIII), §120 wieder.
2a Vgl. Anm. 3b zu Heft 21, §1 (S. 181 in diesem Reader).

Heft 21, §4. *Das Publikum und die italienische Literatur.*
C-Text (bereits in LVN, 81): unter Verwendung eines gleichnamigen A-Textes aus Heft 1, §80, vgl. Bd. 1, 146.
1 Das Zitat aus dem Artikel Leo Ferreros ist der Rubrik »Presseschau« (*Gli scrittori e il pubblico*), in »La Fiera letteraria«, 28. Oktober 1928 (4. Jg., Nr. 44), entnommen.
1a Im Ms.: »attuale«; P: »effectif«.

Heft 5, §54. *Die Enkelchen des Pater Bresciani.*
B-Text (bereits in LVN, 85ff).
1 Dieselben Überlegungen zum »opiumhaften« Charakter einer bestimmten popularen Literatur nimmt Gramsci in Heft 6 (VIII), §28 und 134 (S. 88 in diesem Reader), wieder auf.

Heft 8, §9. *Fehlen eines national-popularen Charakters in der italienischen Literatur.*
B-Text (bereits in LVN, 89f).
1 Vgl. Paolo Milano, *»Luce fredda«* (*Kaltes Licht*), in »L'Italia letteraria«, 27. Dezember 1931 (3. Jg., Nr. 52): es handelt sich um eine Rezension des Romans von Umberto Barbaro, *Luce fredda* (Carabba, Lanciano). Die Hervorhebungen sind von Gramsci.

Heft 17, §44. *Popularliteratur.*
B-Text (bereits in LVN, 96).

0a Secentismo (auch: Seicentismo) bedeutet »Kunst des 17. Jahrhunderts«, vor allem die zu Formalismus und inhaltlicher Blässe neigende Schreibweise der barocken Dichtung (Anm. d. Übers.).

1 Die hier zitierte Passage von Aldo Capasso stammt aus einem Artikel von A. Bici, *Poeti d'oggi*, II: *Ungaretti o dell'analogismo* (*Dichter von heute*, II: *Ungaretti oder über den Analogismus*), in »Leonardo«, März 1934 (5. Jg., Nr. 3), 111–17, besonders 115 (dort auch kursiv).

2 Vgl. Heft 9, §2, Bd. 5, 1087f.

Heft 3, §7. Das Volk (pfui!) …
B-Text (bereits in LVN, 96f).

1 Das Zitat aus dem Artikel von Ungaretti stammt aus »L'Italia letteraria«, 3. November 1929 (1. Jg., Nr. 31), »Presseschau« (*Viele Kritiker*).

3. Studien

3.1 Der zehnte Gesang der Hölle

Heft 4, §78. *Frage von »Struktur und Poesie« in der Göttlichen Komödie …*
B-Text (bereits in LVN, 34ff).

1 Zu diesen Verweisen Gramscis vgl. den Brief an Tanja vom 20. September 1931, in welchem das Schema dieser Arbeit über den 10. Gesang der Hölle erklärt wird: »Ich besitze die Aufsätze von De Sanctis und den *Dante* Croces. Im ›Leonardo‹ von '28 habe ich einen Teil der in Barbis Zeitschrift veröffentlichten Studie Luigi Russos gelesen, die (in dem gelesenen Teil) Croces Thesen erwähnt. Ich besitze die Nummer der ›Critica‹ mit der Antwort Croces. Aber dieses Material sehe ich seit langem nicht mehr, das heißt seit der Zeit, bevor ich den hauptsächlichen Kern dieses Schemas entworfen habe, weil ganz unten in einer im Magazin aufbewahrten Kiste« (LC, 489–93). Zu Croces These vgl. Benedetto Croce, *La poesia di Dante*, 3. durchges. Aufl., Laterza, Bari 1922 [FG, C.carc., Turi I], besonders das zweite Kapitel: *La struttura della »Commedia« e la poesia* (53–71). Zu Russos von Gramsci erwähnter Studie vgl. Luigi Russo, *Critica dantesca*, in »Leonardo«, 20. Dezember 1927 (3. Jg., Nr. 12), 305–11. Die Nummer der »Critica« mit der Antwort Croces auf Russo ist die vom 20. März 1928 (26. Jg., Nr. 2), 122–25. Andere Hinweise Gramscis auf seine Dantestudien finden sich in den Briefen an Tanja vom 26. August 1929, 7. September 1931, 22. Februar 1932 und 21. März 1932 (vgl. LC, 298f, 482, 575, 590).

2 Vgl. den nachfolgenden §83.

3 Vgl. Fedele Romani, *Il canto X dell'Inferno*, Sonderdruck aus dem »Giornale dantesco«, 1906, (13. Jg., Nr. 1), Prato-Florenz 1906.

4 Anspielung auf den Aufsatz *Il Farinata di Dante*, in De Sanctis, *Saggi critici*, 1. Mailänder Aufl., hg. u. mit Anm. versehen v. Paolo Arcari, 2. Bd., Treves, Mailand 1924, Bd. 2, 202–26.

5 Diese Notizen über den Wert der Regieanweisungen in Theaterstücken werden besonders in dem genannten Brief an Tanja vom 20. September 1931 entwickelt: »welche Bedeutung haben die Regieanweisungen in den Werken fürs Theater? Die letzten Neuerungen, die in die Schauspielkunst eingebracht worden sind, mit der Absicht, dem Regisseur immer größere Bedeutung zu geben, stellen die Frage immer schärfer. Der Autor des Dramas kämpft gegen die Schauspieler und gegen den Regisseur vermittels

der Regieanweisungen, die es ihm erlauben, die Personen besser zu charakterisieren: der Autor will, daß seine Einteilung berücksichtigt wird und daß die Interpretation des Dramas durch die Schauspieler und den Regisseur (die Übersetzer aus einer Kunst in eine andere und zugleich Kritiker sind) seiner Sichtweise entspricht. Im *Don Juan* von Shaw setzt der Autor in den Anhang auch einen von John Tanner, dem Protagonisten, verfaßten Wegweiser, um die Gestalt des Protagonisten besser zu präzisieren und vom Schauspieler größere Treue zu seinem Bilde zu erreichen. Werk fürs Theater ohne Regieanweisungen ist lyrischer als Darstellung lebendiger Personen in einem dramatischen Zusammenstoß; die Regieanweisung hat zum Teil die alten Monologe in sich aufgenommen usw. Wenn auf dem Theater das Kunstwerk aus der Zusammenarbeit des Schriftstellers und der Schauspieler resultiert, die durch den Regisseur ästhetisch vereint werden, hat die Regieanweisung im schöpferischen Prozeß eine wesentliche Bedeutung, insofern sie die Willkür des Schauspielers und des Regisseurs einschränkt« (LC, 492).

6 An die Quelle dieser Beobachtung erinnert Gramsci in dem bereits genannten Brief vom 20. September 1931: »Ich erinnere mich, daß ich 1912 beim Besuch der Vorlesung von Professor Toesca in Kunstgeschichte die Reproduktion des Bildes aus Pompeji kennenlernte, auf welchem Medea der Tötung ihrer Kinder beiwohnt, die sie von Jason hatte; sie wohnt dem mit verbundenen Augen bei, und ich glaube mich zu erinnern, Toesca hätte gesagt, daß das eine Art der Alten gewesen sei, sich auszudrücken, und daß auch Lessing im *Laokoon* (ich zitiere aus dem Gedächtnis aus jenen Vorlesungen) dies nicht für einen stümperhaften Kunstgriff hielt, sondern sogar für die beste Art, den Eindruck des unendlichen Schmerzes eines Elternteils wiederzugeben, der sich materiell dargestellt in einer Fratze kristallisiert hätte« (LC, 491). An dasselbe Beispiel hatte er bereits in dem Brief vom 26. August 1929 erinnert (vgl. LC, 298f). Zu demselben Thema vgl. auch den nachfolgenden §80.

7 Vgl. den Brief an Tanja vom 22. Februar 1932: »Was Du mir über mein Schema für den Gesang mit Farinata schreibst, erinnert mich daran, daß ich tatsächlich in den vergangenen Jahren darüber mit jemand gesprochen haben kann. Ich erinnere mich jetzt, daß ich zum ersten Mal an diese Interpretation dachte, als ich die gewichtige Arbeit Isidoro del Lungos über die *Florentinische Chronik* von Dino Compagni las, wo Del Lungo erstmals das Todesdatum Guido Cavalcantis feststellte« (LC, 575). Vgl. Isidoro del Lungo, *Dino Compagni e la sua Cronica*, Bd. 1–3, Le Monnier, Florenz 1879–87 (Bd. 1, 187f, 111–15; Bd. 2, 98).

7a In der Übersetzung der *Göttlichen Komödie* von Karl Witte, Reclam, 5. Aufl., Leipzig 1966, auf die wir hier zurückgreifen, wird die Stelle (Vers 63) *forse cui Guido vostro ebbe a disdegno* wiedergegeben mit »den zu gering vielleicht eu'r Guido *hielt*« (Anm. d. Übers.).

Heft 4, §79. *Kritik des »Unausgesprochenen«?*
B-Text (bereits in LVN, 36f).

1 Vgl. dieselben Beobachtungen in dem Brief an Tanja vom 20. September 1931 (vgl. LC, 491).

2 Vgl. Croce, *Alessandro Manzoni. Saggi e discussioni*, Laterza, Bari 1930 [FG, C. carc., Turi II], 24f.

3 Vgl. Giuseppe Citanna, *I Promessi Sposi sono un opera di poesia?*, in »La Nuova Italia«, 20. Juni 1930 (1. Jg., Nr. 6), 225–31; vgl. besonders 230.

Heft 4, §80. Plinius erinnert ...
B-Text (bereits in LVN, 36).

1 Die Zusammenfassung von Paolo Enrico Arias' Artikel, aus dem Gramsci die Hinweise entnimmt, befindet sich in der Rubrik »Marginalia« (*I monumenti d'Ifigenia in Aulide*), in »Il Marzocco«, 13. Juli 1930 (35. Jg., Nr. 28).
2 Vgl. den vorhergehenden §78, Anm. 6.

Heft 4, §81. Das Todesdatum ...
B-Text (bereits in LVN, 38).

1 Vgl. den vorhergehenden §78, Anm. 7. Die Angaben über die Arbeiten Isidoro Del Lungos, *Dante nei tempi di Dante*, *Dal secolo e dal poema di Dante*, *Da Bonifazio VIII ad Arrigo VII, pagine di storia fiorentina per la vita di Dante*, sind Pio Rajnas Artikel *Del Lungo e la Cronica di D. Compagni*, in »Il Marzocco«, 15. Mai 1927 (32. Jg., Nr. 20) entnommen.

Heft 4, §82. *Die Geringschätzung Guidos.*
B-Text (bereits in LVN, 37f).

1 Giuseppe S. Gargàno, *La lingua nei tempi di Dante e l'interpretazione della poesia*, in »Il Marzocco«, 14. April 1929 (34. Jg., Nr. 15); Enrico Sicardi, *La lingua italiana in Dante*, Optima, Rom 1929.
1a Dem Sinne nach müßte die äußerst verknappte Formulierung wie folgt übersetzt werden: »*mit dem* zu kommen Euer Guido als zu gering erachtete«; der Witteschen Übersetzung liegt eine andere, von der Kürze des Verses im Original diktierte Satzkonstruktion zugrunde. (Anm. d. Übers.)
2 Kursiv bei Gramsci. Die vorhergehenden Kursivsetzungen stammen von Gargàno.
3 Vgl. LC, 490f.

Heft 4, §83. Vincenzo Morello, *Dante, Farinata, Cavalcante.*
B-Text (bereits in LVN, 38–42).

1 Vgl. Vincenzo Morello, *Dante, Farinata, Cavalcante*, Mondadori, Mailand 1927 [G. Ghilarza, C.carc.]. Das Buch ist von Gramsci am 17. Dezember 1928 und am 26. August 1929 angefordert worden (vgl. LC, 244 und 298). Es ist in einer Bücherliste aufgeführt, die Gramsci seinem Bruder Carlo am 13. März 1931 übergeben hat (vgl. BH). Da im vorliegenden Paragraphen umfangreiche Zitate aus dem Buch wiedergegeben sind (die Kursivsetzungen sind von Gramsci), ist er offensichtlich vor diesem Datum verfaßt worden.
2 Giovanni Rosinis historischer Roman *La Monaca di Monza. Storia del secolo XVII*, erstmals 1829 in drei Bänden (Capurro, Pisa) veröffentlicht, ist im Verlaufe des 19. und der ersten Jahrzehnte des 20. Jahrhunderts mehrfach neu aufgelegt worden.

Heft 4, §84. Die »Beschreibungsverzichte« ...
B-Text (bereits in LVN, 42f).

1 Luigi Russo, *Per la poesia del »Paradiso« dantesco*, in »Leonardo«, 20. August 1927 (3. Jg., Nr. 8), 200ff.
2 Den Artikel *Il »Paradiso« e la critica di De Sanctis* von Augusto Guzzo kannte Gramsci nicht direkt, sondern nur aus den Zitaten in Russos Arbeit, die in der vorangehenden Anmerkung angeführt wird.
3 Vgl. Russo, *Per la poesia del »Paradiso« dantesco*, aaO., 202.
4 *Il Dante del Vossler e l'Unità poetica della Commedia.*

Heft 4, §85. 1918 …
B-Text (bereits in LVN, 43).

1 Vgl. *Il cieco Tiresia*, in »Avanti!«, 18. April 1918, in Gramscis Rubrik »Sotto la Mole« [»Unter der Last« bzw. »Unter der Mole«, d. h. dem als Wahrzeichen von Turin dienenden Turmbau Mole antoniellana; Anm. d. Übers.] (jetzt in SM, 392f): »Die ›Stampa‹ berichtet, daß in Ostria in den Marken ein armes blindes Kind lebt, das prophezeit hat, der Krieg werde innerhalb des Jahres 1918 zuendegehen. Der kleine Prophet war vor seiner Prophezeiung nicht blind: aber die Blindheit war mit seiner neuen Eigenschaft unlöslich verbunden; er erblindete sofort, nachdem er die Menschen mit der glücklichen Nachricht von ihrer baldigen Befreiung vom Alptraum des Blutes erfreut hatte. Ostria liegt in den Marken (bei Senigallia, präzisiert die ›Stampa‹), die Cottolengo-Anstalt befindet sich in Turin. Vor zwei Wochen wurde behauptet, daß in der frommen Casa del Cottolengo ein Mädchen, mit prophetischem Geist begabt, eine ganze Reihe kleiner Ereignisse vorauszusehen begann. Urplötzlich behauptete es, zu wissen, wann der Krieg zu Ende wäre, weigerte sich aber, es zu sagen, weil es sicher war, blind zu werden. Wie das Kind aus Ostria (so wird berichtet), wurde es von Fachärzten untersucht, seine Augen als frei von jeder Veranlagung für Blindheit erkannt. Man brachte es zum Sprechen, es sagte die Prophezeiung her, und sofort erblindete es. Turin-Ostria, wie 1916 Turin-Padua, St. Antonius und der Bruder des Kapuzinerklosters. Eine Prophezeiung im Jahr, ein Frieden im Jahr. Aber 1918 hat sich der populare Geist die Tradition zueigen gemacht, hat sie mit der naiven Poesie verschönert, die seine spontanen Schöpfungen belebt. Die Eigenschaft des Propheten wurde wieder mit dem Unglück der Blindheit verknüpft. Der Grieche Teiresias war blind: die reine Klarheit seines Gedankens war in einen undurchdringlichen Körper eingeschlossen, der jedem Eindruck der Aktualität verschlossen war. Es ist der unabwendbare Ausgleich, den die Natur für ihre Ausnahmen verlangt: es liegt darin ein Prinzip von Gerechtigkeitsdenken. Es ist ein grausames Geschick, wie das Kassandras, der nicht geglaubt wird, die die künftigen Ereignisse kennt, sie näherkommen sieht, weiß, wer überwältigt werden wird und weint und spricht, aber die Menschen nur skeptisch, gleichgültig vorfindet, die keine Vorsorge treffen, die sich dem Schicksal nicht widersetzen. Kassandra durchlebt ein individuelleres Drama, sie ist Schöpfung gebildeter Dichtung, schon literarisch verfeinert. Teiresias ist popular, ist bildhaft: das Unglück hat in seiner Person einen äußerlichen Aspekt, das Drama ist physisch zuerst und mehr als innerlich, das Mitleid ist unmittelbar, es bedarf keiner Reflexionen und Überlegungen, damit es entsteht. Es scheint eine Nichtigkeit zu sein: und dennoch ist es eine ungeheure Erfahrung, die nur der popularen Tradition zu erproben und zu konkretisieren gelang. Der zehnte Gesang von Dantes Hölle, der Erfolg, den er in der Kritik und hinsichtlich seiner Verbreitung gehabt hat, ist abhängig von dieser Erfahrung. Farinata und Cavalcante werden dafür bestraft, daß sie zu sehr ins Jenseitige sehen gewollt und damit die katholische Disziplin überschritten haben: sie werden mit der Nichtkenntnis des Gegenwärtigen bestraft. Aber das Drama dieser Bestrafung ist der Kritik entgangen. Farinata wird bewundert wegen des plastischen Gebarens seines Stolzes, wegen seiner herausragenden Gestalt im Schrecken der Hölle. Cavalcante wird vernachlässigt; aber er wird von einem Wort zu Tode getroffen: *er hielt*, was ihn glauben macht, sein Sohn sei tot. Er kennt die Gegenwart nicht: er sieht die Zukunft, und in der Zukunft ist der Sohn tot; in der Gegenwart? Quälender Zweifel, furchtbare Bestrafung in diesem Zweifel, höchstes Drama, das sich in wenigen Worten vollzieht. Aber *schwieriges* Drama, kompliziert, das, um verstanden zu werden, des Nachdenkens und der Überlegung bedarf; das seiner Schnelligkeit und Intensität wegen vor Schrecken erstarren läßt, aber nach kritischer Prüfung. Cavalcante sieht nicht, aber er ist nicht blind, er hat keine plastische, körperliche Evidenz seines Mißgeschicks.

Dante ist in diesem Falle ein gebildeter Dichter. Die populare Tradition will die Plastizität, sie hat eine naivere und unmittelbarere Poesie. Das Kind aus Ostria, das Mädchen der frommen Casa del Cottolengo, sind eben zwei Gesänge der Volkspoesie; Poesie, nichts weiter als Poesie ...«

Heft 4, §86. Aus einem Brief von Prof. U. Cosmo ...
B-Text (bereits in LVN, 43f).

1 Der an Piero Sraffa gerichtete Brief Umberto Cosmos ist vom 29. Dezember 1931; Sraffa hatte ihn Tanja übermittelt, die ihn ihrerseits in den ersten Monaten des Jahres 1932 Gramsci zukommen ließ. Zuvor hatte Gramsci, ebenfalls über die Vermittlung Tanjas und Sraffas, Cosmo das Schema seiner Beobachtungen über den 10. Gesang der *Hölle* geschickt; vgl. den genannten Brief vom 20. September 1931 in LC, 489–93.

1a *Problemi di metodo critico*

1b *Per lo studio della genesi della poesia dantesca. La seconda cantica: poesia e struttura nel poema.*

1c *Poesia e struttura nella Divina Commedia. Per la genesi dell'ispirazione centrale della Divina Commedia.*

1d *Con Dante e coi suoi interpreti.*

2 Vgl. in dem Brief an Tanja vom 21. März 1932 (LC, 590) Gramscis Kommentar zu Cosmos Brief, der in einer Anmerkung der Briefausgabe vollständig wiedergegeben ist (LC, 593f). Zu den früheren Beziehungen zwischen Gramsci und Cosmo vgl. LC, 411–14, 465–68, 480, 482.

Heft 4, §87. Da man auf die sehr schwere Aufgabe pfeifen sollte ...
B-Text (bereits in LVN, 45).

1 Pseudonym für Vincenzo Morello. Vgl. den vorhergehenden §83.

Heft 4, §88. *Shaw und Gordon Craig.*
B-Text (bereits in LVN, 45).

1 Vgl. Aldo Sorani, *Gordon Craig e il teatro*, in »Il Marzocco«, 1. November 1931 (36. Jg., Nr. 44).

3.2 Pirandellos Theater

Heft 6, §26. *Die Enkelchen des Pater Bresciani. Pirandello.*
B-Text (teilweise bereits in LVN, 46f).

1 Gramsci bezieht sich hier offenkundig auf die Theaterkritiken, die er zwischen 1916 und 1920 (also nicht nur während des Krieges) für den »Avanti!« geschrieben hatte. Es geht speziell um die Kritiken zu den Aufführungen folgender Stücke Pirandellos: *Pensaci, Giacomino!* (dt.: *Prof. Toti*) (24. März 1917), *Liolà* (dt.: *Hahn im Korb*) (4. April 1917), *Cosí è (se vi pare)* (5. Oktober 1917), *Il piacere dell'onestà* (dt.: *Die Wollust der Anständigkeit*) (2. November 1917), *A' berritta ccu li ciancianeddi* (27. Februar 1918), *Il gioco delle parti* (6. Februar 1919), *L'Innesto* (29. März 1919), *La ragione degli altri* (13. Januar 1920), *Come prima, meglio di prima* (dt.: *Wie damals – besser als damals / Besser als früher*) (8. April 1920), *Cecé* (16. Dezember 1920): vgl. LVN, 281ff, 283f, 299f, 307f, 313ff, 345f, 351f, 374f, 379f, 389.

1a Wörtl.: »Die Verpflanzung«; scheint nicht ins Deutsche übersetzt worden zu sein.

2 In den erwähnten Theaterkritiken Gramscis werden die Komödien Nino Berrinis im allgemeinen positiv besprochen (vgl. LVN, 230f, 366f, 379); zu der Episode (»Bünd-

nisangebote«), auf die im Text angespielt wird, gibt es aber keinerlei andere dokumentarische Quellen. Ein anderer Hinweis auf die Tätigkeit Berrinis findet sich in Heft 14 (I), §61 (S. 30 in diesem Reader). Hinsichtlich Pirandellos *L'Innesto* läßt sich in der Tat aus den Besprechungen in »La Stampa« und »La Gazzetta del Popolo« (29. März 1917) die Handlung der Komödie kaum erschließen.

3 Mit dem Mißerfolg der Uraufführung von *Hahn im Korb* hatte sich Gramsci bereits in der erwähnten Theaterkritk im »Avanti!« vom 4. April 1917 beschäftigt (vgl. LVN, 283f). Ein anderer Hinweis findet sich in der Kritik vom 29. März 1918, wo an *Hahn im Korb* als an »eine der schönsten modernen Komödien, welche die rüpelhafte pseudomoralisierende Kritik fast vollkommen aus dem Repertoire hat streichen lassen«, erinnert wird (LVN, 322). Auf das Thema kommt Gramsci noch einmal in Heft 14 (I), §15 (der unmittelbar folgende Paragraph in diesem Reader) zu sprechen.

4 Vgl. »La Civiltà Cattolica«, 5. April 1930 (81. Jg., Bd. II), 52–57, in der Rubrik »Presserevue« (*Lazzaro ossia un mito di Pirandello*). Pirandello wird hier charakterisiert als »Meister des Unglaubens und der Unmoral, verhängnisvoll für die Jugend, die schon von der – materialistischen oder idealistischen – Zudringlichkeit der modernen Kunst und Philosophie verdorben ist«.

Heft 14, §15. *Pirandellos Theater.*
B-Text (bereits in LVN, 47–51).

0 Vgl. Anm. 1 zu Heft 6, §26 (in diesem Reader der unmittelbar vorhergehende Paragraph).

1 Vgl. Heft 6, §26 und Anm. 3 (in diesem Reader der unmittelbar vorhergehende Paragraph).

2 Vgl. Heft 6, §26 (in diesem Reader der unmittelbar vorhergehende Paragraph) und Heft 9, §134 (S. 76 in diesem Reader).

3 In Wirklichkeit in der Erzählung *Lontano* (*In der Fremde*); vgl. *Novelle per un anno* (*Novellen für ein Jahr*), Bd. II, 15. Aufl., Mondadori, Mailand 1949, 93–137 (dt. in *Einer nach dem anderen und sizilianische Novellen*, Luigi-Pirandello-Werkausgabe, Bd. 13, hg. v. M. Rössner, Mindelheim 1989, 354–96). Gramsci hatte im Gefängnis eine Ausgabe dieser Erzählung im selben Band wie *Il turno* (*Einer nach dem anderen*, in: ebd., 13–94): vgl. Luigi Pirandello, *Il turno*, Roman, *Lontano*, Novelle, Treves, Mailand 1915 [G. Ghilarza, C.carc.].

4 Zu dieser Arbeit Silvio D'Amicos (*Il teatro italiano*, Treves, Mailand 1932) hatte Gramsci aller Wahrscheinlichkeit nach verschiedene Rezensionen gesehen, darunter einen Artikel von Antonio Valenti (*D'Amico e la storia del teatro italiano – D'Amico und die Geschichte des italienischen Theaters*, in »L'Italia letteraria«, 1. Januar 1933, 9. Jg., Nr. 1).

5 Gramsci hatte wahrscheinlich den Artikel *Il teatro moderno e la sua crisi* (*Das moderne Theater und seine Krise*) vor Augen, erschienen in »La Civiltà Cattolica«, 17. Dezember 1932 (83. Jg., Bd. 4), 563–74, der sich mit Pirandello im Zusammenhang mit *Il teatro italiano* und anderen Arbeiten Silvio D'Amicos befaßt; im selben Artikel wird auf den früheren Aufsatz verwiesen, *L'originalità e Luigi Pirandello* (*Die Originalität und Luigi Pirandello*), in »La Civiltà Cattolica«, 15. Mai 1923 (74. Jg., Bd. 2), 330–37; 7. Juli 1923 (74. Jg., Bd. 3), 15–31; 4. August 1923 (74. Jg., Bd. 3), 219–23.

6 Vgl. Silvio D'Amico, *Poesia di Pirandello* (*Pirandellos Dichtung*), in »L'Italia letteraria«, 30. Oktober 1930 (4. Jg., Nr. 44). In einer einführenden Bemerkung wird präzisiert, daß der Artikel ein Auszug aus dem Buch *Il teatro italiano* ist, das Gramsci vorher zitiert hatte.

7 Vgl. in »L'Italia letteraria« vom 4. Dezember 1932, (4. Jg., Nr. 49), in der Rubrik

»Diskussionen«, die kleine polemische Anmerkung Italo Sicilianos unter dem Titel *Ha detto male di Pirandello?* (*Haben Sie über Pirandello schlecht geredet?*) Es folgt die Antwort Silvio D'Amicos.

7a *Il Teatro di L. Pirandello.*

8 Sicilianos Einstellung zu Pirandello entnahm Gramsci dem in Anm. 7 aufgeführten Artikel; in den Zitaten in Gänsefüßchen sind leichte formale Änderungen vorgenommen worden, um sie dem Satzbau Gramscis anzupassen.

8a Gemeint ist Pirandellos Stück *Sei personaggi in cerca d'autore* (*Sechs Personen suchen einen Autor*, Stuttgart 1989).

9 Das Zitat aus D'Amico ist dem angeführten Artikel *Poesia di Pirandello* entnommen.

Heft 14, §21. *Pirandellos Theater.*
B-Text (bereits in LVN, 51f).

1 Die Informationen zu Jewrejnow, einem russischen Schriftsteller, der nach der Revolution nach Paris emigrierte, entstammen einer Rezension von Antonio Valenti zu Nikolai Jewrejnows Buch *Il teatro della guerra eterna* (*Das Theater des ewigen Krieges*), Drama in drei Akten und vier Bildern, Verlag Nemi, Florenz 1932, in »L'Italia letteraria«, 24. Juli 1932 (4. Jg., Nr. 31), in der Rubrik »Bücher der Woche«.

2 Vgl. den vorhergehenden §15 und Anm. 2.

3 Mit Nino Martoglios *Aria del continente* hatte sich Gramsci in einer Theaterkritik im »Avanti!« vom 12. April 1916 beschäftigt (vgl. LVN, 236f).

Heft 5, §40. *Pirandello.*
B-Text (bereits in LVN, 51, Anm.).

1 Vgl. Benjamin Crémieux, *Henri IV et la dramaturgie de Luigi Pirandello*, suivi de la traduction française de *Henri IV*, tragédie en trois actes, Gallimard, Paris 1928. Es ist nicht ersichtlich, ob Gramsci die Gelegenheit hatte, dieses Buch einzusehen.

Heft 9, §134. *Italienische Literatur. Pirandello.*
B-Text (bereits in LVN, 52f.).

1 Vgl. Heft 6, §26 (S. 70 in diesem Reader)

3.3 Alessandro Manzoni

Heft 21, §3. *Die »Demütigen«.*
C-Text (bereits in LVN, 72): unter Verwendung eines A-Textes aus Heft 9, §135: *Popularnationale Literatur. Die »Demütigen«*, vgl. Bd. 5, 1181.

0 Im Original: »umili«; an anderer Stelle von uns mit »Geringe« übersetzt (vgl. Heft 6, §78, Bd. 4, 769), hier mit »Demütige«, um dem Kontext mit »Demut« und »demütig« Rechnung zu tragen, während auf der Achse »umili – intellettuali« die erste Bedeutung angemessen ist.

Heft 14, §39. *Popularliteratur. Manzoni und die »Einfachen«.*
B-Text (bereits in LVN, 72f).

1 Zur Beziehung zwischen Manzonis Auffassungen und Thierrys Lehren vgl. Heft 7, §50 (der unmittelbar folgende Paragraph in diesem Reader) und §51, Bd. 5, 900ff.

2 Vgl. Heft 3, §148, Bd. 2, 436f; Heft 6, §9, Bd. 4, 715; Heft 7, §50 (der unmittelbar folgende Paragraph in diesem Reader); Heft 8, §9 (S. 55 in diesem Reader).

3 Zu Zottolis Buch vgl. Heft 7, §50 (der unmittelbar folgende Paragraph in diesem Reader).

4 Einige Notizen zu diesem Thema hat Gramsci später in Heft 25 unter dem Titel *Am Rande der Geschichte (Geschichte der subalternen gesellschaftlichen Gruppen)* gesammelt.

5 Aller Wahrscheinlichkeit nach dachte Gramsci hierbei direkt oder indirekt an einige Hinweise von Engels in Ludwig Feuerbach und der Ausgang der klassischen deutschen Philosophie (Vgl. MEW 21, 299): »Seit der Durchführung der großen Industrie, also mindestens seit dem europäischen Frieden von 1815, war es keinem Menschen in England ein Geheimnis mehr, daß dort der ganze politische Kampf sich drehte um die Herrschaftsansprüche zweier Klassen, der grundbesitzenden Aristokratie (landed aristocracy) und der Bourgeoisie (middle class). In Frankreich kam mit der Rückkehr der Bourbonen dieselbe Tatsache zum Bewußtsein; die Geschichtsschreiber der Restaurationszeit von Thierry bis Guizot, Mignet und Thiers sprechen sie überall aus als den Schlüssel zum Verständnis der französischen Geschichte seit dem Mittelalter.« Vgl. auch Engels' Brief an Starkenburg vom 25. Januar 1894 (MEW 39, 207): »Wenn Marx die materialistische Geschichtsauffassung entdeckte, so beweisen Thierry, Mignet, Guizot, die sämtlichen englischen Geschichtsschreiber bis 1850, daß darauf angestrebt wurde, und die Entdeckung derselben Auffassung durch Morgan beweist, daß die Zeit für sie reif war und sie eben entdeckt werden mußte.« Ein Urteil von Marx über Thierry (»le père des ›Klassenkampfes‹ in der französischen Geschichtsschreibung«) findet sich in seinem Brief an Engels vom 27. Juli 1854 (vgl. MEW 28, 381). Vgl. auch Marx' Brief an Weidemeyer vom 5. März 1852 (ebd., 504).

Heft 7, §50. *Popularliteratur.*
B-Text (bereits in LVN, 73f).

1 Vgl. Heft 3 (XX), §148.

1a *Umili e potenti nella poetica di A. Manzoni.*

2 Vgl. Filippo Crispolti, *Nuove indagini sul Manzoni (Lettera ad Angelo A. Zottoli)*, in »Pègaso«, August 1931 (3. Jg., Nr. 8), 129–44.

3 Ebd., 141. Die Hervorhebungen sind von Gramsci.

4 Vgl. ebd., 139: »[Manzoni] übernahm also mit Begeisterung die Lehre, die Augustin Thierry seinen eigenen historischen Forschungen damals zugrunde legte, das heißt die Trennung der Erobererrassen von den eroberten Rassen im Mittelalter, und das tat er, weil auf diese Weise auch die Unterdrückten, die Vergessenen, die Geringen wieder zum Gegenstand der Geschichte wurden«.

5 Vgl. Croce, *Storia della storiografia italiana nel secolo decimonono*, Laterza, Bari 1921, Bd. 1, 122ff, wo er Manzonis Schrift von 1822, *Discorso sopra alcuni punti della storia longobardica* (*Abhandlung über einige Punkte der langobardischen Geschichte*), mit den Theorien Thierrys und Guizots vergleicht. Der Sachverhalt wird von Gramsci jedoch nicht ganz exakt wiedergegeben; wahrscheinlich hat er ihn aus dem Gedächtnis dargestellt. Es ist auch durchaus möglich, daß Gramsci den Passus durchgestrichen hat, nachdem er Croces Text überprüft hatte.

6 Vgl. Angelo A. Zottoli, *Il Manzoni e gli »umili« (Lettera a Filippo Crispolti)*, in »Pègaso«, September 1931 (3. Jg., Nr. 9), 356–61.

Heft 14, §45. *Popularliteratur. Manzoni.*
B-Text (bereits in LVN, 74f).

1 Vgl. Adolfo Faggis Artikel, Vox populi vox Dei, in »Il Marzocco«, 1. November 1931 (36. Jg., Nr. 44).

1a Die Verlobten. Eine mailändische Geschichte aus dem 17. Jahrhundert. Berlin und Weimar, 1979, 765.

1b Ebd., 612f.

Heft 15, §37. *Italienische Literatur.*
B-Text (bereits in LVN, 78).

0 *Die Verlobten*, zit. n. der Übersetzung von E.W. Junker, Darmstadt 1961, 167. Vgl. Shakespeare, *Julius Cäsar* II, 1.

1 Vgl. Tullia Franzi, *Il »barbaro che non era privo d'ingegno«* (*Der »Barbar, der nicht ohne Genie war«*), (in der Rubrik »Kommentare und Fragmente«) in »Il Marzocco«, 18. September 1932 (37. Jg., Nr. 30–38).

4. Popularliteratur

Heft 21, §5. *Begriff »popular-national«.*
C-Text (bereits in LVN, 103–8): unter Verwendung eines A-Textes aus Heft 3, §63: *Die Enkelchen des Pater Bresciani*, vgl. Bd. 2, 382–85.

1 Vgl. die Spalte »Zoll« (*Fallimento del romanzo)*, in »Critica fascista«, 1. August 1930 (8. Jg., Nr. 15), 291. Der von Gramsci zitierte Passus findet sich in Teilen auch in der Rubrik »Presseschau« (*Romanzi d'appendice*) in »L'Italia letteraria«, 10. August 1930 (2. Jg., Nr. 32).

2 Anspielung auf die durch einen Artikel Umberto Fracchias hervorgerufene Polemik; der Artikel war als offener Brief an Gioacchino Volpe anläßlich einer Rede desselben als Sekretär der Accademia d'Italia erschienen; vgl. Umberto Fracchia, *A S. E. Volpe*, in »L'Italia letteraria«, 22. Juni 1930 (2. Jg., Nr. 25). Mit diesem Artikel beschäftigt sich Gramsci erneut in Heft 6 (VIII), §38. In die lange auf den Artikel folgende Polemik in der »Italia letteraria« und anderen Zeitungen und Zeitschriften griff auch Ugo Ojetti mit der im Text erwähnten *Lettera a Umberto Fracchia sulla critica* ein, in »Pègaso«, August 1930 (2. Jg., Nr. 8), 207–11; zur Antwort Fracchias vgl. *Ojetti e la critica*, in »L'Italia letteraria«, 10. August 1930. Auf Ojettis Artikel kommt Gramsci auch in Heft 6 (VIII), §16, zurück.

3 Es handelt sich um Ruggero Bonghis bekannten Aufsatz *Perché la letteratura italiana non sia popolare* (Mailand 1859), den Gramsci auch an anderer Stelle erwähnt.

4 Vgl. Anm. 3 zu Heft 21, §1 (S. 180 in diesem Reader).

5 Vgl. Anm. 2 zu Heft 21, §1 (S. 180 in diesem Reader).

6 Papinis Artikel über Carolina Invernizio aus dem »Resto del Carlino« vom 4. Dezember 1916 ist später in den Band *Testimonianze. Saggi non critici* (Reihe III der *24 Cervelli*), Studio editoriale Lombardo, Mailand 1918, 41–53, aufgenommen worden. Die von Gramsci erwähnte Bibliographie ist enthalten in Enzo Palmieri, *Interpretazioni del mio tempo,* I: *Giovanni Papini, Bibliografia (1902–1927)*, hg. v. Dr. Tito Casini, Vallecchi, Florenz o.J. (1927).

6a *Reali di Francia*, italienisches Volksbuch (Anm. d. Übers.).

6b Vgl. Heft 6, §207 (S. 108 in diesem Reader).

7 Im Fondo Gramsci ist ein populärwissenschaftliches Buch von Giorgio Abetti, *Padre Angelo Secchi. Il pioniere dell'astrofisica*, Verlag Giacomo Agnelli, Mailand 1928 [FG] aufbewahrt. Da der Vermerk des Gefängnisses fehlt, ist anzunehmen, daß es Gramsci bei seinem Aufenthalt in Formia erhalten hat.

Heft 6, §134. *Popularliteratur. Feuilletonroman.*
B-Text (teilweise bereits in LVN, 108).

1 Vgl. Heft 5 (IX), §54 (S. 53 in diesem Reader).

2 Zu Gramscis Auffassung von Freud und der Psychoanalyse vgl. Heft 1 (XVI), §33. Einige der in diesem Paragraphen angedeuteten Überlegungen werden in einem Brief

an Julia vom 30. Dezember 1929 wiederaufgenommen: »Es ist merkwürdig und interessant, daß die Psychoanalyse Freuds, besonders in Deutschland (wie es mir nach den Zeitschriften, die ich lese, scheint), ähnliche Tendenzen entstehen läßt, wie jene, die im Frankreich des achtzehnten Jahrhunderts existierten; und daß sie einen neuen Typ von ›edlem Wilden‹, korrumpiert durch die Gesellschaft, das heißt durch die Geschichte, herausbildet. Es erwächst daraus eine neue Form sehr interessanter intellektueller Unordnung« (LC, 314). Vgl. auch den folgenden Brief an Tanja vom 20. April 1931: »Ich habe etwas über die Psychoanalyse gelesen, insbesondere Zeitschriftenartikel; in Rom hatte mir zu diesem Thema Rambelinsky etwas zu lesen geliehen. Ich werde gerne das Buch von Freud, das Piero dir empfohlen hat, lesen: du kannst darum bitten« (LC, 428). Aus einem früheren Brief Tanjas an Gramsci, vom 15. April, geht hervor, daß das von Piero Sraffa empfohlene Buch Sigmund Freud, *Introduction à la Psychanalyse*, Payot, Paris, war; da aber weder dieses Buch unter den Gefängnisbüchern aufgefunden worden ist, noch der Titel anderswo, in den Briefen und in den Heften, auftaucht, ist es nicht sicher, daß Gramsci es erhalten und gelesen hat. Beiläufige Hinweise auf Freud und auf die Psychoanalyse finden sich in verschiedenen Notizen der Hefte; vgl. jedoch vor allem Heft 15 (II), §74: *Freud und der Kollektivmensch*, über den »gesündesten und sogleich annehmbaren Kern des Freudismus«. Über Svevo und Joyce vgl. Heft 3 (XX). §109: *Die Enkelchen des Pater Bresciani. Italo Svevo und die italienischen Schriftsteller*; in demselben Heft vgl. auch den §3: *Deutsche Intellektuelle*, über den Einfluß, den Freud auf die deutsche Literatur gehabt hat.

Heft 21, §6. *Verschiedene Typen des Popularromans.*
C-Text (bereits in LVN, 110–13): unter Verwendung eines A-Textes aus Heft 3, §78: *Die Enkelchen des Pater Bresciani. Die Popularromane des Feuilletons*, vgl. Bd. 2, 396ff.

1 Mit dem Popularroman des Feuilletons hatte sich Gramsci bereits bei anderer Gelegenheit, vor der Abfassung der *Hefte* beschäftigt: vgl. SG, 243ff, *Scritti 1915–21*, 163f (die Gedanken dieses letzteren Artikels sind besonders in Heft 3, §53 wiederaufgenommen). Ein wichtiger Gedanke zu diesem Thema ist auch in einem Brief vom 22. April 1929 enthalten (vgl. LC, 270). Vgl. auch ein Urteil über Victor Hugo in SM, 214f.

2 Das Thema des Kriminalromans wird in Heft 21, §12 weiterentwickelt (S. 93 in diesem Reader).

3 Mit dem Abenteuerroman befaßt sich Gramsci besonders in Heft Heft 21, §10 (S. 92 in diesem Reader).

3a *Scampolo*; *Aigrette*; *Volata*.

3b *La Morte Civile*.

4 Zum Verhältnis des Theaters von Dario Niccodemi zur Popularliteratur des Feuilletons vgl. *Scritti 1915–21*, 164 (CPC, 368), und LC, 270. Vgl. auch Gramscis Theaterkritiken im »Avanti!«, jetzt in LVN, 229f, 240f, 255f, 315f, 353f, 355f (zu Niccodemi); 344f (zu Forzano); 278–81, 285f (zu Ibsen).

Heft 21, §7. *Popularroman und -theater.*
C-Text (bereits in LVN, 113): unter Verwendung eines A-Textes aus Heft 3, §95: *Die Enkelchen des Pater Bresciani*, vgl. Bd. 2, 412.

1 In Wirklichkeit 1909–10: Die von Tomaso Monicelli herausgegebene Wochenzeitung »Il Viandante« erschien in Mailand vom 6. Juni 1909 bis zum 29. Mai 1910. Zu den Theatererinnerungen Boutets, die Gramsci aus dem Gedächtnis zitiert, vgl. Edoardo Boutet, *Gli aneddoti dell'Argentina*, II: *Eschilo tra le lavandaie*, in »Il Viandante«, 7. November 1909 (1. Jg., Nr. 23).

2 *»Danton«, il melodramma e il »romanzo nella vita«*, in »Il Marzocco«, 17. November 1929 (34. Jg., Nr. 46), unter der Rubrik »Marginalia«.

Heft 21, §10. *Verne und der wissenschaftlich-geographische Roman.*

C-Text (bereits in LVN, 114f): unter Verwendung eines A-Textes aus Heft 3, §149: *Popularliteratur. Verne und phantastische Abenteuerliteratur*, vgl. Bd. 2, 437f.

1 Zum Vergleich zwischen Jules Verne und Herbert George Wells vgl. Heft 5 (IX), §84.

2 *Impressioni da Giulio Verne*; vgl. »Il Marzocco«, 19. Februar 1928 (33. Jg., Nr. 8).

Heft 21, §12. *Zum Kriminalroman.*

C-Text (bereits in LVN, 115ff): unter Verwendung eines A-Textes aus Heft 3, §153: *Popularliteratur. Notizen zum Kriminalroman*, vgl. Bd. 2, 439.

0 Antoine Fualdès, ein hoher Verwaltungsbeamter unter Napoleon, wurde 1817 in einem Haus in Rodez erdrosselt, während auf der Straße ein Höllenspektakel organisiert wurde, um die Schreie des Opfers zu übertönen. Die Tat und ihre Umstände wurden zum Motiv mehrerer Kriminalromane und -stücke (nach: P, 484).

0a Der Lyoner Kurier wurde am 27. April 1796 in Vert ermordet. Einer seiner angeblichen Mörder, Joseph Lesurques, wurde vermutlich aufgrund eines Justizirrtums 1797 hingerichtet. Der Fall wurde in zwei populär gewordenen Opern aufgegriffen: *Le Courrier de Naples* (1820) von Boirie, Pujol und Dubigny sowie *L'Affaire du courrier de Lyon* (1850) von Moreau, Siraudin und Delacour (nach: P, 484).

Heft 21, §13. *Kriminalromane.*

C-Text (bereits in LVN, 116–19): unter Verwendung von A-Texten aus Heft 6, §5: *Popularliteratur. Feuilletonromane*, §17: *Popularliteratur. Der Kriminalroman*, §28: *Popularliteratur*, vgl. Bd. 4, 714, 724f, 731f.

1 Die Angaben zu Vidocq und zu Henry Jagots Buch sind einem Artikel von Georges Mongredien, *Vidocq*, in »Les Nouvelles Littéraires«, 15. November 1930 (9. Jg., Nr. 422) entnommen. Vidocqs *Memoiren* werden auch von Marx in der *Heiligen Familie* erwähnt.

2 Vgl. Aldo Sorani, *Conan Doyle e la fortuna del romanzo poliziesco*, in »Pègaso«, August 1930, 212–20.

3 *The Innocence of Father Brown* ist der Titel der ersten Folge der Erzählungen Chestertons, die Gramsci unter dem Titel *L'ingenuità di padre Brown* erwähnt (in einer anderen Notiz aus den Heften wird dieselbe Folge mit dem Titel *L'innocenza di padre Brown* zitiert). Vermutlich hatte Gramsci seinerzeit dieses Buch in der ersten italienischen Übersetzung gelesen, die von 1924 datiert. In Turi hatte Gramsci dann einen anderen Band erhalten, der die italienische Übersetzung der zweiten Folge dieser Erzählungen von Chesterton enthält: *La saggezza di padre Brown* (*Die Weisheit des Pater Brown*), Alpes, Mailand 1930 [G. Ghilarza, C.carc.]. Darauf verweist der Brief an Tanja vom 6. Oktober 1930 (LC, 370f); dieser Band ist in einem Verzeichnis von Büchern aufgeführt, die am 13. März 1931 an Carlo übergeben wurden: vgl. Heft 2 (XXIV), Ms. 164 (BH).

4 Dieser Vergleich zwischen Arthur Conan Doyle und Gilbert Keith Chesterton wird auch in dem Brief an Tanja vom 6. Oktober 1930 entwickelt (vgl LC, 370f).

5 Die Bemerkungen über die ästhetische Erregung durch große Schauspieler bei der Aufführung mittelmäßiger Theaterstücke (wie *Morte civile* von Pietro Giacometti und *La gerla di papà Martin* (*Les crochets du père Martin*) von E. Cormon und E. Grangé) sind eine Reminiszenz an eine Theaterkritik Gramscis im »Avanti!« vom 16. März 1916 (vgl. LVN, 233: *Ermete Novelli an Alfieri*).

6 Vgl. »L'Italia letteraria«, 9. November 1930 (2. Jg., Nr. 45), in der Rubrik »Presseschau« (*I tre Moschettieri*).

7 Die Einschübe in Klammern innerhalb des Zitats von Burzio sind von Gramsci.

8 Vgl. Heft 16, §§1 und 10, Bd. 8.

9 Vgl. Heft 16, §13 (S. 100 in diesem Reader) und §15, Bd. 8.

10 Vgl. Heft 5, §54 und Heft 6, §134 (S. 53 bzw. 88 in diesem Reader).

Heft 21, §14. *Kulturelle Ableitungen des Feuilletonromans.*

C-Text (bereits in LVN, 119f): unter Verwendung zweier A-Texte aus Heft 6, §108: *Popularliteratur*, und §111: *Popularliteratur. Feuilletonromane*, vgl. Bd. 4, 797, 799.

1 Vladimir Pozner, *Dostojevskij e il romanzo di avventure*, in »La Cultura«, Februar 1931 (10. Jg., Nr. 2), 128–50.

2 Die Rezension von Luigi Foscolo Benedetto zu Mario Praz, *La carne, la morte e il diavolo nella letteratura romantica* (dt.: *Liebe, Tod und Teufel. Die schwarze Romantik*, München 1963), erschien im »Leonardo«, März 1931 (2. Jg., Nr. 3), 112–16.

3 Außer dem Verweis auf Pozner sind alle anderen Hinweise bis zu diesem Punkt des Paragraphen einer bibliographischen Umschau von Edmond Jaloux entnommen, die in der Rubrik »Der Geist der Bücher« in »Les Nouvelles Littéraires«, 14. Februar 1931 (10. Jg., Nr. 435) erschienen war. In Gramscis Text wird Reginald W. Hartland als Autor sowohl von *Walter Scott et le »Roman frénétique«* als auch von *Le Roman terrifiant* angegeben. Die letzte Angabe ist falsch und auf die unklare Zitierweise bei Jaloux zurückzuführen. Der Verfasser des letzteren Buches ist Alice Killen, wie Gramsci an anderer Stelle ausgehend von der folgenden Nummer der »Nouvelles Littéraires« selbst notiert; vgl. Heft 8 (XXVIII), §12.

4 Vgl. Anm. 1 und Anm. 3.

5 Der Hinweis auf André Moufflets Aufsatz *Le style du roman-feuilleton* ist einer anderen Umschau derselben Nummer von »Les Nouvelles Littéraires« vom 14. Februar 1931, der Rubrik »Zeitschriftenrevue« (*Du roman-feuilleton au sinanthropus pekinensis*) entnommen. Auf Moufflets Aufsatz, den Gramsci in Heft 17 (IV), §29 (der unmittelbar folgende Paragraph in diesem Reader), benutzt, wird auch in einer Notiz in der Rubrik »Marginalia« (*Stile e fortuna del romanzo d'appendice*), in »Il Marzocco«, 8. Februar 1931 (36. Jg., Nr. 6) hingewiesen.

Heft 17, §29. *Popularliteratur.*

B-Text (bereits in LVN, 120f).

1 Mit André Moufflets Artikel hatte sich Gramsci schon in Heft 21, §14 befasst (der unmittelbar vorhergehende Paragraph in diesem Reader). Hier verwendet er unter Wiedergabe einiger Passagen eine Anmerkung aus der Rubrik ›Marginalia‹ (*Stile e fortuna del romanzo d'appendice – Stil und Schicksal des Feuilletonromans*), in »Il Marzocco«, 8. Februar 1931, aaO.

2 Vgl. Heft 9, §66 (S. 49 in diesem Reader), wo jedoch die großen russischen Romanschriftsteller nicht erwähnt werden.

3 Vgl. J. H. Rosny, *Le mercantilisme littéraire*, in »Les Nouvelles Littéraires«, 4. Oktober 1930 (9. Jg., Nr. 416).

Heft 2, §112. *Popularliteratur. Victor Hugo.*

B-Text (bereits in LVN, 121, Anm. 1)

1 Vgl. André Breton, *Victor Hugo chez Louis Philippe*, in »Revue des Deux Mondes«, 1. Dezember 1929 (99. Jg.), 667–680. Gramsci erfuhr von diesem Artikel aus einer Notiz in der Rubrik »Marginalia« (*L'intimità confidenziale di un poeta e di un sovrano*), in »Il Marzocco«, 15. Dezember 1929 (34. Jg., Nr. 50).

Heft 16, §13. *Populärer Ursprung des »Übermenschen«.*

C-Text (bereits in LVN, 122ff): unter Verwendung mehrerer A-Texte aus Heft 14, §4: *Popularliteratur*; §27, §30 und einem A-Text aus Heft 8, §242, jeweils unter dem Titel *Popularliteratur. Populäre Ursprünge des »Übermenschen«*; vgl. Bd. 7, 1627f, 1652, 1655; Bd. 5, 1083.

1 Rastignac war auch das Pseudonym für Vincenzo Morello: seine Begeisterung für

D'Annunzios Figur Corrado Brando war von Gramsci bereits in einem Artikel im »Grido del Popolo« vom 16. Februar 1918 erwähnt worden (vgl. SG, 179).

2 Gramsci spielt hier auf Mario Gioda an. Vgl. den Artikel aus der »Unità« vom 28. Februar 1924, *Caratteri italiani. Gioda o del romanticismo* (*Italienische Charaktere. Gioda oder über die Romantik*): »Mario Gioda war der ›Freund Vautrins‹, der ›Folla‹ Paolo Valeras, er war der genialste und vielversprechendste Schüler Paolo Valeras« (CPC, 368). Zu weiteren Anspielungen Gramscis auf Mario Gioda vgl. Heft 3, §53 und Anm. 1, Bd. 2, 375f und A166.

3 Vgl. Anm. 2 zu Heft 21, §14 (S. 195 in diesem Reader).

3a Ausdruck für das Vermögen (insb. Grundstücke) meist kirchlicher Einrichtungen wie geistlicher Korporationen, Anstalten oder Stiftungen, das nicht veräußert werden darf.

4 Die Bestimmung der religiösen Literatur als »einer ungeheuren geistigen Toten Hand, die wir mit vollem Bewußtsein für unser modernes Denken beanspruchen müssen«, findet sich in einem Artikel Adolfo Omodeos (*Il valore umano della storia cristiana – Die menschliche Bedeutung der christlichen Geschichte*), veröffentlicht im »Giornale critico della filosofia italiana«, und zitiert von Croce in der Schrift *Intorno alle condizioni presenti della storiografia in Italia*, III: *La storiografia della filosofia e della religione* (*Zur gegenwärtigen Lage der Geschichtsschreibung in Italien*, III: *Die Geschichtsschreibung der Philosophie und der Religion*), in »La Critica«, 20. Mai 1929, (27. Jg., Nr. 3), 173 (jetzt in B. Croce, *Storia della storiografia italiana nel secolo decimonono – Geschichte der italienischen Geschichtsschreibung im 19. Jahrhundert*, Bd. 2, 41964, 227). Gramscis Hinweis ist zweifellos dieser Schrift Croces entnommen.

4a Vgl. Heinrich v. Treitschke (1834–1896) vertrat als Staatswissenschaftler, Historiker und langjähriger Reichstagsabgeordneter das Konzept eines starken preußischen Machtstaats. Bedeutend als einer der führenden Ideologen eines konservativen, antisemitischen und expansionistischen Nationalismus.

4b Henri de Boulainvilliers, ein französischer Graf, versuchte im 18. Jahrhundert die sozialen Privilegien seines Standes zu legitimieren, indem er den französischen Adel zum Nachkommen der fränkischen Rasse erklärte, welche die keltischen Ureinwohner unterworfen hatte – eine Auffassung, die im 19. Jahrhundert in Deutschland in die Richtung einer natürlichen Überlegenheit der »Germanen« über die »Romanen« ausgearbeitet wurde (vgl. Georg Lukács, *Die Zerstörung der Vernunft*, Kap. 7, Berlin/DDR 1954). Eugène Sue nimmt in seinem Roman *Les mystères du peuple* (1849–57) den Gegensatz von Franken und Kelten auf und wendet ihn sozialkritisch; »Gallizismus« heißt hier Parteinahme für die unteren Klassen. Vgl. auch Heft 17, §43.

5 Vladimir Pozner, *Dostojevskij e il romanzo di avventure*, in »La Cultura«, Februar 1931 (10. Jg., Nr. 2), 128–50. Vgl. Heft 6, §108, Bd. 4, 797.

6 Dieser Artikel von Louis Gillet, geschrieben zum zehnten Jahrestag der Machtübernahme des Faschismus, war unter dem Titel La nuova Roma (Das neue Rom) nahezu vollständig in der »Rassegna settimanale della stampa estera«, 27. Dezember 1932 (7. Jg., Nr. 51), 2791–2803, übersetzt worden. Er ist mit Sicherheit Gramscis Quelle, ebenso wie sich der allgemeine Hinweis auf »einige Aspekte des modernen Lebens« mit Sicherheit auf den Faschismus bezieht. Gramscis Aufmerksamkeit ist wahrscheinlich besonders durch den letzten Teil des Artikels in Anspruch genommen worden, wo Gillet eine Begegnung mit Mussolini im rhetorischen Tonfall der Spätromantik schildert, wie aus dem folgenden Passus hervorgeht: »Gelassen wendet Er sich mir zu, wirft Seine Zeitung hin und lädt mich mit einer Handbewegung zum Sitzen ein. Die Mussolini-Porträts sind bekannt. Sie drücken ungenügend aus, was sofort ins Auge springt: die Masse, das Gewicht, die Muskulatur, die Potenz dieses Mannes. In diesem Körper muß die epische Energie eines tobenden Orkans stecken. Man hüte sich vor seinen Wutanfällen, wenn er, des Schmiedes Sohn, die Faust ballt. Ich kann kaum glau-

ben, diese Kraft eines Herkules aus dem Volk von wahrhaft gewaltigem Anblick so harmlos und ruhig vor mir zu haben. Das berühmte Antlitz mit der ungeheuren turmartigen Stirn erscheint weniger hart, viel feiner als auf den Fotografien. Der Teint ist blaß, das Gesicht das eines aus dem Volk, aber durch und durch erlesen geformt. Ein herrliches Auge, von einem Goldbraun, das sich im Nu von ruhiger Sanftheit in ein losbrechendes Gewitter verwandeln kann …« (2801).

6a *Il marchese di Priola*; *L'artiglio*.

7 Mit einigen Arbeiten Henry Bernsteins wie auch mit dem »klassischen« Repertoire Ruggero Ruggeris hatte sich Gramsci in den »Cronache teatrali« (*Theaterberichten*) von 1916 bis 1920 befasst (vgl. LVN 229, 303ff, 305f, 357). Auch *L'Artiglio*, das Gramsci zu Ruggeris Repertoire zählt, stammt von Bernstein; *Il marchese di Priola* ist indes von Henri Lavedan.

Heft 14, §41. *Balzac*.
B-Text (bereits in LVN, 125f).

1 Es handelt sich um Engels' Brief an Margaret Harkness (Anfang April 1888; MEW 37, 42ff.). Die von Gramsci benutzte Quelle konnte nicht aufgefunden werden. Vgl. Paul Lafargue, »Karl Marx. Persönliche Erinnerungen«, in: D. Rjazanov (Hg.), *Karl Marx als Denker, Mensch und Revolutionär*, Wien/Berlin 1928, 93–113, hier: 97. Vgl. Heft 8, §§209 u. 230, Bd. 5, 1060 u. 1077.

2 Paul Bourget, Les idées politiques et sociales de Balzac, in »Les Nouvelles Littéraires«, 8. August 1931 (10. Jg., Nr. 460).

2a Mit leichten Veränderungen zit. n. C. Schmölders, Über Balzac, Zürich 1977, 117.

2b Marx greift dieses Motiv satirisch auf: »Ursprünglich unterscheidet sich ein Lastträger weniger von einem Philosophen als ein Kettenhund von einem Windhund. Es ist die Arbeitsteilung, welche einen Abgrund zwischen beiden aufgetan hat.« (Das Elend der Philosophie, MEW 4, 146)

3 Auch dieses Zitat ist Bourgets Artikel entnommen (ebenfalls zit. n. C. Schmölders, aaO., 256).

3a Im Original: »realismo in atto«; K: »kämpferischer Realismus«.

3b Im Original: »complesso delle condizioni sociali«; Z 1987: »Ensemble der gesellschaftlichen Verhältnisse«.

3c Zu Gramscis Übersetzung des Marxschen »Umstände« mit »ambiente«: mit diesem Ausdruck übersetzt Gramsci den Marxschen Ausdruck aus der dritten These über Feuerbach, MEW 3, 5f, deren Begriffsmaterial Gramsci hier einfließen läßt.

Heft 21, §8. *Statistische Bemerkungen*.
C-Text (bereits in LVN, 126ff): unter Verwendung eines A-Textes aus Heft 3, §96: *Die Enkelchen des Pater Bresciani*, vgl. Bd. 2, 412f.

1 *La Capinera del mulino*, frz. Originaltitel: *La fauvette du moulin*; Henri Richebourg und die Veröffentlichungen des Verlags Sonzogno hatte Gramsci bereits 1924 in dem Artikel *Gioda o del romanticismo* (vgl. CPC, 367ff) erwähnt.

Heft 8, §122. *Popularliteratur*.
B-Text (bereits in LVN, 128).

Heft 6, §168. *Popularliteratur*.
B-Text (bereits in LVN, 131).

1 Alberto Consiglio, *Populismo e nuove tendenze della letteratura francese*, in »Nuova Antologia«, 1. April 1931, 380–89.

Heft 14, §17. *Popularliteratur.*
C-Text (bereits in LVN, 131f): unter Verwendung eines A-Textes aus Heft 8 (XXVIII), §245 (Q, 1092f; Bd. 5, 1084).
1 Gramsci scheint keine direkte Kenntnis der Bücher von Mario Mazzucchelli gehabt zu haben; vgl. Heft 3, §78, Bd. 2, 396ff.

Heft 6, §207. *Popularliteratur. Guerino der Elende.*
B-Text (bereits in LVN, 133f).
1 Radius, I classici del popolo. Guerino detto il Meschino, in »Il Corriere della Sera«, 7. Januar 1932.
1a I Reali di Francia.
1b Vita Nova.

Heft 6, §208. *Popularliteratur. Der »Spartakus« von R. Giovagnoli.*
B-Text (bereits in LVN, 134f).
1 Garibaldis Brief an Raffaele Giovagnoli war in einer Notiz unter dem Titel »La lettera di Garibaldi donata dal Duce al Museo del Risorgimento« (Garibaldis Brief, vom Duce dem Museum des Risorgimento geschenkt), in »Il Corriere della Sera«, 8. Januar 1932, abgedruckt worden. Der Originaltitel des Romans von Giovagnoli lautet *Spartaco*.

Heft 17, §34. *Popularliteratur.*
B-Text (bereits in LVN, 136).
1 Der Roman des norwegischen Schriftstellers Johan Bojer in der italienischen Übersetzung *Il prigioniero che canta* ist im Fondo Gramsci nicht erhalten; es ist jedoch möglich, dass Gramsci ihn damals aus der Gefängnisbücherei von Turi oder von Civitavecchia entliehen hat, wohin er am 19. November 1933 gebracht wurde und wo er bis zum 7. Dezember, dem Tag seiner Überführung in die Klinik Cusumano in Formia, blieb.

5. Heft 23: Literaturkritik

§1. *Rückkehr zu De Sanctis.*
C-Text (bereits in LVN, 5–6): unter Verwendung des zweiten Teils eines A-Textes aus Heft 17, §38: *Popularliteratur*, vgl. Bd. 8, 1883f.
1 Vgl. Giovanni Gentile, *Torniamo a De Sanctis* (*Zurück zu De Sanctis*), in »Quadrivio«, 6. August 1933 (1. Jg., Nr. 1).
1a Im Original: »coerente«; K: »konsequent«. Vgl. hierzu die Einleitung zu Band 6, 1221.
2 Dieser Gedanke De Sanctis' und die folgenden Hinweise auf den Philologischen Kreis und seine Ziele entstammen einem Artikel von F. Torraca, *Nel cinquantesimo anniversario della morte di Francesco De Sanctis. L'uomo* (*Zum fünfzigsten Todestag von Francesco De Sanctis. Der Mensch*), in »Nuova Antologia«, 16. Dezember 1933 (68. Jg., Nr. 1482), 590–603, besonders 602. In diesem Artikel ist auch ein Hinweis enthalten auf De Sanctis' im letzten Teil seines Lebens gezeigtes Interesse für den naturalistischen Roman.
2a K: »geschlossene«.

§2. *Eine Notiz des jungen Luigi Pirandello.*
C-Text (bereits in LVN, 46): unter Verwendung des dritten Teils des erwähnten A-Textes aus Heft 17, §38, vgl. Bd. 8, 1884.
1 Nach der Versform des zwölfsilbigen Alexandriners, der seinen Höhepunkt um die

Mitte des 19. Jahrhunderts überschritten hatte und späterhin als Inbegriff einer vordergründig auf künstlerisch-formales Raffinement abhebenden Kunstauffassung galt. Vgl. Luigi Pirandello, *Nascita di personaggi* (*Geburt von Personen – Unveröffentlichte Briefe: 1889–1933*), in »Nuova Antologia«, 1. Januar 1934 (69. Jg., Nr. 1483), 3–25, besonders 5.

§3. *Kunst und Kampf für eine neue Kultur.*

C-Text (bereits in LVN, 6–9): unter Verwendung des zweiten Teils eines A-Textes aus Heft 4, §5: *Historischer Materialismus und praktische Kriterien oder Regeln zur Interpretation der Geschichte und der Politik*, vgl. Bd. 3, besonders 464ff.

0 Im Original wie auch im Titel des Paragraphen: »civiltà«, dagegen »cultura« in den zwei weiteren Belegstellen für »Kultur« in diesem Satz. Die Bedeutung des Begriffs »civiltà« entspricht bei Gramsci meist dem dt. »Kultur«; »cultura« wird, wenn es nicht im Kontext von Schule und Bildungswesen als »Bildung« übersetzt werden muß, bei Gramsci meist synonym verwendet.

1 Das Zitat stammt aus der Rezension Raffaello Ramats zu Carlo Stuparich, *Cose e ombre di uno* (*Dinge und Schatten von einem*), Treves-Treccani-Tumminelli, Mailand 1933, in »L'Italia letteraria«, 4. Februar 1934 (10. Jg., Nr. 5).

2 Vgl. »L'Italia letteraria«, 6. April 1930 (2. Jg., Nr. 14). Ein anderes Kapitel dieser Arbeit von Gargiulo wird von Gramsci in Heft 3 (XX), §154 zitiert.

3 Diese Passage von Giovan Battista Angioletti ist der zuvor im Text zitierten Schrift von Gargiulo entnommen. Das Gesperrte ist von Gramsci.

3a Vgl. Anm. 0a zu Heft 17, §44 (S. 184 in diesem Reader).

3b Das von Gramsci gebrauchte ital. Verb *concettare* wird hier mit dem Substantiv »Konzeptismus« wiedergegeben. Gemeint ist die gesuchte, gewollt ingeniöse Ausdrucksweise der barocken Poeten. (Anm. d. Übers.)

§4. *Eine Maxime von Rivarol.*

C-Text (bereits in PP, 135): unter Verwendung eines A-Textes aus Heft 1, §6, vgl. Bd. 1, 70.

1 Die Quelle, der diese Maxime Rivarols entnommen wurde, ist nicht aufgefunden worden.

§5. *Einige Kriterien »literarischen« Urteils.*

C-Text (bereits in LVN, 31ff): unter Verwendung eines A-Textes aus Heft 4, §36: *Kriterien »literarischen« Urteils*, vgl. Bd. 3, 492f.

1 Vgl. Croce, *Materialismo storico ed economia marxistica*, 4. durchges. Aufl., Laterza, Bari 1921 [FG, C.carc., Turi I], 26. Dieser Passus wird bereits in Heft 1 (XVI), §11 erwähnt.

§6. *Kunst und Kultur.*

C-Text (bereits in LVN, 9f): unter Verwendung eines A-Textes aus Heft 9, §124: *Literaturkritik*, vgl. Bd. 5, 1173.

§7. *Neolalie.*

C-Text (bereits in LVN, 24ff): unter Verwendung des zweiten Teils des erwähnten A-Textes aus Heft 9, §132: *Kulturthemen*, vgl. Bd. 5, 1177.

0 Vgl. Anm. 1b zu Heft 14, §65 (S. 178 in diesem Reader).

§8. *Untersuchung der unter den Literaten vorherrschenden moralischen und intellektuellen Tendenzen und Interessen.*

C-Text (bereits in LVN, 14–17): unter Verwendung eines A-Textes aus Heft 9, §42: *Die Enkelchen des Pater Bresciani*, vgl. Bd. 5, 1107ff.

1 Oronzo E. Marginati, der »protestierende Bürger«: Gestalt, die der Humorist Luigi Lucatelli für die Zeitschrift »Il travaso delle idee« schuf. Andere Hinweise Gramscis in seinen Artikeln in »Sotto la Mole« (vgl. z. B. *SM* 116f).

2 Diese Information wurde dem in »L'Italia letteraria« vom 13. Oktober 1929 (1. Jg., H. 28) unter dem Titel *Un saggio di Giuseppe Bottai su Verga politico* veröffentlichten Text Bottais entnommen, wobei es sich um einen Auszug aus dessen für die Zeitschrift »Studi verghiani« geschriebenen Artikel handelt.

3 Vgl. Luigi Russo, *Giovanni Verga*, Ricciardi, Neapel 1919; sowie *L'opera di Abba e la letteratura garibaldina* (*Das Werk Abbas und die garibaldinische Literatur*), Einleitender Aufsatz zu Abbas Buch *Da Quarto al Volturno* (*Von Quarto bis zum Volturno*), Vallecchi, Florenz 1925; der Aufsatz wurde als separater Band nachgedruckt unter dem Titel *Abba e la letteratura garibaldina dal Carducci al D'Annunzio* (*Abba und die garibaldinische Literatur von Carducci bis D'Annunzio*), Verl. Ciuni, Palermo 1933.

4 Vgl. zu diesem Buch von Abba eine weitere Bezugnahme Gramscis in Heft 6, §166, Bd. 4, 830.

5 Vgl. Giovanni Papini, *I fatti di giugno*, in »Lacerba«, 15. Juni 1914 (2. Jg., Nr. 12), 177–84; neu abgedruckt in »Lacerba«, »La Voce« (1914–1916), hg. von Gianni Scalia, in *La cultura italiana del '900 attraverso le riviste*, Bd. 4, Turin 1961, 301–14. Auf diesen Artikel Papinis über die »rote Woche« bezieht sich Gramsci auch in Heft 3, §143.

6 Vgl. Heft 1, §94, Bd. 1, 151f, und Heft 3, §10, Bd. 2, 341ff.

7 Es handelt sich wahrscheinlich um die Broschüre *Vade-mecum del perfetto fascista, seguito da dieci assiomi per il milite ovvero avvisi ideali di Leo Longanesi* (*Vademecum des vollkommenen Faschisten, mit zehn Grundsätzen für den Kämpfer oder ideelle Ratschläge von Leo Longanesi*), Vallecchi, Florenz 1926, die Gramsci vielleicht nur aus indirekten Zitierungen kannte (es handelt sich nicht eigentlich um ein Büchlein für die Rekruten).

8 Vgl. Luigi Russo, *I Narratori*, Stiftung Leonardo, Rom 1926.

9 Vgl. ders., *Francesco De Sanctis e la cultura napoletana (1860–1885) – F. De Sanctis und die neapolitanische Kultur (1860–1885)*, Verlag »La Nuova Italia«, Venedig 1928. Der Band war ursprünglich unter dem von Gramsci zitierten Titel *Francesco De Sanctis e l'Università di Napoli* angekündigt worden.

10 Vgl. De Sanctis, *La scienza e la vita*, in *Saggi critici*, aaO., Bd. 3, 222–42.

11 Vgl. Giulio Marzot, *L'opera critica di L. Russo* (*Das kritische Werk L. Russos*), in »La Nuova Italia«, 20. Mai 1932 (3. Jg., Nr. 5), 176–82; das Zitat ist auf S. 181.

§9. *Die Enkelchen des Pater Bresciani.*

C-Text (teilweise bereits in LVN, 145–148): unter Verwendung von A-Texten aus Heft 1, §24: *Die Enkelchen des Pater Bresciani*, §20: *Salvator Gotta*, und §7: *Margherita Sarfatti und die »Turniere«*, vgl. Bd. 1, 78ff, 77, 70.

1 Antonio Beltramelli, *Gli uomini rossi (Il carnevale delle democrazie)*, Treves, Mailand 1910; *Il cavalier Mostardo*, Mondadori, Mailand 1921.

2 Zu Luca Beltrami vgl. Heft 3, §94, Bd. 2, 411f.

3 Giuseppe Molteni, *Gli atei*, L. Marinoni, Mailand 1910.

4 Im April 1908 wurde der Priester Don Giovanni Riva von dem Mailänder Schwurgericht wegen schwerer Sexualverbrechen, die er an zahlreichen Mädchen eines von Ordensschwestern geleiteten Wohnheims, für das er als Beichtvater zuständig war, verübt hatte, zu 16 Jahren Gefängnis verurteilt. Die Leiterin der Anstalt, Schwester Maria Giuseppina Fumagalli, wurde wegen Begünstigung ebenfalls zu zehn Monaten Haft verurteilt. Molteni bezieht sich mit seiner Romanfigur Don Gino Amati allgemein auf diesen Skandal.

5 Ugo Ojetti, *Mio figlio ferroviere*, Treves, Mailand 1922.

6 Vgl. zum Beispiel Giovanni Ansaldo, *Cose mai viste. Ojetti imbronciato*, in »Rivoluzione liberale«, 16. Dezember 1924 (Bd. 3, Nr. 47); und *Spiegazioni al lettore troppo candido*, ebd., 11. Januar 1925 (Bd. 4, Nr. 2); Neudruck der beiden Artikel im Band von Nino Valeri, *Antologia della »Rivoluzione liberale«*, De Silva, Turin 1948, 326–37 und 338–40; vgl. den erstgenannten Artikel auch in *Le riviste di Piero Gobetti*, hg. von Lelio Basso und Luigi Anderlini, Feltrinelli, Mailand 1961, 601–07.

7 Vgl. Ugo Ojetti, *Lettera al Reverendo Padre Enrico Rosa S.J.*, in »Pègaso«, März 1929 (Bd. 1, Nr. 3), 344–47; zusammen mit der Antwort von Pater Rosa wurde der Artikel unter dem Titel *Intorno alla Conciliazione*, in »La Civiltà Cattolica«, 6. April 1929, Jg. 80, Bd. 2, 3–19, neuabgedruckt. In Heft 5 (IX), §66 zitiert Gramsci umfangreiche Textpassagen aus Ojettis »Brief«.

8 Mussolinis Rede über das Konkordat in der Abgeordnetenkammer in: Benito Mussolini, *Discorsi del 1929*, Alpes, Mailand 1930 [FG, C.carc., Turi II], 71–184.

9 Vgl. Alfredo Panzini, *La lanterna di Diogene*, Treves, Mailand 1918; vgl. die Stelle über die »graustählerne Klinge« auf S. 112f; *Il padrone sono me!*, Mondadori, Rom-Mailand 1922; *Il mondo è rotondo*, Treves, Mailand 1921 [FG].

10 Vgl. Alfredo Panzini, *Vita di Cavour*, in »L'Italia letteraria«, 23. Juni 1929 (Bd. 1, Nr. 12): »Und wer sehen möchte, wie die Sekte der Carbonari die Gestalt des Beelzebub annahm, der lese den Roman *L'Ebreo di Verona* von Antonio Bresciani; der Leser wird sich auch deshalb köstlich amüsieren, weil der jesuitische Pater im Gegensatz zu dem, was man heute sagt, ein kraftvoller Erzähler war«; diesen Satz zitiert Gramsci in Heft 3 (XX), §38.

11 Vgl. die Rezension von Benedetto Croce zu Panzinis *Dizionario moderno*, in »La Critica«, 20. November 1925 (Bd. 23, H. 6), 375.

12 Vgl. *Rapisardiana*, in Giosue Carducci, *Opere* (*Werke*) IV: *Confessioni e battaglie* (*Geständnisse und Schlachten*), Zanichelli, Bologna 1890, 381: »... beendet das Kyrie am Hochaltar mit Fürzen im Chor«. Im Frühjahr 1927 hatte Gramsci unter den Büchern der Mailänder Bibliothek einen Roman von Salvator Gotta und zwei Bände des Gesamtwerkes von Carducci gelesen (vgl. LC, 68).

13 Vgl. Goffredo Bellonci, *Il Palazzone*, in »L'Italia letteraria«, 23. Juni 1929 (1. Jg., Nr. 12) (die Nummer der Wochenzeitung trägt noch als Untertitel den alten Titel, »La Fiera letteraria«, mit der Angabe 5. Jg., Nr. 25).

14 Zur Legende von Dante und der Dirne (von Ravenna und nicht von Rimini) vgl. *La leggenda di Dante. Motti, Facezie e Tradizioni dei secoli XIV–XIX*, hg. und eingel. von Giovanni Papini, Carabba, Lanciano 1911, 89–91. Das Buch von Gilbert Keith Chesterton, *Das Neue Jerusalem*, hatte Gramsci in französischer Übersetzung gelesen; in der unter dem 13. März 1930 und in Heft 1 auf S. 95 abgefaßten Liste »Bücher, die an Tatjana zurückzugeben sind«, findet sich als Nr. 13: »Chesterton, *La Nouvelle Jérusalem*« (es fehlen die Angabe des Verlages und das Erscheinungsdatum: Perrin, Paris 1926).

15 Mario Sobreros Roman *Pietro e Paolo*, Treves, Mailand 1924, hatte Gramsci im Mailänder Gefängnis gelesen; vgl. LC, 154 und 157. Sobrero bezieht sich hier mit der Romanfigur Raimondo Rocchi, Direktor des Periodikums »L'Età nuova«, in oberflächlich karikierender Weise auf Gramsci aus den Jahren seiner Mitarbeit am »Ordine nuovo«.

16 Der Roman von Francesco Perri, *Emigranti*, Mondadori, Mailand 1928 [G. Ghilarza, C.carc.], ist in der auf S. 93a von Heft 1 erstellten Bücherliste aufgeführt, die Gramsci am 11. November 1929 an Carlo zurückgab. Es war allgemein bekannt, daß Paolo Albatrelli ein Pseudonym für Francesco Perri war. Vgl. Paolo Albatrelli, *I Conquistatori*, Libreria politica moderna, Rom 1925; eine erste Fassung war im Sommer 1924 in der Zeitung »La Voce repubblicana« erschienen. Das Buch wurde nach dem Zweiten

Weltkrieg unter dem wirklichen Namen des Autors veröffentlicht: vgl. Francesco Perri, *I Conquistatori*, Garzanti, Mailand 1945 (im Vorwort geht Perri auf die wechselvollen Geschicke dieses Romans ein).

17 Anspielung auf einen Artikel von Perri in »La Fiera letteraria«, der im A-Text ausdrücklich genannt wird: Francesco Perri, *Problemi nuovi e forme vecchie*, in »La Fiera letteraria«, 22. Juli 1928 (Bd. 4, Nr. 30). An diesem Artikel entzündete sich in den folgenden Nummern der Zeitschrift eine Debatte, an der sich u.a. Bonaventura Tecchi, Arrigo Cajumi, Francesco Flora, Giovanni Battista Angioletti, Umberto Fracchia, Francesco Bruno, Giuseppe Sciortino und Giovanni Titta Rosa beteiligten.

18 Leonida Répaci, *L'ultimo cireneo*, Soc. Ed. »Avanti!«, Mailand 1923 [FG].

19 Zu diesem Roman von Leonida Répaci vgl. Heft 9, §48. Von Leonida Répacis Roman *I fratelli Rupe* hat Gramsci wahrscheinlich über eine Rezension von Giovanni Titta Rosa, *Il primo dei Rupe* (*Der erste der Rupes*), in »L'Italia letteraria«, 12. Juni 1932 (4. Jg., Nr. 24) Kenntnis erhalten. Es ist möglich, aber nicht nachgewiesen, daß Gramsci den Roman dann auch gesehen hat, der jedenfalls nicht unter den Büchern des Gefängnisses erhalten ist. Zur Strenge der Urteile über Répaci vgl. Anm. 2 zum folgenden §13.

20 Der Titel dieses Romans lautet exakt *Angela*; er ist 1923 bei Mondadori in Mailand erschienen.

§10. *Zwei Generationen.*

C-Text (bereits in LVN, 150): unter Verwendung eines A-Textes aus Heft 1, §8: *Alte und neue Generation*, vgl. Bd. 1, 70.

§11. *G. Papini.*

C-Text (bereits in LVN, 161): unter Verwendung eines A-Textes aus Heft 1, §12: *Giovanni Papini*, vgl. Bd. 1, 71.

§12. *A. Panzini.*

C-Text (bereits in LVN, 153 Anm.): unter Verwendung eines A-Textes aus Heft 1, §13: *Alfredo Panzini*, vgl. Bd. 1, 71.

1 Es handelt sich um eine Rezension des Buches von Alfredo Panzini, *I giorni del sole e del grano* (Mondadori, Mailand 1929) in »L'Italia che scrive« vom Juni 1929 (12. Jg., Nr. 6), 180f. Auf dieses Buch Panzinis und das Urteil Fernando Palazzis kommt Gramsci auch in Heft 1, §24, und in Heft 3 (XX), §138 wieder zu sprechen.

§13. *Leonida Répaci.*

C-Text (unveröffentlicht): unter Verwendung eines A-Textes aus Heft 1, §39: *Répaci*, vgl. Bd. 1, 89.

1 Vgl. Leonida Répaci, *Crepuscolo*, in »La Fiera Letteraria« vom 3. März 1929 (5. Jg., Nr. 9); die Hervorhebung ist von Gramsci.

2 Die Strenge dieses Urteils von Gramsci ist sicherlich durch die Erinnerung an eine Episode beeinflusst, die auf den Mai 1926 zurückgeht. Leonida Répaci, damals Mitglied der KPI und literarischer Mitarbeiter der »Unità«, war zusammen mit anderen zwanzig Kommunisten aus Palmi bei einer Polizeiaktion verhaftet worden. Nachdem er einige Monate später freigelassen worden war, schrieb er an die Führung der KPI und erklärte, die Reihen der Partei zu verlassen, »aufgrund der Bedürfnisse des Lebens, das man leider alle Tage leben muss, aufgrund des Mindestmaßes an Frieden, das ich meinem verwirrten Geist schulde und vor allem aufgrund eines Versprechens, das ich meiner Mutter an ihrem Krankenbett gegeben habe«. Der Brief wurde in der »Unità« vom 6. Mai 1926 zusammen mit einem scharfen Kommentar der Redaktion veröffentlicht.

§14. *Curzio Malaparte.*

C-Text (bereits in LVN, 169f): unter Verwendung eines A-Textes aus Heft 1, §42: *Die Enkelchen des Pater Bresciani. – Curzio Malaparte – Kurt Erich Suckert*, vgl. Bd. 1, 90.

1 In einer kurzen Notiz in der »Unità« vom 9. Juli 1924 wurde unter dem Titel *Eroismo e cavalleria fascista!* (*Heroismus und faschistische Kavallerie*) das Erscheinen von Malapartes Zeitschrift wie folgt angekündigt: »Die erste Nummer der Zeitschrift ›La conquista dello Stato‹, herausgegeben von Curzio Suckert, ist erschienen. Die Zeitschrift gibt die folgenden Verse von Berni wieder:

Kann ich nicht dereinst Hand an dich legen,
Freiheit du Hure, kann ich Dich nicht binden,
fest mit tausend Knoten und dann dich züchtigen,
so, mit dem Rücken zur Wand und in die Enge getrieben,
kann es mir schlecht ergehen«.

2 Die Organisation Guglielmo Lucidis, auf die sich Gramsci bezieht, ist die »Associazione del Controllo Popolare«, die im März 1916 in Mailand gegründet wurde. Später wurde auch in Rom eine Sektion gebildet. Im September 1919 wurde Lucidi, der dem Vorstand der »Associazione« in Rom angehörte und deren Delegierter im Ausland war, zum korrespondierenden Mitglied der »Union of Democratic Control« in London ernannt. Im Mai 1920 wurde die Associazione del Controllo Popolare in die der Londoner »Union of Democratic Control«, der französischen Gruppe »Clarté« und dem Genfer Zentralkomitee »für die Wiederaufnahme der internationalen Beziehungen« angeschlossene »Unione Italiana del Controllo Popolare« umgebildet. Guglielmo Lucidi wurde zum Sekretär des Exekutivkomitees ernannt. Das Organ der Bewegung war die »Rassegna Internazionale«, die seit April 1919 als Monatsbeilage der »Rassegna Nazionale« veröffentlicht wurde; von 1920 an wurde sie von dem Verlag Rassegna Internazionale herausgegeben.

3 Vgl. Curzio Suckert, *La rivolta dei santi maledetti*, 2. Aufl. unter Hinzufügung eines *Ritratto delle cose d'Italia, degli eroi, del popolo, degli avvenimenti, delle esperienze e inquietudini della nostra generazione*, Casa editrice Rassegna Internazionale, Rom 1924; die erste Ausgabe war vom selben Verlag 1920 herausgegeben worden. Auf einige Änderungen an der zweiten Auflage durch den Autor hatte Piero Gobetti in einem im Genueser »Il lavoro« vom 17. Januar 1924 erschienenen Artikel, *Profili di contemporanei: l'eroe di corte* (jetzt in Gobetti, *Scritti politici*, aaO., 564–69) hingewiesen: »›Der Nationalgedanke hat glücklicherweise noch keine Zeit gehabt, sich zu verfestigen‹, schrieb C. Erich Suckert 1920; und Curzio hat heute listig *unglücklicherweise* daraus gemacht. Der zentrale Gedanke des Buches war vor drei Jahren so dargestellt worden: ›Dieser Mangel an Patriotismus stellt Italien an die Spitze der neuen Kultur, die in der Welt herankeimt; diese ist internationalistisch und überwindet den Vaterlandsbegriff. Italien und Rußland stehen in der Vorhut der Kultur von morgen: ein Entwicklungsstadium der Völker, das patriotische, übersprungen zu haben, macht sie elastischer und aufnahmebereiter für den Geist der *Internationale*‹. In der Neuausgabe ist dieser Gedanke von Curzio in Anführungsstriche gesetzt und mit einem schamlosen Kommentar versehen worden: ›Das war das Urteil, das viele Ausländer, keineswegs alle Sozialisten, 1919 über uns fällten‹« (ebd., 568). Auf diese und ähnliche Änderungen wurde im Anschluß daran in einem polemischen Artikel von »l'Unità« vom 13. März 1924 (*Caratteri Italiani: Curzio Erich Suckert*), gezeichnet »von Luni«, Pseudonym von Ottavio Pastore, aufmerksam gemacht; die Polemik hatte noch ihr Nachspiel in einem »chevaleresken« Rechtsstreit und einem Duell zwischen Pastore und Malaparte.

4 Vgl. Curzio Suckert, *Italia Barbara*, Piero Gobetti editore, Turin 1925; ders., *L'arcitaliano. Cantate di Malaparte*, La Voce, Rom 1928.

5 Zu Graziadeis »Auslandsmanie« vgl. auch Heft 7, §30, Bd. 4, 884ff.

6 Über das Gespräch mit Prezzolini im Jahre 1924 gibt es keine anderen Zeugnisse; indes besteht eine Übereinstimmung zwischen dieser Erinnerung Gramscis und dem, was man in einem Brief Prezzolinis an Gobetti vom 26. Dezember 1923, nach dem Überfall von Faschisten auf Amendola, lesen kann (»der Zwischenfall läßt den Wunsch wachwerden, unsere Kinder sollten als Engländer zur Welt kommen«: vgl. *Gobetti e »La Voce«*, hg. v. Giuseppe Prezzolini, Sansoni, Florenz 1971, 117).

§15. *Ugo Ojetti.*

C-Text (bereits in LVN, 150 Anm.): unter Verwendung eines A-Textes aus Heft 1, §59: *Ugo Ojetti*, vgl. Bd. 1, 130.

1 Wahrscheinlich dachte Gramsci an einen Ojetti selbst von »La Fiera letteraria«, 19. Februar 1928 (4. Jg., Nr. 8) in der Rubrik ›Ottovolante‹ zugeschriebenen Witz: »Sagt Ugo Ojetti: ›Wenn ich nicht in die Literaturgeschichte eingehe, für das, was ich geschrieben habe, so gehe ich gewiß für das in sie ein, was Giosuè Carducci über mich geschrieben hat‹.«

§16. *G. Papini.*

C-Text (bereits in LVN, 163): unter Verwendung eines A-Textes aus Heft 1, §60: *Papini, Christus, Julius Caesar*, vgl. Bd. 1, 130.

1 Vgl. Giovanni Papini, *Gesú peccatore*, in »Lacerba«, 1. Juni 1913 (1. Jg., Nr. 11), 110–112. Im Manuskript der Hefte, hier und an anderen Stellen, aber nicht durchgängig, wird der Titel der Zeitschrift von Gramsci irrtümlicherweise »L'Acerba« geschrieben.

2 Giovanni Papini, *Gli operai della vigna*, Vallecchi, Florenz 1929, 13–58; es handelt sich um eine am 9. Dezember 1923 in Florenz zur Einweihung des Studio Cattolico gehaltene und am 16. Dezember desselben Jahres in Mailand in den Opera Cardinal Ferrari wiederholte Rede.

§17. *Filippo Crispolti.*

C-Text (bereits in LVN, 189): unter Verwendung eines A-Textes aus Heft 1, §69: *Der Nobelpreis*, vgl. Bd. 1, 139.

1 Vgl. »Rassegna della Stampa« (Presseschau) in »La Fiera letteraria«, 27. Juni 1928 (4. Jg., Nr. 25).

§18. *»Katholische Kunst«*

C-Text (bereits in LVN, 183ff): unter Verwendung eines A-Textes aus Heft 1, §72: *Die Enkelchen des Pater Bresciani. Katholische Kunst*, vgl. Bd. 1, 140f.

1 Der Artikel von Edoardo Fenu ist in der Spalte »Presseschau« (*Arte Cattolica*), in »La Fiera letteraria«, 15. Januar 1928 (4. Jg., Nr. 3), in Zusammenfassung wiedergegeben. Alles im Zitat Eingeklammerte ist Gramscis Kommentar.

§19. *Tommaso Gallarati Scotti.*

C-Text (bereits in LVN, 181f): unter Verwendung eines A-Textes aus Heft 1, §93: *Die Enkelchen des Pater Bresciani*, vgl. Bd. 1, 151.

1 Tommaso Gallarati Scotti, *Storie dell'Amor Sacro e dell'Amor Profano*, Treves, Mailand 1911 (Neuaufl. 1924 im selben Verlag). Die von Gramsci erwähnte Novelle befindet sich auf S. 148–188 der 1. Aufl. (*Il crociato e Santa Ruth*). Der Band Gallarati Scottis ist nicht unter den Gefängnisbüchern. Wahrscheinlich hat sich Gramsci an diese ferne Lektüre durch einen Artikel von Carlo Calcaterra, *Due »vite« di Dante*, in »L'Italia letteraria«, 7. Juli 1929 (1. Jg., Nr. 14) erinnert, wo neben anderen Büchern Gallarati Scottis auch die *Storie dell'Amor Sacro e dell'Amor Profano* erwähnt sind.

2 Auch dieses Buch ist aus dem Gedächtnis zitiert. Vgl. J. M. Eça de Queiroz, *La reliquia*, erste italienische Übersetzung von Paolo Silenziario, mit einer Bemerkung von L. Siciliani, Carabba, Lanciano 1913. Die Novelle, auf die sich Gramscis Anspielung bezieht, ist die X. des Sechsten Tages des Dekameron.

3 Nach dem Namen des Hauptes ihrer Schule, Jean Bolland (1596–1665) werden Bollandisten die belgischen Jesuiten genannt, die sich der Herausgabe der *Acta Sanctorum* und anderer ähnlicher Schriften verschrieben hatten.

4 Vgl. Henry Wickam Steed, *Mes souvenirs*, 1. Bd. (1892–1914), Plon, Paris 1926 [FG, C. carc., Mailand], 159f. Die Episode, die mit noch mehr Einzelheiten an einer anderen Stelle der Hefte – vgl. Heft 8 (XXVIII), §220 – vermerkt ist, wird mit einigen Ungenauigkeiten aus dem Gedächtnis heraus erwähnt (Gramsci hatte den ersten Band von Steeds Memoiren im Mailänder Gefängnis gelesen und hatte ihn in Turi nicht mehr zur Verfügung). Der Dialog spielte sich in Wahrheit zwischen einem italienischen Adligen und einem Prälaten ab, und nicht zwischen einem Protestanten und einem Kardinal, und betrifft nur indirekt das Wunder des Hl. Januarius. Der Text von Steed lautet nach der französischen Ausgabe wie folgt: »Eines Tages hörte ich in Rom die Unterhaltung zwischen einem vom Geiste der Kurie durchdrungenen Prälaten und einem italienischen Adligen, einem eifrigen Katholiken vom intellektuellen Typus. Letzterer beklagte sich über den Mangel an Zartgefühl in einer Hochzeitsrede, die wir soeben gehört hatten.

›Warum, Euer Hochwürden‹, fragte er, ›verlangt die Kirche von uns, solche Dinge zu glauben?‹

›Die Kirche‹, antwortete der Prälat, ›verlangt weder von Ihnen noch von mir, sie zu glauben, sie sind gut für die Neapolitaner.‹

›Es gibt aber Dinge‹, entgegnete der Edelmann, ›die schwer zu glauben sind, sogar in den Evangelien.‹

›Es gibt viele Übertreibungen in den Evangelien‹, sagte der Prälat.

›Aber‹, rief sein Gesprächspartner ehrlich empört aus, ›sind nicht die Bibel, das Evangelium, die Grundlage von allem, die Quelle des Christentums, und sind wir nicht Christen, Hochwürden?‹

›*Wir* sind Prälaten‹, antwortete Hochwürden.«

5 Vgl. *Lettere di Georges Sorel a B. Croce*, in »La Critica«, 20. März 1928 (26. Jg., Nr. 2), 97. In einem Brief vom 31. Dezember 1906 schrieb Sorel: »Ich lese in mehreren Zeitungen, daß das Wunder des Hl. Januarius zu neuen Streitigkeiten Anlaß gibt und daß ein geschickter Chemiker es wiederholt hätte. Es scheint mir, ich habe irgendwo gelesen, dieses Wunder sei nicht so einmalig wie heute gewesen und es habe in Italien noch anderes Blut gegeben, das bei feierlichen Anlässen floß. Ist dies mit einem Glauben allgemeiner Natur in Verbindung zu bringen?« Croce fügt als Anmerkung hinzu: »Die anderen Blutwunder, die in den Klöstern von Neapel waren, befinden sich jetzt in dem noch verbliebenen von S. Gregorio Ameno, wie mir der Priester Sperindeo bestätigte; ich erinnere mich, daß er mir, als ich ihn bei einem Besuch, den er mir abstattete, fragte, warum er in seiner Abhandlung darüber nichts geschrieben habe, antwortete: ›Lassen wir das; sonst gerät alles durcheinander‹«. Die Abhandlung des Priesters Sperindeo (*Il miracolo di S. Gennaro*, Tip. D'Auria, Neapel 1901) wird von Croce auch in einer weiteren Notiz in derselben Nummer der »Critica« (94) zitiert.

§20. *Adelchi Baratono*.

C-Text (bereits in LVN, 172f): unter Verwendung eines A-Textes aus Heft 1, §96: *Adelchi Baratono*, vgl. Bd. 1, 152.

1 Die »Glossa perenne« (Kritische Zeitung für italienische Literatur, hg. von Raffa Garzia) erschien seit 1929.

1a »Novecentismo«, dt. etwa »Kunst des 20. Jahrhunderts«, literarische Strömung um die Zeitschrift »Novecento« (1926–29), hg. v. Curzio Malaparte und Massimo Bontempelli (Hg.).

2 Das Zitat ist der Rubrik »Presseschau« (*Glossa perenne*), in »L'Italia letteraria«, 11. August 1929 (1. Jg., Nr. 19), entnommen.

§21. *Maddalena Santoro: Die Liebe den Starken.*

C-Text (bereits in LVN, 194): unter Verwendung eines A-Textes aus Heft 1, §82: *Die Enkelchen des Pater Bresciani*, vgl. Bd. 1, 147.

0 *L'amore ai forti.*

1 Die Angabe stammt aller Wahrscheinlichkeit nach aus der Rubrik »Eingesandte Bücher« der »Fiera letteraria«, 5. Aug. 1928 (4. Jg., Nr. 32). Der erst diesem C-Text beigefügte Kommentar läßt vermuten, daß Gramsci später das Buch in den Händen gehabt hat.

§22. *Curzio Malaparte.*

C-Text (bereits in LVN, 170f): unter Verwendung eines A-Textes aus Heft 9, §10: *Die Enkelchen des Pater Bresciani. C. Malaparte*, vgl. Bd. 5, 1091f.

1 Curzio Malaparte, *Analisi cinica dell'Europa*, in »L'Italia letteraria«, 3. Januar 1932 (4. Jg., Nr. 1).

§23. *Giovanni Ansaldo.*

C-Text (bereits in LVN, 168f): unter Verwendung eines A-Textes aus Heft 9, §11: *Die Enkelchen des Pater Bresciani. Giovanni Ansaldo*, vgl. Bd. 5, 1092.

1 Unter den Büchern aus dem Gefängnis sind zahlreiche literarische Almanache erhalten, aber der *Almanacco delle Muse* von 1931 ist nicht darunter, obgleich aus dem Text hervorgeht, daß Gramsci ihn in Händen gehabt hat.

§24. *Giuseppe Prezzolini.*

C-Text (bereits in LVN, 166): unter Verwendung eines A-Textes aus Heft 9, §20: *Die Enkelchen des Pater Bresciani*, vgl. Bd. 5, 1097.

1 Vgl. Giuseppe Prezzolini, *Monti, Pellico, Foscolo veduti da viaggiatori americani*, in »Pègaso«, Mai 1932 (4. Jg., Nr. 5), 526–38; das Zitat ist auf S. 531; die Hervorhebungen sind von Gramsci.

§25. *Kriegsliteratur.*

C-Text (bereits in LVN, 148ff): unter Verwendung eines A-Textes aus Heft 9, §43: *Die Enkelchen des Pater Bresciani. Kriegsbücher*, vgl. Bd. 5, 1110.

1 Adolfo Omodeos Werk *Momenti della vita di guerra. Dai diari e dalle lettere dei caduti* erschien ursprünglich in zwölf Folgen in »La Critica« vom 20. Januar 1929 (27. Jg., Nr. 1), 36–46, bis 20. November 1933 (31. Jg., Nr. 6), 431–54. Zu Gramscis Bezugnahme auf einzelne Fortsetzungsteile vgl. Heft 8, §119, Bd. 5, 1008. Das Werk erschien später als Buch: Adolfo Omodeo, *Momenti della vita di guerra*, Laterza, Bari 1934.

1a Im Original französisch: »Feu« (dt. Das Feuer, 1918).

2 Vgl. Benito Mussolini, *Il mio diario di guerra (1915–1917)* (*Mein Kriegstagebuch [1915–1917]*), in *Opera Omnia*, hg. v. Eduardo und Duilio Susmel, Bd. XXXIV, La Fenice, Florenz 1961. Mussolinis Tagebuch war ursprünglich im »Popolo d'Italia« in fünfzehn unregelmäßigen Korrespondenzen zwischen dem 30. Dezember 1915 und dem 13. Februar 1917 veröffentlicht worden. Die erste Buchausgabe erfolgte 1923, ihr folgten zahlreiche weitere, die allesamt Auslassungen und Korrekturen enthalten. Es ist nicht unwahrscheinlich, dass Gramsci den Text vor sich hatte, der im Band I der

Scritti e Discorsi di Benito Mussolini (*Schriften und Reden B. M.s*), Ausgabe letzter Hand (*Dall'intervento al fascismo – Vom Kriegseintritt zum Faschismus*), Hoepli, Mailand 1934, 67–237, enthalten ist. Dieser Band befindet sich allerdings nicht unter den Büchern des Fondo Gramsci.

3 Ein weiterer Hinweis Gramscis auf den Prozess wegen Totschlags gegen Roccagorga ist in Heft 8, §119, Bd. 5. Auf die Ereignisse vom Juni 1914 (»rote Woche«) ist Gramsci an verschiedenen Stellen der Hefte wiederholt eingegangen. Wegen der vom »Avanti!« geführten Pressekampagne über die Ereignisse von Roccagorga (6. Januar 1913) wurden Mussolini als dessen Herausgeber und weitere Redakteure oder Mitarbeiter der Zeitung (Eugenio Guarino, Giuseppe Scalarini, Francesco Ciccotti, Silvano Fasulo und Aurelio Galassi) angeklagt. In dem Prozeß, der vom 26. März bis zum 1. April 1914 in Mailand stattfand, wurden einige der dem Massaker Entkommenen von den Verteidigern der Angeklagten als Zeugen geladen. Ihre Aussagen, über die der »Avanti!« in seinen Prozeßberichten bereits umfassend informiert hatte, erschienen dann in der Gramsci zweifellos bekannten Broschüre *L'eccidio di Roccagorga*, Verlagsges. Avanti!, Mailand 1914.

4 Erich Maria Remarques bekannten Roman *Im Westen nichts Neues* (1928) hatte Gramsci im Gefängnis in einer französischen Übersetzung gelesen, *A l'Ouest rien de nouveau*, übers. v. Alzir Hella und Olivier Bournac, Stock, Paris, 1929 [FG, C.carc., Turi II]; dieser Titel befindet sich auch auf der Liste der Bücher, die Carlo am 11. November 1929 übergeben worden waren; vgl. BH, Heft 1 (XVI).

5 Vgl. den vorhergehenden §14.

5a Nach der Zeitschrift »La Voce« (1908–1916).

6 Im A-Text nennt Gramsci insbesondere Giani Stuparich, *Guerra del '15. Dal taccuino d'un volontario (Krieg im Jahre 15. Aus dem Notizbuch eines Freiwilligen*), Treves, Mailand 1931; Gramscis Informationen über dieses Buch gehen wahrscheinlich auf die Rezensionen zurück, die Ende 1931/Anfang 1932 erschienen waren (vgl. z.B. im »Pègaso« vom Dezember 1931, 758–61, und im »Leonardo« vom Februar 1932, 73f). Und Ardengo Soffici, *Kobilek. Giornale di battaglia* (*Kobilek. Kampftagebuch*), Bibliothek der Voce, Florenz 1918.

§26. *Leonida Répaci.*

C-Text (unveröffentlicht): unter Verwendung eines A-Textes aus Heft 9, §48: *Die Enkelchen des Pater Bresciani. Leonida Répaci*, vgl. Bd. 5, 1112.

1 Von Leonida Répacis Roman *I fratelli Rupe* hat Gramsci wahrscheinlich über eine Rezension von Giovanni Titta Rosa, *Il primo dei Rupe* (*Der erste der Rupes*), in »L'Italia letteraria«, 12. Juni 1932 (4. Jg., Nr. 24) Kenntnis erhalten. Es ist möglich, aber nicht nachgewiesen, daß Gramsci den Roman dann auch gesehen hat, der jedenfalls nicht unter den Büchern des Gefängnisses erhalten ist. Zur Strenge der Urteile über Répaci vgl. Anm. 2 zum vorhergehenden §13.

2 Vgl. Anm. 18 zum vorhergehenden §9.

§27. *Arnaldo Frateili.*

C-Text (unveröffentlicht): unter Verwendung eines A-Textes aus Heft 9, §50: *Die Enkelchen des Pater Bresciani. Arnaldo Frateili*, vgl. Bd. 5, 1115.

1 Die Anregung zu dieser satirischen Notiz hat Gramsci aller Wahrscheinlichkeit nach von Giovanni Titta Rosas Rezension des Romans *Capogiro* von Arnaldo Frateili, in »L'Italia letteraria«, 8. Mai 1932 (4. Jg., Nr. 18), erhalten, wo auch die Porträtkarikatur erscheint, von der im Text die Rede ist.

§28. *Kriegsliteratur.*

C-Text (bereits in LVN, 150 Anm.): unter Verwendung eines A-Textes aus Heft 9, §79: *Die Enkelchen des Pater Bresciani. Kriegsliteratur*, vgl. Bd. 5, 1131.

0 »Guerre et littérature«.

1 Vgl. die Spalte »Presseschau« (*Crémieux e Bellonci*), in »La Fiera letteraria«, 15. Januar 1928, aaO. Die Bemerkungen Gramscis beruhen aber auch auf der Lektüre von Benjamin Crémieux' Buch *Panorama de la littérature italienne contemporaine*, Kra, Paris 1928 [FG, *C. carc.*, Turi I], das auch für andere Notizen in den Heften herangezogen wurde.

§29. *Bontempellis Novecentismo.*

C-Text (unveröffentlicht): unter Verwendung eines A-Textes aus Heft 1, §136, vgl. Bd. 1, 182.

0 Vgl. Anm. 1a zum vorhergehenden §20.

1 Prezzolinis Artikel *Viva l'artificio!* ist zum ersten Mal in »La Voce«, 15. Februar 1915 (7. Jg., Nr. 5), 288–96, erschienen; er wurde dann abgedruckt in Giuseppe Prezzolini, *Mi pare ...*, Delta, Florenz 1925 [FG, C.carc., Turi III], 51–61.

2 Vgl. Massimo Bontempelli, *Nostra dea*, Mondadori, Mailand 1925.

§30. *Novecentisti und Strapaesani.*

C-Text (bereits in LVN, 173): unter Verwendung eines A-Textes aus Heft 1, §137, vgl. Bd. 1, 182.

0 Anhänger der in Anm. 3b zu Heft 21, §1 genannten Strömung (S. 181 in diesem Reader).

§31. *Prezzolini.*

C-Text (bereits in LVN, 164f): unter Verwendung eines A-Textes aus Heft 1, §142: *Giuseppe Prezzolini und die Intellektuellen*, vgl. Bd. 1, 183f.

1 Vgl. Giuseppe Prezzolini, *Codice della vita italiana*, Quaderni della Voce, serie III, Nr. 45, »La Voce« Società Anonima Editrice, Florenz 1921 [FG, C.carc., Turi II].

2 Prezzolinis Brief an Gobetti, *Per una società degli Apoti*, erschien zuerst in *Mi pare* »La Rivoluzione Liberale«, 28. September 1922 (1. Jg., Nr. 28), 104, und wurde danach in Prezzolini, *Mi pare ...*, aaO., 101–09 (mit dem unrichtigen Erscheinungsjahr 1923, das auch Gramsci im Text angibt) aufgenommen. Es ist außerdem in der *Antologia della »Rivoluzione Liberale«*, hg. v. Nino Valeri, De Silva, Turin 1948, 74–82, enthalten.

3 Ein erster, vorläufiger Kommentar Gobettis erschien als Fußnote zu Prezzolinis Brief in der genannten Nummer der »Rivoluzione Liberale« (jetzt nachzulesen in der in Anm. 2 zitierten Anthologie, 82f, und in Gobetti, *Scritti politici*, aaO., 409f). Später kam Gobetti, nicht zuletzt im Zusammenhang mit einer Wortmeldung Augusto Montis, auf das Thema in einem anderen Artikel der »Rivoluzione Liberale«, 25. Oktober 1925 (1. Jg., Nr. 31), 114 (jetzt in der genannten Anthologie, aaO., 91–97, und in *Scritti politici*, aaO., 411–15) zurück, wobei er in viel schärferen Worten gegen die Haltung Prezzolinis polemisierte. Gramsci, der in jener Zeit in Moskau lebte, hatte keine Gelegenheit, diese Polemik direkt zu verfolgen und nahm die Schrift Prezzolinis wahrscheinlich nur über die genannte Ausgabe *Mi pare ...* zur Kenntnis.

§32. *Alfredo Panzini.*

C-Text (bereits in LVN, 154–61): unter Verwendung zweier A-Texte aus Heft 3, §13: *Die Enkelchen des Pater Bresciani. Alfredo Panzini: Das Leben Cavours*, und §38: *Die Enkelchen des Pater Bresciani. A. Panzini: Das Leben Cavours*, vgl. Bd. 2, 343f und 356–360.

1 Als Buch 1931 erschienen: vgl. Alfredo Panzini, *Il conte di Cavour*, Mondadori, Mailand 1931 (»Le scie. Collana di epistolari, memorie, biografie e curiosità«).

2 Der Brief Panzinis, der in »L'Italia Letteraria« vom 30. Juni 1929 (1. Jg., Nr. 13) erschien, war eine Antwort auf einen Kommentar im »Resto del Carlino« vom 23. Juni, in der Spalte »Traversate«, gezeichnet »Lom.«. – In bestimmten Äußerungen Panzinis in Bezug auf die »Diktatur« Cavours hatte der Kommentator der Bologneser Zeitung die mögliche Absicht einer gegen Mussolini gerichteten polemischen Anspielung bemerkt: »Es ist im Vorübergehen noch zu vermerken, daß gewisse Spitzen gegen die Diktatur, gewisse hintersinnige Sätze über die Art, die Menschen und die Völker zu regieren, gewisse Sticheleien gegen die Jugend von heute – eine Jugend, hochverehrter Panzini, die viel studiert und mehr, als Sie zu glauben bekunden – der Ernsthaftigkeit und heiteren Gelassenheit des Werkes schaden, zumal sie sich einer genauen Bestimmung entziehen und sich den verschiedensten Deutungen preisgeben, und in jedem Falle passen sie besser in den Mund Benedetto Croces als in den Alfredo Panzinis«.

2a Der Typ des schlauen Bauern, der selbst Könige überlistet; Titelgestalt einer populären Erzählung von Giulio Cesare Croce vom Ende des 16. Jahrhunderts.

3 Die Anspielung, die sich Gramsci aus dem Gedächtnis annähernd genau in Erinnerung ruft, ist in einem Artikel von Luigi Russo, *Io dico seguitando ...*, in »La Nuova Italia«, 20. Januar 1930 (1. Jg., Nr. 1), 1–12, enthalten. Indem Russo »die üble Angewohnheit aller jener niedrig ›romanhaften‹ Geschichten, die auch in Italien Mode geworden sind«, kritisiert, spielt er besonders an auf »Lebensbeschreibungen Machiavellis, die so erzählt sind, als wären sie die Geschichte von Pinocchio oder eines anderen Helden diesen Schlages ... Und dazu noch Lebensbeschreibungen Cavours, mit denselben stilistischen Leichtigkeiten beschrieben, mit denen die Abenteuer Gelsominos, Hofnarr des Königs, erzählt werden können, und mit mancher uneingestandenen Stibitzerei bei jenen Treitschke oder jenen Paléologue, deren Arbeiten man doch das historische Denkmal von nationalem Guß gegenüberstellen möchte«.

4 So beginnt die erste Folge der *Vita di Cavour* von Alfredo Panzini, erschienen in der »Italia letteraria« vom 9. Juni 1929 (1. Jg., Nr. 10). Die anderen Zitate aus dieser Schrift Panzinis sind nicht nur der ersten, sondern auch den später erschienenen Folgen entnommen, die Gramsci beim Schreiben dieses Paragraphen offenbar vorlagen.

4a Im Original piemontesisch »piè« für »pigliare«: »nehmen, holen«.

5 Vgl. Ferdinando Martini, *Confessioni e Ricordi, 1859–1892*, Treves, Mailand 1928, 152f. Zu dieser Episode vgl. auch Heft 6 (VIII), §114. Obwohl nicht unter den Büchern des Gefängnisses erhalten, ist dieser Band Martinellis unter denen, die Gramsci für einige Zeit in Turi hatte; der Titel ist in einer in Heft 2 (XXIV) enthaltenen Liste von Büchern aufgeführt (vgl. BH), die 1932 zur Aufbewahrung an die Familienangehörigen geschickt worden waren. Vgl. auch LC, 637.

6 Was Gramsci hier als Briefwechsel D'Azeglios anführt, der von Bollea (der übrigens in den Heften im Zusammenhang mit einer »Bollea-Affäre« genannt wird) veröffentlicht worden sei, ist in Wahrheit eine Gruppe von 56 Briefen von Massimo D'Azeglio aus einer umfangreicheren Sammlung von Briefzeugnissen des Risorgimento, die zuerst von Ferdinando Gabotto in der Zeitschrift »Il Risorgimento Italiano« von 1916 veröffentlicht worden waren und später in Buchform unter Bolleas Namen erschienen. Vgl. Luigi Cesare Bollea, *Una »silloge« di lettere del Risorgimento (di particolare attinenza all'alleanza franco-italiana, alla guerra del 1859 e alla spedizione dei Mille. 1839–1873)*, Bocca, Turin 1919. In einem im »Bollettino storico-bibliografico subalpino« 1912 veröffentlichten Artikel nahm Bollea Stellung zu den durch die »Silloge« hervorgerufenen Gerichtsprozessen. Die Episode, auf die Gramsci anspielt und die an einer anderen Stelle in den Gefängnisheften als »Affäre Bollea« erwähnt wird, ereignete sich in Wirklichkeit vor Ausbruch des Ersten Weltkrieges. Sie hängt mit der von L. Cesare Bollea 1912 verfolgten Absicht zusammen, eine Sammlung von Dokumenten aus den Jahren 1854–86 zu veröffentlichen, die den Briefverkehr zwischen Cavour,

Nigra, Napoleon III., Joseph Charles (Jérôme) Napoleon, Viktor Emanuel II., Massimo D'Azeglio u.a. bezüglich des Krimkrieges, des Treffens von Plombières, der Abtretung Nizzas und Savoyens und des Zugs der Tausend umfassen sollte. Das Innenministerium versuchte die Veröffentlichung unter dem Vorwand zu verhindern, daß die Dokumente Staatsgeheimnisse enthüllten, doch lag der Grund wohl eher darin, daß sie ein allzu realistisches Licht auf die traditionelle Verherrlichung des Risorgimento warfen. Bolleas Wohnung wurde durchsucht, und es ergingen zwei Vorladungen an ihn. Die Veröffentlichung wurde damals verhindert, obgleich das Turiner Gericht mit einer Verfügung vom 20. März 1913 die Einstellung des Verfahrens gegen Bollea anordnete, da die ihm vorgeworfenen Handlungen keinen strafrechtlichen Tatbestand darstellten. Bolleas Sammlung wurde durch Ferdinando Gabotto bekannt, der sie unter seinem eigenen Namen (mit dem Hinweis, sie von einem Freund erhalten zu haben) in der Zeitschrift »Il Risorgimento Italiano«, neue Folge, Bd. 9, Nr. 1–2, 1–544, Bocca, Turin 1916, veröffentlichte. Erst nach Kriegsende gab Bollea die Sammlung unter eigenem Namen als eigenständigen Band heraus. Angaben zu dieser Angelegenheit finden sich in Bolleas Einleitung zu diesem Band. Neben den Berichten in den zeitgenössischen Zeitungen ist auch die Schrift von L. Cesare Bollea, *Come fu compilato l'epistolario di L. C. Farini (da rivendicazione postuma dell'onore di un onesto) – Wie der Briefwechsel L. C. Farinis zusammengestellt wurde (als postume Einforderung der Ehre eines Ehrlichen)*, in »Bollettino storico-bibliografico subalpino«, Beilage Risorgimento, Nr. 1, 68–89, Turin 1912, einzusehen.

7 Vgl. Heft 2, §29, Bd. 2, 244f.

7a Gemeint sind die Tuilerien in Paris.

8 Maurice Paléologue, *Un grand réaliste. Cavour* (*Ein großer Realist. Cavour*), 4. Aufl., Librairie Plon, Paris 1926 [FG, C.Carc., Ustica – Turi II]. Zu Paléologues Hinweisen auf das Gefühlsleben Cavours und Viktor Emanuel II. vgl. S. 31–42, 63ff, 111ff, 292.

9 Vgl. Anm. 2.

10 In Panzinis Buch *Graf Cavour*, aaO, ist die betreffende Textstelle tatsächlich wie folgt verändert: »Es ist gesagt worden, sein Realismus sei eine maskierte Diktatur gewesen: aber weder Diktatur noch Juste milieu hätten genügt, ihn zum Herrscher zu machen, ohne das gewisse Unbegreifliche, das das Genie ist« (ebd., 48).

11 Aus Alfredo Panzinis Brief an den Herausgeber des »Resto del Carlino«, der unter dem Titel *Chiarimento* in »L'Italia letteraria« vom 30. Juni 1929 erschienen war. Vgl. Anm. 2.

12 Vgl. Anm. 9 zum vorhergehenden §9.

13 Ein Hinweis auf dieses Urteil Panzinis über den Pater Bresciani findet sich bereits im vorhergehenden §9.

13a »Hans mit dem Humpen«, Gestalt des piemontesischen Volkstheaters, im weiteren Sinne der typische Piemontese.

13b Scherzhafte Bezeichnung für den Stern Italiens (stella d'Italia), der sich über der das Staatssymbol Italiens darstellenden Frau erhebt. Vgl. auch Heft 2, §107. (Anm. d. Übers.)

§33. *Riccardo Bacchelli.*

C-Text (bereits in LVN, 173ff): unter Verwendung eines A-Textes aus Heft 3, §8: *Die Enkelchen des Pater Bresciani*, vgl. Bd. 2, 338f.

1 Riccardo Bacchelli, *Il diavolo al Pontelungo*, 2 Bde., Ceschina, Mailand 1927 [G. Ghilarza, C. Carc.]. Es befindet sich in der Liste der Bücher, die Tatjana am 13. März 1930 übergeben werden sollten, in Heft 1 (XVI) (vgl. BH). Ein günstiges Urteil über dieses Buch ist in dem Brief an Tanja vom 7. April 1930 enthalten (vgl. LC, 335f).

2 Die Einleitung von Orlo Williams zum Roman Bacchellis war unter dem Titel *Il Bacchelli sul Tamigi* in der »Fiera letteraria« vom 27. Januar 1929 abgedruckt.

3 Vgl. Riccardo Bacchelli, *Lo sa il tonno, ossia gli esemplari marini (favola mondana e filosofica)*, Bottega di poesia, Mailand 1923.

4 Riccardo Bacchelli hat in der Tat an der »Voce« mitgearbeitet, es stimmt aber nicht, daß er jemals Prezzolini als Herausgeber der Wochenschrift abgelöst hat. Eine Zeit lang (von April bis Oktober 1912) gab Giovanni Papini die »Voce« anstelle Prezzolinis heraus.

5 Dieser Brief Bacchellis ist in der in Anm. 2 angeführten Schrift Williams' wiedergegeben.

6 Der Aufsatz von Francesco De Sanctis, *L'uomo del Guicciardini*, ist enthalten im 3. Band (28–49) der angeführten Ausgabe der *Saggi critici*, die Gramsci im Gefängnis hatte.

7 Die Auseinandersetzung, die den Bruch zwischen Bakunin und Cafiero bedeutete, hängt mit dem Kauf einer Villa in der Umgebung von Locarno (die »Baronata«) durch den letzteren zusammen. Die Villa sollte als Zufluchtsort für die von den Regierungen Europas verbannten Internationalisten und als Ausgangpunkt für künftige revolutionäre Aktionen dienen. Bakunin wurde angeklagt, sie für persönliche Zwecke benutzt und Cafieros Großzügigkeit bis hin zu dessen Ruin missbraucht zu haben. Die detaillierte Geschichte der »Baronata« findet sich im 3. Band von James Guillaumes Werk *L'Internationale. Documents et souvenirs* (*Die Internationale. Dokumente und Erinnerungen*), Stock, Paris 1909. Ein Hinweis darauf ist auch in der biographischen Anmerkung von James Guillaume zu Cafiero, die dem Kompendium von Marx' *Kapital* vorangestellt ist, in einer Ausgabe, die sich unter Gramscis Büchern befindet. Vgl. Cafiero, *Il »Capitale« di Carlo Marx* (*Das »Kapital« von Karl Marx*), aaO, 14.

8 Gramscis Kommentare in Klammern sind hier kursiv gesetzt, um sie von denen Bacchellis zu unterscheiden.

9 Zu Sobreros Roman *Pietro e Paolo* vgl. den im vorhergehenden §9 enthaltenen Hinweis und Anm. 15.

§34. *Jahier, Raimondi und Proudhon.*

C-Text (bereits in LVN, 175f): unter Verwendung eines A-Textes aus Heft 3, §10: *Proudhon und die italienischen Literaten (Raimondi, Jahier)*, vgl. Bd. 2, 339f, und eines A-Textes aus Heft 1, §94: *Proudhon, Jahier und Raimondi*, Bd. 1, 151f.

1 Vgl. Giuseppe Raimondi, *Rione Bolognina,* in »La Fiera Letteraria«, 17. Juni 1928.

2 Vgl. Giuseppe Raimondi, *Corriere di Bologna*, in »L'Italia letteraria«, 21. Juli 1929 (1. Jg., N. 16).

2a Zum Umkreis der Zeitschrift »La Ronda« gehörig.

§35. *»Technisch« katholische Schriftsteller.*

C-Text (bereits in LVN, 185): unter Verwendung eines A-Textes aus Heft 3, §37: *Die Enkelchen des Pater Bresciani*, vgl. Bd. 2, 356.

1 Vgl. den vorhergehenden §19.

2 Paolo Arcari (1879–1955), Verfasser von Studien zu Vico, Metastasio, Pascal, Manzoni u.a. Unter den Romanen sind zu nennen: *Il cielo senza Dio* (*Der Himmel ohne Gott*), Treves, Mailand 1922; *Altrove* (*Anderswo*), ebd., 1926; *Palanche* (*Pinke*), ebd. 1930. Der Titel der von ihm (zusammen mit Alberto Caroncini) herausgegebenen Mailänder Zeitschrift ist in Wahrheit »L'azione«: im Mai 1914 gegründet, waren Paolo Arcari und Alberto Caroncini ihre Herausgeber.

3 Ein Roman von Luciano Gennari, *L'Italie qui vient*, 1929 in Paris erschienen, wurde von der Académie Française ausgezeichnet.

4 Vgl. Filippo Crispolti, *Un duello*, Roman, Treves, Mailand 1900.

5 Die Anspielung bezieht sich auf das Buch *Date a Cesare (La politica religiosa di Mussolini con documenti inediti)* von Mario Missiroli, Tipografia del Littorio, Rom o.J. (jedoch 1929) [FG, C.Carc., Turi II]. Das Urteil Missirolis betrifft insbesondere

die Ärmlichkeit der religiösen Studien in Italien, bezieht aber auch andere Gebiete der katholischen Kultur in Italien ein (vgl. ebd., 391–99).

6 Die Episode, auf die Gramsci hier anspielt (und zu der keine weiteren Informationen zur Verfügung stehen), hängt wahrscheinlich mit Gramscis Turiner Erfahrungen zusammen. Ein strenges Urteil Gramscis über die katholische Schriftstellerin Maria Di Borio ist bereits in einem Kommentar von 1916 in der Rubrik »Sotto la Mole« des »Avanti!« enthalten. Hier wird die Frankophilie der Di Borio unterstrichen, »öde Romanschreiberin ebenso wie bigotte Predigerin von Tugendhaftigkeit« (SM, 184).

7 Die Florentiner Zeitschrift »Frontespizio« erschien von 1929 bis 1940. Herausgeber waren Enrico Lucatelli bis 1931, Piero Bargellini von 1931 bis 1938. Für sie schrieben Giovanni Papini, Ardengo Soffici, Domenico Giuliotti, Guido Manacorda u.a. Zur Position der »Gruppe« und zur kulturellen und ideologischen Entwicklung der Zeitschrift vgl. Giorgio Luti, *Cronache letterarie tra le due guerre. 1920–1940* (*Literarische Chroniken zwischen den zwei Kriegen. 1920–1940*), Laterza, Bari 1966, 171–180.

§36. *Methodische Kriterien.*

C-Text (bereits in LVN, 19ff): unter Verwendung eines A-Textes aus Heft 3, §41: *Die Enkelchen des Pater Bresciani*, vgl. Bd. 2, 361f.

0 *I promessi sposi* von Alessandro Manzoni bzw. *I sepolcri* von Ugo Foscolo, Meisterwerke der italienischen Literatur (Anm. d. Übers.).

0a Der Gegensatz von *Dichtung*, die auf künstlerischer Intuition beruht, und *Nicht-Dichtung* als Ausdruck von Reflexion ist eines der wichtigsten methodischen Kriterien in Benedetto Croces literaturkritischem Ansatz.

0b Zur kritischen Einstellung Gramscis gegenüber der Wochenschrift »Amore Illustrato« und deren Herausgeber, Giovanni Batta Pirolini, der vehement für den Kriegseintritt Italiens plädierte, vgl. seine Artikel: *I salumieri della Repubblica* (*Die Wursthändler der Republik*), »Grido del Popolo«, 13. Oktober 1917; *Elogio dell'ingrassatore di porci* (*Lob des Schweinemästers*), »Avanti!«, 27. März 1918; *Con mani di vetro* (*Mit gläsernen Händen*), »Grido del Popolo«, 13. April 1918; (jetzt in *La città futura. 1917–1918*, hg. von Sergio Caprioglio, Torino, Einaudi 1982, 395ff; 776f; 824–827); *Azione diretta* (*Direkte Aktion*), »Avanti!«, 16. November 1918 (jetzt in: *Il nostro Marx. 1918–1919*, ebd., 1984, 400)

0c Im Original: »organizzazione di cultura«; K: »kulturelle Organisation«, womit der Gesichtspunkt organisationssoziologisch verengt wird.

0d Die deutschen Ausdrücke »Basis/Überbau« werden ins Italienische nur manchmal mit *base/superstruttura* übersetzt, häufiger mit *struttura/superstruttura* (entsprechende Termini sind auch im Französischen und Englischen üblich). Das Problem besteht darin, daß sich an das »Struktur«-Begriffspaar andere Bedeutungen anlagern können und daß diese Begrifflichkeit sich als theoretisch fruchtbar erwiesen (und zweifellos auch »strukturale« oder »strukturalistische« Denkweisen begünstigt) hat – und sei es nur durch die Zurückdrängung reduktionistischer Denkweisen, die »den Überbau« als bloßen »Reflex« o.ä. »der Basis« fassen. Die entwickelten Gebrauchsweisen von *struttura/superstruttura* lassen sich ins Deutsche nicht mit »Basis/Überbau« übersetzen, ohne den Gedanken zu zerstören. »Basis« muß immer als Basis-von-etwas gebraucht werden; nicht so »Struktur«.

Hinzu kommt, daß Gramsci häufig den Plural *superstrutture* gebraucht, der für den Wert seines Denkens höchst wichtig ist, da er den Blick auf die plurale Gliederung gesellschaftlicher Funktionsbereiche lenkt. Für diesen Fall böte sich allenfalls die im Deutschen unübliche (und unschöne) Form *Überbauten* an.

Nachdem wir bereits früher gelegentlich mit *Struktur/Superstruktur* übersetzt hatten, zwang uns Heft 4 mit seinen *Notizen zur Philosophie*, in denen die *struttura/super-*

struttura-Problematik einen zentralen Aspekt darstellt, zur Entscheidung für *Struktur/Superstruktur(en)* als Regelübersetzung. Dabei ist freilich stets zu bedenken, daß die Bedeutung *Basis/Überbau* mitschwingen kann.
Die Entscheidung für »Superstruktur« wurde dadurch erleichtert, daß bereits Marx in der *Deutschen Ideologie* diesen Ausdruck verwendet, indem er von der »unmittelbar aus der Produktion und dem Verkehr sich entwickelnde(n) gesellschaftliche(n) Organisation« sagt, daß sie »zu allen Zeiten die Basis des Staats und der sonstigen idealistischen Superstruktur bildet« (MEW 3, 36). Was hier »gesellschaftliche Organisation« heißt, nennt Marx an anderer Stelle derselben Schrift »gesellschaftliche Gliederung« (MEW 3, 25) und im *Vorwort* von *Zur Kritik der Politischen Ökonomie* »ökonomische Struktur der Gesellschaft«; von dieser »ökonomischen Struktur« sagt Marx dann, daß sie die »reale Basis« ist, »worauf sich ein juristischer und politischer Überbau erhebt« (MEW 13, 8). In seiner im Gefängnis angefertigten Übersetzung dieses Textstücks (vgl. Q, 3, 2358ff) gibt Gramsci »Basis« hier übrigens mit »base« wieder. – Ein Problem bietet also weniger der Term *Superstruktur*, der einheitlich für *superstruttura* gesetzt werden kann, als der Term »Struktur«, der manchmal mit »Basis« wiedergegeben werden muß, wo nämlich direkt ein Aufbauverhältnis gemeint ist. (WFH)

1 Vgl. Ford, *Ma vie et mon oeuvre*, aaO., VII–XVI (Vorwort von Victor Cambon). Vgl. auch Heft 15 (II), §53: Die amerikanische Theorie, wie sie Cambon wiedergibt, lautet wie folgt: »Die Arbeit, die in jeder Epoche die höchste Ehre genießt, hat stets die höchsten Intelligenzen der Zeit angezogen. Als dies unter den Medici die Malerei und die Bildhauerei waren, gaben sich ihnen die größten Geister hin. Leonardo da Vinci und Michelangelo besaßen alles Wissen ihrer Zeit, selbst das technische, aber sie waren vor allem Maler und Bildhauer. Die großen Seefahrer des elisabethanischen Zeitalters, die kühnen Pioniere wie der Franzose Lassalle, wären heute Männer der Eisenbahn« (Victor Cambon, Vorwort zu Henry Ford, *Ma vie et mon oeuvre – Mein Leben und mein Werk*, aaO., VIIf).

1a Im Original: »psicologia«; K: »Psychose«.

§37. *Papini.*

C-Text (bereits in LVN, 163): unter Verwendung eines A-Textes aus Heft 3, §57: *Die Enkelchen des Pater Bresciani. Papini*, vgl. Bd. 2, 378.

1 *Intorno alla vita e agli scritti di S. Agostino*, 158. In der »Civiltà Cattolica« vom 19. Juli 1930 (81. Jg., 3. Bd.), 152–58, war eine kritische Übersicht über neuere Veröffentlichungen zu Augustinus (*Intorno alla vita e agli scritti di S. Agostino)* erschienen; Giovanni Papinis Buch *Sant'Agostino* (2. durchges. u. verb. Aufl., Vallecchi, Florenz 1930) war mit sehr lobenden Worten bedacht worden. Mit dieser Schrift aus der »Civiltà Cattolica« beschäftigt sich Gramsci auch in Heft 6 (VIII), §182.

§38. *Mario Puccini.*

C-Text (bereits in LVN, 177): unter Verwendung eines A-Textes aus Heft 3, §64: *Die Enkelchen des Pater Bresciani*, vgl. Bd. 2, 385f.

1 Die ungezeichnete Rezension befindet sich in der Spalte »Bibliographische Rundschau« der »Nuova Antologia«, 16. März 1928, 270.

§39. *Luigi Capuana.*

C-Text (bereits in LVN, 136ff): unter Verwendung eines A-Textes aus Heft 3, §73: *Die Enkelchen des Pater Bresciani. Luigi Capuana*, vgl. Bd. 2, 389f.

1 *Il carattere e l'opera di Luigi Capuana*, »Nuova Antologia«, 1. Mai 1928, 5–18.

2 Ebd., 16f.

3 In den Theaterkritiken im »Avanti!« (1916–20) hatte sich Gramsci mit Capuanas

Theater nur anläßlich der Aufführung einer bisher unbekannten, zweitrangigen Komödie (*Quacquarà*) befaßt; vgl. LVN, 238.

4 Ein im Dialekt geschriebener Brief von Luigi Capuana an seine Geliebte war von Gino Raya in der literarischen Wochenschrift, die Gramsci regelmäßig verfolgte, veröffentlicht worden: vgl. G. Raya, *Una lettera d'amore inedita di Luigi Capuana a Beppa* (*Ein unveröffentlichter Liebesbrief Luigi Capuanas an Beppa*), in »L'Italia letteraria«, 28. Juli 1929 (1. Jg., Nr. 17).

5 Bereits in einer Kritik von Pirandellos *Liolà* aus dem Jahre 1917 hatte Gramsci die Beziehung zwischen *Liolà* und *Il fu Mattia Pascal* unterstrichen (vgl. LVN, 283f). Der Titel der deutschen Übersetzung ist *Die Wandlungen des Mattia Pascal*, 1905.

5a Die Betonung muß korrekt prófugo »Flüchtling«, róseo »rosig« lauten (Anm. d. Übers.).

§40. *Bellonci und Crémieux.*

C-Text (bereits in LVN, 167f): unter Verwendung eines A-Textes aus Heft 1, §73: *Die moderne italienische Literatur von Crémieux*, vgl. Bd. 1, 142.

1 Vgl. Anm. 1 zum vorhergehenden §28.

2 Vgl. Anm. 3 zu Heft 21, §1 (S. 180 in diesem Reader)

§41. *Die Buchmesse.*

C-Text (bereits in LVN, 99): unter Verwendung eines A-Textes aus Heft 3, §91: *Die Enkelchen des Pater Bresciani. Die Buchmesse*, vgl. Bd. 2, 411.

0 Ambulante Buchhändler aus Pontremolo (Lunigiana), die seit dem 18. Jahrhundert populäre, später auch andere Literatur vertrieben und z.T. auch im Tross des italienischen Heeres mitzogen. (P)

§42. *Luca Beltrami (Polifilo).*

C-Text (bereits in LVN, 166f): unter Verwendung eines A-Textes aus Heft 3, §94: *Die Enkelchen des Pater Bresciani. Polifilo*, vgl. Bd. 2, 411f.

1 Vgl. »Il Marzocco«, 11. Mai 1930 (35. Jg., Nr. 19), in der Rubrik »Bibliographie«.

§43. *Giovanni Cena.*

C-Text (bereits in LVN, 94, Anm. 2): unter Verwendung eines A-Textes aus Heft 3, §93: *Giovanni Cena*, vgl. Bd. 2, 411.

1 Vgl. Alessandro Marcucci, *G. Cena e le scuole per i contadini (Discorso ai contadini del Lazio tenuto il 24 maggio 1918 nella scuola di Concordia),* Off. Poligr. Ital., Rom 1919, 15 S.; ders., *La scuola in gloria di Giovanni Cena,* in »I diritti della scuola«, 4. Dezember 1921.

§44. *Gino Saviotti.*

C-Text (bereits in LVN, 94f): unter Verwendung eines A-Textes aus Heft 3, §101: *Die Enkelchen des Pater Bresciani. Antipopularer oder apopular-nationaler Charakter der italienischen Literatur*, vgl. Bd. 2, 414.

1 Aus der Rubrik »Presseschau«, unter dem kurzen Titel *Ferragosto*, in »L'Italia letteraria«, 24. August 1930 (2. Jg., Nr. 34).

2 Gino Saviotti wurde in Viareggio der dritte Preis *ex aequo* für den Roman *Mezzo matto* (*Halb verrückt*) verliehen. Gramsci bezog seine Informationen dazu wahrscheinlich aus dem »Corriere della sera« vom 13. August 1934.

§45. *Die »Entdeckung« Italo Svevos.*

C-Text (bereits in LVN, 95f): unter Verwendung eines A-Textes aus Heft 3, §109: *Die Enkelchen des Pater Bresciani. Italo Svevo und die italienischen Literaten*, vgl. Bd. 2, 417f.

1 In Wirklichkeit war Italo Svevos Mitarbeit an der »Critica Sociale« auf eine Erzählung, *La Tribú* (*Der Stamm*), beschränkt, vgl. »Critica Sociale«, 1. November 1897 (7. Jg., Nr. 21), 334ff.
2 Vgl. »La Fiera letteraria«, 23. September 1928 (4. Jg., Nr. 39). Im Text schreibt Gramsci »Italia letteraria«, obwohl die Änderung des Titels erst im April 1929 erfolgte.
3 Vgl. »Nuova Antologia«, 1. Februar 1928 (63. Jg., H. 1341), 328–36.
4 Ebd., 328.
4a It. *Senilità*, wörtl. *Greisenalter*, dt. *Ein Mann wird älter*, 1960.
4b Im Ms. »fieramente«, evtl. Anspielung auf die »Fiera letteraria«, was dann »in der Manier der F. l.« bedeuten würde.
5 Vgl. Heft 1, §102, Bd. 1, 154f.

§46. Der Ehre halber ...
C-Text (unveröffentlicht): unter Verwendung des letzten Teils des erwähnten A-Textes aus Heft 3, §109, vgl. Bd. 2, 418.
1 Vgl. »Nuova Antologia«, 1. Februar 1928, 352–64. »Pístole« ist der Titel einer von Ermenegildo Pistelli für das »Giornalino della domenica« verfaßten und mit dem Pseudonym Omero Redi gezeichneten Rubrik.

§47. *Kriterien. Eine Epoche sein.*
C-Text (bereits in LVN, 22): unter Verwendung eines A-Textes aus Heft 3, §121: *Die Enkelchen des Pater Bresciani*, vgl. Bd. 2, 424.
1 Vgl. Arturo Calza, *Concorsi letterari*, in der Rubrik »Zwischen den Büchern und dem Leben«, in »Nuova Antologia«, 16. Oktober 1928, 532ff.

§48. *Antonio Fradeletto.*
C-Text (bereits in LVN, 177): unter Verwendung eines A-Textes mit dem gleichen Titel aus Heft 3, §120, vgl. Bd. 2, 424.
1 Mit Antonio Fradeletto und seinen patriotischen Vorträgen hatte sich Gramsci zu Beginn seiner journalistischen Tätigkeit mehrfach beschäftigt: vgl. *Per la verità*, aaO., 18–23 und 28, sowie SM, 6.

§49. *In technischer Hinsicht brescianische Schriftsteller.*
C-Text (teilweise bereits in LVN, 187): unter Verwendung eines A-Textes aus Heft 3, §136: *Die Enkelchen des Pater Bresciani. Alfredo Panzini*, vgl. Bd. 2, 431.
1 *Scrittori Cattolici Italiani viventi* – die Angaben entstammen einer bibliographischen Notiz der »Italia che scrive«, Januar 1929, 17f. Zum selben Buch vgl. auch Heft 5 (IX), §63.

§50. *Panzini.*
C-Text (bereits in LVN, 153): unter Verwendung eines A-Textes aus Heft 3, §138: *Die Enkelchen des Pater Bresciani*, vgl. Bd. 2, 431f.
1 Vgl. den vorhergehenden §12.
2 Vgl. den vorhergehenden §32.
3 Vgl. »L'Italia che scrive«, Juni 1929, 180f.

§51. *»Popularität« Tolstois und Manzonis.*
C-Text (bereits in LVN, 76f): unter Verwendung zweier A-Texte aus Heft 3, §§148 und 151, desselben Titels: *Negativer popular-nationaler Charakter der italienischen Literatur*, vgl. Bd. 2, 436f und 438.
1 *Fede e dramma*, »Il Marzocco«, 11. November 1928 (33. Jg., Nr. 46).

2 Vgl. den Übersichtsartikel des Paters Enrico Rosa S.J., *Intorno al »Settecento milanese«* (*Zum »Mailänder 18. Jahrhundert«*), in »La Civiltà Cattolica«, 4. August 1934 (85. Jg., Bd. 3), 264–73, vgl. besonders 271f.
3 Bis zu dieser Stelle des Paragraphen resümiert Gramsci Adolfo Faggis Artikel *Tolstoi e Shakespeare*, in »Il Marzocco«, 9. September 1928 (33. Jg., Nr.37).

§52. *Bruno Cicognani und die echte fundamentale Menschlichkeit.*
C-Text (bereits in LVN, 192): unter Verwendung eines A-Textes aus Heft 3, §154: *Negativer national-popularer Aspekt der italienischen Literatur*, vgl. Bd. 2, 439f.
1 Vgl. »L'Italia letteraria«, 24. August 1930 (2. Jg., Nr. 34). Die Artikelserie von Alfredo Gargiulo über die italienische Literatur des 20. Jahrhunderts unter dem Obertitel *1900–1930* war in der Nummer vom 19. Januar 1930 der Zeitschrift (2. Jg., Nr. 3) begonnen worden.
2 Ein weiterer Hinweis zu Alfredo Gargiulos Studie *1900–1930* ist in Heft 4, §5, Bd. 3, 465.

§53. *Direktiven und Abweichungen.*
C-Text (bereits in LVN, 142): unter Verwendung eines A-Textes aus Heft 3, §104: *Popularliteratur*, vgl. Bd. 2, 415f.
1 Der Titel lautet im Original: *Nouvel âge littéraire*. Wie Gramsci ausdrücklich bemerkt, sind die hier aufgeführten Büchertitel und Informationen fast ausschließlich Werbematerialien von Verlagen entnommen. Vgl. z.B. zu Henry Poulailles Buch die Anzeige in »Les Nouvelles Littéraires« vom 19. Juli 1930 (9. Jg., Nr. 405). Die Angaben zu der *Anthologie des écrivains ouvriers* sind dagegen der Rubrik »Correspondance«, ebd., 23. August 1930 (9. Jg., Nr. 410), entnommen.
2 Der von Enrico Rocca herausgegebene »Lavoro fascista« startete 1929 eine Ausschreibung, »um die Künstler unter den Arbeitern zu finden«. Vgl. die Ankündigung in »L'Italia letteraria«, 22. September 1929 (1. Jg., Nr. 25). Ein Kommentar zu dieser Initiative findet sich in der folgenden Nummer der »L'Italia letteraria«, 29. September 1929 (1. Jg., Nr. 26), in der von Enrico Falqui betreuten Rubrik »Presseschau«: *Un macchinista poeta* (*Ein Maschinist als Dichter*).

§54. *Giulio Bechi.*
C-Text (bereits in LVN, 178f): unter Verwendung eines A-Textes aus Heft 6, §2: *Die Enkelchen des Pater Bresciani. Giulio Bechi*, vgl. Bd. 4, 713.
1 Vgl. Mario Puccioni, *Militarismo ed italianità negli scritti di Giulio Bechi*, in »Il Marzocco«, 13. Juli 1930. In diesem Artikel finden sich auch die Verweisungen auf Guido Biagis Artikel und die *Profili e caratteri* Ermenegildo Pistellis, die Gramsci zitiert.
2 Ein Urteil Gramscis über Bechis Buch *Caccia grossa* ist in Heft 1 (XVI), §50 zu finden; vgl. aber auch ON, 86f.

§55. *Oskar Maria Graf.*
C-Text (bereits in LVN, 141): unter Verwendung eines A-Textes aus Heft 6, §4: *Popularliteratur*, vgl. Bd. 4, 713.
1 Der Hinweis auf die französische Übersetzung des Buches *Nous sommes prisonniers* von Graf beruht höchstwahrscheinlich auf einer kurzen, mit Ph. Neel gezeichneten Rezension in »Les Nouvelles Littéraires«, 8. November 1930 (9. Jg., Nr. 421).

§56. *Lina Pietravalle.*
C-Text (bereits in LVN, 179): unter Verwendung eines A-Textes aus Heft 6, §9: *Die Enkelchen des Pater Bresciani. Lina Pietravalle*, vgl. Bd. 4, 715.

1 Die Rezension Giulio Marzots zu Lina Pietravalles Roman *Le catene* ist in »La Nuova Italia«, 20. November 1930 (1. Jg., Nr. 11), 464f.

2 Vgl. Giulio Marzot, *L'arte del Verga. Note ed analisi*, Vicenza 1930 (Auszug aus dem Jahrbuch des R. Istituto Magistrale in Vicenza, 1928–30).

3 Vgl. Carl Hagenbeck, *Von Tieren und Menschen*, 1908; ital. Ausgabe: *Le mie memorie di domatore e mercante*, R. Quintini, Mailand 1910.

4 Im Fondo Gramsci ist eine Ausgabe von D'Azeglios Memoiren, ohne Gefängnisstempel, aufbewahrt. Vgl. Massimo D'Azeglio, *I miei ricordi* (*Meine Erinnerungen*), Verlag Madella, Sesto San Giovanni 1914 [FG]. Zu Gramscis Bezugnahme vgl. besonders das 24. und 25. Kapitel, wo D'Azeglio über seinen Aufenthalt in Marino schreibt.

4a Sammelname für die Städte in den Albanerbergen: Frascati, Castelgandolfo, Ariccia, Albano, Genzano, Marino usw.

§57. *Die italienische Nationalkultur.*

C-Text (bereits in LVN, 81–84): unter Verwendung zweier A-Texte aus Heft 6, §16: *Die Enkelchen des Pater Bresciani. Die italienische Nationalkultur*, und §38: *Die Enkelchen des Pater Bresciani*, vgl. Bd. 4, 723f und 737f.

1 Vgl. *Lettera a Umberto Fracchia sulla critica*, »Pègaso«, August 1930, aaO., 207–211; zu der ganzen Auseinandersetzung, auf der dieser Paragraph beruht und die durch den »offenen Brief« Umberto Fracchias an Gioacchino Volpe hervorgerufen worden war, vgl. Anm. 2 zu Heft 21, §5 (S. 192 in diesem Reader)

2 Das Zitat aus der Rede Gioacchino Volpes ist Ojettis Artikel entnommen; die genauen Angaben zu dieser Rede (die auch in §38 des vorliegenden Heftes erwähnt wird) finden sich in Heft 7 (VII), §66, Bd. 4, 906f.

3 Vgl. zum selben Thema Heft 3 (XX), §63. Von einer Milderung der restriktiven Maßnahmen hinsichtlich der Veröffentlichung und Verbreitung von Übersetzungen ausländischer Literatur kann Gramsci aus einer Notiz in »L'Italia letteraria« vom 25. August 1929 (1. Jg., Nr. 21) Kenntnis erhalten haben, wo von einem neuen Rundschreiben die Rede ist, das der Unterstaatsekretär im Ministerium des Innern, der Abgeordnete Michele Bianchi, einige Tage zuvor hatte verbreiten lassen, »um, *soweit es zulässig ist*, gewisse allzu weit gehende Hindernisse zu beseitigen, die von den Behörden der Öffentlichen Sicherheit einigen Verlegern und Buchhändlern beim Verkauf der Werke russischer Autoren, wie Gorki, Gogol, Dostojewski, Tolstoi, Turgenjew, aber auch von Jack London, wie *Die eiserne Ferse*, auferlegt worden waren« (*Trop de zèle – Übereifer*, in der Rubrik »Presseschau«).

4 Vgl. Anm. 4 zum vorhergehenden §25.

§58. *Das »aktive« Nationalgefühl der Schriftsteller.*

C-Text (bereits in LVN, 91f): unter Verwendung eines A-Textes aus Heft 6, §18: *Die Enkelchen des Pater Bresciani. Das Nationalgefühl der Schriftsteller*, vgl. Bd. 4, 725.

1 Vgl. Ugo Ojetti, *Lettera a Piero Parini sugli scrittori sedentari*, in »Pègaso«, September 1930 (2. Jg., Nr. 9), 340ff; das Zitat steht auf S. 341.

§59. *Leonida Répaci.*

B-Text (unveröffentlicht).

1 Répacis Brief findet sich in der Rubrik »Persönliches« (*Autoren und Rezensenten*) und ist begleitet von einer Antwort Corrado Pavolinis. Vgl. »L'Italia letteraria«, 7. Juli 1934 (10. Jg., Nr. 27).

6. Bemerkungen zur Folklore

Heft 27, §1. *Giovanni Crocioni ...*
C-Text (bereits in LVN, 215–18): unter Verwendung zweier A-Texte aus Heft 1, §86: Giovanni Crocioni, *Grundprobleme der Folklore*, und §89: *Folklore*, vgl. Bd. 1, 147, 148f.

1 Crocionis Thesen sind der Rezension von Raffaele Ciampini entnommen, die in der Rubrik »Bücher der Woche« (*Folklore*) der »Fiera letteraria«, 30. Dezember 1928 (4. Jg., Nr. 53) erschienen ist. Die von Giuseppe Pitré zusammengestellte *Bibliographie der volkstümlichen Traditionen in Italien* wurde erstmals 1894 veröffentlicht (C. Clausen, Turin-Palermo).

2 Gramsci hatte im Gefängnis die *Sonette* von Cesare Pascarella, Editrice Nazionale, Neuausgabe Turin 1926 [G. Ghilarza, C. carc.], darunter die *Scoperta dell'America*. Die *Sonette* gehören zu den Bänden, die Carlo am 11. November 1929 übergeben wurden; vgl. DQ, Heft 1 (XVI), 94.

2a Im Ms. »c. s.«, Abkürzung für »come sopra«. P deutet sie als »clero secolare«, d.h. »Weltgeistlichkeit, Säkularklerus«.

Heft 27, §2. *»Naturrecht« und Folklore.*
C-Text (bereits in LVN, 218ff): unter Verwendung zweier A-Texte aus Heft 1, §28: *Naturrecht* (teilweise), und §4: *Naturrecht und Katholizismus*, vgl. Bd. 1, 83, 69.

1 Vgl. Heft 15, §8; Gramsci bezieht sich hier auf einen Artikel von A. Messineo, *Il concetto di nazione nella filosofia dello Stato* (*Der Begriff der Nation in der Staatsphilosophie*), in »La Civiltà Cattolica«, 18. Februar 1933 (84. Jg., Bd. 1), 324–36, wo unter anderem eine Schrift von Maurizio Maraviglia zitiert und kommentiert wird, die in »Scuola e Cultura: Annali di istruzione media«, September–Oktober 1932, 223ff., erschienen war. In der »Civiltà Cattolica« heißt es dazu: »Jede neue philosophische Auffassung beginnt stets mit der Kritik ihrer Vorgängerinnen, um deren Schwachstellen bloßzulegen. Die Achillesferse der vorherigen Philosophien, schreibt M. Maraviglia, die auf dem Naturrecht und auf rationalen Forderungen beruhten, besteht darin, daß sie die Auflösung des Gegensatzes versuchen wollten, indem sie sich auf Anforderungen der Natur oder auf die reine Vernunft beriefen. Man mußte sich statt dessen an die Geschichte wenden, und an die Geschichte wendet er sich in der Tat«.

2 Wahrscheinlich bezieht sich Gramsci auf das Kapitel *Rousseau. Das Naturrecht*, aus *Elemente der Politik*; vgl. Croce, *Ethik und Politik*, 256–59.

2a Im Ms. »acritico«; P liest »critique«.

2b Die Abschaffung der »giurie popolari« war laut P eine der einschneidendsten Maßnahmen bei der Einführung des faschistischen Strafgesetzbuches im Jahre 1930 und bedeutete den Ausschluss von Arbeitern und Bauern aus der Rechtsfindung.

Heft 9, §15. *Folklore.*
B-Text (bereits in LVN, 220).

1 Diese Bestimmung Raffaele Corsos ist aller Wahrscheinlichkeit nach einem Artikel von Massimo Scaligero, *Folklore calabrese* (*Kalabrische Folklore*), in »L'Italia letteraria«, 27. März 1932, entnommen.

Heft 5, §156. *Folklore.*
B-Text (bereits in LVN, 220).

1 Diese von Ermolao Rubieri vorgeschlagene Klassifizierung der Volkslieder wird in einem Artikel von Giuseppe S. Gargàno wieder aufgenommen, *Definizioni e valutazioni di poesia popolare*, in »Il Marzocco«, 5. Mai 1929 (34. Jg., Nr. 18).

ABKÜRZUNGEN UND SIGLEN

Abg.	Abgeordneter
B, Bochmann	Notizen zu Sprache und Kultur. Hg. v. Klaus Bochmann, Leipzig und Weimar 1984
Battaglia	Grande dizionario della lingua italiana. Hg. v. Salvatore Battaglia, 15 Bde., Turin 1961ff
BH	Beschreibung der Hefte
Boothmann	Further Selections from the Prison Notebooks. Hg. u. übers. v. Derek Boothmann, London (Lawrence&Wishart) 1994
Buttigieg	Antonio Gramsci, Prison Notebooks (vol. 1). Hg. v. Joseph A. Buttigieg, Columbia University Press 1991
CPC	La construzione del partito communista (1923–1926), Einaudi, Turin 1971
Era-Ausgabe	Cuadernos de la càrcel. Traducción de Ana María Palos, revisada por José Luis Gonzáles. Ediciones Era, Mexico 1984 (Bd. 1, Hefte 1–2; Bd. 2 Hefte 3–5; Bd. 3, Hefte 6–8)
FG	Bücher Gramscis aus dem ›Fondo Gramsci‹ ohne Eintragung des Gefängnisses
FG, C. carc	Bücher des Fondo Gramsci mit Eintragung der Gefängnisse
G. Ghilarza	In Ghilarza aufbewahrte Bücher Gramscis ohne Eintragung der Gefängnisse
G. Ghilarza, C. carc.	In Ghilarza aufbewahrte Bücher Gramscis mit Eintragung der Gefängnisse
INT	Gli intelletuali e l'organizzazione della cultura, Einaudi, Turin 1949
K, Kebir	Marxismus und Literatur. Ideologie, Alltag, Literatur. Hg. u. übers. v. Sabine Kebir, Hamburg 1983
KWM	Kritisches Wörterbuch des Marxismus. Hg. v. Georges Labica unter Mitarbeit von Gérard Bensussan, 8 Bde., Berlin 1983–89
LC	Lettere dal carcere, Turin 1965
LVN	Letteratura e vita nazionale, Turin 1949
MACH	Note sul Machiavelli, sulla politica e sullo Stato moderno, Einaudi, Turin 1949
MEW	Karl Marx, Friedrich Engels, Werke, Dietz Verlag, Berlin 1956ff
Mons.	Monsignore, kath. Würdenträger
MS.	Manuskript
ON	L'Ordine Nuovo (1919–1920), Turin 1954

P, Paris	Cahiers de prison. Hg. v. Robert Paris, Editions Gallimard, Paris 1978 (Hefte 10–13), 1983 (Hefte 6–9), 1990 (Hefte 14–18), 1991 (Hefte 19–29)
PP	Passato e presente, Turin 1949
Q	Quaderni del Carcere, 1.–4. Bd. Kritische Ausgabe des Gramsci-Instituts, Turin 1975
R	Il Risorgimento, Turin 1949
Ri, Riechers	Philosophie der Praxis. Hg. u. übers. v. Christian Riechers, Frankfurt/M 1967
Ritter	Joachim Ritter, Karlfried Gründer (Hg.), Historisches Wörterbuch der Philosophie. Basel 1971ff
Sansoni	Wörterbuch der italienischen und deutschen Sprache, hergestellt unter der Leitung von Vladimiro Macchi. Wiesbaden, Florenz, Rom
SF	Socialismo e fascismo. L'Ordine Nuovo (1921–1922), Turin 1986
SG	Scritti giovanili (1914–1918), Turin 1958
SH, Smith/Hoare	Selections from the Prison Notebooks. Hg. v. Novell Smith u. Quintin Hoare, London 1971
Südfrage	Alcuni temi della quistione meridonale, in CPC, 137–58; zit. n. der Übersetzung von Erich Salewski, in: Antonio Gramsci – vergessener Humanist?, hg. v. Harald Neubert, Berlin, Dietz Verlag 1991, 41–68
Z 1980, Zamis	Zu Politik, Geschichte und Kultur. Hg. v. Guido Zamis, Leipzig (Reclam) 1987
Z 1987	Gedanken zur Kultur. Hg. v. Guido Zamis, Leipzig (Reclam) 1987
Zingarelli	Vocabolario della lingua italiana. Bologna (Zanichelli)

Der Gramsci-Schwerpunkt bei Argument

Gramsci-Reader

Erziehung und Bildung

Hg. von Andreas Merkens · ISBN 978-3-88619-423-0

Amerika und Europa

Hg. von Thomas Barfuss · ISBN 978-3-88619-424-7

Literatur und Kultur

Hg. von Ingo Pohn-Lauggas · ISBN 978-3-88619-427-8

Südfrage und Subalterne

Hg. von Ingo Pohn-Lauggas u. Alexandra Assinger · ISBN 978-3-86754-113-8

Becker, Candeias, Niggemann & Steckner (Hg.)

Gramsci lesen

Einstiege in die Gefängnishefte

ISBN 978-3-88619-356-1

Armin Bernhard

Antonio Gramscis Politische Pädagogik

Grundrisse eines praxisphilosophischen Erziehungs- und Bildungsmodells

ISBN 978-3-88619-351-6

Andreas Merkens & Victor Rego Diaz (Hg.)

Mit Gramsci arbeiten

Texte zur politisch-praktischen Aneignung Antonio Gramscis

ISBN 978-3-88619-425-4

Benjamin Opratko & Oliver Prausmüller (Hg.)

Gramsci global

Neogramscianische Perspektiven in der Internationalen Politischen Ökonomie

ISBN 978-3-86754-310-1

Wolfgang Fritz Haug

Philosophieren mit Brecht und Gramsci

Erweiterte Neuausgabe 2006 · ISBN 978-3-88619-315-8

Gramscis Gefängnisbriefe

Briefwechsel mit Giulia Schucht

Gefängnisbriefe I · ISBN 978-3-88619-421-6

Briefwechsel mit Tatjana Schucht 1926–1930

Gefängnisbriefe II · ISBN 978-3-88619-422-3

Briefwechsel mit Tatjana Schucht 1931–1935

Gefängnisbriefe III · ISBN 978-3-88619-428-5

Briefwechsel mit der sardischen Familie 1926–1936

Gefängnisbriefe IV · ISBN 978-3-88619-429-2